厦门大学的先生们

陈满意 著

黄山书社

图书在版编目（CIP）数据

厦门大学的先生们 / 陈满意著 . -- 合肥 : 黄山书社 , 2021.1

ISBN 978-7-5461-9658-9

Ⅰ.①厦… Ⅱ.①陈… Ⅲ.①厦门大学 – 名人 – 生平事迹 Ⅳ.① K820

中国版本图书馆 CIP 数据核字（2021）第 009453 号

厦门大学的先生们
XIAMEN DAXUE DE XIANSHENGMEN

陈满意 著

出 品 人	贾兴权
策划编辑	高　杨
责任编辑	刘莉萍
装帧设计	私书坊＿刘　俊　张俊香
出版发行	黄山书社（http://www.hspress.cn）
地址邮编	安徽省合肥市蜀山区翡翠路 1118 号出版传媒广场 7 层　230071
印　　刷	安徽联众印刷有限公司
版　　次	2021 年 3 月第 1 版
印　　次	2022 年 8 月第 3 次印刷
开　　本	787 mm×1092 mm　1/16
字　　数	460 千字
印　　张	29.25
书　　号	ISBN 978-7-5461-9658-9
定　　价	78.00 元

服务热线　0551-63533706
销售热线　0551-63533761
官方直营书店（https://hsss.tmall.com）

版权所有　侵权必究
凡图书出现印装质量问题，请与承印厂联系。
联系电话　0551—65661327

序

我南来近十年后才认识满意兄,是云良兄介绍我认识的。那几年,羚羊在厦门开了一家客栈,厦门许多朋友喜聚在那里高谈阔论。羚羊十分热情,常常座中客常满,杯中酒不空。第一次见满意,他带来几部自己收藏的古籍,我见品味不俗,知他是真正的爱书人。我年轻的时候也藏过几部古书,后来没有坚持下去,但对古籍的感情并不曾消失,见有同好的朋友,感觉自己又回到了那段迷恋古书的时光。慢慢熟了,知道满意也喜收乡邦文献,他是安徽砀山人,客居厦门有年,自然也留意厦地文献。

前两年,满意在江苏出版一册《集美学村的先生们》,颇得赞叹,因此书,厦门研究地方史的前辈也对他刮目相看,大家感觉有这样一位热心厦门文献的外地人,实在当引为我们最好的朋友了。

近年与满意时相过从,知他对文史的热情产生于大学时代,而他大学的老师桑农先生,恰是我多年未曾谋面的老友,因此感觉和满意更亲近了。

《厦门大学的先生们》是满意的新作,他搜集了相当丰富的史料,用自己优美的文笔和热烈的感情,展现了厦大教授当年的风采,钩沉历史,感应时代,将那一代厦大教授的风华,重新焕发出来,这是厦大人物志,更是厦大风流人物谱,是献给厦大百年校庆的一份厚礼。我虚长满意几岁,看到满意的书非常感慨,这样的书本应该出在厦大学生或教员之手,现在由外人完成,也算是满意和厦大的一段前世因缘了。

满意执意要我写几句话，我没有推辞，因为我在书中读出了满意对厦大的特殊感情。满意不是厦大的学生，但厦大吸引了他，让他投入了如此的热情，这热情在很大程度上超过了厦大的学生和教员，至少在满意面前，我感到很惭愧。我也曾留意厦大的校史，还写过两篇小文章，但我没有像满意那样，坚持把眼光投向厦大的先生们。满意表达了对陈嘉庚先生的敬意，更赞美了陈先生创办厦大的伟业，陈先生的壮举，不仅是闽南之福，南方之福，更是中国之福，满意写的是厦大教授，但处处充满对陈先生的敬意，这感情是真挚的，我能体会到。

我没有在厦大念过书，当年阴差阳错，得周宁兄关照，因朱崇实校长通达的胸怀和开明的理念，我以专科学历做厦大教员，本属例外，令我感念无已。虽来厦大十余载，但真正教书不过五六年，转眼已届退休时限。满意说，我不管这些，我信任你。我感觉，他是信任我们的友情。

祝贺满意写出这样的书，祝贺他为厦门文史研究增加了有分量的作品，祝贺他为厦大百年校庆献出这样的佳作！

谢　泳

2020 年 12 月 9 日于厦门

目录

1. 邓萃英：厦门大学首任校长 | 003

2. 刘树杞：厦大风潮中的"牺牲者" | 023

3. 林文庆：陈嘉庚办学思想的实践者 | 037

4. 欧元怀：离开厦门大学创办大夏大学 | 053

5. 艾锷风：中国硬木家具研究第一人 | 067

6. 毛常：三进三出厦大的经学家 | 079

7. 孙贵定：高才博学的教育家 | 091

8. 陈石遗：名扬海内的诗坛巨匠 | 105

9. 戴密微：提携后进的法国汉学家 | 117

10. 朱谦之：不要文凭的学术大师 | 131

11. 秉志：中国动物学界的开山大师 | 147

12. 缪子才：卖文救国的海陵才子 | 161

13. 林语堂：把半个北大搬到厦大 | 173

14. 陈万里：中国举办个人摄影展的第一人 | 189

15. 顾颉刚：欢乐和苦痛交织的岁月 | 201

16. 沈兼士：来去匆匆一过客 | 217

17. 孙伏园：在鹭岛放野火的副刊大王 | 231

18. 鲁迅：在厦门的另类故事 | 243

19. 张颐、邓以蛰：两位哲学家的厦大时光 | 259

20. 张星烺：学化学的著名史学家 | 273

21. 余青松：与日月同辉的一颗星 | 289

22. 李笠：中学毕业的大学教授 | 301

23. 周岸登：被人忘记的二窗词客 | 315

24. 朱桂耀：遗篇曾满门墙誉 | 327

25. 杜佐周：以读书、教书、著书为生活的教育家 | 341

26. 杨武之：带杨振宁在厦门的幸福时光 | 353

27. 朱君毅：毛彦文一生遭遇的创造者 |367

28. 严恩椿：我国最早的家庭问题研究者 |381

29. 台静农、郦承铨：在厦门大学相识的书画巨擘 |395

30. 萨本栋：厦门大学的"梅贻琦" |409

31. 施蛰存：北山脚下的清苦岁月 |425

32. 洪深：在厦大上演金蝉脱壳 |439

征引资料目录 |451

后记 |458

邓萃英

邓萃英是厦门大学历史上绕不开的一位人物，也是一位饱受争议的人物。1920年11月，时任教育部参事的邓萃英被推举为厦门大学的校长，接受了厦门大学筹办人陈嘉庚先生的聘书，但不久他又被任命为北京高等师范学校的校长。一人身兼南北两所高校的校长，这是近现代教育史上很罕见的。作为厦门大学的首任校长，邓萃英见证了厦门大学的创办，却又在开学不足一月时不辞而别，匆匆离开厦门。他为何离开厦大，向来是众说纷纭。

邓萃英：厦门大学首任校长

一

1920年10月6日的《申报》上刊登了一条南洋富商陈嘉庚筹办厦门大学的报道，报道称："兹悉黄君（黄炎培）提议，组织厦门大学筹备委员会，延请国内有名人士共同计划，设备种种事务，该会业已成立，并由该大学主要董事陈君嘉庚，函聘黄炎培、余日章、汪精卫、蔡元培、李腾飞、郭秉文、胡敦复等七君为筹备委员会会员，不日将开会讨论一切进行事宜。"

消息中还刊登了陈嘉庚先生的聘函："敬启者，世治日昌，端赖学术。非多专精人士，无以追轶足而挽狂澜。嘉庚经商南溟，历有年所，目之所触，惕然神惊。此厦门大学之设，所以敢于提倡也。然兹事体大，无通儒硕彦，相助为理，不能树贞固之基，而收美满之效。素仰先生陶冶群伦，夙奏敷绩。厦大之事，尤荷赞同，敢请为筹备委员会会员。共施鼎力，锡以鸿猷。嘉庚但当竭其区区，不惮劳费，率以听命云尔，肃此敬请道绥。陈嘉庚谨启。"这个筹备会的会员都是名誉的，"本会筹备员皆为名誉职，不支薪俸，但遇召集开会时得酌送旅费"。这是"厦门大学"这个胚胎的正式孕育。

10月20日，全国教育会联合会第六次大会在上

邓萃英

海召开，会议持续多日，时任江苏省教育会副会长的黄炎培以及黄琬（字孟圭）、郭秉文、郑贞文（字心南）等教育界名士都有出席。10月31日，陈嘉庚乘"绥阳"轮抵达上海并受邀出席活动，其实陈嘉庚此行的真正目的是"商办厦门大学手续，并假该会所宴黄炎培李腾飞等教育家"。

11月1日，厦门大学筹备委员会借老靶子路华侨联合会开第一次会议，当时的出席者除陈嘉庚外，还有筹备员黄炎培、余日章、李腾飞、郭秉文、胡敦复（并代表汪精卫）、邓萃英、黄琬等，蔡元培、叶渊（采真）、汪精卫三人没有到会。

陈嘉庚在会上报告了捐资倡办厦门大学的宗旨："余信救国之道，唯一在教育，欲使华侨归向祖国，亦唯有教育能之。余资产本无多，决尽数提出，为办学用，除已捐集美学校开办金及基本金约九百余万元外，可再筹足四百万，倡办厦门大学。集美学校系余独力维持，厦门大学余只负提倡责任，俟开学后，余即亲往南洋各埠募捐，大抵头一二年内，每年至少可得常费三十余万元，将来若办有成绩，则来款将无穷，因年来闽省侨商，挟资数千万元以上者大不乏人，渠辈正俟有相当机会，回国兴办社会事业，厦门大学之捐助必不难也。至设科问题，厦门大学中应先办何科，请各位代为设计，唯鄙意闽省及南洋各埠，中学教员特别缺乏，大学中必须附设高等师范，开校时期以速为妙。"

这次会议公推黄炎培为筹备委员会主席，并提出各种问题，讨论了近两个小时。会上还推举邓萃英为厦门大学校长，并初步确定开学日期为1921年3月中旬，先招三个班的学生。在厦门大学校舍建筑未竣工之前，暂时借用集美学校新校舍。会议结束时，已经是晚上10点了。

11月2日上午，厦门大学第二次筹备会借用江苏省教育会会场召开，陈嘉庚以及筹备会成员余日章、黄炎培、李腾飞、邓萃英、胡敦复、黄琬、郭秉文等出席。在这次会议上，邓萃英正式以校长的身份出席。会议仍由黄炎培主持，继续讨论学科设立及大学章程起草问题。陈嘉庚在会上再次重申："将来厦门大学文理农工商各科均应设立，为培养教员起见，并须设高等师范科。"经过众人讨论之后，决定于1921年春季开学，先招商科预科一班，高师文史地一班，数理化一班；到秋季再添招四班（科别未定）。至于大学章程，公推郭秉文、邓萃英、余日章、黄琬四人负责起草。上午10点散会。

关于厦门大学首任校长，陈嘉庚原本有意聘请汪精卫担任，汪精卫虽然答应了，却终究没来。陈嘉庚说："汪精卫在新加坡原与余相识，民国九年来漳州访陈炯明，余邀到集美参观。回去后来函告予愿任厦门大学校长。余复函应承，其夫人亦来住鼓浪屿。然不久因粤军回粤成功，彼便来函辞职，谓将回粤办政治，未暇兼顾。由是厦大乃组筹备委员会，举蔡元培、郭秉文、余日章、胡敦复、汪精卫、黄炎培、叶采真、邓萃英、黄孟圭等为筹备员，在上海开会，举邓萃英为厦大校长，邓君即派郑贞文、何公敢两人来集美筹备一切。"

因为汪精卫热衷于政治，所以才婉拒了出任厦门大学首任校长的邀请。其后，余日章曾一度被提名为校长人选。郑贞文回忆说："在上海的董事拟推余日章，而黄琬则提出邓萃英。因邓是福建人，是在日本和美国研究教育的双料留学生，资历适合，就被举为厦大第一任校长。"

在上海的筹备会上，大家公推邓萃英为厦门大学的首任校长。其实，这种公推可以看作黄琬运作的结果。陈嘉庚后来说他"聘邓君（即邓萃英）未先征求同意，且到申运动筹备员，指为弟（即陈嘉庚）意"。原来，黄琬利用在上海召开全国教育会联合会第六次大会之际，游说了其他筹备员，说是陈嘉庚准备聘请时任教育部参事的邓萃英为校长。其他筹备员听说是陈嘉庚的想法，也就深信不疑，所以这个提议很快通过了。

然而，据1921年4月16日《申报》的报道，黄孟圭在厦门大学开校式上致辞时称："去年汪精卫在上海推邓芝园（即邓萃英）先生充大学校长，鄙人极其赞同，以邓君学识渊博，又识世界潮流，最为相宜。"

现在已经无从考证当时是谁极力举荐的邓萃英，但至此，厦门大学的首任校长的人选可告一段落，邓萃英正式成为厦门大学第一任校长。在随后厦门大学的招生预告中可以看到"校长邓萃英""公举邓萃英君为校长"的字样。

二

邓萃英，字芝园，1885年（清光绪十一年）8月6日出生于福建闽县竹屿乡（今福州郊区）。邓萃英曾在其所著《芝园六十自述》中说："余家远祖，自河南固始，于宋代随宦入闽，世居闽侯东城外竹屿乡，以耕读为业。""邓家自明代为官者较多，家学渊源。但是，进入清代以来，因异族统治，族人均隐退故里，温良谦恭闻名乡里。"

少年邓萃英就学乡里私塾，每日背诵四书五经，倍感枯燥无味。他常骑马射箭，舞枪弄棒，抚琴吟唱，甚得其乐。邓萃英16岁时，因羡慕他人身着洁白漂亮的海军服而投考海军学校，未果。18岁时，邓萃英有一次进城，偶然发现有招收日语的速成班，当即报考。他克服种种困难，先入一家馆学习并得住宿，同时学习日语。同年秋，全闽师范学堂建立，他前往投考得中。他学习刻苦，四年后以最优异的成绩毕业，到一所小学任教。仅一年，就被选为官费留日生。他先入日本弘文书院高师预备班学习，后考入东京高等师范学校。

邓萃英在日本求学时，与革命先烈林文、林觉民、方声洞等一起加入同盟会，曾任东京同盟会福建支部长兼总部干事，为推翻腐败的清政府积极策划。辛亥革命后，返国执教，任福州师范学校校长。

1913年，孙中山到福建视察，邓萃英被召见，他对孙中山先生表示："此生愿遵守同盟会誓约精神，专心从事教育。"此话深得孙中山先生的嘉许，这也是他一生为之奋斗的目标。同年，邓萃英再次东渡日本继续学业，1915年回国，不久当选为第一届全国教育会福建代表。在天津开会期间，他与北京高等师范学校（即北京高师）校长陈宝泉结识，被聘到北京高师任教授。

1918年8月3日，邓萃英、杨荫榆、梁引年、沈葆德、卢颂恩及朱家骅夫妇共7人，在蔡元培帮助下以进修教授名义获北洋政府公费赴欧美留学，是为

1920年全国教育会联合会上陈嘉庚与邓萃英等人合影（带有X标志者为陈嘉庚、邓萃英）

我国教授留学之始。14日自上海十六浦乘"南京"号轮启程，同船者还有李济、余青松、查良钊、张道宏、汤用彤、张歆海、程其保、董任坚、董修甲、叶企孙、熊正瑾、刘崇鋐、楼光来、萧叔玉、徐志摩、刘叔和、叶元龙、任殿元、裴益祥、张清琏、丁绪宝等人，9月4日到达美国旧金山。这一船可谓人才济济，精英荟萃，学成归国后都是大名鼎鼎的人物。

邓萃英赴美后入哥伦比亚大学师范学院深造，师从约翰·杜威和孟禄等教授，学习教育哲学。后教育部电告，命邓萃英为教育部参事，并负责考察美国的教育。1920年9月，邓萃英回国。

邓萃英与陈嘉庚是如何认识的呢？据郑贞文回忆说："是年（1920年）10月，北洋政府教育部参事邓萃英由美国进修回国，路过厦门，黄琬介绍他和陈氏相识。"

根据邓萃英与陈嘉庚的约定，邓萃英在接受聘书就任厦门大学的校长之后，应辞去北京的职务，专心主理厦门大学的校务，然而，当时的邓萃英却身兼多职。陈嘉庚说："彼原为北京教育部参事，当筹备委员会公聘时，关约声明须辞去教育部职务，然彼未有辞卸，故欲急回，而厦大校长居然由他挂名，校务交郑、何二君。"在北京，邓萃英除了任教育部参事之外，还在1920年12月被任命为北京高师的校长。邓萃英同时身兼北京高师与厦门大学两所高校的校长，这在近现代教育史上是不多见的。

由于邓萃英人在北京，厦门大学创办的一切事物无法亲自处理，于是他推荐了郑贞文、何公敢两人分别负责厦大教务和总务。

郑贞文和何公敢曾同在日本留学，此时的郑贞文已经在商务印书馆编译所工作，何公敢在辛亥革命后又去日本留学，这时刚回国不久，正由陈承泽介绍给商务印书馆，拟聘请为编译所法制经济部编辑。

1920年11月，郑贞文和何公敢先后来到厦门。与郑贞文同行的是黎烈文，与何公敢同行的是王楫。黎烈文任文书，王楫任庶务。他们在陈嘉庚创办的集美中学的一处校舍楼上开始办公。郑贞文回忆说："……一到厦门，便见报上早已登出厦大将于1921年4月开学的启事，大出我们意料。我们以筹备工作来不及，和陈氏商量可否在暑假招生，9月开学。不料他坚持说，消息已经发出，便得顾全信用，不能改期，催促我们赶快准备。"与此同时，邓萃英又介绍美商茂旦洋行为厦门大学演武场校舍勘测及设计，得到陈嘉庚的赞同。

其实，报纸上原定的开学日期是在3月1日。1920年12月22日《申报》上刊载的《厦门大学招生预告》中明确说："厦门大学并附设高等师范，定新年三月一日，假集美校舍开幕。"预告中还称："惟校长邓萃英君在京未能速到筹办，进行手续拟先派职员来校办理，亦须来月乃能到校。"

郑贞文

此时，厦门大学的招生工作也在紧锣密鼓地进行着，报纸上时常可以看到招生广告。陈嘉庚曾连续多日在颇具影响力的《申报》发布招生预告："按考试日期非元月杪即二月初，地点设两处即厦门及闽垣是也。届时容再正式登报通知，第恐日子无多，远处难达，致误莘莘学子向学之志，且近间多处来函询问状况，兹特登报预告。诸君如恐赴试愆期，请早将贵住址详细函示鄙人，于发表招考时再按址函达，俾可赶赴试场，至简章大约不限省界。先招商科一班，学费全年大银三十元，膳书费自理；高师二班，学膳宿费均免，此布。福建厦门集美陈嘉庚谨启。"

值得一提的是，厦门大学开办之初，陈嘉庚主张只在厦门和南洋招收"闽南"学生，后因邓萃英、郑贞文等人的力争，方允在上海、福州、北京、广州等处招生。

到了1921年2月，厦大的招生宣传更多了起来，上海的《申报》几乎每天都能看到《厦门大学商学部师范部预科招生广告》，广告说："定阳历四月一日开学，厦门校舍建筑未竣以前，暂假集美中学校授课。"由此可知，开学日期比原计划推迟了一个月，这应该是陈嘉庚、邓萃英等人多方协商的结果。从这次发布的招生名额来看，"商学部预科四十名，师范部文史地预科四十名，数理化预科四十名"，而且学费较以前也有降低："商学部学生每年学费二十元，每月膳费四元五角，免纳宿舍费。师范部学生免纳学费、膳费、宿舍费，其余制服、书籍等费概由自备。"

报名时间是"自二月十八日起至二十八日止",报名处设在厦门、福州两处,分别为"厦门旧路头西应殿集通""福州第一中学校"。

厦大一方面在筹备招生,另一方面也在进一步充实师资力量。除了郑贞文、何公敢两人之外,黎烈文、王楫、周予同、刘树杞、郑天挺等人也相继来到厦门大学。此时的郑天挺,刚从北京大学毕业不久,他曾在自述中叙述了到厦门大学任教的经过:

郑天挺

> 这时陈嘉庚托邓萃英筹办厦门大学,龚启娄将我介绍给邓去教书,因为学校年后才开学,我在京筹备功课……
>
> 1921年阴历正月,我离北京南下到厦门。这是我第一次到南方,第一次看到长江,又第一次航海,一切给我以新印象,思想上也有些变化。我在集美的住地面临大海,到处是来往的帆船,汽船都很少。记得当时只陈嘉庚坐的是汽船。
>
> 当时厦大还在集美,尚未招生。我到校后就帮忙招生和其他筹备工作,并设置图书室,整理图书。4月初,学校开学。

厦大原计划招聘20名优秀教职员,然而开学时到任的只有12人。

三

1921年4月6日,这一天对厦门大学乃至全国教育界而言都是一个非常重要的日子。当天上午,厦门大学在集美学校举行了盛大的"开校式",中国近代教育史上第一所由华侨创办的大学正式诞生了。

综合1921年4月16日《申报》上刊载的《纪厦门大学开校式》和1921年13卷第5期《教育杂志》刊载的《厦门大学开学志盛》可知,开校式场面非常壮观,"各界男女来宾,省十三中学童子军及学生等计三千余人","极一时之盛"，陈嘉庚"柬请厦门官绅商学各界前往与会"，而且现场备有小火轮接送来往厦门岛与集美之间的宾客。

应邀而来的嘉宾有福建省长代表冯守愚、教育厅代表聂文逊、厦门道尹陈培锟、厦门税务司夏立士（一作哈力斯）、美国哲学家杜威博士夫妇及其女公子、福州协和大学校长美国人庄殿士（一作庄才伟）、鼓浪屿英华书院主理洪显理等众多中外来宾。"招待会场设在集美中学，招待所设在集美新建之大学校舍"。由于当时厦门大学校舍尚未开工建设，所以开学仪式在集美中学举行，陈嘉庚把刚刚落成的集美学校即温楼和明良楼等校舍作为厦门大学的临时校舍，举行开学典礼。

即温楼是"温良恭俭让"五楼（即温、明良、允恭、崇俭、克让，现成为"允恭楼群"）中的"大哥"。"即温"出自《论语·子张第十九》："子夏曰：君子有三变：望之俨然，即之也温，听其言也厉。"用现在的话说，就是君子给人的印象好像有三种变化：起初远远望见他，觉得很庄重；接近之后，又觉得很温和；听他说话之后，又觉得他义正词严，一丝不苟。

相关史料记载，后来即温楼"楼顶立牌，校主陈嘉庚手书'民国十年四月六日厦门大学假此开幕'为纪念。即温楼，乃厦门大学之发祥地也"。

报道称会场"门柱结绿叶鲜花，场内上方中设演说坛，坛之壁上用鲜花结成'厦门大学开幕纪念'八大字，内悬'自强不息'四字。演说坛前设速记席，左边设外国来宾席、军乐队席、女宾席、大学生席、集美师中学生席、女学生席，右边设男宾席"。

当天上午10点半，军乐响起，开幕仪式正式举行。校长邓萃英报告筹办经过："略谓陈嘉庚先生不辞劳苦筹备两年，用尽苦心，始有今日大学开校之一日。此大学基本金八百万元，陈嘉庚君负担四百万，其余则由南洋华侨捐助。鄙人不揣冒昧，于去年十二月受陈君聘定担任厦门大学校长。今先招学生三百名，一半是集美中学毕业，一半是由各地方送来者。"报告结束后，全体向国旗行三鞠躬礼，学生唱国歌，新录取的大学生唱开校歌。歌毕，邓萃英做演讲，他说厦门大学的创办，有三个目的：一研究学术，二培养人才，三指导社会。他在演讲中还说道："陈嘉庚君诚自强不息之人，观其已往，即可卜其将来，初办小学，继办中学师范，今办大学，其热心教育，有进无退，故此后办学，必无倦怠之心，余素崇拜陈君，尤望各界念陈君之苦心，互相协助。"

集美学校即温楼

继而陈嘉庚在现场演说，他说："民国八年由南洋回祖国，因念我国地广民众，贫弱至于此极，欲尽国民一份子之义务，以救国家，因闻欲救国家及援助社会当以教育为先。前年在浮屿开会，议办大学，佥议在演武亭建筑为宜。余即向道尹及思明县长请愿，给演武亭地址，以资建筑，蒙道尹会同臧师长电请李督军，经督军复电照准，给予护照，拨演武亭四分之一为建筑地址，前年到香港请英国工程师，计划建筑。英工程师寄函加拿大请图式，迄未寄来。去年旧历三月，到上海请美国毛工程师来厦测绘图式，美工程师办理大学，经过甚多，至今年新历三月已绘就，建筑校舍，至少须两年，待至两年始行开校，未免太迟。今先在集美开校，但此次开校甚为草率，各项均不全备，今已请准道尹，在炮台边建筑工厂，下月即可兴工，俟明年建筑工竣，即将大学移厦。"

至于为何聘请邓萃英为厦门大学首任校长，陈嘉庚在演说中也做了说明和介绍："今聘来大学校长邓君，是鄙人素谂其学问高深，邓君曾任北京高等师范学校校长、教育部参事。美国杜威博士及其夫人、女公子与邓君同来,不胜荣幸。"

之后,美国哲学家杜威做了演说,他说:"鄙人到此有三种希望,一、望在学人数日多,人才辈出,如太阳经天,光照世界,我在美国亦不胜欢欣;二、希望学术发达,为富国之根本,私立国立当一同进行;三、望到会诸君,须敬仰陈君,中国人多自私自利之心,惟陈公能公而忘私,中国人人能效陈君之公,则救国何难之有。"他还说,"中国大学固有一二,然私立者实以此为嚆矢,将来希望诚未可限量。"杜威是邓萃英的老师,他能参加厦门大学开校式,应是受邓萃英之邀。

随后,冯守愚、聂文逊、陈培锟等相继致辞或演说。邓萃英致答辞,奏军乐,散会。招待员引导众多嘉宾至招待所午餐,饭后摄影,中外来宾还利用这个间隙,到陈嘉庚创办的集美师范、中学、女子师范等校参观。

下午 2 点,杜威博士演讲"大学之旨趣",随后杜威的夫人爱丽丝·奇普曼发表"女子教育之必要"的演讲。

演讲结束后,邓萃英通知中外嘉宾:"今回厦潮时已届,诸君可乘小轮回厦。"并预告说,"杜威博士及夫人今晚在厦门青年会演说"。下午 4 点半,奏乐散会。

杜威

之后,厦门大学正式开始上课。郑天挺说:"上课后我教国文课,还在图书馆兼管一下。这时在厦大的同事有何公敢、郑贞文、朱章宝、周予同、刘树杞等人。常在一起的是周和刘。刘在 20 世纪 30 年代任北大理学院院长,旋即病故。这时厦大的同学,我仅记得有刘思职等。刘后来学生物化学,后在北京医学院任教。"

四

令人想象不到的是,厦门大学刚开办不足一月,邓萃英就提出了辞职。

1920 年 12 月,当时的教育总长范源廉将陈宝泉调回教育部,任命邓萃英出任北京高师校长。邓萃英掌校以后,决定招收女生,男女同堂上课,使北京高师成为我国最早招收女生的大学之一。同时他还决定，高师附属中学另立女子部，附属小学高等部也兼收女生，使男女在教育上得到平等机会。在男尊女卑思想统治数千年的中国，这些决定无疑是大胆的革命。

邓萃英接受陈嘉庚的聘书后，并没有辞去北高师职务，仍想像在北高师一样做出一些成绩，但终因北京、厦门两地相距遥远，两校无法兼顾，厦门大学的具体事务只能委托郑贞文和何公敢两人承办。

既承君之诺，理当允诺。1921年1月，邓萃英利用寒假匆匆赶到厦门，集中精力与郑贞文、何公敢研究校务，确定招生人数、学制、培养目标、收费数额等。师范部借鉴北京高师的做法，学费、膳费、住宿费均免，仅制服、书籍费自理。优待师范生的制度，大大推进了福建省普通教育的发展。

邓萃英特意将茂旦洋行设计师麦菲也一起请来，原以为在厦期间除研究决定主要校务外，校舍的兴建问题也可解决，没想到陈嘉庚仔细审阅麦菲的设计图纸后，发现"其图式每三座作品字形，谓必须如此方不失美观，极力如是主张"，陈嘉庚极力反对这种方案，他说："余则不赞成品字形校舍，以其多占演武场地位，妨碍将来运动会或纪念日大会之用。故将图中品字形改为一字形，中座背倚五老山，南向南太武高峰。"

对每座楼的建筑，陈嘉庚则认为无须采用昂贵材料，主张就地取材，多用花岗石，以节省费用。在总体设计及建筑用料问题上，邓萃英本就赞同麦菲的主张，至此更为之力争，麦菲在某些细节上也有所迁就，但陈嘉庚依然不接受，他按原约付给茂旦洋行一笔巨额的设计费，取消了原订的合同。

演武场校舍的设计虽遭陈嘉庚否定，但邓萃英对其他筹办事宜依然作了努力。他按照陈嘉庚有关4月份开学的决定，与郑贞文、何公敢等人抓紧研究落实，在主要问题全部解决后才再度回京。

为了使厦门大学的开学式更为隆重，邓萃英向当时的大总统徐世昌求到亲笔题赠厦大的一个匾额和一副对联，那副对联还署上徐世昌的雅号"水竹村人"。邓萃英郑重其事地将匾额和对联寄到集美给郑贞文与何公敢，要他们裱好后在开学式上悬挂。但徐世昌题写的匾和对联，最终在厦大开学式上并无悬挂，原因是陈嘉庚素来鄙视徐世昌的为人。邓萃英这一番用心和努力又告落空，心中大为不快。

厦大开学后,邓萃英送走了杜威,便主动找陈嘉庚商谈,但双方在关键问题上意见无法统一。邓萃英经再三考虑,终于在5月3日向陈嘉庚提出辞职,并致函给厦大筹备委员会各会员称:"萃英猥以菲材,于去秋谬承厦门大学筹备会员,推举为厦门大学校长,十一月间复承嘉庚先生惠赐聘书。受命以来,勉尽绵薄,奔走京厦,筹备进行。现在布置纠织,粗有头绪,本当赓续策励,以其有成,特因才力既疏,体质又弱,理想诸难实现,抚躬自省,实深愧惭,不得已谨向先生告辞,以避贤路。萃英一息尚存,苟能裨于厦门大学之处,仍当尽心力为之,除径函嘉庚先生辞职外,谨肃即请道安。再校长薪俸二千五百元,敬捐为大学图书馆购备教育书籍之用。谨此附闻。"

虽然郑贞文、何公敢和集美学校校长叶渊、第十三中学校长黄琬等人极力挽留,但邓萃英去意已决。第二天早上9点,邓萃英就乘坐轮船赴上海了。

黄琬

邓萃英在其所著《邓芝园先生六十自述》中说:"余在厦大仅年余(笔者注:不足一年),然在创办筹备时期,呈领官地,划建筑,拟定校则,组织董事会,延聘各科教授,时与创办人常务董事陈嘉庚先生接洽,言语不通,以舌人或笔谈达意,备极繁琐。学生来自各省市及南洋各埠,程度不齐,习性各异,教授训练,诸感困惑。而董事与各教授间,见解又极端冲突,委曲调处,煞费苦心。"在这种情况之下,他选择了"撂挑子",一走了之。

但事实并不像邓萃英笔下这般轻描淡写。关于邓萃英提出辞职的原因十分复杂,其与陈嘉庚意见不相容也是辞职原因之一。一种说法是:"开学后不久,邓萃英即向陈嘉庚先生建议将开办费100万元和经常费300万元,全部移向东三省购买地皮,开垦农田,以期获得巨利,遭到陈的拒绝,邓旋即提出辞职。"

当时的《申报》还刊登了一种说法:"兹闻此次邓氏辞职,陈嘉庚校董不能挽回之故，因邓氏提出一种条件，谓须另提十二万元，由校长自由支配，校董不得过问，陈不允之，邓乃辞职。"

一时间关于邓萃英辞职的原因众说纷纭。不久，《申报》又刊载了一种说法，谓："邓之辞职，原因固甚复杂，而与校董陈嘉庚意见不甚相得，实为最大原因。近日，陈氏以原定预算教职员二十人，今只十二人；招学生百二十人，今只七十余人，用款不无出入，预算即须改编，邓氏不特不以为然，且谓须再聘数学家一人，法律经济家四人，专司编辑该校杂志，月薪须一千元，要陈氏承认。陈氏主张厦大教员既系第一流人物，自能兼任此事，无庸另聘，然表面上对邓氏亦不加可否，第云，且与集美校长叶采真商之。邓氏颇愠，以为此即不信任之表示，遂提出辞职。"

然而，从现有的史料可知，邓萃英与陈嘉庚之间的矛盾远非这些。郑贞文曾说："邓萃英为了布置教职员俱乐部，叫驻厦的庶务员在厦定做了几十张楠木桌椅，这些桌椅的式样和质量相当讲究，运到集美后，陈氏见了认为浪费，大加批评。"

1921年5月8日的《时报》刊登了"厦大校长辞职纪闻"，将邓萃英写给厦大筹备委员会的辞职书公布于众。新开办的大学刚成立不到一个月，首任校长便提出辞职，这消息不能不引起全校师生员工的极大惊异。

5月17日的《申报》也报道了"厦门大学校长辞职"的消息，从消息可知，邓萃英离开后，教职员和学生要求公布邓萃英辞职的内幕，陈嘉庚也打算向学生说明，但被何公敢、郑贞文两人劝阻。学生开会时再次请求陈嘉庚讲述邓萃英辞职的"经过情形"。"陈氏乃和盘托出，学生中虽有商科方树雷、理科周幹文、文科叶俊生（长青）等提议挽留，然赞成者只有浙闽两派，而闽南学生则又多数反对，邓氏当不复来"。

五

陈嘉庚所陈述的邓萃英辞职的"经过情形"，可从当年5月28日的《时报》报道中看到：

黄炎培

诸君所欲闻的，实则校长老早不愿干，因为彼在北京做官很大，还有北高的校长可做。鄙人本不认识他，去年上海开教育会联合会，他顺便到本校（笔者注：指其所办之集美学校）参观，因就请他为厦大筹备员。后来在上海开筹备员会，未得鄙人同意，竟提出选举校长的事，即由黄炎培先生发言，举邓君为校长。后来邓君写信给鄙人，乃说现在厦大校长已选举过我，我也不能辞职，但是北高还有事可办，并还有教育部参事可做，不久就要升做次长，再由次长升做总长云云。鄙人以其系由筹备员会举出，不然就鄙人意思，万万不敢辱没他，使他大材小用。未几邓君入京，鄙人回厦门，又来一信，则谓要搬家来厦门，因为没有相当学校，给他子弟念书。鄙人阅信，心里头很不舒服。因为他太抹煞厦门教育，从此就没有信来往。

过了两礼拜，邓君到厦门了，耽搁一星期，又赴上海。维时有人说邓君确不愿干厦大校长，因此鄙人写信与他，就露出意思。略说校长弃大就小，犹之杀鸡用牛刀，若定要在北京当校长，此间之事，就请何郑二位办，真是一举两得。信去后却没有回信。直到开学，校长来了。鄙人从没有开罪于他。只有一次，鄙人写信问他，现在每月预算若干，写一单通知鄙人。此不是坏意，因为新加坡方面，每月寄来三万，集美开销万余，大学用几千，其余就可以做建筑费，所以要明白预算。

又有一次，校长寄来某巨公所题乐育英才一匾，要鄙人赶裱开学日挂，鄙人想起某巨公三字，不该这样宝贵，开学日没有必要挂的，因此方命。就是上述二事，与校长有些意见，此外绝无交接。不谓校长写信给他朋友，说我骂他。前六七日又来信与鄙人说，有人攻击他，

> 他要辞职。鄙人即刻回信与他说，如有高就，却不敢勉强，倘因他人攻击灰心，断断不可，万勿辞职。哪知校长竟然不辞而去，真正原因，实在不知。

除了向师生们说明邓萃英辞职的缘由之外，陈嘉庚还勉励和劝慰师生们说："不可如满清官僚陋习，上司一去，僚属随之，因校长一辞职，而各个灰心。须知除鄙人死去，或无款外，均不足为厦大之阻碍，务望诸君安心学业。"

面对邓萃英给厦大筹备员们的辞职理由，陈嘉庚又致函厦大的筹备员们，解释邓萃英辞职的经过。

据1921年5月25日《申报》刊载的消息，陈嘉庚在5月20日致书筹备员们称："启者：昨阅报悉邓君函致诸筹备员，为与弟意见不合，辞职北上，即将其薪俸二千五百元捐办厦大图书馆云云。窃邓君为诸公所推举，到校未满一月，为与弟意见不合辞职而去，弟深抱歉对诸公甚不住。至不合原因，弟亦不自知，或者他事大都类如下者乎。当诸公推举之际，订薪俸月五百元，由其完全脱离教参与北高职务之日核计。查邓君到校为四月五日，未到之前，未闻脱离两职，到校未及一月，即辞退北归。曾支去四五两月月薪大洋一千元，川

厦门大学早期全景

资六百余元,又交友人三千余元,兹云要将该项办书籍捐助,弟深感盛意,但厦大甫由弟创办,规模未具,万不敢仰人赞助,邓君薪俸,如应得许多数,乞一切收纳,否则务希追还,以符订议,而保令名。"

7月3日《民国日报》上也载有《陈嘉庚告厦大筹备员》的公开信,陈嘉庚认为邓萃英到上海后,在报上信口雌黄,歪曲事实,所以他在公开信上义正词严地说:

> 阅报悉,邓君复致函筹备员,为受鄙人侮辱,故长篇累牍,多无稽设词,信口雌黄,冒教育之美名,阻商人之同志,甚至毁骂不顾,自污其口,鄙人不事效尤,及逐假指斥,以告诸君。仅将其自命为君子态度及筹备员当时无此规定两问题,请诸君谈判曲直,以明真相而辨是非。渠云辞职后,不敢偶发一词,方以为君子态度应尔也,然其到沪数天,沪报遍登其致筹备员书,与鄙人关系表面上似不肯支厦大一文钱,含愠将月俸两千五百元投还之厦大图书馆,以鸣其慷慨义愤。或者为升官钓誉地步,而不计利己损人及厦大前途之影响。窃此等私人要函,沪中筹备员诸君皆诚挚名士,品格高尚,鄙人深信必无投稿报馆之理由而有所偏袒,了无疑义,则假冒诸筹备员任投稿者谁耶?夫此鬼蜮伎俩,略有人格之商人,尚不屑为,而乃出高级政教育君子态度之手,呜呼,莫怪今日我国之现象也。鄙人是以不能已于言,否则安忍为厦大较此区区之项哉,故亦致诸筹备员书,并投稿报馆,以明真相,及为厦大前途计。

陈嘉庚为了说明真相,不假笔他人,不怕文笔粗陋,亲自撰写,并且公开承诺说:"彼此争执,贻笑中外,绝非鄙人所愿闻,邓君如尚不休,请将争执问题,烦沪上诸筹备员裁判是非。若沪报之稿,确系得谁筹备员之手,及讨论时漏规定,故应得优先月俸兼川资多次者,乃鄙人之过,愿以个人名义,代厦大登报,向邓君道歉,失董事之格。否则仍请追还,并戒其缄口自修,更涤心肠,觉悟真理，为国家社会将来之柱石所厚望焉。"

消息后附有在上海的筹备员黄炎培、郭秉文、胡敦复、李腾飞、余日章等6月1日复陈嘉庚函，曰："同人等接到手书，述邓君芝园辞职情形，学校成立伊始，有此波折，殊为可惜，已将来书寄交邓君，请其答复。"邓萃英如何答复的，尚不得知，但在报刊上再也看不到两人的争执了。

陈培锟

关于邓萃英辞职一事，多年以后，陈嘉庚在其所写的《南侨回忆录》中也有记载："闻邓校长开幕后即将北返，彼原为北京教育部参事，当筹备委员会公聘时，关约声明须辞去教育部职务，然彼未有辞卸，故欲急回，而厦大校长居然由他挂名，校务交郑、何二君。此种挂名校长虽他处常有，若厦大当然不可。郑、何二君知余意志，力劝彼暂留勿回。迨至月杪邓君接学生无名函，骂他无才学，且欲作挂名校长，若不自动辞退，不日诸生联名攻击，列首名者即是我。邓君于是来函辞职，余亦不留也。"从中可以看出邓萃英辞职的又一些细节。

邓萃英的离开并没有影响厦门大学的奠基仪式。1921年5月9日上午9时，厦门大学的奠基仪式假南普陀举行，到场的各界嘉宾和师生有两千多人。郑天挺说："记得是在演武亭举行的厦大奠基典礼。演武亭是当年郑成功操练水军阅兵的地方，颇具盛名。当时这里还搭了一个牌楼，是我写的横书和对联。横书是'南国启运'四字，对联已记不起来了。"

10点半，奏乐开会，陈嘉庚报告了厦门大学筹备的经过。将要举行奠基仪式时，大雨滂沱。陈嘉庚与厦门道尹陈培锟及众多教职员一起冒雨走到演武亭铲土奠基，其余嘉宾在南普陀内避雨叙谈。奠基结束后，回到会场，嘉宾们冒雨演说，均表祝贺与希望之意，最后陈嘉庚致答谢辞。中午12点结束。众人在南普陀午餐后，方才散去。

邓萃英给人留下怎样的印象呢？当时在集美师范第五组就读，后进入厦大就读的陈炳塓对邓萃英的形象描述如下："他当时年纪极轻，约三十岁左右，为大学校长中年纪最轻者，不过他走起路来，却有些老气横秋，且背后随有跟班二人，一携茶具，一携毛巾纸扇，沿途服侍。"

1945年8月6日，邓萃英在其所著《邓芝园先生六十自述》一文中说："一瞬二十余年矣，今日厦大毕业生，在华南各地，颇露头角，海外科学界，亦有其相当声望，抚今思昔，是亦聊足以自慰者也。"作为厦大的首任校长，他的内心深处对厦大的牵挂究竟有多少，恐怕是无人知晓。

邓萃英离开后，陈嘉庚电邀新加坡的挚友林文庆博士出任厦门大学校长。

郑天挺说："是年6月，厦大更换校长。暑假时，一部分教师表示辞职离校，我也表示下学期不再来。但别人事前已经联系好工作，大多去商务印书馆了，而我没有。这件事对我的教训很深刻，说明自己太幼稚了。"后来郑天挺也离开了厦门大学。

林文庆的到来为厦门大学掀开了新的一页。

刘树杞

"楚青的确是一位才华出众、学识渊博、勤奋而谦逊的科学家,他总是想用他的知识和辛勤劳动,来改变旧中国科学和教育的落后面貌,真可称得上'鞠躬尽瘁,死而后已'。在我们共事的日子里。他曾给予我不少鼓励和支持,他是我毕生难忘的知己。他的早逝,是我国科学教育界的巨大损失,他要是现在还活着,将更能发挥他那卓越的才能。"这位备受李四光赞许的"楚青"正是曾在厦门大学任教的刘树杞。

刘树杞是厦门大学初创时的教师之一,他经历了两次学潮,均被学生驱赶,最著名的一次应该是鲁迅离开厦大时,学生中有人喊出了"刘树杞不走,厦大必无望"的口号。他被认为是排挤鲁迅,迫使鲁迅离开厦大的人,他本人最后也不得不离开厦大。一边是被人赞誉,一边是被学生驱逐,那么刘树杞到底是怎样的一个人呢?

刘树杞：厦大风潮中的"牺牲者"

一

刘树杞是20世纪二三十年代杰出的科学家和教育家，中国化学会对他的赞誉是"当今化学名辈，多出其门下"。刘树杞在电化学与制革学两方面，均有很高的造诣，是研究溶盐电解的先驱，曾以《电解制造铍铝合金》一文享誉欧美。

刘树杞，字楚青，湖北蒲圻人，1890年3月18日出生。据说其祖父曾中过秀才，并当过蒲圻县令。刘树杞兄弟三人，刘树杞是家中长子，二弟刘树槐早年过世，三弟刘树松。刘树杞童年生活在新堤，去武昌求学的经济来源则是依靠父亲所经营的香火铺。当时的香火铺正处于兴旺时期，所得收入不仅可以养家，还可供刘树杞和小他五岁的三弟去上海学医。

在1911年辛亥革命之际，刘树杞正在武昌念中学，时年21岁。他积极拥护孙中山先生推翻帝制建立民国的主张，思想进步，参加了革命。在民国政府刚成立时，年纪轻轻的刘树杞就被任命为财政部参议。

1913年，刘树杞由湖北省派赴美国官费留学，时年23岁。1915年秋，为了选择更好的专业，刘树杞转学至密歇根大学，经过三、四年级专业课的学习，

刘树杞

于 1917 年 2 月以优异的成绩获得化学工程学士学位。同年，刘树杞考入了哥伦比亚大学攻读研究生，于 1918 年 2 月仅用了一年时间就获得化学工程硕士学位。紧接着，用了一年零四个月的时间，于 1919 年 6 月 4 日获得该校化学工程博士学位。

他的博士论文题目是《从铬酸盐废液中电解再生铬酸的连续方法》，正式发表在美国化学工程杂志上。他所选的博士论文课题，正是当时美国化工行业亟待解决的难题。当时新泽西州的一个化工厂产生了大量的铬酸盐废液，不仅白白流失了宝贵财富，而且对人类环境造成了严重污染。在采用他博士论文中的方法后，该化工厂每月可节省铬酸 20 万磅。也就是说，此方法既有高度的学术价值，又具有重要的实用意义。因而，该论文作为一项发明申请了美国专利。直至 20 世纪 40 年代，此博士论文仍被一些学者在专著中引用。

归国后的刘树杞来到了正在筹办的厦门大学，任校长秘书兼理科主任。在首任校长邓萃英不辞而别之后，刘树杞还一度代理校长之职。林文庆接任校长后对教职员职务做了调整，刘树杞同时兼任总务、教务主任，原教务主任郑贞文改任编辑处主任，原总务主任何崇龄任斋务处主任。可以看出，林文庆对刘树杞的才干是认可的，而且非常信任。

1921 年 8 月 18 日晚 6 时，中国工程学会上海分部的常会在四川路青年会食堂举行，由会员郭承志主持。当时因公到上海的刘树杞作为会员也参加了当晚的活动。该会的宗旨是为了方便"同志联络感情，讲求学术，研究实行工程工艺"。上海分部成立半年间，每天都有数人加入，而且该会每月至少集会一次，"研究演讲，以供参考及咨询"。出差在上海的刘树杞也利用这个机会与众多会员进行学术交流，可见其在学术和科学研究上孜孜不倦的追求。

从《申报》的报道中可以发现，刘树杞还是一位充满爱心的学者。1922 年，绍兴的新昌县一带从 6 月 14 日到 7 月 20 日，连续发生三次洪水，平地水深数尺，浩渺如大洋。农作物尽沉波底，生计已绝，情状至为惨酷。各界爱心人士发起了"旅绍新昌水灾筹赈会"，厦门大学的徐师光、高德中二人在校园里发起募捐，刘树杞与林文庆、欧元怀、毛常、伍献文等带头捐款，各捐洋 5 元，并发动师生捐款，筹集了 67 元大洋。

二

刘树杞在厦门大学、武汉大学、国立中央大学、北京大学等四所名校任教过，在厦门大学任教时间最长，达七年之久。他对厦大也饱含深情。然而在这七年间，他曾两次被推到风口浪尖上，两次被驱逐。

1924年5月，林文庆到上海，看到报纸上的文章，"对于厦大之记载，颇肆讥评"，厦大学生以此认为校长林文庆"措置校务不善，致使遭讥议，曾一度集议，以全校学生名义，函请校长退位"。后来因闽南籍学生反对此举，无果而终。林文庆返回厦门后，开除了带头闹事的学生王枞、邢世光，"后邢世光以悔过而免，王则被摒出校"。

本来事情告一段落，没想到5月26日，校长秘书致函注册科主任傅式说、商科主任王毓祥、教育科主任欧元怀以及英文教员林天兰，"谓奉校长面嘱，准于本年八月二十日解职云云"。而此时傅式说、王毓祥、欧元怀等三人"约期未满"，林天兰虽然到期，但英文科的学生曾在此前向校长林文庆要求续聘林天兰。

听说四名教员突然被解聘，27日早晨，商科、教育科、理科学生召开联席会议，推举21人与学校交涉，希望校方收回成命，而且到了林文庆的私宅，面请林文庆撤回，但遭到林文庆的拒绝。同时，学生代表们还拜谒了二校主陈敬贤，但陈敬贤表示此事"系校长全权辞之"，后来学生要求公布欧元怀等人被解聘的原因，遭到了林文庆的拒绝。学生们认为这是学校里的政府派刘树杞、孙贵定、黄开宗等接近校长之人，打击不接近校长的欧元怀、傅式说、王毓祥等人。

风潮越闹越大，6月1日甚至发生了学生与教员、校工互殴的现象。

据1924年6月9日《申报》报道，此次风潮起因甚为复杂，其中的一个原因就与刘树杞有关。6月4日，厦门总商会召集社会各界代表以及厦大校长、学生双方代表在鼓浪屿进行调停，商会会长洪鸿儒出面主持，厦大教师邵庆元、林幽、薛永黍作为校方代表报告了风潮情形。根据他们的报告，这次风潮并非从5月开始，而是早在1922年冬季就已经埋下了伏笔，这个伏笔就是从欧元怀与刘树杞的暗斗开始的。

当时刘树杞任教务主任，而欧元怀为注册科主任，欧元怀"耻其以教育硕士之资格而居于以化学博士资格为教务主任者之下也，居恒愤愤不平，有取而代之之心"。根据报刊上的报道，欧元怀曾经将此意"讽示校长"，不知道校长认为欧元怀是新到之人，还是认为刘树杞比较可靠，"终未应其所请"。后来，虽然刘树杞一度辞去教务主任之职，而且以欧元怀代理此职务，但不到一个月，刘树杞又"官复原职"，"以是欧氏更不能平，而暗斗益烈"。

此时的刘树杞也备受非议，报道称："刘时以两代元老之资格，势力特盛，树敌亦多"。欧元怀利用这个机会，"以植羽党，攻讦刘氏，于是乎刘氏私事，辄闻之街谈巷议之间，见之厕池白壁之上"。

刘树杞虽然和欧元怀有内斗，但两人见面时又上演了戏剧性的一面。"但观二人相晤时亲密之态度，几无异手足，使非有深知其内幕者，必不能信二人乃在斗争中之两英雄也"。两人的暗斗给厦大带来了不良的影响，"自是以后，党同伐异之风，弥漫于厦大之内，迄不能止"。

后来，"以流派人数较少，校长乃以消减教务主任职权，声明教务处为校长室之一部分，冀平其争"。为了平息各方争议，"刘氏之被迫解去教务主任职"，林文庆任命做秘书的孙贵定出任，没想到孙贵定走马上任后也立刻遭到众多教员的抵触，"故倒刘之波未平，而倒孙之潮又起"。

学生甚至宣布了林文庆的四条罪状：资格不称，办事无能，思想陈腐，心术不正，并宣布所谓政府派教员刘树杞、孙贵定、周辨明、黄开宗、王振先等人的罪状，并"限令出校"。

面对风潮，林文庆坚决不收回成命，最终欧元怀、傅式说、王毓祥等多名教师和两三百名学生离开厦大。学校提前放假，风潮暂告一段落。刘树杞虽然受到冲击，但仍旧在厦门大学任教。

当年的8月20日下午5时，刘树杞与李葆瑜的结婚仪式在上海昌世中学国粹厅举行，主婚人为朱葆元博士。朱葆元与刘树杞都是美国哥

黄开宗

伦比亚大学毕业的，有校友之谊。朱氏一直是上海虹口救世主教堂的牧师，任职达三十年。他还曾做过熊希龄与毛彦文的证婚人。

新娘李葆瑜，安徽太平（今黄山市）人。1902年10月17日出生，1969年10月1日在武汉病故。刘树杞之子刘巍曾撰文称："母亲高中毕业，在20年代妇女能有此文化水平应属不易，母亲能讲一口流利的英语，能弹一手好钢琴。父亲1929年春至1930年夏再度赴美做研究工作期间，母亲一直在纽约陪伴父亲。"

刘树杞结婚照

1925年9月10日，厦大在上海的招生工作结束，新生需要在15日报到注册。在上海的刘树杞与徐声金、陈定谟、周辨明、陈苕之等厦大的新老教授一起，带着王汉才、李晃、洪克振等18名新生，乘坐招商局"同华"船赴厦门。

三

相对于刘树杞的科学家身份，很多人更关注的是鲁迅笔下的刘树杞。刘树杞离开厦门大学也是因为第二次学潮的爆发，说到这次学潮不能不说到厦大任教的鲁迅。

1926年9月4日，鲁迅从上海乘坐"新宁"号轮到厦门，在厦大任教。林语堂在《我这一生：林语堂口述自传》中讲述了当时的情况，当时林语堂在北京被通缉，他在林可胜大夫家躲避了三个星期，后来决定来厦门，在朋友的介绍下，他和鲁迅、沈兼士等人来到了厦门大学。书中称："北京大学这批教授一到，厦大的国文系立刻朝气蓬勃，向第十一世纪兴建的那座古老的木造巨厦'东西塔'送上了一项研究计划。这却引起了科学系刘树杞博士的嫉妒。鲁迅那时单独住在一处，他的女友许小姐已经单独去了广州。我住在海边一栋单独的房子里，我觉得身为福建人，却没有尽地主之谊。由于刘树杞的势力和狠毒，鲁迅被迫搬了三次家。他那时正在写他的《小说旧闻钞》。他和他的同乡——报馆的朋友孙伏园一起开火。他们吃的是金华火腿，喝的是绍兴酒，他在这种情形之下，当然无法在厦门待下去，他决定辞职，到广州去。他要离去的消息传出后，国文系的学生起了风潮，要驱逐刘树杞。"

有资料称，厦门大学老教授是以厦大教务主任兼理科部主任、厦大的实力派刘树杞为代表，因"半个北大"的新教授来到厦大，新教授的风光很快就让厦大的老教授们在心理上失去了平衡。厦大是靠理科起家的，经费、校舍资源等各项政策都向理科倾斜，国学研究院兴起后，分去近一半的研究经费，让刘树杞等人难以忍受。于是，刘树杞就利用自己掌管财政之便，向鲁迅等人发难，几次逼鲁迅搬家，最后一次，居然让鲁迅搬到了厦大的地下室居住。鲁迅的屋子里原来有两个灯泡，刘树杞说要节约电费，非得让人摘下一个不行，这"灯泡"事件让鲁迅对厦大失望万分。

鲁迅到厦门大学任教后，"不料竟因种种，不克展其志而去"，"百无可为，溜之大吉"。1926年12月31日，鲁迅正式提交辞职书。鲁迅声明与厦大脱离关系后，因"鲁迅故博厦大多数学生好感，学生于6日开欢送会，7日乃发生驱刘风潮矣，盖认凡此种种刘主之也"。

很显然，鲁迅的离开被很多学生认为是受到了刘树杞的排挤，一时间刘树杞成了众矢之的。

1927年1月23日《民国日报》所刊《厦门大学的驱刘运动》一文载："6日欢送鲁迅大会之夕，厦大即发现'刘树杞不走，厦大必无望'之标语。7日晨开全体学生大会，由主动之学生征求全体意见，上书校长请解刘本兼各职，签名者据学生会宣称达170余人，组织驱刘执行委员会，推举执行委员，当选者为王方仁、朱斐、刘国一、陈基志、廖立峨、蓝耀文、崔真喜、易谅坤、罗扬才等九人，议决驱逐刘树杞……"鲁迅也曾在文中说："不知怎地终于发生了改良学校运动，首先提出的是要求校长罢免大学秘书刘树杞博士。"

学生除了喊出"刘树杞不走，厦大必无望"的口号，并发出宣言罗列刘树杞的罪状：

> 刘树杞的罪状，真是罄竹难书，现在我们把他略写下几条，以证明我们所说的都是有根据的，不是捏造的。
>
> 一、把持校务：（一）国学研究院和大学，谁都知道是相并立的，但刘树杞假代理大学秘书之头衔擅自拆阅给国学研究院及院长的信，这不是刘树杞把持校务的证据吗？（二）去年学生们要去聘姜立夫先生的时候，刘树杞不肯答应，后由黄汉和先生出面调停，才得相安无事。
>
> 二、包围校长：（一）校长的印握在他手里，许多事校长要办，他不盖印；（二）去年他看见新聘来教授们薪金比他多，于是他就包围校长，也要求增薪。
>
> 三、排斥异己：（一）某科主任要聘朱经农、程湘帆等，刘树杞以为于他自己不利，力加阻止。
>
> 四、品性恶劣：（一）结党营私，以酒肉为诱饵，如去年六月某日设宴运动做副校长；（二）以位置为诱饵，如请刘云浦为助教等。
>
> 我们的目的只在驱刘，希望大家相信，这几百青年为他抛弃学业，厦大为他腐败到现在的境地，要是他是爱护学校的，他当即日自动的走。然而我们的运动已有三日了，他还是在摧残学校，还是在包围校长。我们虽明知自己是不谙世情的青年，不是阴谋设计的刘树杞的对手，然而我们凭了我们的良心，为闽南文化计，为中国前途计，只好出此一举。我们希望外界明白我们此次运动的真相，所以特此掬诚相告。厦门大学全体学生同叩。十六年一月八日。

一面是"驱刘"，另一面是理科生的"拥刘"。"刘树杞在厦大初创时即任教授，林文庆任校长时任为理科主任，在厦大时间最久。其对厦大及其个人平日行为记者不详，惟其教授之理科，则确有成绩，所聘教授如秉志等人选也佳。

且以见信于林文庆，办事易举，理科经费充裕，设备也极完全，为校内及社会一般所公认者。以是理科学生对刘极好感，风潮发生后，表示绝对拥刘。又以理科教授声明与刘同进退，不欲完善之理科因此破坏，益坚其拥刘决心"。

拥刘的学生召开了理科同学会，"一致坚决拥刘，并派代表二人，函致驱刘会，云'径启者'：贵会日内驱刘运动，影响于敝科者孔大，散会事前袖手，事后不得不诚意谋事实上之解决。谨据敝会全体大会之结果，对贵会提出如次：（一）刘理科主任驱走之后，各理科教授，已有与刘始终同走之表示。是则贵会驱刘结果，实等于驱理科全体教授，敝同人为求学前途计，不能不向贵会质问维持办法者一。（二）敝会大会结果决定留刘，留刘即以维持敝科，不致破产，如贵会无解决第一提议事实上之圆满解决，敝会得勉留刘主任，以维持敝科，此不得不对贵会申明者二。此皆敝会本同学合作互相爱护之精神而提出，也望贵会本此精神，为诚恳之答复。除分派代表出席贵会表示意见外，相应函达贵会公鉴。理科同学会启，一月八号"。

理科同学会表示"驱刘运动，理科同学均十分赞成，不过刘树杞走后，理科一部分教授将随刘走，理科同学会为维持理科起见，不得不挽留刘氏，如驱刘委员会对理科善后未有切实办法，理科同学会必须挽留刘氏，挽留刘氏即是维持理科"。

校长林文庆在1927年1月8日晚致驱刘委员会函称，刘树杞去志已坚，无法挽留。学生对此不满意，于9日晨再度集会，"举代表请明令解刘本兼职"。而理科学生则坚决挽留，并称"刘去，理科教授将同去，故留刘"。林文庆也在当晚表示"刘为人才，任事极适宜，无听去理，惟刘决定去，现已离校。余对鲁迅辞，亦决留"。

11日，理科同学会发表宣言，发布学潮真相油印品，力陈刘氏在厦大之成绩与贡献，谓此次学潮乃少数学生鼓动。驱刘会同学们也曾致函挽留理科教授，并函劝理科生勿拥刘，然理科生不改其志也。

双方互不相让，虽然有多方介入调停，但没有缓和的迹象。对于刘树杞和鲁迅，林文庆都不希望他们离开厦大。林文庆曾对人说："刘博士为国内有数科学家，厦大得之，方引为幸，焉有听其引去理。即周鲁迅先生，余也极力挽留。

余之任人，一以人才为标准，初无成见于其间。惟刘博士为免除学校困难计，已坚决辞职，并将离校耳。若夫因学生之要求而明令辞教授职，此尤其难勉从也。至刘氏则除提出辞职外，尚无表示。"

12日，"学生开会对林无准刘辞职表示不满意，仍决继续驱刘工作"，学校方面为了尽早平息风潮，不得不宣布提前放假。13日，林文庆设宴饯别刘树杞、鲁迅二人。

1927年1月15日午后，鲁迅在许多教师、学生的陪伴下登上了前往广州的船，离开了厦门大学。

16日，校方在各报刊载启事。1927年1月28日《申报》上所载启事云："厦门大学启事，本校为提倡国学起见，商得校董部之同意，创设国学研究院，敬请名流担任讲席。近因院中教授有辞职别就者，校长极力挽留无效，身怀歉仄。遂有少数学生，借此鼓动风潮，推举代表向校长交涉，略谓理科主任兼代秘书长刘树杞博士把持校务，致使国学教授难行其志而辞职，要求罢免刘君本兼各职。校长以此举并非学生全体意见，且指斥刘君之劣迹，事无佐证，自未便听少数学生之要求，而为法外之处分。况学生血气方刚，有时为感情关系，往往各走极端。文科少数学生反对刘君，而理科全体学生则挽留刘君，相持不下，必至演成僵局，故风潮发生后，对于双方学生再四解说。俾得了然于胸，然后发帖通告，提前放假。当风潮之起也，刘君以有人反对，即向校长表明自动辞职。虽经学校再四挽留，而刘君去志已决，是反对之目标已失，而兹事可以解决矣。唯恐外间不明真相，偏听一面之词，致生误会，特将经过情形粗陈崖略，诸希各界诸君子鉴查为幸。十六年一月十六日。"

当日，校长林文庆及一部分教师为刘树杞举行了欢送会。17日，刘树杞离开了厦大，乘船赴沪。当时有学生说："要是他是爱护学校的，他当即日自动的走。"刘树杞主动提出辞职，非常决绝地离开了厦大。

林文庆在校长的年度报告中，曾称赞刘树杞的贡献："其对于教务上种种之设施，莫不尽力计划，一年以来卓著成绩。因其交游甚广，延揽多方，故能招请多数热心学者，以从事于各种专门学问之教授及研究。"

其实鲁迅在《自传》中曾说："约有半年，和校长以及别的几个教授冲突了，便到广州，在中山大学做了教务长兼文科教授。"可见与鲁迅有矛盾的除了林文庆、刘树杞之外，还有其他人，只不过刘树杞因"把持校务"成了这次风潮的牺牲者，与鲁迅一前一后离开厦门大学。鲁迅说："如果我安心在厦门大学吃饭，或者没有这些事的罢，然而这是我所意料不到的。"

四

刘树杞虽辞职，但厦大校方始终挽留，并将他的职位保留了一年，直至他在武汉任职为止。

1928年春，刘树杞出任湖北省教育厅厅长一职，并兼武汉大学筹备委员会主任，参与了武汉大学的筹建工作。他以主要精力投入武汉大学的兴建工作，一直到武汉大学建成并走向正轨。他曾被蔡元培任命为武汉大学的代理校长（亦被武大校史称为首任校长），为武汉大学日后蓬勃发展奠定了良好与坚实的基础。

1929年春，刘树杞毅然辞去了武汉大学代理校长及湖北省政府委员和教育厅厅长的职务，在中华文化教育基金会补助金的支持下，准备再度赴美国哥伦比亚大学从事他的科研工作。

1929年6月19日，刘树杞做赴美打算，然因身体欠佳，未能成行。他搭乘"庐州"轮再次来到厦大，拜会了林文庆和一些老同事，并且住在厦大。22日晚，林文庆在鼓浪屿上宴请刘树杞。刘树杞待了近一周的时间，才离开厦门前往福州，据说是为了考察漆业的近况。

再度赴美后，刘树杞专门研究制革和电化工程，并很快完成了《电解制造铍铝合金》的著名论文，此法的研究成功解决了当时工业上一个极为重要的问题。铍铝合金具有质量轻、强度高、抗腐蚀等许多优良特性，它的制造方法解决后，对航空工业、机器制造等方面具有十分重要的意义。

刘树杞工作异常勤奋，在纽约时同时进行电化学和制革学两方面的研究，每天来往于哥伦比亚大学与柏拉提学院。他早上7点至柏拉提学院研究制革，晚上回哥伦比亚大学研究铍铝合金，天天这样早出晚归，工作十分辛劳，但他总是兴致勃勃，怡然自乐。

1930年夏，刘树杞回国，出任国立中央大学（南京大学前身）化学系主任、理学院代院长。虽然任职时间仅约一年，但他亲自筹划和指导安装了熔盐电化学实验室设备。

1931年，刘树杞被聘为北京大学理学院院长。胡适在1931年3月28日的日记中写道："北大新聘的理学院长刘树杞博士（楚青）从南京来。叔永约他和梦麟和我们吃饭，饭后他和梦麟谈理院教授人选。不到两点钟，整个学院已形成了。院长制之效如此。刘君是湖北蒲圻人，密歇根大学的学士，哥伦比亚大学的博士，治化学甚有成绩，曾任厦大、武大、中央各校教授。其人很可以做事，北大得也，可称得人。"

1935年9月12日上午9时16分，刘树杞在北平协和医院去世，享年45岁，"遗妻及子三女一"。从1935年第19卷第10期《科学》杂志上所载《北大理学院长刘树杞逝世》的消息中可知，刘树杞曾患有神经衰弱症，休假一年，但是后来因为血压过高，住进了协和医院接受治疗，"刘体质素弱，竟不治逝世"。

13日上午11点，刘树杞的遗骸入殓，中午时分移灵嘉兴寺暂厝，路过北大一院校门时，举行路祭。北大校长蒋梦麟亲自带领北大师生致祭，北大全体师生均表哀情。刘树杞的身后事由北大办理，举行追悼会并向当时的教育部请求恤金。后北大同人和家属在灯市口86号设立治丧处，并由学校通知各方，择吉开吊。

刘楚青先生公葬委员会于10月28日在北大第二医院召开了第一次会议，"到会者有委员九人，蒋梦麟校长主席"，会议决定"在香山万安公墓购地二穴为公葬之用"；还初步商定在11月8日，至迟为11月15日举行公葬仪式。收到公葬捐款2000元，其中武汉大学的200元作为楚青纪念奖学金之用；北大、厦大各捐500元，交给李葆瑜作抚恤金；余下的800元作为公葬费用，如有剩余还将交给李葆瑜

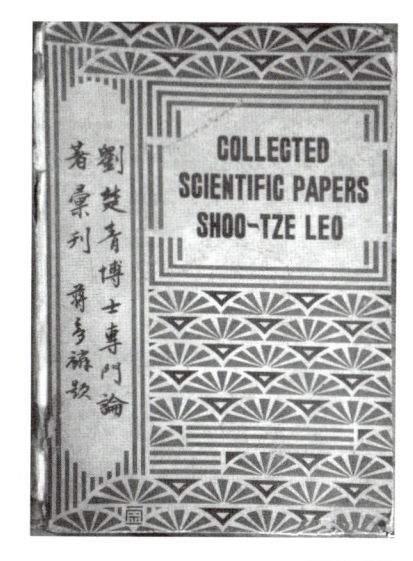

刘树杞遗著

作为抚恤金。

11月15日下午2时，在万安公墓举行公葬典礼，由北大校长蒋梦麟主持，平津文化界、教育界名人以及刘树杞生前好友等前往参加。下午3点，灵柩入圹，"加盖后参加典礼人行三鞠躬，礼毕，由蒋梦麟先生致辞"。随后，刘树杞在厦大的弟子刘云浦偕刘树杞的两个儿子代表刘夫人向来宾致谢。

鲁迅对刘树杞反感，林语堂也说他打压鲁迅，那么刘树杞给人的印象到底如何呢？在1995年由北京大学化学学院编印的《北京大学化学系成立85周年纪念》文集中，赵匡华在《业绩不朽 风范长存》一文中称："刘（字楚青）先生为人处世豁达豪爽，洒脱不拘，待躬克己，和蔼可亲。虽为厅长、院长（北大理学院），绝无做矜自诩，从不失布衣学者风度。"刘树杞的知交张洪沅说他是"为学不厌，诲人不倦之仁人君子"。

刘树杞在厦门大学任教期间，努力为理科争取经费，争取编制，争取设备。在他的主持下，1926年6月和11月，总面积35000多平方米的化学院、生物院两大主楼先后落成，为厦门大学理科的发展创造了优越的条件。加上教师们努力工作，理科的教学、科研成果显得特别突出。

短短几年，厦大理科就建成了制革实验所。由于制革实验所是我国高校最早建立的科研实验基地，更因为刘树杞是当时极负声望的化学家，所以厦大化学系在其创办初期就在业界产生了巨大的影响力。

刘树杞任化学教授承担的教学任务相当繁重。从1926年秋主持的课程可见，他每周任课共11学时，其中有机化学讨论会2学时，无机化学演讲3学时，实习6学时。他还亲自编写了《无机化学》教材。

刘树杞去世后，厦门大学并没有忘记他。1936年，"该校为纪念刘博士过去劳绩，爰规定设立'纪念刘树杞奖学金'，以备鼓励理学院成绩最佳之学生"。但这个奖学金的名额只有一名，当年的9月23日，数理系成绩最优学生陈为敏荣获"纪念刘树杞奖学金"，他是一名大二学生，各科成绩都在86分以上，"聪敏过人，数学成绩特优，堪冠全级"。

厦门大学还在"化学之门"雕塑上镶嵌了刘树杞的浮雕半身像，并附生平简介及其手迹"任重道远"。这是厦门大学对刘树杞的认可与肯定，也是最好的纪念。

林文庆

林文庆是厦门大学的第二任校长，执掌厦门大学16年，为厦门大学的发展鞠躬尽瘁。他曾几年不领厦大工资，费尽心血为厦大筹集经费，他的妻子卖地支持厦大，他甚至将"夫人的私房钱全部捐给厦门大学"。66岁时，他在南洋沿门扣户为厦门大学募捐。他在临终前将鼓浪屿的别墅捐给厦门大学，还把新加坡一块地的最大份额捐给了厦门大学。然而他又是鲁迅眼中"尊孔的英国籍中国人"，所以多年来都被误读。

林文庆：陈嘉庚办学思想的实践者

一

1921年5月19日，《民国日报》《时报》等当时的大小报刊都不约而同地刊载了一条消息："厦门大学校长由林文庆接充。"25日《申报》又称："目下该校已聘定医学博士林文庆接充，林素为新加坡南洋英属殖民地华侨代议士，承聘已允，即日回国至校接事矣。"至此，厦门大学新校长已经聘定，这给厦大的师生们吃了一颗定心丸。

与此同时，社会上也出现了反对的声音。25日的《民国日报》刊登了全国各界联合会致陈嘉庚、厦门大学师生的《反对厦门大学新校长》的消息，云："厦门陈嘉庚先生鉴，报载厦门大学校长邓萃英辞职，以林文庆接充。闻讯之下，不胜骇异。闽南大学正在萌芽，长斯校者，非公正干练，曷能胜任？林文庆一卑鄙龌龊之夫耳，本无教育经验，且身为华侨议员，甘心受英人指挥，承认南洋英属学校注册条例，主张压迫侨民之反对苛例者。其人格若斯，果使之长厦门大学，则闽省教育必被其破坏摧残无疑。先生毁家兴学，一片热诚，为国人所共钦，当不忍创造之大学，败于若人之手也。用布腹心，希垂鉴之。"

这些杂音并没有影响陈嘉庚聘请林文庆的决心。在师生们的期盼中，林文庆来到了厦门。1921年7

月10日《时报》载:"厦门大学新校长林文庆氏(四日)抵厦视事,内部多改组,并决秋季添招三级,男女同校。"据7月14日《晨报》所载《林文庆就任校长后之厦门大学》一文可知,林文庆到达厦门后当即入校视事,赶到位于集美学校的厦大校舍,当天下午5点在校开学生座谈会,"宣布对于厦门大学之抱负及宗旨,各教员均有列席。林氏演说语极繁杂,大意不外谓厦门大学须办成一生的非死的、真的非假的、实的非虚的大学。并谓孔教实亦有可取之处,未可厚非"。

当时,厦大聘请的会计员张哲农、庶务员甘景罗、伦理教员朱隐青、国文教员郑天挺等已经辞职。在改组中,林文庆宣布总务、教务两处主任由刘树杞担任,前总务主任何嵩龄任另设的斋务处主任,前教务主任郑贞文改充编辑处主任。计划在下学期添招新生三班,分别为商科、师范文史地科、师范数理化科,每班计划招收20人,并决定进行严格筛选,"程度稍逊者,决不录取"。可见,林文庆在招生上坚持宁缺毋滥,要求严格。

林文庆,字梦琴,原籍福建海澄县(今漳州龙海市)人,一说为今厦门市海沧区鳌冠村人。全国台湾研究会副会长、厦门大学台湾研究院讲座教授汪毅夫,曾到贵州省贵阳市档案馆查阅该馆庋藏的中国红十字会救护总队的档案,发现林文庆之子林可胜的"籍贯"为福建吾贯,汪毅夫先生说:"吾贯又名五贯、鳌冠,地属海沧,而海沧旧属漳州海澄,今属厦门也。"

1869年10月18日(清同治八年九月十四日),林文庆出生于新加坡,是第三代华侨。他的祖父林玛彭漂洋过海到南洋谋生,父亲林天尧是鸦片税承包行的助理。林文庆10岁丧母,16岁丧父。先在福建会馆附设的学堂读四书五经,又学英语,后升入新加坡莱佛士学院。1887年因成绩优异,获英女皇奖学金,是获得该项奖学金的第一个中国人。毕业后,赴英国爱丁堡大学攻读医学,获内科学士和外科硕士,受聘剑桥大学研究病理学。回到新加坡后,由于医术高明,他很快就成为新加坡著名的医生。

林文庆到厦门的报道

29岁时，林文庆便获得了"太平局绅"的头衔。林文庆还是"语言天才"，除英语外，他对汉语造诣颇深，并熟谙闽粤方言，还精通马来语、泰米尔语、日语等。他行医、经商同时还进行社会活动。

早在1896年，林文庆就与同为海澄籍的马来西亚华商陈齐贤合作，率先引进巴西橡胶到南洋种植，集资经营马六甲橡胶园，获得巨大成功。陈嘉庚就在他的影响下经营橡胶园，并取得颇为丰厚的利润。因而，林文庆被陈嘉庚誉为"马来西亚树胶之父"，两人从此结下不解之缘。

1912年初，林文庆受孙中山邀请回国担任内务部卫生司司长，同时兼任孙中山的私人秘书和医生。

邓萃英辞职后，陈嘉庚重新物色新校长，将视野转向了南洋华侨知识界的名流。在陈嘉庚看来，林文庆是不二之选，他对林文庆非常敬佩，曾说："在南洋数百万华侨中，而能通西洋物质之科学，兼具中国文化之精神者，当首推林文庆博士。"鉴于此，他极力邀请林文庆接长厦门大学。

1921年5月，孙中山在广州宣誓就任中华民国非常大总统之后，邀请林文庆襄助外交事务。林文庆同时接到陈嘉庚的电报，邀请他出任厦门大学校长。林文庆发电报给孙中山，请孙中山代为决定。在孙中山的支持下，林文庆接受了陈嘉庚的邀请。

于是，林文庆放弃了在星洲（新加坡）的优越生活，在1921年6月带着家人登上由新加坡开往厦门的邮轮。"承永久董事陈嘉庚先生聘任为厦门大学校长，函电交驰，催促甚亟，即于是月中旬离新加坡，于是月杪到校"。由此开始其16年的大学校长生涯。

1922年2月起，厦门大学首批校舍陆续落成，林文庆率师生们从集美学校渡海迁入新校舍。在首批新校舍中，陈嘉庚题写了"映雪"楼，其弟陈敬贤题写"囊萤"楼，并请林文庆题写"群贤"楼，以示纪念。

1926年1月29日晚，新加坡绅商各界人士150多人，在中华俱乐部盛情款待返回新加坡的林文庆。陈嘉庚在发言中称林文庆是"牺牲一己之权利，虽年有数万元入息，舍而不顾，不宁唯是，尚有数十万元之家资，委托于他人，不思再事经营，希冀百万或数百万元，故谓置自救于不顾……而思大规模之救人"。可见为了尚在襁褓之中的厦门大学，林文庆所做出的巨大牺牲。

在严春宝所著《一生真伪有谁知：大学校长林文庆》一书中，列举了陈嘉庚总结的林文庆愿意受聘为厦门大学校长的三个原因：

> 一、林先生出于良心上之天职以尽义务；
> 二、不忘为学生时代在英伦大学受教师之训诫，当力行博爱及大规模救人之宗旨；
> 三、不敢违背本坡政府官费生之主义，尽政府培养优秀分子，莫非希望他日成才，为大规模之救人且无界限地方种族。

二

1928年2月8日，伍朝枢、孙科、胡汉民等赴欧洲考察途经新加坡。一天，伍朝枢在拜访当地总商会后，即将出大门时遭到枪击。但凶手没有击中伍朝枢，而是击伤了林文庆。消息曝光后，厦大教职员和学生倍感震惊，遂拍电报慰问。

1928年第179期《厦大周刊》刊载了林文庆遭遇枪击的详细经过。事发时伍朝枢、林义顺和林文庆前往总商会，下午5点半，伍朝枢走到门口时，有两人突然朝他开枪，但没有击中，于是再次开枪。林义顺倒在地上，而林文庆高声喝令不能行凶，凶手听闻后转向林文庆射击。林文庆中枪后由商会左门而入，当时血流如注。凶手当场被捕，林文庆被送往诗排铺政府医院救治。陈嘉庚闻讯后前往医院探视，"见到林博士能自起身移床，且与嘉庚先生握手，至受伤之处，弹子系由鼻旁入，弹未取出，时右腮肿起如蛋"。医生说，所幸伤在皮肤，暂无大碍。

时人称林文庆"学擅中西，深于析理，以举世轻薄至道之秋，独能昌明绝学；以我国群趋外教之顷，独能不负儒宗"。在林文庆修订的《厦门大学宗旨》中可以看出他的办学理念，他说："本大学之主要目的，在博集东西各国之学术及其精神，以研究一切现象之底蕴与功用；同时阐发中国固有学艺之美质，使之融会贯通，成为一种最新最完善之文化。"

林文庆在《校长报告》中也说："本校之目的在养成各种高等专门人才，使本校之学生虽足不出国外而其所受之教育，能与世界各国之大学相颉颃。"他在提倡传统文化的同时主张东西方文化融会贯通。

林文庆认为："教育的目的在于品格的陶冶，意志的训练，养成纯洁的道德人格；同时又要养成一种能把在学校里修到的智识应用到实践的行为上去。要有即知即行，自修自立，说得到，做得到的精神，不要只成为消极的循规蹈矩的正人君子，而且还要成为积极的成大业立大功的伟大人物。因为仅有道德的，不过是一件外衣，要有丰富的知识和力行的精神，人格才会充实丰满起来，这样才能养成高尚的人格。"

林文庆极其重视人才的培养，对厦大的学生们充满期待。他在1926年6月10日厦门大学首届毕业生毕业之际说："鄙人颇希望本校本届各科毕业生诸君，各抱至伟至大之毅力，至诚至勇之愿望，各本所学，各尽所能，为国家增光，为人民造福，万勿辜负本校造就人才之至旨也。"

林文庆在《大学的学生》一文中甚至说："每个大学生须要期望做将来社会的一个领袖，有这样目的在观念之中，就会忍耐去学适应将来环境的方法。他能自主之后，还要努力去求得做社会领袖的资格。他应自己劳苦，和准备自己的极大牺牲，此外并当时常准备抵抗一切困苦的阻力。他尚需明了群众的心理，备具坚决的意志，不要鲁莽从事，并须公正、严肃和刚直。在学校的时候，倘能注意到这些特点，将来必定可以成为有名的领袖。"

林文庆对学生也是十分关爱，他召集新生开茶话会，为老生开欢送会。1930年第10卷第5期《厦大周刊》载，1930年9月28日、10月5日，林文庆两次邀请这一年入学新生，在训育委员陈定谟的带领下，到林文庆位于鼓浪屿笔架山的住宅内茶话，林文庆还带大家游览水操台等处。著名画家叶浅予与女友、老乡等五人看到厦门大学的招生信息后，搭火车、乘海轮赶来厦门大学，却错过了考试时间，但在一位老师的介绍下，他们见到了林文庆。林文庆热情接待了他们，并答应让他们补考，结果只有一人考入厦门大学，叶浅予等四人进入了补习班，准备下次再考。但叶浅予在暑假时，搭乘一艘带客的货轮回到杭州，没有再回厦大。

可以说林文庆是厦门大学私立时期陈嘉庚的全权代表，是陈嘉庚办学思想的实践者。1924年，林文庆在厦门大学三周年校庆时讲话说："本校三年中之经过虽不甚良好，然责任甚重。中国各大学之教授，多注重外国新学说新知识，于中国古来文化则不甚研究。我谓无论大学中学，皆当读孔孟之书，保存国粹……然我最为中国幸者，中国五千年之文化，至今犹见昌明。彼波斯、埃及、印度等国亦古代文明国也，今其古代之文化胥归湮没。我中国周公所制之周礼，至今尚如日月经天，江河行地。当陈校长在南洋聘予回国任校长时，予寻以办学宗旨，陈校董答以当注重中国固有之文化，予是以欣然归国，予亦尊重中国固有之文化也。今之学生，能以中国古代之文化为基础，则庶乎近矣。"他的这些言论被当时的报刊称为"怪论"。

陈嘉庚全力支持林文庆，他曾在信中说："权操校长，校中事概由林君裁处。"而林文庆也经常在师生中宣传陈嘉庚毁家兴学的事迹，宣传嘉庚精神。在实际工作中，林文庆勤勤恳恳，践行陈嘉庚"当注重中国固有之文化"的理念，"以求无负于先生"，对中国传统文化给予极大的关注。正因为如此，厦大才会有创办国学研究院之举。

1925年下半年，厦大开始着手筹划成立国学研究院，还成立了筹备委员会，林文庆亲自担任主任，制订了组织大纲。在林语堂的邀请下，鲁迅、沈兼士、顾颉刚、孙伏园、张颐、张星烺等北大教员纷纷南下，厦门大学国学研究院得以成立。

因为在办学的过程中注重中国古代文化，所以提倡国学的林文庆给鲁迅留下不好的印象，被鲁迅称为"尊孔的校长"。鲁迅曾在《海上通信》中说："校长林文庆博士是英国籍的中国人，开口闭口，不离孔子，曾经做过一本讲孔教的书，可惜名目我忘记了。听说还有一本英文的自传，将在商务印书馆出版。现在正做着《人种问题》。他待我实在是很隆重，请我吃过几次饭。单是饯行，就有两回，不过现在'排挤说'倒衰退了。前天所听到的是他在宣传，我到厦门原来是来捣乱，并非预备在厦门教书的，所以北京的位置都没有辞掉。"

虽然林文庆对鲁迅不错，但鲁迅并不领情。鲁迅给许广平的信中说："因为我所不满意的是校长，所以无可调和……但我知道，校长是绝不会改悔的，他对我很恭敬，但我讨厌他，总觉得他不像中国人，像英国人。"虽然与鲁迅有矛盾，但林文庆对鲁迅很恭敬，鲁迅离校时，林文庆极力挽留，还两次宴请了鲁迅，可见林文庆的心胸并不狭隘。鲁迅却给林文庆贴上了"开口闭口，不离孔子"、食古不化的标签，给世人留下了林文庆迂腐不堪的印象，从此林文庆被误读了很久，以至于后来，他为厦大的付出被人刻意地回避了。

厦大教员王倘在1937年第1卷第12期《厦大校刊》撰文称林文庆的精神可谓厦大的四大特色之一。他说："校长林文庆先生，为革命先进，掌理校务已十余年，始终如一，未尝稍懈，虽年将古稀，但精神矍铄，精力过人，平日处事以宽大为怀，以敦品励学，勉勖学生，与校长接触的，多为其所感动，其潜移默化之功，可称伟大。此种特殊精神，可为厦大特色之一。"

三

1928年第191期《厦大周刊》刊载了一条"林校长发现新植物"的消息，云："本校校长林文庆博士，好学之心，老而弥笃，对于中外植物学，悉经研究。最近与钟心煊主任，复在厦岛白石炮台后高山上，发现一新植物，属茶科植物，Euryale属，现正在详细研究，一俟研究完毕，即可登报。"

除了从事科研之外，林文庆还在繁杂的行政工作之外从事翻译。1929年第204期《厦大周刊》称"林校长离骚译本行将出版"，从中可知林文庆在1928年已经翻译完《离骚》，将由上海商务印书馆出版。1929年12月22日《申报》上就刊有此书的大幅宣传广告，称此书大6开本，英汉对照，共228页。英国著名汉学家翟理斯和印度著名诗人泰戈尔作序，"赞许译者的成功，尤足为本书生色"。1930年，林文庆兼任在上海出版的英文期刊《民族周刊》的主编。林文庆的著述还有《中国内部之危机》《东方生活的悲剧》《新的中国》等。

1928年，年近60的林文庆曾多次向陈嘉庚表示"年岁渐老精力渐衰"，希望辞去厦门大学校长的职务，但陈嘉庚极力挽留。据李元瑾《林文庆走向厦门大学：一个新加坡华人的寻根之路》载，陈嘉庚甚至对林文庆说："你不能去，你须为厦门大学奋斗到死，我也愿为厦门大学奋斗到死。"于是林文庆又留了下来。

1931年，在厦门大学创办10周年时，林文庆说："本大学既为嘉庚先生所创办，当然可以说是嘉庚先生精神寄托的地方，嘉庚先生的精神是什么呢？就是我国圣贤所传给我们的'天下为公'的精神，是一种利他而肯牺牲的精神。嘉庚先生有此种精神，所以他能够急公好义，把自己努力所得的大部分金钱，拿来办教育，为社会大多数人谋最高的幸福。他性情是很沉静、诚直，不喜欢别人对于他的行为加以赞美或宣扬，可是他的事业，是很足以表现他的精神出来。"

林文庆翻译的《离骚》

为了能使嘉庚精神在厦门大学得到传承和发扬，林文庆鞠躬尽瘁。纵观林文庆在厦门大学的16年，前8年是进行校舍建设、校务校政等诸多方面的建设，其中掺杂着纷扰的人事纷争和学潮运动；后8年，由于陈嘉庚经营的产业受到冲击，乃至最后破产收盘，学校的经费日趋紧张，林文庆主要的精力是想方设法为厦门大学筹集办学经费。

其实，据1926年2月2日《南洋商报》载，林文庆在南洋时就呼吁绅商们为厦门大学捐款了。他说："该大学虽名曰厦门大学，实则为世界之大学，所收学生，不唯中国十余省子弟，即外国如高丽亦有学生来肄业，至于捐款虽是陈君一人负担，照弟希望列位诸君不可放弃责任，如现拟倡办之厦门大学公立医院，需款颇巨，望诸君解囊相助。"林文庆的呼吁得到各界的积极响应，南洋的绅商们对厦大的发展给予了大力支持。据1926年3月6日《时报》载："林文庆在新加坡为厦大医校募得37万。"

之后，林文庆又多次到南洋去筹款。严春宝所著《一生真伪有谁知：大学校长林文庆》一书中说，1934年12月23日，林文庆带领法律系主任傅文楷、附设高中教务主任曾郭棠又到南洋募捐。曾郭棠在《随林校长南渡所得的感想》一文中写道："每天都是在5时左右起卧，9点多钟出发工作，一直到晚上一二点钟才得睡觉，每天都要沿门扣户募捐，说了不少的话，跑了不少的路。

有人常常劝他说：'林校长你年纪这样高了，天天这样辛苦，明天早上应当休息半天，下午再工作吧！'他回道：'我老的可以不要，看看他们少年的要不要休息？'募捐时甚至用哀求的口吻说：'我求你，请你帮助厦门大学，为祖国培养建设的人才！'"

当时林文庆已经是 66 岁的老人，他不顾自己曾是叱咤风云的华侨领袖、华族立法议员的身份，为了厦门大学的前途和未来，为了能够多给祖国培养人才，如此低声下气，如此殚精竭虑。就私立厦门大学而言，可以说，它既是陈嘉庚的，也是林文庆的，林文庆为厦大花费的心血并不比陈嘉庚少。

1935 年第 57 期《外部周刊》载有《厦大校长林文庆氏来槟募捐》一文，文称：

> 厦门大学校长林文庆博士，因厦大经费支绌，不辞劳苦，南来募捐，经星加坡（新加坡）、马六甲、吉隆坡、怡保、太平等处，历时一个月，捐得廿余万元国币。所到之处，备受华侨热烈欢迎。林氏于二月十二日抵槟，逗留一星期之久，共捐得七万两千六百元。年来槟城受不景气之侵袭，市况萧条，而竟能捐得巨款，盖华侨爱护祖国教育之热心，及林氏声望鼎隆有以致之也。林氏饶有口才，词令妙品，连日在扶轮会演讲人类之进化，在辅友礼演讲孔子学说之价值，在中华学校演讲教育之目的。每次演讲，听众满座。

这段文字告诉我们，林文庆在南洋除了沿门扣户募捐外，还四处演说来为厦大筹集经费，可谓用心良苦。

除了南下筹款，林文庆还多次向国民政府"化缘"。1934 年第 13 卷第 21 期《厦大周刊》载，林文庆曾与孙贵定一起到南京，请求国民政府拨款补助。4 月 25 日，出发前两天，全校 70 多名教员在生物院三楼会客厅开茶话会，表示欢送。陈嘉庚三子陈博爱也在会上致辞。

林文庆此行使厦门大学获得了政府每年 9 万元的资助，据说这是全国私立大学补贴中的最高数额。当爱国将领蒋光鼐担任福建省主席，曾担任过厦门大学教务长的郑贞文出任省教育厅厅长时，林文庆也不失时机地请求省政府对厦门大学予以补助，从1933年7月起，厦大每月获得5000元补助。

严春宝在《一生真伪有谁知：大学校长林文庆》一书中说，林文庆还把目光投向那些具有官方、半官方背景的基金会组织。1930年，他曾向中华教育文化基金会寻求帮助，该会决定从1931年6月起，给予厦门大学为期3年的补助，每年补助3万元。3年之后，又在1934年和1935年分别给予2万元和3万元的补助。

林文庆和妻子殷碧霞及孩子

林文庆还曾向中英庚款董事会申请资助，该董事会允诺拨款3万元支持厦门大学购买图书，还赠送过一套珍贵的外交史料。林文庆还曾多次向乡绅、侨领、商界精英募捐，曾向黄奕住募捐3万元购买图书。

林文庆本人也多次为厦门大学捐款，甚至几年不领厦大薪酬。据1930年11月28日的统计，1927年8月至1928年7月，林文庆"不领薪俸一年，捐作本校经费"，共计6000元，他的妻子殷碧霞（林文庆前妻黄端琼去世后续娶）捐了一块价值1350元的土地。1932年8月至1933年1月，林文庆发起的捐薪行动中，全校教职员67人参与其中，一共捐献7000余元，其中林文庆自己就捐了1800元。

厦大办学经费紧张时，他在家中为富人治病，接诊中外患者，所得诊费全部捐给厦大。他还在厦门发动绅商名士成立"厦门大学协进会"，为厦门大学筹集经费，他的夫人殷碧霞也捐了100元。他甚至将"夫人的私房钱全部捐给厦门大学"。

除了想方设法为厦大筹款外，在陈嘉庚的公司不景气时，林文庆为陈嘉庚公司奔波，请求国民政府"将陈嘉庚公司出品，予以免税之优待"。

四

林文庆为厦门大学的发展呕心沥血,他的妻子殷碧霞曾担任过厦门大学女生指导委员会的主席,还卖地支持厦大发展;他的儿子林可胜邀请林语堂到厦大任教;他的岳父黄乃裳邀请陈石遗到厦大,都为厦大发展做出了很多努力。

经费危机一直困扰着陈嘉庚和林文庆,对于厦门大学的未来,陈嘉庚和林文庆都很忧虑。陈嘉庚说:"民廿六年春,余念厦、集二校虽可维持现状,然无进展希望,而诸项添置亦付阙如,未免误及青年。若政府肯接受厦大,余得专力维持集美,岂不两俱有益,此乃出于万不已之下策。乃修书闽省主席及南京教育部长,告以自愿无条件将厦门大学改为国立。"

林文庆、陈嘉庚(三)、林义顺(四)、黄兆圭(五)等(右起)

为了厦门大学的长久发展,陈嘉庚于1936年5月17日致函福建省政府主席及南京教育部部长,恳切提出:

> 厦大为福建省最高独一无二之学府，建立于厦门地方，论省界不免有稍偏于南区，若合浙江、广东沿海地区而言，则堪称为中心地位。况研究海洋生物，已经全国各大学考虑公认，推全国沿海最相当之地点。又若大而言之，合南洋祖国，则更为中心之中心矣。
>
> 以厦大如此重要而限于经济不能发展。弟千思万虑，别无他策，唯有请政府收办。弟愿无条件将厦大产业奉还，不拘省立或国立均可，所有董权一概取消，如何之处，千祈示复。

6月6日，厦大全体师生开会，决议致电教育部，并推举郑国荣、徐世五为代表，赴南京请求将学校收归国办。

在这种情形下，林文庆还是按部就班维持厦门大学的正常运转。经过多方努力，南京教育部在1937年6月4日电复陈嘉庚，批准厦门大学改为国立。第二天，陈嘉庚又致函当时的教育部长王世杰，表示全部接受。

1937年7月1日，厦门大学正式改为国立，虽然有关部门有意请林文庆继续担任厦门大学校长，但林文庆以年迈为由请辞。

1937年，回到新加坡的林文庆已近古稀之年，所以没再出任公职，平时只应邀出席一些宗教、艺术、教育等活动。

除了因被鲁迅骂过而被误读之外，林文庆长期以来受到冷落的又一原因是，1941年日寇占领新加坡，72岁高龄的林文庆被迫出任"华侨协会"会长，为日军筹集5000万元"奉纳金"，晚节有污。

其实林文庆也是被胁迫的，当时日本人为了让他就范，曾威胁他的家人。据严春宝所著《一生真伪有谁知：大学校长林文庆》一书载："日本宪兵逼迫林文庆的夫人殷碧霞跪伏在炎热的高温烈日下长达四小时之久，同时还不断施以各种羞辱，逼迫林文庆就范。"

林冠珍在《还原全面真实的林文庆》一文中说："抗战期间，林文庆的儿子林可胜在中国，组织了中国红十字总会救护队积极参与抗战，后随中国远征军出国到缅甸,任中缅印战区司令官史迪威将军的医药总监。林文庆向日军交'奉纳金'后，林可胜通过广播电台，声讨林文庆的'汉奸'行为。林文庆抱着收音机，一遍一遍地听着儿子激烈檄讨他的声音，泪流满面。从此他终日借酒浇愁，长醉不愿醒。他夫人为了他的健康，常把酒藏起来，伍连德理解他心里的痛，劝他夫人，'让他喝一点吧。'"

伍连德与林文庆是连襟，更是一生的知己和朋友，他懂得林文庆内心的苦楚。当时70多岁的林文庆，被认为是丧失了民族的气节。虽然林文庆利用其身份挽救了很多华人，比如"南侨总会"负责人之一李振殿，他被日本宪兵逮捕后，就是林文庆签具保证书才被释放的。据说李振殿被放出来时，当即对林文庆跪了下去，两位历尽沧桑的老人，相对无言，老泪横流。但林文庆的内心终究是痛苦的，深受儒家思想影响的林文庆何尝不知"时穷节乃见""饿死事小，失节事大"呢？

吴体仁在《殖产橡胶拓荒人》中称："林氏不为火而为锅，在三年八个月里，忍受着极度煎迫，精神心理上所烙印的创痕、伤痛，是看不见的隐痛，又是无法医的。"

林冠珍说："在日本人统治马来西亚期间，林文庆曾在'华侨协会'会所企图跳楼自杀，因旁人阻止，终于不成，在家里也数度企图跳楼自杀，因家人阻止，也终于不遂。受惠于他的人可以原谅他，但他却不能原谅自己！在日本人的刺刀面前，他选择了精神下地狱，牺牲他的一世英名！"

新加坡人同情他，感激他，敬重他，知道他出任"华侨协会"会长、向日军献"奉纳金"是被逼的，是为了能够尽可能地保护当地华人，战后新加坡民众和当局都没有追究他任何"汉奸"的责任，当他去世时，还称他为"伟大的老人"。但这一污点注定伴随林文庆的一生，是永远无法抹去的。

第二次世界大战结束后，林文庆就不问世事，默默度日。林文庆88岁时，将新加坡一块地的最大份额赠送给了厦门大学，当"有人坚决抗议，他愤而拒绝进食，终于含恨弃世"。后来那块地卖掉之后，五分之三的款项被分多次汇寄给厦门大学。除了这块地，林文庆在遗嘱中将鼓浪屿笔架山的别墅也捐赠给了厦门大学，"以作公益之用"。这栋别墅建筑面积1018平方米，庭院面积4316平方米，造型别致，环境优美。

1957年1月1日，林文庆逝世，享年88岁。

林文庆是陈嘉庚办学思想的具体实践者和厦门大学重要的筹建者。1948年的《厦大特刊》称，"从学校奠基第一块基石，发展到大大小小四十余座建筑物的规模"。林文庆为厦门大学做了很多贡献，为厦门大学的百年辉煌历程拉开了序幕。对厦门大学而言，林文庆是功不可没的。

2005年，厦门大学为这位任职16年的校长建立了文庆亭，亭中楹联：禾山巍巍怀师德，鹭水泱泱见道心。2006年，厦大又复办了他当年创建的国学研究院，以资纪念。

欧元怀

1924年，一所综合性私立大学在上海成立，初名大夏大学，她是国内最早实施导师制的大学，也是较早实施通识教育的高校之一，学生"文理兼修"。良好的办学实力，使得她获享"东方的哥伦比亚大学"之美誉。说起大夏大学，不能不说起离开厦门大学的教授欧元怀、王毓祥、傅式说等人，他们是大夏大学的主要创始人。他们到上海后与两百多名厦大学生共同成立了"大厦大学筹备处"。"大厦"即"厦大"之颠倒，后来取"光大华夏"之意定名大夏大学。

欧元怀：离开厦门大学创办大夏大学

一

欧元怀，字愧安。从其所著《我怎样求学的》一文中可知，1893年8月1日，欧元怀出生于福建莆田的一个书香门第之家，但"家徒四壁，一贫如洗"。他的父亲名龙翔，字剑波，是一位穷秀才，做过多年的私塾和小学教师。欧元怀6岁进邻居家私塾，8岁随父亲到江口镇私塾，后来又转到涵江镇的家馆。他说："我虽生长在城里，但因年幼时在乡镇读书，故从小就熟悉乡间的情形。"

欧元怀11岁时，家庭突发大变故，他称为"一生的厄运来临"。原来这一年发生瘟疫，他的祖父、母亲、二叔、大哥同时遭遇不幸，他和5岁的弟弟从此交由曾祖母抚养。

1904年，莆田的第一个官立小学堂设立，学校设在城里凤山寺。欧元怀参加了入学考试，当时莆田县知事亲自主考，考题为《"而志于学"义》，他毫无异议地被录取了。开学之日，地方长官及士绅老师等都穿着清朝的官制礼服，"冠盖云集，琳琅满目"，他看到学校门口挂着"学堂重地，闲人免进"的虎头牌。主持学堂的是做过吏部主事的老举人张介安先生，任学校的监督。

在拜孔盛典上，他看到担任司仪的是一位教体操

的先生，其袖口镶着三条金边。这个隆重的仪式，给他留下了深刻的印象。当时学堂有80名学生，开学第一天进行考试，以考试成绩分甲乙班，欧元怀名列甲班。后来，学校与私立砺青小学合并，改名为官立砺青小学堂，当时学校全部是男生，自从图书老师的女儿入学后，学校才迎来第一位女学生，"社会上引为奇闻，市民列队在街上观看这绝无仅有的女学生"。读小学时的欧元怀家庭生活最苦，依靠曾祖母生活，每天早起，自己烧饭、打扫、洗衣，梳理自己的辫子，"出门时以拉绳子的方法关上家里的大门，以免老人家为我早起"。他每天煮两次饭，中午就吃早上剩下的，以致幼时就患上胃疾，疼起来在地上打滚。由于无钱买教科书，父亲就鼓励他借来同学的书，一点点抄写下来，同时也起到练字的作用。小学将毕业时，父亲让他学织布，后来又让他到小学去教书，都被他拒绝了。

1909年（宣统元年）正月初三，欧元怀借了旅费到福州投考省立师范。初五他赶到学校就傻眼了，原来学校已经提前举行过考试了，他认为学校的做法是"借此排挤外县学生"。经人介绍，他进入了哲理中西学校，这是一所教会学校，校长为美国人。经过考试后，他的学费全免，课本向学校借用，但膳食还没有着落，又被介绍为学校的书记抄写讲义，每月有两元的薪酬，足供伙食。他称此为生平"大转折"。同班三四十人，然读了一年之后，有的被淘汰了，有的辍学了，最后全班只剩下他一个人。学校以一个人无法开班，让他跟随三年级学习。五年的课程，他用了四年读完了，"考试成绩在该班也并不落人后"。

中学毕业后，父亲让他进入社会工作，但中学里的美国教师都劝他进入福音书院进修。当时有一位新到的美国传教士，他就跟着这位传教士学习英文，传教士跟着他学习中文和当地方言。如此过了两年，他的英文有了很大程度的提升，在师友的资助下，他准备去美国留学。

1914年，欧元怀随老师佳尔逊到福州办理留美护照，因患有沙眼病，未能通过。第二年，他随另一位叫郜温柔的老师到了美国，入德克萨斯州的西南大学就读。因英文程度不够，他跟着英文老师补习，每天在英文老师家中服务两个小时，"任刈草洗扫等工作"，到第一学期结束时，英文已无问题。他半工半读，曾为人摘樱桃，为杂货店送货，为学校办公室送信，为农家割麦，"文武粗细，风味均尝"。当时西南大学只有四名中国学生，四人合租一陋室，水电俱无，扫地、煮饭、打水等四人轮流，"今日所烧之柴，由轮值者先一日预备"。最难过的是冬天，"冬日洗脸，浮冰块块，此中全凭着个人之相当抱负与坚强意志乃得克服此一厄困"。

1918年6月，欧元怀从西南大学毕业，他想去纽约继续读书，可是身上只有五美元，为此非常失落。而此时，学校附近的一处教堂被大火焚毁，他得知教堂需要重建，通过关系到工地上做了一名搬砖的工人。当时美国参加第一次世界大战，工资昂贵，他做了两个星期就挣到了所需的旅费。他计划到芝加哥过夏，并向哥伦比亚大学的师范学院提出入学申请。经过俄亥俄州时，他拜访了在美国的佳尔逊老师，佳尔逊将他介绍给亲戚达森的汽车行做工。达森是一位残疾人，初次见面，欧元怀就与达森进行过一次长谈，达森"将平生艰难奋斗之情形与成功之秘诀，一一见告"，给他极大的鼓舞。在达森的汽车行里，他学会了修车、开车，周一到周六在车行做工，到了周日，他就穿得整整齐齐、干干净净地到附近演讲，也得了不少收入。暑期结束时，他有了500多美金的积蓄，于是动身前往纽约。

到了纽约，欧元怀进入了哥伦比亚大学师范学院的教育行政系，交完学费之后，他把身上剩余的200多美金存入了学生银行。由于美国参战的原因，学校的宿舍改为兵营，外国学生不能居住，他和陈鹤琴等人组织了一个"中国之家"，陈鹤琴任主任，他任副主任。

陈鹤琴是浙江上虞县人，早年毕业于国立清华大学，留学美国五年，1919年获得哥伦比亚大学硕士学位，我国著名儿童教育家、儿童心理学家、教授，是我国现代幼儿教育的奠基人。

"中国之家"虽然给他们带来了一些收入，但不足以维持生活。欧元怀又兼职到幻灯片公司画幻灯片，一般人一小时画一张，他两小时能画三张，有时还带回去利用课余时间画，这给他带来了不错的收入。欧战停止的那一天，他突发眼疾，从此不再画了。

1919年，他到一家教育电影公司做编辑部副主任，每天上午在学校上课，下午到公司做事，每个月的报酬为100美金，他的生活开始有了好转。他在该公司做了三年之久，后来还有余力接济其他人，并帮助弟弟元德完成中学学业。

在纽约的四年间（1918—1922），欧元怀曾任哥伦比亚大学师范学院中国学生会两任会长。当时国内推广注音字母，他听说后也开始学习，后来主办注音字母班，培训侨胞子弟学习国语。当时在纽约的中国学生会组织剧团为华北灾荒筹款，由张彭春编的《木兰从军》一剧，在洪深的导演下到各地公演筹款，欧元怀在剧中扮演"和尚"一角。当劝募团到华盛顿时，时任美国总统哈定在白宫接见了他们。劝募团后来把筹集到的善款都捐给了华北灾民。

二

1922年夏，欧元怀应北京师范大学校长李建勋之约回国，当时北京师范大学、北京大学都向他伸出了橄榄枝，但当他到达上海时，打开《申报》一看有"李建勋三上辞呈"的专电，得知学校的学潮方兴未艾，李建勋愤而辞职。他最终决定接受刚成立不久的厦门大学的聘书。参与厦大创办的郑贞文在回忆中称，欧元怀是受首任校长邓萃英之约来厦大任教的。至于事实尚待考证。

王毓祥

1922年9月，欧元怀正式到厦大任教，他的身份是副教授兼教育科主任。这时，他接到上海商务印书馆的邀请，翻译毕加特的《乡村教育》，作为31种选译现代教育名著丛书的一种。第二年，欧元怀又兼任厦门大学总务长。

欧元怀在1940年9月的《欧元怀自述》中说："我在厦大任教职三年，深得学生爱戴，林文庆校长也非常优待我。可惜该校地方成见太深。民十三年六月学校闹起轩然大波，我被卷入学潮中心，这是一件至为不幸的事！"

欧元怀的后人欧天健、欧天锡在《怀念先父欧元怀》一文中称："一九二三年至一九二四年间，因校当局处事不当，导致罢课学潮，后校当局又庇护殴伤学生的肇事人,并无故开除学生陈国柱(即廖华,莆田常太人)等多人,先父当时目睹此种无理措施,深为不满,据理力争,竟为校长所嫉视,认为掣肘太大,遂借故提前解除先父和其他几位教授的聘约,这件事在当时引起极大的风波,群情激愤,舆论大哗。大部分教职员工对学生表示同情,反对校当局和一些排斥异己迫害青年的野蛮行为,教授中有激于义愤而辞职的,学生则大多数宣称要集体离校。当时全校学生不到四百人,而签名离校的即达三百二十九人。"

其实,这件被称为"至为不幸的事"发生在1924年5月末,其时,欧元怀在厦大任职尚不足三年,这件"不幸的事"导致欧元怀、王毓祥、傅式说等教授和学生直接离开厦大。

从当时《申报》的报道来看,刘树杞与欧元怀之间的矛盾,刘树杞、孙贵定、黄开宗等亲近校长的"政府派"与远离校长的欧元怀、王毓祥、傅式说等人之间的矛盾,这些积蓄已久的矛盾,在欧元怀、王毓祥、傅式说、林天兰四人接到校长林文庆差人送来的辞退函时爆发了,因为林文庆怀疑是他们在背后鼓动和支持学生的行为。

其时,欧元怀在厦大任教育科主任,王毓祥任商科主任,傅式说任注册科主任,林天兰为英文教员。三位主任突然被解职,在教员中也引起极大的反应,有联袂求去者,其中就有工科主任李拔峨(李世琼)、物理学教授吴毓腾、物理系主任吕子芳、教育心理系主任周学章等人。"欧王傅三主任及林教员,均学生等认为学识人格堪称师表者,而校长乃毫无理由而摒斥之,'莫须有'三字,既不足以服人,学生竭诚吁恳,复愎谏不纳,一意孤行"。学生要求公布三人被解聘的理由,林文庆认为没有必要,而且已经履行了提前三个月通知的义务。他认为学生意气用事,干涉学校的用人权,然而这引起了学生的极大不满,林谓"在厦大无'德谟克拉西'可言,我办事固取绝对的专制者,诸君不满意,可就读别校,此间殊无改革余地,亦无通融之可能"。林文庆这些专制的言论进一步激化了矛盾,最后学生经过投票表决集体罢课。虽经多方调解,但矛盾一直没有解决,反而进一步恶化,导致学校的建筑工人殴打学生。

三

学生们质问校方欧元怀、王毓祥、傅式说三位主任被通知解约的缘由，林文庆拒绝答复，认为"校长辞退教员，教员辞去职务，均无宣布理由之必要也，而况在道德上犹有'君子绝交不出恶声'之训乎"。

而校方代表邵庆元、林幽、薛永黍在报告中罗列了欧元怀、王毓祥、傅式说等人在厦大的行为，认为有解约的必要。他们说，欧元怀留美是接受厦门大学的津贴，月供90多美金，将到厦大任教时，欧元怀来电称此前曾领取北京高师留学费2000多元，要先到北京高师去任教，而厦大求才心切，将这些留学费代欧元怀还上了，"岂身受厦大之赠，竟不以大局为重，植党营私，诛锄异己，岂可久留"。欧元怀还被视为鼓动学生罢课，反对学校的总代表。

欧元怀题字

同样，报告中对王毓祥的评价也不好。他们说，王毓祥性情暴躁，贪利无厌。"某日午餐，因新来工役未谙其素性，招待或有未周，与工科主任在教员膳堂中将椅桌打翻，碗盘摔破，工役惧而逃。竟提饭桶、水桶由楼上掷向工役所去处，工役健步，幸未中创，而已满地狼藉矣"。校长林文庆闻声赶来，发现教职员和其他学生也从四面聚拢而来。林文庆"乃仅训斥工役不善招待，而王君岸然也"。有一次，校长委托王毓祥筹办合作商店事宜，他竟然开支了200元的旅费，同时又未经校长许可，径自往北京参加中华教育改进社年会，又开支了200多元的旅费，等到报销时，林文庆坚决不愿意报销其去北京的旅费。后来，刘树杞出来说情，说王毓祥赴京是为学校物色教员，川资理应如数支付，最后会计才照办。

傅式说当时身兼学生指导委员会的委员长，"而酗酒纵赌，尝来厦饮酒，烂醉如泥，乘舆至校，犹莫能兴，乃由同行者与工役设法扶之出轿，置之躺椅之上，抬之上楼，睡一日夜方醒，学生围聚而观之"。此外，还发生了一件事情，集美学校一王姓教员，到厦门大学偿还傅式说的赌债，但是又不敢明说，闪烁其词，结果被工役拦下报了警。

欧元怀、王毓祥、傅式说三人的"劣迹"被公布后，调停的代表也分为两派，一派同情校长，一派同情学生和欧元怀等人，双方"辩争甚烈，直至下午6时，仍无结果"。

但林文庆仍旧坚持提前放暑假，甚至断水断电，学生必须在五日内离校。最终，教育科主任欧元怀、商科主任王毓祥、注册科主任傅式说、代理理科主任余泽兰、工科主任李拨峨、英语系教师林天兰、物理系主任吕子芳、教育心理系主任周学章和物理学教授吴毓腾九名教授选择离开。329名（一说200多名）学生也集体离校到上海，请求欧元怀、王毓祥等九人筹组新校。教师和学生的出走令厦大元气大伤，办学也受到了很大的影响。

1924年6月9日，"二校主"陈敬贤在给胞兄陈嘉庚的信中说："厦门大学不幸由数不良教员之作梗，愚弄学生，演成罢课。若追查不良之教员，以欧元怀居心最毒，欧因欲排斥刘教务主任，于学生及各方面作种种运动、布置，最后以目的难达，移怨于林校长，激成此次之祸。林校长过在不能预先察出其阴谋，早为应付，致发生遗憾。然此亦不能过于追究林校长，如延庭（即陈延庭）明知欧之阴谋，亦受其愚弄，迨至此次吃亏后乃和盘托出，已将欧历来之阴谋笔之于书，方付印刷，预备宣布。盖欧之阴谋，延庭先生亦与闻知，因延庭亦排斥刘主任之一人，欧于事前盖欲利用延庭能达吾兄之前，曾一次对延庭谓其谋去刘，已向各方面布置周妥，独吾兄方面须借延庭为之，延庭以事关大局，且知吾兄素非易为人所动，因却之，事未发生，想延庭尚不以欧为恶人。"

离开厦大的这些教师中，代理理科主任余泽兰是一位化学家，又名余兰圆，曾用名余馥庭，1893年6月11日出生于福建省古田县路上乡一贫农家庭。由于家境贫寒，10岁时便过继到在闽侯经商的族叔余祖裕（字仰山）家，他的籍贯亦随之改为福建闽侯。余祖裕夫妇待他如亲生骨肉，虽然经营的是小本生意，但是仍然供养余泽兰上学读书。

余泽兰自幼聪慧好学，学习成绩优异，顺利地考入了北京清华留美预备学校。1918年毕业，被选派到美国公费留学。在美国留学的四年半中，他先后在约翰霍布根大学和哥伦比亚大学获得学士、硕士、博士学位，并从此开始了在化学领域里的辛勤耕耘。余泽兰工作领域涉及分析化学、生物化学、有机化学、农业化学等多方面。他还喜欢古诗词，在清华读书时，经常在报刊上发表诗词作品。

周学章

教育心理系主任周学章，字焕文，留学美国欧柏林大学、哥伦比亚大学，先后获得学士、硕士、博士学位。离开厦门大学后曾到河北大学任教，任教务长、代理校长。后任燕京大学教育学系主任兼文学院院长。据1945年3月21日《燕京新报》报道，1945年初，周学章因脑充血逝世。在燕京大学被封闭时，周学章遭日军逮捕，面对敌人的迫诱，坚贞不屈。释放后，隐居家中，生活相当清苦，身后尤为萧条，其气节受到国人的赞誉和国民政府的表彰。

工科主任李拨峨，即李世琼，是中国科学社社员。来厦门大学任教之前，曾任东南大学机械工程系主任。离开厦门后，参与大夏大学创办，后任上海兵工厂主任，重庆王家沱第三十兵工厂厂长。

英语教师林天兰是福建闽侯人，曾在美国西南大学、普林斯顿大学求学，来厦门大学之前曾在南京高等师范学校、国立东南大学任职。参与创办大夏大学，后曾在上海商科大学、浙江大学、福建协和大学任教。1938年9月被任命为永安中学首任校长，同时兼任福建省教育厅主任督学。

物理系主任吕子芳，重庆市沙坪坝人，除在厦门大学任教外，还曾在大夏大学、中山大学、成都大学、暨南大学、湖南大学等校任物理教授及系主任，教育家，著名学者，中国科技史专家，重庆大学创始人之一。吕子方对中国科技史研究造诣很深，被世界科技史研究权威李约瑟誉为"对中国科技史研究有真知灼见的学者"。

物理学教授吴毓腾，字君飞，福建闽侯人，曾任陈嘉庚创办的华侨中学校长，在马来西亚任华校总视学官。

在这些离职的教师中,傅式说最为人所不齿。傅式说(1891—1947),字筑隐,浙江省乐清县人,曾两次赴日本留学,是章太炎的侄女婿。离开厦门大学后,傅式说参与创办大夏大学,后在国民党政府交通部、财政部任职。1938年投靠汪精卫集团,曾任汪精卫伪国民政府铁道部部长、汪精卫伪国民党中央政治委员会委员、中日文化协会常务理事兼总干事、伪浙江省省长等职。抗战胜利后被国民党政府以叛国罪逮捕,1947年被处决。

四

王毓祥等在《大夏大学的过去现在与将来》一文中称:"大夏胚胎于民国十三年六月一日。是日厦门大学学生三百余人因当局措施失当殴打同学,群起而谋补救,呼吁经旬,不得已全体离校。离校之后,苦无相当学校可插,恐中途失学转违初志,乃推举代表罗士清、孙亢会、何纵炎、王汝霖、倪文亚、朱作人、黄化育、施乃铸、李叔珍、刘荣祖、赵英毓、陆志安、丘学训、任旭等十四人来沪请求前厦门大学去职教授欧元怀、王毓祥、傅式说、余泽兰、李世琼、林天兰、吴毓腾、吕子芳、周学章等九人为之组立新校以贯彻其读书运动之目的。诸教授迫于正义,慨任巨艰。七月七日,厦大离校师生代表团与去职教授合组之大夏大学筹备处以成,设上海贝禘鏖路美仁里二十四号。同时租定宜昌路一一五号为临时校舍,并由王伯群先生助开办费二千元。七月三十日筹备会议决开办文、理、教育、商、预诸科,并推举欧元怀、王毓祥、傅式说三人为执行干事。一切筹备就绪,于八月二日登报招生。"

大夏大学徽章

在大夏大学建设的过程中,曾把第一座大课堂与办公厅命名为"群贤堂",王毓祥说,这是"由于厦门大学有群贤楼的缘故",并且"宿舍三座亦名群策群力群英三斋,均以群字冠额,饮水思源,用意有在"。由此可见,对厦大的生活,这些离开的师生还是充满缅怀之情的。

后来,欧元怀在《大夏大学校史纪要》一文中也说:"大夏大学的创建同早年厦门大学学潮有不可分割的联系……诸教授迫于公义公理,乃力任艰巨,先假贝禘鏖路(今成都南路)美仁里廿四号为临时筹备处。初名'大厦大学',后定名为'大夏大学',以志校史系由'厦大'嬗蜕而来,并寓光大华夏之意,是为大夏大学创业之始。"

1926年,厦大参观团到上海参观考察,王毓祥闻讯后与大家见面,并在1926年第3期《夏声》杂志发表《厦大参观团来沪之感想》。他说:"以闭关自守、夜郎自雄之厦门大学,公然遣送一班毕业生来沪参观,不能不承认是该校精神方面一大进步,我们大夏大学对于这回来沪的参观团,尤为表示百二十分的欢迎。"

对于厦门大学,他说犹有情不容己的关系,云:"厦门大学是我们的老家。我们现在的母校——大夏大学的历史,是从厦门大学嬗蜕出来的。我们两年以前,个个都抱着改革厦大的决心,不幸我们力量薄弱,有志未遂,我们才到上海来,建设我们的大夏大学。"参观团的带队教员是王毓祥的昔日同事,团员中很多学生与大夏大学的学生是昔日的同窗,这次相见也显得格外亲切。王毓祥除了对参观团表示欢迎外,还希望参观团的成员能够脚踏实地做好参观和考察工作,"回到厦大后,有大大的贡献"。

虽然分开了,但是厦门大学与大夏大学的关系是打断骨头连着筋。

1930年4月7日,厦门大学校长林文庆、教育学院院长孙贵定、集美学校校董叶渊等一行到达上海。孙贵定住在爱尔近路庆祥里154号本寓,将去南京出席全国教育会议。而林文庆等人住在东方饭店,此行的目的是代表陈嘉庚,向国民政府请求将陈嘉庚公司生产的产品给予免税的优待。

在上海的间隙,林文庆等在4月10日到大夏大学参观访问,受到原厦大离职教授和学生们的欢迎。欧元怀、王毓祥、傅式说等亲自接待,中午时分,三人还在梅园设宴款待。前离校学生倪文亚、刘思职、王韫石代表同学前来作陪。访问期间双方交谈甚欢,1924年学潮中的嫌隙涣然冰释。

大夏大学天文台

　　陈嘉庚在回国视察时，曾在广西拜会欧元怀，可惜当时欧元怀不在。抗战爆发后，大夏大学内迁贵州。其时，欧元怀任大夏大学的副校长，后又兼任贵州省教育厅厅长。1940年，陈嘉庚作为全南洋爱国华侨总领袖，回国慰劳视察，于8月间抵达贵阳，见到欧元怀，交谈之后，甚感满意，便在《南侨回忆录》中特意加以记载："欧君元怀前任厦大教师，后往上海创办大夏大学，曾往新加坡，故相识。他原籍兴化，现任贵州省教育厅长，诚意邀余往开会，余不得已接受之，又厦大学生多人招余赴宴，余力辞。"1924年厦大学潮中他对欧元怀的不满至此也涣然冰释。

　　后来，离开厦门大学的教授也有到大夏大学任教的。

1951年7月17日，华东军政委员会教育部宣布，经中共中央人民政府教育部批准，成立华东师范大学。大夏大学、光华大学的文、理、教育学科成为新校基础。大夏的国文系、外文系、历史社会系、数理系、化学系、教育系、教育心理系、社会教育系和师范专修科并入华东师范大学，学校档案也一并移交。10月16日，以大夏大学原址为校址的华东师范大学举行成立暨开学典礼。大夏附中则和光华附中合并为华东师范大学附中（今华东师范大学第一附属中学）。

1985年，上海大夏大学校友会在华东师大正式成立。2011年，华东师范大学在60周年校庆之际将大夏大学建校日（6月1日）确定为学校每年的纪念日。

艾锷风

"他算是我的业师,他教我第四年德文,并指导我的学士论文。他在德国拿到过博士学位,主修的好像是艺术史。他精通希腊文和拉丁文,偏爱德国古典派的诗歌,对于其名最初隐而不彰后来却又大彰的诗人薛德林(Höolderlin)情有独钟,经常提到他。艾克先生教书并不认真,也不愿费力。有一次我们几个学生请他用德文讲授,不用英文。他便用最快的速度讲了一通,最后问我们:'Verstehen Sin etwas davon?'(你们听懂了什么吗?)我们瞠目结舌,敬谨答曰:'NO!'从此天下太平,再也没有人敢提用德文讲授的事。他学问是有的,曾著有一部厚厚的《宝塔》,是用英文写的,利用了很丰富的资料和图片,专门讲中国的塔。这部书在国外汉学界颇有一些名气。他的另外一部专著是研究中国明代家具的,附了很多图表,篇幅也相当多。"

这段文字是国学大师季羡林对老师艾克的描写,学识渊博但"教书并不认真,也不愿费力"的艾克教授给当年的弟子留下了深刻的印象。艾克又名艾锷风,季羡林没有提到的是艾锷风在去清华大学任教之前,曾在厦门大学任教过。

艾锷风：中国硬木家具研究第一人

一

从吴美凤所著的《盛清家具形制流变研究》一书中可知，古斯塔夫·艾克（Gustav Ecke）是德国人，其出身环境很好，母亲为伯爵之后，父亲是大学的神学教授，按中国人的说法就是书香世家。艾克在大学时攻美术史、哲学史，后来参与创办包豪斯设计学校。在来厦门大学任教之前，他已经具备了欧洲传统哲学、艺术与建筑修养。

1923年，艾克来到厦门大学，任文科哲学兼德文副教授。《厦门大学布告》（第三卷）称其为德国爱来根大学哲学博士。在厦门期间，他还给自己取了一个中国化的名字——艾锷风。从1926年12月18日出版的第168期《厦大周刊》上"各科教员每周授课时数之调查（一）"中可知，艾锷风在这一学期担任希腊文、希腊哲学以及预科的希腊文，一周上课时间为11个课时。

在厦门大学任教的顾颉刚，在日记中曾多次提到艾锷风。1926年10月31日，艾锷风与陈万里、张星烺相约赴泉州考察，这是艾锷风第三次到泉州了。在这次行程中，他扮演着导游的角色，甚至大家的住处都是他出面协调的，这为人生地不熟的陈万里、张星烺带来了诸多便利。对艾锷风而言，他所念念不忘

的仍是开元寺的古塔。在艾锷风的带领下，他们先来到泉州南大街天主堂拜访他的旧友任神父。任神父为西班牙人，和蔼可亲，已经在泉州传教二十多年，而且闽南话说得很好。任神父先给众人安排了住处，行李放置妥当后，艾锷风就带领大家去了开元寺。众人被开元寺精美的石刻所吸引，艾锷风的关注点则集中在寺中东塔各层所雕刻的天王像上。

几日后，众人准备返回，但艾锷风还准备多住一日，目的是"计划如何着手东塔全部摄影"。在林雾、姚鸣琪翻译的《刺桐双塔》汉译后记中写道："在曾捐资建造开元寺地基的黄氏后裔黄奕住先生的资助下，埃克爬上16个脚手架拍下了两塔合计10层的雕刻照片"，埃克就是艾锷风。

资助艾锷风的黄奕住，1868年出生于福建省泉州市南安县，是印尼首富及糖王，富可敌国，也是著名的爱国华侨企业家和社会活动家，和侨领陈嘉庚先生相交甚深。他曾为厦门大学、新加坡华侨中学、广东岭南大学、上海复旦大学捐过巨资。

《刺桐双塔》是艾锷风和戴密微合著的一本书，1935年由美国哈佛大学出版，该书的副标题为"中国晚近佛教雕刻之研究"，被列为"哈佛—燕京研究院专著系列"第二卷。

根据《刺桐双塔》一书的记载，当时开元寺东西塔正在维修，"艾锷风的雇员韩庆荣先生不顾风暴、战事和其他困难，在倾斜的脚手架上协助完成工作"。这与塔上碑刻记载吻合。《南安黄奕住独修东塔记》云："南安黄君奕住，乃毅然独任之。始事于民国十五年冬，越年秋告竣。"《黄秀修西塔记》云："民国丙寅年募修。比丘释转道、释圆瑛、释转物。捐资者黄秀。"可见1926年至1927年黄奕住和黄秀分别修缮东西塔，艾锷风正是利用此机会考察东西塔并雇员拍摄东西塔的建筑和雕刻。

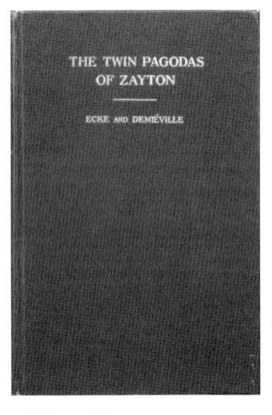

《刺桐双塔》

从《刺桐双塔》一书的原序中可知，早在1925年，艾锷风就被东西塔的壮美所吸引，"他们（艾锷风、戴密微）发现东西塔无论对建筑师，还是对研究佛教雕塑及造像的学生皆有吸引力，鉴于这些信息不为西方学者所知，埃克乃决定进行收集工作。本书主要收录雕塑和造像的资料，而关于建筑的资料收录在埃克另一本有关八角塔建筑的专著中，该著作由北平辅仁大学印刷厂出版（《华裔学志》第一卷等）"。

艾锷风曾称，"东西塔"乃环球第一，法国的"铁塔"也望尘莫及。1943年，《新福建》杂志曾发表《世界第一塔在"晋江"》一文，作者何敏先系统阐述了东西塔的历史和传说，在说到关于东西塔的研究时，他在文中称：

> 民国十六七年间，厦门大学教授艾克博士（德人），曾两度来泉作长期研究，把东西塔上所有菩提、神像和工程尺寸，一一绘图，拍照计得160余尊，糜款千百余元，并著专集，由北平天主教大学、东方旅行杂志出版，名为《东西塔构造与形状的初步研究》，销行于欧美，每本定价六七十元。他常对人说，"东西塔建筑这样伟大和美术，真是寰球第一，即我自己德国（笔者注：此处有误）那个铁塔，都难比得上"。足见双塔之价值，非寻常佛塔所能望其项背。民国二十四年，宁波官绅僧界发起重修城中天封塔。重修的式样，亦拟照东西塔，有挑檐走廊，围以铁栏杆，用铁梯洋灰坪。这本名贵的英汉合编的杂志，曾蒙开元寺吴昧广义法师借给我参考，其中除文字外，并附有两塔正面图一张、镇国塔底层透视图一副，另印塔之全景、门神、檐、脊梁等四张影写版的照片，又"仁寿"塔断面透视图及断面图，五层顶架图（天竺式）各一幅，另印塔基石刻、檐、门神、顶架等影写版照片，最后一页更有钢笔画的厦门明万历间所建那个"龟屿塔"残骨二图，关于文字方面，也有很详尽的记载。

在厦门大学任教的著名史学家兼翻译家薛澄清于1936年第8卷第37期《公教周刊》发表《介绍〈泉州东西塔考〉》一文，他在文中说："东西塔高度各如何？艾氏亲用英尺量过，谓西塔高一百四十九英尺又九寸，东塔则为一六三英尺又三寸"，由此可知，艾锷风还曾认真测量过两塔的高度，薛澄清认为"这种说法比较旧说总来得精确而且具有科学上的价值"。

二

艾锷风在厦门大学期间，担任过厦大保存山石委员会的委员，还曾多次与鲁迅交往。1926年11月22日，鲁迅写给陶元庆的信中说："这里有一个德国人，叫Ecke，是研究美学的，一个学生给他看《故乡》和《彷徨》的封面，他说好的。《故乡》是剑的地方很好。《彷徨》只是椅背和坐上的图线，和全部的直线有些不调和。太阳画得极好。"

《故乡》是许钦文的短篇小说集，《彷徨》是鲁迅自己的短篇小说集。这两本书都是鲁迅的学生、许钦文的好友陶元庆负责设计的封面。鲁迅将艾锷风的意见转告给陶元庆，可见是对艾锷风意见的重视。

从鲁迅的日记里来看，两人亦往来多次。如1926年12月24日记："赠艾锷风、萧恩承英译《阿Q正传》各一本。"这一天，鲁迅收到三弟周建人寄来的两本英文译本《阿Q正传》。1927年1月13日记："艾锷风、陈万里来。"14日又记："夜，艾锷风来，并赠其自著之《ch.Mer yon》一本。"

薛绥之主编的《鲁迅生平史料汇编》第四辑中，对鲁迅与艾锷风的交往一事解释说，艾锷风和萧恩承同时来，因两人同精英语，本是谈伴；艾锷风和陈万里同时拜访鲁迅，因陈万里曾往泉州考古，而艾锷风也曾前往泉州考察东西塔。由于艾锷风雅好考古，所以对鲁迅先生收存的六朝碑碣拓片，曾表示十分欣赏。

鲁迅当年赠给艾锷风的英译本《阿Q正传》，如今保存在上海的鲁迅纪念馆里。在秦海琦所著《记鲁迅

泉州东西塔，右为东塔、左为西塔，摄于1935年

赠艾锷风英译本阿Q正传》一文中记述了这本书的传奇。这本书的封面上有鲁迅的亲笔题字："奉赠艾锷风先生，鲁迅，一九二六．十二．廿四，在厦门"。

1937年3月，在北京辅仁大学任教的艾锷风将此书转赠给了同事恩斯特·谢礼士。谢礼士在20世纪30年代后期任辅仁大学图书馆馆长兼教授，并兼中德学会干事。1938年回德国休假一年，1940年在德国去世。后来，这本书流入旧书市场，被华东师范大学陈涵奎教授淘得，转赠给了鲁迅纪念馆。如今，这本书成了艾锷风与鲁迅交往的直接证物。

艾锷风还曾想为同事、著名诗人陈石遗拍照，当时陈石遗已经68岁，痴迷中国文化的艾锷风经常向陈石遗请益。当艾锷风提出为老人拍照时，陈石遗以老迈为由拒绝了，他还专门写了一首诗赠给艾锷风。

<blockquote>
赠艾克

骑衍同名者，曾谈大九州　庄生雄说剑，老子但骑牛

哲理水成窟，高吟月满楼　畏将衰白态，传到海西头

（时欲照余相片寄德国）
</blockquote>

从诗中可以看出，陈石遗对中国哲学的重视和探索，而拒绝艾锷风拍照的理由是怕衰老之态传到海外，看来老人家是尤为注重外在形象的。

艾锷风非耶稣教徒，在厦大期间，却用英文写了一篇题为《Jesus the Hero》的论文，登在厦大学生主编的《青年之桴》月刊上。

三

艾锷风除了去泉州考察之外，还在1926年11月27日同陈万里一起，做过为期三天的漳州之旅。漳州是历史文化名城，是闽南文化的发祥地之一，早在一万年前就有先民在这里繁衍生息。公元686年，女皇武则天敕建漳州。

当天黎明时分两人就动身了，准备乘船去浮宫，再前往漳州。没想到船上拥挤不堪，已经严重超载，"而续来的还是纷纷不绝"。他们在拥挤的人群中

看到了林语堂的大哥林孟温、二哥林玉霖、三哥林和清及弟弟林玉苑（林幽）四人。

后来因为超员太多，海关不放行，船主只好雇了几条划船，载了几十名乘客先往鼓浪屿北面的海中等候，等船开出后再上船。此时已经上午 10 点了。经过塔岛、海门内港直到 12 点左右才到浮宫船埠。上岸后乘坐汽车，经海澄、石码等站到达漳州。艾锷风、陈万里两人借宿在崇正书院，书院的吴神父带领他们参观了书院的标本室和崇正女学以及附近的爱仁医院。之后他们又到东大街拜访林氏兄弟，稍坐后即返回书院。

第二天，艾锷风、陈万里等人乘车去了白云山，此山距离水头村二里左右，但众人还没到水头站就下车了，"从田垄间斜往东南上山，一路上尽系松树，约五里到百草亭，有朱文公解经处石碑，后有殿三楹，额书'紫阳书院'四字，中塑朱子像，有朱子书'与造物游'匾额，旁悬'地位清高，日月每从眉上过；门庭开豁，江山常在掌中看'一联，亦朱子所书，壁嵌乾隆道光年间重修碑记，殿后为白云岩寺庙。寺僧出本山茶饷客"。艾锷风看到寺庙一侧有一处小池，池中所产的小螺"悉无尖端"，寺僧告诉他，这是因为当年朱熹在山上时，曾把食后的残壳抛入池中，此后生出的小螺都没有尖端。这让他想起昨日林玉苑在船上讲起的一个关于朱熹的传说，说当年朱熹在八卦亭读书时，蛙声阵阵，他为蛙声所苦。有一天，朱熹抓住一只青蛙，用朱笔在它头上画了一个圈，然后释放了。从此之后，塘中所产的青蛙，都有红圈围绕。

29 日天未亮，艾锷风、陈万里就起床了。6 点 40 分，他们跟着林孟温一起去浦南寻访一处唐代的古墓，费了一番周折之后方才找到，"但一按碑志，大失所望，盘桓片时，仍遵原道回浦南镇"。此时已经接近下午 3 点，但是车站的站长却告诉他们由于车辆紧张，往日下午 4 点、6 点班次的班车取消了，众人委托站长从漳州雇一辆专车，但得到的答复是"已无余车可拨"。艾锷风、陈万里等人一直等到下午 4 点都没有车，于是众人步行四十里路，直到晚上 7 点多才回到崇正书院。一位西班牙神父 Martinez，听说艾锷风在漳州，从天宅赶到崇正书院，一直在等待艾锷风等人。陈万里称其"善歌曲，和蔼一如泉州之 Moya"。

30日，艾锷风、陈万里在林孟温之子林惠元的导游下，寻访开元寺遗址、龙溪中学及龙溪一处公园里的美术馆，然后回崇正书院打点行李，返回厦门。

匆忙的三天行程，对他们而言收获并不大，带有些许的遗憾。陈万里称："本来漳州古迹中可记的有开元寺殿后宋进士题名之千佛阁，普贤院南唐时李将军墨迹，开元崇福二寺所藏宋帝御书二百四十卷，开元景祐铜钟，净众寺内宋制佛光屏，等等，自经倭寇变乱，两次浩劫，古物荡然无存。"言辞间流露出无限惋惜之情。

考察中，艾锷风被漳州的美景所吸引。29日，当众人到达浦南镇，沿着九龙江西岸山坡往北走时，艾锷风就被眼前的美景迷住了。"橘树香蕉满目皆是，橄榄树颇高，结实累累，摘而啖之，颇异常味。此外松竹极多，江中时见白鹭立沙际，远处天宝山高耸于北，云气瀰然，帆影数四，若远若近，宛如画图"。这幅优美的田园风光，令艾锷风沉醉其中，他说："瑞士风景甲全欧，以拟九龙江不逮实甚。"同行的陈万里也对风景赞美有加，认为"艾锷风所告，或非过誉"。

陈万里拍摄的九龙江风景

四

艾锷风在华26年，除了执教厦门大学之外，还曾在清华大学、辅仁大学等校任教。国学大师季羡林就是他在清华大学任教时的学生。

在季羡林的日记中还有艾锷风缺课的记录。如1932年9月14日记："三上德文而艾克不至。"9月15日记："早晨跑到一院去旁听Greek，只有一个女生在教室里，我没好意思进去，Ecke也终于没来。"11月2日再次写道："德文因艾克病还没有好，没上。"

季羡林说："他工资极高，孤身一人，租赁了当时辅仁大学附近的一座王府，他就住在银安殿上，雇了几个听差和厨师。他收藏了很多中国古代名贵字画，坐拥画城，享受王者之乐。1946年，我回到北京时，他仍在清华任教，此时他已成了家，夫人是一位中国女画家，年龄比他小一半，年轻貌美。他们夫妇请我吃过烤肉。北京一解放，他们就流落到夏威夷。艾锷风老师久已谢世，他的夫人还健在。"

在清华大学任教的吴宓在日记中写到艾锷风时则称，"值Ecke来，觅医医其仆之母"。能设身处地为仆人的母亲寻找医生，可见艾锷风也是心地善良之人。

对于这位老师，季羡林的印象与鲁迅、吴宓笔下的艾锷风有所不同，他看到的是艾锷风的另一面。

其实，在北京解放之前，艾锷风曾和夫人一起再次回到厦门大学执教。根据《近代来华外国人名辞典》中关于艾锷风的介绍，艾锷风再次到厦门大学任教的时间是1947年至1949年，前后两年时间。1959年后，艾锷风在美国夏威夷大学任东方美术学教授。

艾锷风的夫人是曾佑和（幼荷），1925年出生于北京，11岁开始跟随启功学习绘画。曾佑和16岁时，在溥雪斋的建议下，考取了辅仁女校美术系，成为第一届学生。当时的辅仁女校设在恭王府内，每日学业结束，曾佑和便徜徉在雕梁画栋的辉煌殿堂之间，流连于湖山秀丽的亭台廊榭之旁。父母的影响和教诲成为曾佑和走上艺术之路的机缘，溥雪斋、启功、溥心畬等大师的指导奠

艾克、曾佑和夫妇结婚照

定了曾佑和艺术创作纯正浓馥的中国味道。恭王府在曾佑和的青春记忆中留下了不可磨灭的痕迹，这也促成了其多年之后将珍贵收藏捐赠于恭王府博物馆的善举。曾佑和于1942年毕业，一生从事中国传统美术的教学和传播事业，为弘扬中华民族优秀传统文化做出很大贡献。她是艾锷风的学生，当时艾锷风在辅仁大学任西洋文学史系教授，两人在恭王府相识相恋，1945年结婚，这一跨国婚姻在当时轰动京城。

在北京期间，艾锷风学习、研究、整理了大量有关中国艺术的知识和资料，还加入了中国营造学社，并且是"华裔学志"的创始人之一。具有包豪斯美学观点和敏锐艺术鉴赏力的艾锷风在研究中国古建筑的同时，被流传于世、造型典雅的中国家具所吸引，于是他调整了研究方向，把目光和精力投入到中国家具的研究中，特别是对明式家具情有独钟，在20世纪30年代对明式家具进行系统研究，成绩斐然。

1940年，他发表论文《中国硬木家具使用的木材》。1944年，他在北平出版了世界上第一部研究明式家具的专著《中国花梨家具图考》。限于当时的条件，只印了 2000 本英文版。书中收录了明清家具 122 件，大多是明清家具中的精品，其中还有杨耀亲手绘制的 30 多幅家具测绘图纸及 4 张解析各种榫卯结构的图纸，这些图纸表达完美，尺寸准确，可以据图把原家具复制出来。此书出版后，不单在学界引起广泛关注，更让人们意识到家具作为物质文化遗产的重要性，并为中国古代工匠的高超技艺所折服，明式家具的艺术价值也逐渐为中外人士所认识，于是明式家具成为世界各地博物馆和美术馆收藏和研究的对象。

艾锷风在书中高度评价了中国家具艺术的杰出成就，认为中国传统家具独具风格，在世界家具史上具有举足轻重的地位。他赞同 T.H.R 纪丙生对中国家具的评价："以全世界的木质家具而论，唯有四五世纪以前希腊的制作可以媲美中国家具的风格。欧洲家具近两千年的历史，不能与其安详、肃穆的气度相比。"在比较东西方家具艺术异同关系的基础上，艾锷风指出，中国家具对亚洲以及欧洲国家的家具形式和室内装潢都有着不可忽视的影响。他说："在发现西班牙的伊士柯亚的别宫中的一对中国交椅一百年后，官帽椅传遍欧洲，这娟秀的新式样形成典型的'洛可可'靠背椅式。"他又指出，中国的靠背椅是 18 世纪享有盛誉的高背"安妮女王式"椅子的源头。

艾锷风因此被视为推动中国家具文化西渐的重要代表。艾锷风在离开中国之时也将他收藏的珍贵黄花梨家具一同带往了美国。1971 年，艾锷风因心脏病去世。2006 年，曾佑和回国定居，这批珍贵的明代家具又随之回归故土。

毛常

毛常是马叙伦的学生,在北大时颇受蔡元培的赏识,当时学人对毛常的评价是"于经精通《左传》,于艺则擅长于词章"。陈梦韶在《鲁迅先生在厦门大学》一文中称,毛常是蔡元培举荐到厦门大学任教的第一任中文系主任,曾三进三出厦门大学。他还是民国名媛毛彦文逃婚时的大力支持者、协助者,毛彦文称其道德学问"将永为乡人典范"。然而,现当代文学史上关于毛常的记载非常少,他像是被遗忘的一位经学家。

毛常：三进三出厦大的经学家

一

从叶笑雪和毛常的女婿胡祺清分别著的两篇《毛常教授传略》可知，毛常生于1881年2月，曾用名翔，字夷庚，据说是根据小名"有根"的谐音所改。世居浙江省江山县城内文明坊，家赤贫。父名炳文，是一名轿夫。母亲王氏，原适刘家，后改嫁，为洗衣佣工。毛常少年时因生活穷困，无经宿之粮，曾随继兄进吹鼓班当锣手打镗锣，以此补贴家用。

邻居郑绍兰是一位私塾先生，以舌耕为业，见毛常资质聪颖，有意收他为学生。毛常十分珍惜这来之不易的学习机会，终日读诗文，临字帖，不稍懈怠。前后学习六年，学业大增。后为家境所迫辍学，由亲友推荐到城中榆林商店充当学徒，夜里磨豆腐，白天站柜台，虽然工作艰辛，但他仍不分昼夜，刻苦自学。数年后，他以书法挺秀、文章优异著称。

1906年，江山县立中学堂成立，毛常再次走进学堂。这一经历，被他的老师、著名教育家、古文字学家马叙伦记录了下来，马叙伦在《我在六十岁以前》中回忆了这段往事。

原来，1906年，浙江江山文溪书院改成江山县立中学堂，以毛云鹏为堂长，主持教务，当时马叙伦、余绍宋、毛树楠、毛树梓、万崎九等人为教员。在马

叙伦的印象中，当时的学生有毛夷庚、朱君毅、杨德中、姜履淄等。学校开办不久就遭到保守势力的强烈反对，保守势力中有人靠文溪书院的膏火（奖金）补贴生活。有一个叫周渠清的，从江山县立中学堂的废纸堆中捡到一张慈禧太后的画片，上有毛云鹏戏题的一首小令，中有《西厢记》里的一句"我见了也销魂"的词句。周渠清以此要挟毛云鹏，指责他大逆不道，是革命党，向县里告状，并且威胁说："知县如果办不了此案，我们要上衢州府里告状去。"毛云鹏赔偿了一百担稻谷，赎回慈禧画片。马叙伦曾在校内发起组织"天足会"，旨在革除妇女缠足恶习，移风易俗；又发起创办《新衢州杂志》，介绍《国粹学报》等进步刊物给学生阅读，还与余绍宋一起剪去发辫，在课堂上宣传反封建、妇女解放、民权平等等思想，被保守势力视为异己，学校最终不得不停办。马叙伦、余绍宋二人离开江山时，江山中学堂全体师生热情欢送，流泪哭泣者达十数人。

马叙伦36岁照

学校停办以后，老师郑绍兰和邻居朱子贵勉励毛常参加科举考试。当时，有人以毛常曾充吹鼓班镗锣手为由，阻止他参加考试，毛常不为所动，置之不理，毅然决然地走进考场，一举而登秀才榜，提为廪生。

毛常后来回忆这段经历时说："余少时家道贫寒，衣食不周，吹鼓班偶或缺一镗锣手，挽余往代，余亦可得美食，欣然从之。反对者即以为乐户不准与考泥之，经乡先达证明系出游戏偶然之事，并非常业，几经波折，始得与考。"

此后，毛常益加奋勉，于1909年参加清朝的最后一次科举考试，登拔贡榜第一名，由是誉满士林。辛亥革命之后，毛常在革命思潮影响下，致力于教育事业，曾应聘为龙游书院教师。同时，他与邑人毛子水等组织"求是学社"，毛威、朱云光、张实、姜东白、胡之德等人都是学社的成员，该社以探讨学术为宗旨，提倡妇女教育，创办西河女校，民国名媛毛彦文就曾在该校就读。

不久，张实、毛子水、毛威等人陆续到北京求学，毛常受他们影响，也到了北京，再次踏上求学之路。叶笑雪在《毛常教授传略》中说，毛常是由张实介绍前往北大做旁听生的，靠稿费维持生活，每个月还邮寄八元钱给家中。他利用闲暇时间博览群书，对中国古典文学精心钻研，尤其对《易经》有独到的见解。有一次，旁听生考试，毛常因试卷文笔流畅、见识精深受到蔡元培的关注。

1919年，作为北大校长的蔡元培聘请毛常为北京大学讲师，并请他为女儿蔡威廉讲课。蔡元培在信中对毛常倍加赞扬，信曰："问之威廉，则曰惟有先生也。"毛常曾自言："民初赴北京谋事，寓浙江会馆，久未得一技而囊中钱尽。某日读报，见北京大学招考书记广告，因赶去参加。与试者有二百余人，仅录取二名，自分无望。何期正在希冀中，忽接蔡元培先生电召面谈，约我到校任教，我则请为学生，蔡先生允予讲课之余再听他课，为特别生，蔡先生知遇之恩，殁身难忘。"

近代思想家吴虞曾在北大任教，从《吴虞日记》中可以看到，1921年秋季，毛常参与北大新生入学的两次阅卷工作，第一次阅卷时，毛常同沈兼士、钱玄同、沈士远、马裕藻等人一起负责国文组，计划于8月28日下午2时起，在第三教员休息室批改试卷。当时在北大任教的胡适则负责英文兼本科伦理学，宋春舫负责法文。不知何故，真正的阅卷是在9月5日开始的，学校通知参与阅卷的老师说："北大入学考试委员，因扃门考试，须佩戴徽章，方得入场也。"毛常同刘文典、马裕藻、钱玄同、沈兼士、沈士远等8点就赶到北大三院，一直改到下午5点多，众人用了点心方才散去。第二天，顾颉刚也赶到阅卷现场，众人一直批改到12点方才用餐。吴虞说，当时阅卷的感受是"佳者寥寥"。

9月19日，举行第二批入学考试，这次参与的考生有656人，其中9人是女生。第二日，毛常再次会同钱玄同、沈兼士、刘文典、沈士远、顾颉刚等人阅卷，一直到下午2点多才结束。

阅卷结束后，众人一起到北大三院大礼堂，参加欢迎蔡元培的大会。此时的蔡元培刚从欧洲考察回国，听蔡元培演说完合影留念后方才散去。

在北大任教、学习期间，毛常除了得到蔡元培的赏识，也得到众多学人的赞誉，钱玄同在给周作人的信中就称："你说龚橙是主三家者，意中似有不慊之意，据我看来，三家说诗，似较毛夷庚还高明些。他们的不好之处，是首首诗都要求其'本事'。"从中可以看出他对毛常为学的认可。姜宗铭与夏承焘聊天时也称赞毛常,"谓治宋史甚有名"。

北京期间,毛常还曾到孔德学校兼课,并参与孔德学校的语文教材编写工作。孔德学校是蔡元培、沈尹默、钱玄同、马裕藻、沈兼士等人创办的,蔡元培的女儿蔡威廉就是该校的第一届毕业生。该校当时的国文课用自编自选的教材,教材是活页讲义,每年都有变更,不断添加新文章,当时小学、中学的教材由周作人、钱玄同、沈尹默主持,毛常、徐名鸿、冯至、陈翔鹤、杨慧修、张含清等都参与其中,从新出版的书报杂志中选取内容,有童话、故事、小说、散文、短剧等,颇受学生欢迎,这种自编自选教材的历史在该校持续了近20年,直到1937年七七事变后才结束。

二

目前所查询到的资料显示,毛常最迟是在1923年春季到厦门大学任教的。1923年4月3日《申报》报道,厦门大学毛常同林文庆、欧元怀、伍献文、徐声金等人在当时曾为新昌水灾捐款,可以确定毛常此时已在厦门大学任教了。

厦大学生郑江涛于1925年4月25日在《断鸿零雁剧本序》中写道:"《断鸿零雁》者,曼殊大师以情求道之自传也。癸亥(1923年)春,余闻诸夷庚先生谈于厦大讲室,自是牢记不忘,逢人辄道之。每钦大师为人,于胭脂队里参禅,狎而不乱,意欲编成新剧;惜厦地不能得是书,愿未尝焉。今年(1925年)春,偶与黄君嘉谟谈及,适夷庚先生自中州大学返厦,乃向其借书参阅,与所闻者间有出入。嘉谟君,余同乡也,喜为文,遂与共任编辑,分九幕,余取半僧半俗之语颜之,以快余两年来之梦想也。前七幕出嘉谟君手,余续成之。"

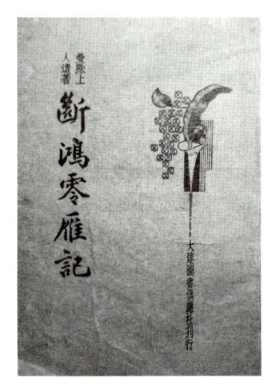

《断鸿零雁记》

由此可知,毛常在1923年春季已经到厦门大学任教,其间,曾到中州大学任教，1925年再度回到厦门大学。黄嘉谟、郑江涛两人从他那里借走苏曼殊的《断鸿零雁记》后，改编成剧本。郑江涛说，此剧曾在厦门大学成立四周年时表演，获得了师生们的交口称赞。后来，黄嘉谟又把此剧加以润色，在报刊上连载。1925年6月，由厦门思明报社列入"思明报社丛书"，出版了单行本。后来黄嘉谟说："毛先生那时正任厦大教授，对这剧本的变成，很多帮助，那是值得纪念的。"

黄嘉谟的名字对很多人来说都很陌生，但当说起《何日君再来》这首歌曲，相信大家都会哼唱几句，这首歌就是黄嘉谟填词的。黄嘉谟毕业于陈嘉庚创办的集美师范，后又到厦门大学读书，曾做过电影导演、编剧，还是海明威小说的第一个汉译者。郑江涛后来成为著名学者。

厦门大学的第一届学生叶国庆回忆说：

> 我们那时，校舍只囊萤楼一座，群贤楼、映雪楼以及镇北关上教员的宿舍都未盖好。演武场上，灰木砖石，东西堆叠，一边是蔓草凌乱，一边是砖瓦纷披，新栽的相思树高不满尺，十足表现着筚路蓝缕的气象。"陈嘉庚先生创办厦门大学"的风声那时传遍全国，所以学校虽是初办，各地的同学都有。同学间由此语言异声、风尚异习，但有一共同点，十之八九是穿大褂的，膏泽不施、形容淡淡。吃饭时，遇着菜不够，各人袋中摸出小菜来，或是一包肉松，或是一包干虾米。那时马路还未开筑，往厦门市的路线，一条由实验小学门前坐船，一条是走镇南关。同学们多半仗两只健脚走镇南关，走累了，只好停古树下擦擦汗。同学们生活虽淡泊，却虎虎有生气。我们有种种学会、诗社，使我最不能忘的是苔苓诗社，社员似有三十多人。每学期征诗一两次，出题的是毛夷庚师和陈石遗师。

从这段文字可知毛常、陈石遗与学生之间的融洽关系。

1927年，蔡元培出任南京国民政府大学院院长，毛常应蔡元培之邀，到南京出任大学院秘书兼编审委员。其间，毛常曾为蔡元培代笔写过文章，还会同科员段柏峨、卫聚贤办理过南京古物保存所交接事宜。

1931年3月8日，毛常再次回到厦门大学任教。此时《厦大周刊》对毛常的介绍是："前清己酉科拔贡，北京大学研究员、北京大学讲师，前本校文科国文教授，中州大学教授，国民政府大学院秘书、教育部秘书，常任编审。"

蔡元培

毛常在厦门大学任教期间，给许多学生留下了深刻的印象。我国著名人类学家、考古学家、民俗学家林惠祥是毛常在厦门大学教过的学生，曾受到毛常的提携。他回忆道："我于1928年毕业于菲律宾大学研究院人类学系后回国，厦门大学不能给我适当的位置。适于那时国立中央研究院成立，中有民族学组，由院长蔡元培兼任，便由我的老师，当时大学院（即教育部）的秘书毛夷庚（北京大学出身，与蔡熟识，曾任厦门大学国文教授多年）介绍我入研究院，为民族学组助理员。"在毛常的推荐下，林惠祥走上了研究之路。后来，林惠祥著作出版时，毛常亲自为林惠祥校阅书稿，还请蔡元培为之作序。

被称为词坛飞将的女词人黄墨谷也是毛常的学生。黄墨谷1913年出生于厦门鼓浪屿，与陈寅恪的助手黄萱是闺蜜，曾在陈嘉庚创办的集美女子师范学校就读，1931年7月，考入厦门大学国文系。此时毛常为国文系教授，讲授《词选及习作》，对黄墨谷颇为赏识。毛常曾把66册的彊村丛书赠送给黄墨谷，命黄墨谷编撰《唐宋词选》，作为毕业时的论文，这被视为黄墨谷治学生涯的第一阶段。受毛常的影响，黄墨谷将诗词作为其终生事业。黄墨谷后嫁给从厦门走出去的雕塑家曾竹韶，曾竹韶是人民英雄纪念碑上虎门销烟浮雕的作者。

著名的南洋史研究专家陈育崧在厦门大学读书时受毛常影响颇深。陈育崧从南洋回到厦门读书，跟随毛常学习《南明史》。在学习的过程中，他对明末许多中原衣冠流寓海外，大力支持明室复国这一历史产生浓厚的兴趣，于是开始广泛搜集资料，立志对华侨史进行研究。之后，他以阐发海外华侨历史为己任，数十年如一日，广征博引，成就斐然。著名学者韩国磐在大学读书时也深受毛常的影响，他曾说："而这时印象最深的，是毛夷庚（名常）师对我的启发。如对今古文经学之争，他叫我要仔细绅绎，不要轻下断语。他曾指出我的诗中有一联，好像是荒村破庙中的门联，又曾指出我的两首五绝，有六朝小诗气息。话虽只有一两句，对自己在诗境方面的认识和启发，却大有裨益。特别在我徘徊于专攻文抑专攻史的时候，他鼓励我要开拓境界，能在史学上占有一席之地。老前辈是这样殷切寄望于后学的，虽言犹在耳，而他已辞世三十年左右了。"

在学校管理上，毛常也参与其中，曾向图书委员会提议购置关于我国金石之学书籍，河南安阳发现之甲骨文，罗振玉、王国维等人所辑之殷墟书契编等，共计十一种。他还兼任国学研究院筹备委员会委员。1935年，毛常被选为厦门大学校务委员会委员。

三

毛常在厦门大学时也有生活趣闻，而且被学生记录下来。1934年2月28日，一位署名"思索"的厦大学生写了一篇《记毛常先生》，发表在当年第23期的《十日谈》杂志上。因为此文难得一见，特全文摘抄如下：

> 毛先生有着修道者的风度！
>
> 瘦长的脸，怪道的气，还有一撮萎丽的长髯，蓝布长衫，轻微的音响，温馨的笑，那才够动人咧，假如是女人
>
> 样子是这么一位五十上下的道学先生，朋友！谁相信他偷偷地，却有着年轻人罗曼蒂克的故事？怪动人，而又怪温馨的故事！
>
> 毛先生自从北京大学转到了厦门大学之后，生活更平板，更苦闷；他便决心扔下了粉笔，蹒跚地踱到蔡元培先生的"西席"来，教着蔡先生的公子，不久，蔡先生的官运又亨通了，毛先生便在大学院里，教育部里，执掌着秘书，谁料！宦海的风波，却又把他卷回到这有着莺花乱舞的南国来了。
>
> 是一九三二年的春风淡荡里，雄伟、孤寂、苦闷厦大的学府中，我们这位老道者，却在那儿微温着粉红色的绮梦呢！

事实的展开，便是这样有趣：

厦大文学院"诗""词""曲""文"这类学科是毛先生主持的。那时还选着"诗选"课程的大学二年级女生XXX，便是这故事中更有趣的人物。

这儿最好是来一个素描：

XXX女士，有着婀娜的腰肢，瘦条的躯干，鸭蛋儿的脸，柳叶儿的眉，樱桃儿的口……这便是说，XXX女士的风度，已经够麻醉血气方刚时代的新人了。

每天，要是诗词这么一课，你便可以看到XXX女士的脸儿，更搽得红红白白，发，还要曲卷地烫着，在桌上也要放着一两朵香喷喷的花。我们当然不是说，这于毛先生却有着什么企X，作X与诱X……我们承认女人名花是会及时互相怜惜的！

每一课，每一课，下课钟敲了，毛先生和XXX女士便有课题儿，——据说。函件——往返教益，尽递不休。当然也不能尽是不休！

一次，在一个宿舍里，男学生的A和B，他们却在谈论着这趣事的开展，照录如下，不敢擅改，不敢杜撰，自然也不敢负责。

A："老B！怪有趣的，老毛今天上课，又撷着一朵香喷喷的花……"

B："你知道这花？"

A："知道？自然我知道！我不是坐在XXX女士的后面吗？"

B："如何？非公开不可！"他兴高采烈地跳起来，"啪"的拳头往桌上一敲。

A："你得守秘密，这意外的获得，毛先生该是不允许的。上课时，毛先生不是把一个信交给XXX女士说'你的诗改了'吗？那时候X女士接过信，便拆开偷偷地看，又偷偷地笑。随着信摺了，收了。我便伸长着颈子，可巧看到X女士用铅笔在'拍纸簿'上写着：'毛师，我的事你怎样？妹XXX。'随后她又扯起来，老 B，这'妹'字在此时与此地，务请你研究研究，你便明白这怪有趣罗曼蒂克成份的诗人的故事！"

B："花呢？问题你又撂开了。"

A："后来下课了，谁都走了，当我们三个人出了教室——这一班只有四个人，XXX 女士在内。便听到毛先生吟诗似的吟着：'好香呀！花。'老 B 呀！好香呀！花！我不能再说下去了，说下去我可罪过了，可不是？朋友！"

B："自然哪！若问以后，只有'哈哈哈'。"

记录到此地也得终止。我须作下列负责的声明：

毛先生的道德文章，我们非常的钦佩，造谣中伤的事，绝对是小子所不敢为，以其所不敢，而竟有此所不敢的故事，当然要请毛先生原谅我的直录了，好在将来文学史上有着这么一段香喷喷的佳话留存，编者先生今日大约可不致"忍痛"付之字纸篓中也

四

根据叶笑雪的记载，毛常在厦门大学的待遇十分优厚，月薪 300 元，但他始终保持着朴素的作风，常穿粗布衣，自奉节俭。据胡祺清回忆说，毛常在英士大学任教时，已年近古稀，有一次因为开会，错过了用膳时间，其他教师都去了菜馆，毛常一个人回到宿舍用开水泡冷饭充饥。在资助别人时，毛常又非常慷慨。王均邦是毛常早年的门生，勤于治学，颇受毛常的喜爱。王均邦得病后，住在毛常家中医治，病笃回家后不久逝世，毛常闻讯悲痛欲绝，行走百余里山路，赶到王均邦家中悼念。看到王均邦家中一贫如洗，毛常又设法救济。

教学之余，毛常喜欢到南普陀寺拜晤弘一法师，由于毛常性耽禅悦，为人书联辄集经文，因此两人交流时无限愉悦，惜别时常有意犹未尽之感。

胡祺清说，毛常为人正直，不阿谀权贵，暑假回家，足不出户，成天正襟危坐，读书练字。有一次县里请他写城郊青龙埠建堤碑，他躺在椅子上打好腹稿，口中一句句念出，胡祺清记录成文后无须改动一字。他写的《雪泉修浚记》原碑

现留江山城郊西山雪泉,文字精练,脍炙人口。另一篇《江山救济院碑记》,也得到众人好评。

毛常好读书、好买书、好教书、好写作,家中藏书数万卷。他重学习以明道,重进德以卫道,强调理论要结合实践。他书斋中的联语是这样写的:"品格自超梅以上,交游只在竹之间。"横额写"澹泊明志",家中堂号是"宁远堂",灯笼号为"明经书屋"。大门联语:"江山寒士家,宋代名儒裔。"堂中写"雅言诗书执礼,益友直谅多闻",横额写"宁静致远",充分体现了他的内心世界。

从1937年8月2日《申报》所载《改国立后厦门大学》一文中可知,厦大改为国立后,在续聘的老教授中,毛常与周辨明、李庆云、余謇、郦承铨等人一起接到新的聘书,继续在厦大任教。

根据叶笑雪的记载,毛常是在1938年离开厦门大学的,后曾在江苏学院、英士大学等校任教。

1938年秋,毛常任江山县立初级中学筹备处主任,为该校的创办花了不少心血,使学校初具规模。抗战期间,毛常主张积极抗日,衢州城内公园的抗日阵亡将士纪念塔上有他执笔撰写的祭文。他应约写作《江山县运动会歌》:"正气凌霄,有江郎三峰挺秀。聚多少天涯俊杰,一个个精神抖擞。莫辜负青春,年富力盛,起来奋斗!痛今日,赤县神州,有犬羊奔走。灭狂奴,还金瓯,全凭健儿身手。快兮驰骤,猛兮抖擞,谁备来日从戎杀敌,复我大仇!"这首歌曾在江山各阶层人民,特别是青年学生中广为流传,鼓舞了人民的斗志。

1951年2月,全国高校院系调整。毛常与时任教育部长马叙伦通信后到上海等待分配工作,不幸因气喘病医治无效,与世长辞,终年71岁。据毛彦文所著《往事》一书记载,毛常去世的确切时间是1951年2月21日。在异国他乡的毛彦文获悉后,悲恸不已,她说:"他教我中文,逃婚时又大力协助,盛情厚谊,已无从报答,他的道德学问将永为乡人典范。"毛常遗体火化后运回江山,安葬于西山之麓。

孙贵定

中国近代教育家、书法家吴稚晖曾对儿子说:"今有吾乡孙星如先生之公子,游学来英。公子高才博学,足为儿等之师。"著名的文学评论家夏志清听过他的讲话后,说从他那里得到了精神上的支持。他是著名版本学家孙星如之子孙贵定,著名教育家、外国文学专家,在厦门大学任教长达14年之久。厦门大学创建全国首个新闻学科时,孙贵定曾任新闻科主任。

孙贵定：高才博学的教育家

一

孙贵定，字蔚深，江苏无锡开原乡孙巷人，1893年（一说1896年）出生于上海。其父孙毓修，系著名的版本目录学家、藏书家。孙毓修，字星如，一字恂如，号留庵，别署东吴旧孙、小渌天主人，曾在商务印书馆做了16年的编辑工作，主持出版了一系列童书。

孙毓修在儿童文学方面有着他人难以企及的贡献，茅盾曾称他是"中国有童话的开山祖师"。他用白话文翻译了中国第一本童话作品《无猫国》，茅盾说"这是中国历史上第一次有儿童文学"，后陆续有《大拇指》《红帽儿》《海公主》《小铅兵》《小人国》《玻璃鞋》等书出版。因此郑振铎说，"中国最早介绍安徒生的是孙毓修"，他翻译的这些童书曾风靡一时，影响深远。民国著名作家赵景深说："我幼年的第一种书就是孙毓修编的《童话》第一集，第一本书就是《无猫国》，由祖母念给我听，后来我自己看。"作家张天翼也在自述中说："在初小，参加全城小学运动会的五十码赛跑，得第二，给了我许多奖品，十几册商务印书馆的童话，孙毓修先生编的，有许多字不认识，母亲就读给我听。于是渐渐地我自己看，买了一些，借了一些，商务、中华那时所出的童话都看

全了。"更为难得的是，孙毓修给丛书取名时首次使用"童话"一词，从此"童话"这个词在中国流行开来。

孙毓修还是清末著名版本目录学家缪荃孙的弟子，张元济正是看中他在版本目录学方面的修养而聘请其到商务印书馆工作的。1907年，孙毓修以一篇《地理读本叙言》获得张元济先生的青睐。1907年3月20日，张元济给推荐人沈缦云写信，诉说对孙毓修这样人才的渴望，信中说："昨由敝馆总理夏瑞翁交一孙君毓修《地理读本叙言》十面，云系阁下介绍，愿来本馆襄办编译事宜。当与同人展读一过，至为钦佩。孙君现居何处？年岁几何？曾在何处学堂肄习英国文字？抑曾留学外洋？敝处极愿延聘。每月约需修脯几何？能否来沪每日到敝所办事？统祈示知，以便酌定，再行奉复。孙君如在沪上，并祈开示地址为荷。再敝所预备膳宿，不过商业性质，多所简略，合并奉闻！"可见张元济是求贤若渴。

孙毓修还写过《中国雕板源流考》，并在报刊上发表，是中国印刷术历史研究的重要著作；在图书馆学方面写过一本《图书馆》，洋洋洒洒数万言，全面论述了近代图书馆的现状和今后规模等，见解独特而精辟，他因此又被视为中国近代图书馆学的最早开拓者。

胡适在日记中曾写道："到编辑（译）所。见孙星如（毓修）。此君初译新书，亦曾作白话的常识书，后来渐治国故，就专治旧书，不复谈新学了。蔡子民（元培）先生到上海时，曾问他何以从前做白话书的人现在反不做了。他说，他已在这里面寻得趣味，故不愿放弃。此亦是有理的主张。人贵从天性所近，不当逆'天'而行。孙君现主管《四部丛刊》事，我与他谈，劝他加入一些明代的文集。他说此时他们正在拟《四部丛刊》续编的目录，我何妨出点主意呢。他送了一个拟目来，我加了几种。"文字不多，但从中可知孙毓修治学方向转向国故的原因。

在商务印书馆期间，孙毓修是茅盾的师傅。茅盾于1916年8月28日进商务印书馆。在他的印象中，"孙毓修先生年约五十多岁，瘦长个子，有点名士派头。他是前清末年就在商务编译所任职，是个高级编译。他似乎又有点自卑感。"当时20岁的茅盾对师傅有一种敬仰之情，茅盾念小学时得到的奖品，也是孙毓修先生的童话书《无猫国》与《大拇指》，因为当时茅盾已经在读《西游记》《三国演义》，便将这些童话书送给自己的弟弟沈德济（泽民）了。在后来的相处中，孙毓修发现茅盾年轻有为，对茅盾寄予厚望。茅盾在孙毓修先生身边，耳濡目染，也很努力，1918年至1919年编著童话就达16种。

孙毓修于1889年与张氏结婚，生有六子二女，最后只剩儿子孙贵定一人，余皆夭折。孙毓修对儿子没少花心血，一向抱以厚望。从孙毓修《桂庭日记》中可以看到，他对儿子孙贵定提出的要求。那时孙贵定才七岁，在父亲的亲自传授下，用稚嫩的笔迹记下每日读书、练字的功课。孙毓修还为儿子题写了座右铭：

孙毓修的著作

> 足容重　手容恭　目容端　口容止　声容静　头容直
> 己上六句，每日早起读十遍，痛改尔鄙俗之状。庚子十二月初七灯下。留庵摘《礼记》语。

孙贵定后从上海南洋模范中学肄业，英语成绩优异。1913年，孙贵定赴英国留学。1928年9月25日《申报》载"江苏历年留英官费生之调查"显示："上海孙贵定，自费到英，民七给官费，入爱丁堡大学习教育科。民五，文科毕业续攻教育，得哲学博士位。民十二归国。"由此可知，孙贵定当初到英国留学是自费行为，难怪在孙贵定留学后，孙毓修曾说其"岁费千金"，经济生活也不宽裕了，购买古籍善本的爱好也受到了影响。

孙毓修对儿子在国外留学很不放心，总是牵肠挂肚，他在信中叮嘱道："尔今与人交，切不可贪小利，弄小巧。贪小利弄小巧也，偶召得便宜处，而吃亏上当亦即伏于其中。为小失大，实不值得。尔今如闺女，名声最为紧要，务当牢记我言。"

同时，孙毓修还委托当时在欧洲的南菁书院的老同学、国民党元老吴稚晖关照孙贵定，甚至还通过他代转儿子的生活费。吴稚晖受老同学之托曾介绍孙贵定到伦敦的一家报社打工，解决部分生活费。吴稚晖在信中也曾希望自己的儿子向孙贵定学习，他在给儿子的信中说："今有吾乡孙星如先生之公子，游学来英。公子高才博学，足为儿等之师。渠拟入蔼丁堡（爱丁堡）大学，道出伦敦。如荷枉莅，望追陪清游，借聆教益。嗣后能常常通问，虚心受教，必大有益于儿辈也。"

孙贵定在英国苦读10年，除精通英语外，对法、德、拉丁、西班牙等语亦深有造诣。孙毓修的老板张元济曾向友人介绍："孙星如先生之郎名贵定，自英国游学归，尚能读中国书。"孙贵定在英留学期间所编译的《英文中国寓言》一书，就是由商务印书馆出版，张元济曾张罗过此书的出版事宜。

从孙贵定刊登在《申报》上的讣告可知，1923年1月22日，孙毓修在上海爱尔近路庆祥里154号家中去世，享年52岁。

二

从1937年7月林文庆开具的一份《教职员服务证明书》可知，孙贵定是在1923年8月到厦门大学任教的。在厦大任教14年间，先后任过教育心理学教授、编译处主任、教务主任、大学秘书、英文秘书、教育科主任、校长办公室秘书、代理校长、教育学院院长等职。孙贵定在厦门大学时曾住在厦大的笃行楼。

有资料称，孙贵定与厦大校长林文庆是同学，这是不可靠的。从林文庆的简历来看，林文庆是1892年毕业于英国爱丁堡大学医学院。孙贵定去读书时，林文庆早已毕业。充其量，孙贵定与林文庆是爱丁堡大学的校友，不过可以肯定的是，孙贵定到厦门大学任教是校长林文庆认可的。

正是由于和林文庆的这种关系，所以孙贵定在厦大的第一次风潮中被部分老师和学生认为是林文庆的亲信。学生甚至宣布了林文庆的罪状，被视为林文庆"亲信教员"的孙贵定和刘树杞、周辨明、黄开宗、王振先等人，也遭到驱逐，甚至被限令离校。

据1924年6月9日《申报》报道，这场教职员之间的暗斗在孙贵定尚未到校的 1922 年冬天已经开始。教务主任一职曾是刘树杞与欧元怀斗争的焦点，教员反对后，一度被废除。不料，林文庆又在 1924 年 2 月任命秘书长孙贵定出任教务主任，并对教务主任及各科主任之职权做了规定。于是教员中反对孙贵定之声再起，"孙氏仅领教务主任之空衔两周而去"。

孙贵定继续任校长秘书，但不久学校和教职员之间谣言四起，谓校长将重用英国留学生，因孙贵定在闲谈中曾说美国学位不如英国学位之难得，导致有留美背景的教员极为不满，甚至有孔武有力的教员要找孙贵定武力解决此事，后来被林文庆叫停，以孙贵定道歉告一段落。

孙贵定像

1923 年冬，孙贵定被任命为新闻科主任，这是全国最早的一个新闻学科。据 1924 年 4 月 29 日《京报》报道，当时的功课分设编辑学、访事学、新闻心理学、新闻史学及业务经理等。然而，新成立的新闻科没有办公场所。商科主任王毓祥同意将商科的办公室让出一间，作为新闻科办公室，林文庆也允许了此事。第二年春，孙贵定搬进了办公室，但后来不知何故，王毓祥遣人将孙贵定的办公桌搬走，房间内"一切公文狼藉地上"。面对孙贵定的诘问，王毓祥无言以对，只说"Do what you like（即惟汝取欲）"，态度十分蛮横。"孙氏以文士孱弱之身，胡足当其一拳，忍受之而诉诸校长"，林文庆将二人召集到办公室，进行调解，希望大家能从大局出发，各尽其职。然而，"王理屈，恼羞成怒，竟于秽言辱詈之余，起立挥拳，直抵孙贵定，校长制止无效，幸有某教员闻急赶至"。赶到的教员将王毓祥拦住，把两人拉开。

1924 年 5 月，学校风潮乍起，孙贵定作为校长秘书、新闻科主任，被认为是"得校长之信任，颇近专擅"的"政府派"教员之一。此前，在这年春季的教育评议会上，欧元怀、傅式说、王毓祥等作为"在野派"说厦门大学设科太多，主张并新闻科于文科,并医科于理科。这种提议在评议会上获得了通过,但当时新闻科主任为孙贵定,医科主任一职则虚悬,很多人认为是"以待下学期林文庆之次子毕业于北京协和医校,而来主斯任者",但后来这份提议不了了之,这被认为是对欧元怀、傅式说等人的打击。

孙贵定认为"学生风潮,司空见惯,不必顾虑",可能是学生一时冲动,不主张处罚学生。但欧元怀、傅式说、王毓祥等教职员和学生却认为必须赶走校长林文庆和孙贵定、刘树杞等人,双方矛盾无法调和。后来,欧元怀、傅式说、王毓祥等人带着两三百名学生去上海,学校受到重大打击。

1927年1月,在厦门大学为鲁迅举行的欢送会上,孙贵定和校长林文庆分坐在鲁迅左右,但实际上鲁迅在厦门时与孙贵定的关系并不和谐。鲁迅在1926年9月7日夜写给许寿裳的信中说:"校长有秘书姓孙,无锡人,可憎之至,鬼祟似皆此人所为……"

陈漱渝先生在《鲁迅在厦门大学》一文中说:"在学校的行政部门,令鲁迅不满的还有两人。一位叫孙贵定,无锡人,留学英国的博士,曾任教育系主任,兼校长办公室秘书。鲁迅想推荐友人许寿裳来厦大任教,被掣肘,怀疑是他从中作梗,觉得他鬼鬼祟祟,可憎至极。但孙贵定在厦大也遭不幸。他跟苏格兰籍(笔者注:应为冰岛人)的妻子生了一个男孩,不慎被厦大周边的疯狗咬伤,时时发出'狺狺'的狗吠声,三天后便死去。"

孙贵定

《鲁迅生平史料汇编》(第四辑)对此事也有记载:"当时教育系主任孙贵定的长子,是娶苏格兰的妇女生的,常常和别的孩子到演武场上来玩,看狗相咬,取笑作乐。不料有一天,竟为一只疯狗咬伤,卧病医治,发热昏迷,时时发出'狺狺'的狗吠声。校医廖超照无法可施,校长医学博士林文庆也束手无策。结果是,这个天真烂漫的男孩子,竟于被疯狗咬伤后的第三天死去了！"实际上这段文字出自陈梦韶《鲁迅先生在厦门大学》一文。从孙毓修给孙贵定的信中，可知这位不幸去世的孩子应该叫"元寿"。

孙贵定与鲁迅的又一渊源是为《阿Q剧本》作序。《阿Q剧本》是根据鲁迅的名作《阿Q正传》改编的第一部话剧剧本，是厦门青年作家陈梦韶为厦门双十中学新剧团表演而写的，完成于1928年4月，也是阿Q的形象第一次展现在新剧舞台上。1931年10月，《阿Q剧本》一书由上海华通书局出版发行。孙贵定曾用炉火纯青的英文为该书作序，出版时因书局无英文铅字设备，这篇序没有印刷，只在书的目录中存有"孙贵定博士序"的条目。此外，他还为陈梦韶的另一部作品《绮情曲》作序，他在序中称"陈先生在文学欣赏方面有特别的天赋"。

三

1926年，陶行知到厦门大学参观时孙贵定参与了接待工作。据1926年5月29日出版的第152期《厦大周刊》报道称："上星期六（廿二日）中华教育改进社陶行知先生及中国科学社任鸿隽先生，东南大学农科教授冯锐先生等由申抵厦。上午9时许来校参观。由林校，刘、孙两博士及钟心煊先生招待，并引至各处浏览一周，殊蒙赞许，午间本校于南轩酒楼款宴。查三先生此次南渡与粤方教育界尚多接洽，故于当日下午即乘轮赴粤云。"其实，孙贵定与陶行知之间的交往远不止这一次。

1928年5月15日，备受全国瞩目的全国教育会议在南京召开，安徽代表陶行知与福建代表孙贵定、黄琬以及湖北代表刘树杞等相聚一堂，为全国教育的发展建言献策。厦门大学对这次会议非常重视，1928年5月12日出版的《厦大周刊》刊发了《教育科主任孙贵定博士及教育参观团赴宁》的消息，从中可知作为教育科主任的孙贵定和其所带的教育参观团是5月5日从厦门乘轮船赴沪，然后转到南京的。教育参观团由七人组成，除了学生王枞、易谅坤、吴万镇、黄至元、汤文华以及女生洪玉琼外，还有厦大附属模范小学的老师李淑美女士，该团请上海浦东中学校长姜琦指导一切，并参观上海、南京各处学校，直到6月才返回厦门。

在这次全国教育会议上，孙贵定提出酌设免费生名额，并提出大学院所拟建设的中央图书馆应迅速筹集款项，购置国内外历年出版的专门研究学术的各种杂志及贵重图书，以供各地专门学者参考。

会议期间，孙贵定还在《新闻报》上发表《科学教育和新中国的建设》一文，他说："我们一面当然要提倡自然科学的研究，而他方面又切不可忽视社会科学，因为我们必须研究各种社会科学，尤其特别注重他们共同的基础——心理科学。"他向各界呼吁在进行国家建设的同时关注心理科学的建设和发展，这在当时的学者

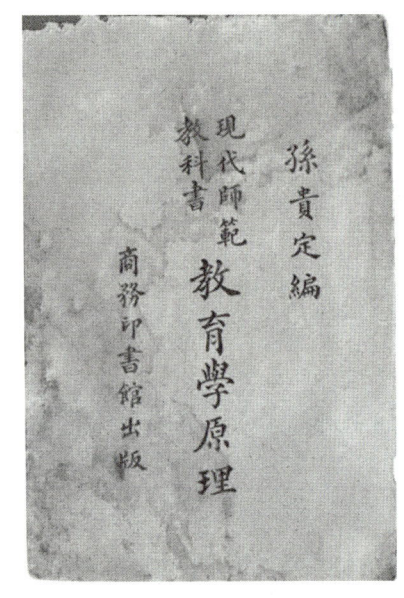

孙贵定著作

中并不多见。孙贵定的呼吁受到了时任中央研究院院长蔡元培的重视，蔡元培直接推动了心理系和心理研究所的设立。

1930年4月15日，第二届全国教育会议在南京召开，当时《中央日报》报道称，教育部函聘24人为全国教育会议专家，2月22日就发出了聘书，除陶行知、孙贵定之外，还有吴稚晖、庄泽宣、欧元怀、赵元任、马寅初、杨杏佛等人。

作为教育工作者，孙贵定对教育改革十分关注。在厦门大学建校八周年时，他发表了《厦大与我国高等教育的改进》一文，他在文中说，北京、上海等处的国内私立大学，数目不可谓不多，但大抵偏重政治、经济、文学、哲学等科目，在科学上有特殊贡献的，如凤毛麟角，而厦大的特色便是特别注重自然科学的研究，如心理、物理、化学、植物、动物等都设有实验室，历年购置的仪器标本价值40多万元。植物、动物两科又设有博物院一所，其中陈列了厦大教授们亲自采集和新发现的多种标本。天文系附设气象台一所，每日测记气象三次，

与北平、青岛、上海等处天文台交换所得结果，以为互相考证之用。化学系附设制革厂一所，产品优美，适合工业制造的需求。至于各科研究学术所需图书资料，已经有中西图书六万余册，加上当时华侨曾江水捐赠了20万元的图书馆筹建费用，以及省教育厅补助的图书购置经费，这将使厦大图书馆藏书更加丰富。

他认为，厦门大学是私立大学中的佼佼者，经费有着，基础稳固，地址适宜，不受政局的影响，而且设备完善，图书丰富，鉴于以上种种优点，厦门大学对于我国高等教育的改进应该负有重大的使命。他说使命体现在三个方面：造就应用的科学人才，训练优良师资，振兴南洋华侨教育。此外，还应设法为厦门的社会做一些公益的事宜，如筹设民众学校，举行通俗演讲以及在厦大临近的澳水等处筹设模范村，等等。

孙贵定在上课时最痛恨学生交头接耳，报纸上曾有孙贵定"深恨上课时学生私语，有男女同学三人，在后排大谈×××，致被当场出彩"的报道。

四

1935年7月，孙贵定的继母顾太夫人去世，灵柩停放在上海南市留云寺，孙贵定从厦门赶回奔丧。据当年7月9日《申报》载："京沪厦政学商界如汪精卫、吴铁城、朱经农、黎照寰、林文庆、欧元怀、陈鹤琴、王志莘、庄泽宣、刘树杞、王固磐、杜佐周、黄建中等，均赠祭幛，旋先后往吊，备极哀荣。"

1936年6月6日，《厦门大报》载有一则《可怜闽南最高学府　陈嘉庚辞董事长》的消息，称由于陈嘉庚公司破产，学校经费无法筹措，陈嘉庚向董事会提出辞职。随即林文庆也表示"校主既已辞职，本人自当随之告退，以让贤能"。此事如晴天霹雳，在校园里产生了广泛的影响，秘书长詹汝嘉、训育主任李相勋、法学院院长陈德恒，教育学院院长孙贵定等人也都相继提出辞职。

但从1937年第1卷第16期的《厦大周刊》可知，提出辞职的孙贵定并未获批，因为在当年5月21日下午，林文庆和他曾搭乘"济南"轮赴南京。由于厦门大学办学经费紧张，此行是林文庆受陈嘉庚的委托，专程前往南京晋见教育部长，商讨厦大改归国立问题。

据 1937 年 7 月厦大校长林文庆开具的《教职员服务证明书》可知，孙贵定离开厦门大学的时间是 1937 年 7 月。

离开厦门大学之后，孙贵定曾执教于光华大学、沪江大学、暨南大学等高校。在光华大学任教时，夏志清曾与孙贵定有过交往，而且说从孙贵定身上得到一些精神上的支持。

1944 年夏的一个下午，沪江大学英文系的学生章珍英在上海公共租界巨籁达路 661 号家中邀请张爱玲、夏志清、张心沧等二三十位同学举行文艺集会，集会的主角是已经大红大紫的同龄人张爱玲。在以学生为主的这次聚会上，作为英文系教授的孙贵定是唯一参加的"长辈"。夏志清在文中说："我到场时，可能张爱玲还没来，我为孙贵定教授所吸引，跟着五六个人听他讲在英国爱丁堡大学读英文系博士学位的经过，他学成返国才两三年，一直在光华大学当教授，济安哥自己在光华教英文的时候，即同我讲起过他。那天不管他讲古英文、拉丁文如何难学，我倒也从他那里得到一些精神上的支持。家里无钱，留学的事不能去想，只有自己继续努力用功这条路。孙贵定风度极好，但未听说过他有什么著作。"夏志清所说的精神上的支持，应是指其当时已经确定了自己的人生目标，孙贵定所叙述的其在英国苦学的经验，正是夏志清所渴望达到的人生境界。另一点需要说明的是，孙贵定是离开厦门大学之后到光华大学、沪江大学、暨南大学任教的，其时回国已经 20 多年了，而且也出版了自己的著作《教育学原理》《伦理学》，这些信息可能是夏志清所没有掌握的。

1949 年暨南大学停办，孙贵定到复旦大学外文系任教。之后，孙贵定的消息再也难以看到，以至于柳和城先生想做孙毓修评传时，曾发文《寻找孙毓修先生后人》。赵永良、华晓主编的《百年无锡名人图谱》一书在介绍孙贵定时称，孙贵定于 1949 年 12 月因胃病逝世于上海。"遗著有《文心雕龙》中译英稿本。其他文稿颇多，惜在'文革'期间，随同他所珍藏的图书文物都被当作'四旧'

关于孙贵定和林文庆去南京的报道

全部焚毁"。

值得一提的是孙贵定的夫人 Mrs.Oddny E.Sen，她是冰岛人。当初孙贵定结婚时，其父孙毓修并不知道，后来获悉时亦不赞成。孙毓修曾在信中说："近得彼本年一月四日之信，乃知自去秋即未入学，而擅自娶妻生子。他且不论，彼处战云遍地之境，全家之费用，既非彼自力及家中之力所能及，则舍归国之外，更无他法。顾有两难：一则海上之潜艇，一则彼妇之依恋。吾谓近来时召归国者，则潜艇亦可无过虑，今多费些钱取道美洲，已较非洲为要矣。依恋妻子，不能决然上路，事或有之，但相隔万里，我亦不能强制。若果为此生困，亦是自作自受。"

据1929年第218期《厦大周刊》的报道，Mrs.Oddny E.Sen 曾于1929年11月18日加入厦门大学的摄影研究社，并成为研究社的支柱。

孙贵定一家组团家门合影（左至右：孙贵定、孙夫人、女儿、儿子、居右为佣人之女儿）

更为难得的是，Mrs.Oddny E.Sen推动了国内第二本冰岛文学作品的翻译。第一本被译成中文的冰岛作品是《诺尼和玛尼》，第二本是克里斯特曼·古德蒙德松的作品《新娘礼服》，这本书翻译成中文后于1936年6月由上海商务印书馆出版。这是当时为数不多的冰岛文学作品之一。这本书之所以能译成中文，与孙贵定的夫人有着密切的关系。

《新娘礼服》这本书的译者是唐旭之，他在译后记里说："我翻译这部小说，最初是因为受了孙贵定夫人的嘱托。孙夫人是冰岛人，自与孙博士结缡之后，即与中国发生了密切的关系。她居住在中国已有多年，然而，一般地说，冰岛和中国是非常疏隔的。除了冰和雪外，对于冰岛我们大部分人不能更有何种正确的想象。这确是一种极应改善的情形。因此，使两国之间互相了解而发生联系，乃自然地成了孙夫人最迫切的一个希望。"

从这篇后记中可知，受孙贵定夫人的嘱托，唐旭之才翻译了这本书。而这位孙夫人不但推荐了这本书，还邀请原书的作者为该书的中译本撰写序言，她自己还写了一篇优美的介绍冰岛和作者古德蒙德松的文章，翻译过程中的不少注释也是在这位孙夫人的帮助下完成的。而且孙贵定也参与其中，帮忙校正了不少讹误。

唐旭之认为这部《新娘礼服》"是一部真正的农村'史诗'"，是"一部光明的书……作者有长于景物的描写。冰冻的月夜，薄暮的幽谷，夏日的牧场，风雪漫天的高山，无不可爱。我们可以时时觉得那灿烂的北极光在眼前闪烁"。

陈石遗

林文庆对晚清著名诗人陈石遗仰慕已久，听说陈石遗避兵于上海，乃请岳父黄乃裳出面，函请陈石遗到厦门大学任教。函曰："公办学数十年，培育人才何止千百。今厦大成立，需教授孔亟，公不能为乡邦服务乎？且厦岛亦世外桃源，环境幽美，胜过上海，何不来此一游？无任翘企之至！"年近七旬的陈石遗见老友诚挚相邀，不好推却，于是在1923年9月初应聘到厦门大学任教。晚清重臣张之洞对陈石遗十分倚重。鲁迅在与友人的通信中曾说："陈石遗忽来，居于镇南关，厦门大学国学院中人纷纷往拜之。"国学大师钱基博十分仰慕陈石遗，更让儿子钱锺书拜他为师，学习作诗。

陈石遗：名扬海内的诗坛巨匠

陈石遗（1856—1937），即陈衍，近代著名诗人、学者、教育家。字叔伊，号石遗，福建侯官（今福州）人。幼从兄陈书学诗，龉龊早慧，乡里推为神童。1882年（清光绪八年）陈石遗中举，再试不第，遂绝意进取。

据说陈石遗少时曾梦至一处，重楼叠阁，楼阁里存书数百橱，四望无人，他随手抽数册阅之，有书印有"石遗"字样，似是自己所作，书中所述内容已模糊不清，醒时只记如此，看看入梦前手握《元遗山集》，便自号石遗。他旧字叔伊，亦取其谐音。陈石遗与林纾、郑苏戡三人曾同举乡榜，但均未考中进士，皆以诗书成名，故有"福建陈郑林，诗书千秋香"之说。陈石遗是清末同光体闽派的代表诗人，更是同光体诗论集大成者，大为士林称赏，其名甚盛，早已风靡京师。

1886年，陈石遗入台湾巡抚刘铭传幕。后应湖广总督张之洞邀往武昌，任官报局总编纂。张之洞对陈石遗非常欣赏，还曾上书举荐过他，说："陈石遗年富才长，于古今中外利弊，皆能持之有故，言之成理。"1903年，陈石遗往北京参加特科考试，适西太后派张之洞等六人为阅卷大臣，张之洞本欲列陈石遗为第一，但陈石遗的试卷因书写不按规定格式，被

陈石遗

搁置下来。

在张之洞处做幕僚时，张之洞对陈石遗十分照顾，故而陈石遗感念终生。当时张之洞的幕府集一时之盛，陈三立、梁鼎芬、郑孝胥、沈曾植等人都曾往来其中，陈石遗得以结识到人生中非常重要的师友。他们常常在一起讨论诗作，频繁唱和，相互学习而又彼此影响。陈石遗在《石遗室师友诗录》盛赞张之洞："古体诗才力雄富，今体诗士马精妍。考据题咏皆有名，论新意寓乎其间。"并选张之洞诗作120多首。张之洞去世前数月，曾取阅之。《侯官陈石遗先生年谱》载："闻公有《师友诗录》，急索观，颇喜。告从事在旁者曰：选太多，誉太过矣。"

1934年7月29日《社会日报》所刊《陈石遗与章太炎》一文记载，陈石遗曾在张之洞面前极力举荐章太炎。一天，众人闲聊时，张之洞突然问陈石遗，谁是海内文豪？陈石遗说，余杭章太炎。"张掀髯笑曰，此君文章奇纵恣肆，不可方物，恐非吾道正宗。陈曰，太炎人虽稍涉诡僻，但其学实奄有众长，并世殊不多觏。"听陈石遗如此推崇，于是张之洞发电报请章太炎到武昌督署。章太炎到的时候，囚首垢面，落拓不羁，"与人尤倨傲不为礼"，引起了梁鼎芬的不快，他在张之洞耳边说："此革命党徒也，夫子何赏识及斯人，用之异日必遭祸，不如绝之。"张之洞听后，对章太炎表示暂时没有合适的位置，梁鼎芬还对章太炎进行了一番讥讽，"太炎大愤，襆被踉跄南归，后悉其情，恨梁彻骨"。而对陈石遗的举荐则心怀感激，"逢人辄延誉不去口"。

陈石遗还曾给张之洞建议进行币制改革，发行铜元。当时通货紧缺，金融秩序混乱，"顾省库收入奇绌，致经济不敷甚巨"。陈石遗向张之洞倡设官钱局，改制暗字钱票，以禁伪滥。之后，官钱票信用大著，通行十余省，商旅称便。1902年，陈石遗又向张之洞提议，铸当十铜元，以济钱荒。张之洞采纳了陈石遗的提议，改铸面值为"当十制钱"的铜元。因当时十文制钱重量为一钱，而一枚当十文的铜元仅重二钱余，改铸的结果，"以二钱之本而得八钱之利"。因获利较大，湖北铜元局昼夜加班加点赶铸，尚嫌产量不高，省政府遂令银元局、兵工厂等单位协助，有时日产量达四百万枚，出数之多"为省（铸币）厂冠"。这样一来，湖北省政府通过铜元铸造活动，为当地财政提供了新的财源。《侯官陈石遗先生年谱》中称:"前后数年,获余利一千四百万银元",于是百废俱兴,新政遂行,财用略无匮乏。

后来各省争相效仿,据《清史纪实》载:"且有专函恳请陈石遗往襄助者,然陈每以故主情殷,谢却不往。从此张氏(张之洞)对陈大为器赏,署府之要事,多命陈专责办理。"后来,张之洞又举荐陈石遗得补学部的主事。

当初,陈石遗提出铸当十铜元的想法后,遭到反对,谓"此病民之策,何异饮鸩救渴,决不可为,君他日亦必自受其害"。厥后又有以铜元流弊訾建议者,陈石遗则说:"吾知裕国便民而已,知我罪我,非所计也。"

陈石遗一生受知于张之洞,张之洞去世后,陈石遗痛哭数日。

二

据《侯官陈石遗先生年谱》记载,陈石遗是1923年9月初到厦门大学的,任文科正教授兼国文系主任。动身之前,68岁的陈石遗征得校方同意,举荐龚乾义(惕庵)为讲师,以资臂助。到厦门大学不久,他又举荐门人叶长青为助教。陈石遗为什么举荐尚未毕业的厦大学子叶长青为助教呢?他在《送叶长青赴金陵大学教授序》中说:"叶生长青劼朴学,勤著述,骎骎于古,乃援使助教事。"简而言之,看中的是叶长青的才学。

叶长青,名俊生,字长青,又字长清,号长卿,以字行。室号无尽藏室、松柏长青馆。福建闽县人。1913年,叶长青入福建省立第一中学校读书,此时已经开始在杂志上发表诗作,其诗有云:"学非锐志无佳境,生不成名岂丈夫。壮岁光阴如过客,一肩名教赖吾徒。"已可略见抱负。后入厦门大学教育系读书,是厦门大学招收的第一届学生,著有《闽方言考》,为民国时期研究福建方言的最早专著。在未入厦大之前,叶长青曾以自己所作的文章为贽求见陈石遗,入室后长跪不起,请收为弟子。陈石遗非常惊讶,"问以经义诗文,均能从容对答,乃破格收下"。

一天,叶长青挟其所读《汉书》,气喘吁吁地跑来向陈石遗请教,他说:"杨敞传载,大将军霍光欲废安邑王,更立帝嗣,敞闻告后,惊惧不知所答,汗流浃背一段。出汗皆先在头脸,何故言在背上?"时值炎夏,大家都只穿件背心。陈石遗笑着回答说:"汗流多了,必然背上透湿,不信?现在你的背上不是也正在出汗吗?"叶长青始信服。

叶长青被陈石遗举荐为助教后,曾协助其主讲"文字学",还代讲过"说文举例""说文解字辩证"等课,"指画翔实,听者无间言",颇受同学欢迎,后叶长青著成《文字学名词诠释》一书。在做助教的同时,叶长青也勤于著述,其著作《版本学》在1925年由厦门大学油印出版。张京华先生在《前无锡国专叶长青先生》一文中说,民国以来,学者大多误以钱基博《版本通义》为第一部版本学著作,而叶长青的《版本学》则比钱基博的著作早了整整五年,"《版本学》才是名副其实的第一部版本学著作"。

当时的厦大"学舍为三层石楼,背南普陀,面海"。陈石遗安顿好住所后,于9月9日带着叶长青、龚达清(龚乾义之子)等学生到南普陀背后的五老峰登高望远,下山后,众人又把酒言欢。后叶长青、龚达清拿着写下的诗稿向陈石遗请益,陈石遗也写诗与他们唱和。《石遗室诗集》有《九日叶俊生、龚达清两生邀余南普陀登高,归集斋头小饮,叶生有诗,龚生继作,次韵和之》,诗云:"两生青眼高歌望,昕夕过从倍觉亲。"陈石遗在《石遗室诗话》卷29中写道:"余初至厦门大学,可与言诗者惟叶生俊生(长青)、龚生达清。"

厦门的白鹿洞、虎溪岩、万石岩、菽庄花园等景点都留下了陈石遗的足迹,他也把这些景点写入诗词中,供人吟诵。

陈石遗在授课时,以渊博的学术知识旁征博引,系统讲解经史文学,加上龚乾义、叶长青两人的密切配合,取得了极佳的讲课效果。刚开始很多学生是慕名而来,后来发现陈石遗讲课鞭辟入里,设喻生动,于是教室里经常座无虚席,甚至连窗外也挤满了旁听的人。当学子们听到他大段大段背诵《史记》《汉书》的内容时,都不禁为之咋舌,佩服得五体投地。

课余,陈石遗常常带着学生游山玩水,与厦门的诗词名家唱和,其下笔快捷,且善口才,饮酒赋诗,常常是举座皆惊。在陈石遗的倡导和影响下,厦大学生中逐步形成吟诗斗句的风气,并成立诗社。厦门大学第一届学生叶国庆后来在《我们那时候》一文中回忆说:"我们有种种学会、诗社。使我最不能忘的是苔苓诗社，社员似有三十多人。每学期征诗一两次，出题的是毛夷庚师和陈石遗师。但我们每学期做诗不止二次。深夜课毕，三五互招，便拈题限韵。星期假日，登山玩水，便负手征吟。我们也和运动员出征一样，到鼓浪屿菽庄花园卖诗买菊，到厦门图书馆和一班名士老儒联韵斗句（那时厦门图书馆长是周墨史先生）。"

厦大第一届学生林惠祥的《天风海涛室遗稿》中就收录了陈石遗在1924年的命题诗，如《荷花将尽有感》《苦热》《冬日读书乐》等。

林惠祥

不久，厦大风潮再起，师生们学习和生活都受到了影响。据1924年7月8日《民国日报》所载《厦门大学风潮之沪闻》可知，陈石遗在风潮中支持学生，原文称："惟国文教员陈石遗仍以原薪支给，因陈于六一肇事之时，曾亲至磐石炮台司令部请兵来校保护学生，颇为林氏（林文庆）所怀恨，然陈氏素性正直，早已声言不再至校。"

三

1925年初，陈石遗力辞厦大教职，然校长林文庆坚决不允。陈石遗只好把讲义邮寄给龚乾义，暂请他代为上课。龚乾义在与陈石遗诗词唱和时，其中一首诗境甚凄寂，陈石遗次韵答之，其中有句云："我虽痛饮花前酒，与谁同行李下蹊。"句末又云："连宵不寐，看残月树顶猫头鸟正啼。"而福建有一传说，猫头鹰啼叫处，不久就会死人，众人以为不祥。

陈石遗的长子陈声暨"长身伟躯，酷似陈石遗，举止安详，事父母至孝"，此时在北京工作。1925年2月，他写信给陈石遗说要回家祝寿，因这年的4月8日是陈石遗七十大寿。陈石遗曾极力阻止，说"最厌为寿"，但陈声暨说去家多年，且可以借此机会回家省亲。陈石遗只好同意。3月下旬，陈声暨捆载寿屏百十幅回里给父亲祝寿。

陈声暨忙碌两个月后北返，因操劳过度，肺病复发。后经多方延医诊治，均不见效，不幸于7月7日去世，年仅49岁。年届古稀的陈石遗突遭此巨变，极度悲痛，从厦门大学请假回家处理后事。

1926年，厦门大学校主陈嘉庚鉴于福建省没有规模宏大的图书馆，筹划在福建设立两座图书馆，一座设在福州，一座设在厦门。陈

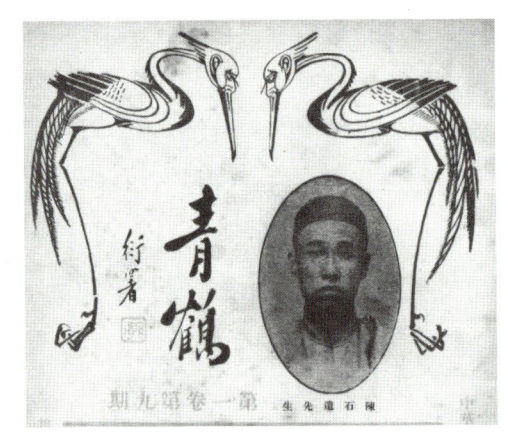

陈石遗先生像以及为《青鹤》杂志的题字

嘉庚在给陈石遗等人的信中说："而福州地称左海，倘尚右文，嗜奇竺古之夫，怀铅握椠之彦，比比皆是，则设馆藏书，以资探讨，尤为当务之急。"陈嘉庚还专门指派集美学校校长叶渊到福州征求各方名士的意见，帮助寻找图书馆馆址。陈嘉庚的义举获得了陈石遗和吴翊庭、叶献恭、郑子瑜、于幼芗、陈铿臣、蓝季北、高颖生、刘健庵、陈几士、刘放甫、陈芷汀、丁璧舫等名彦硕儒的鼎力支持，最后众人建议以旧学院衙署为馆址。陈嘉庚拟定名称为福建图书馆，并计划投资30万元，其中建筑费15万元，购置费及设备费5万元，基金10万元。1926年4月7日，陈嘉庚在给陈石遗的信中说："先生博洽群书，热诚公益，为士林之领袖，实海内之耆英，对于图书馆之设立，凤具热诚，尚祈鼎力赞同，玉成其美，则闽中多士食惠无情。"由信函可知，陈嘉庚对陈石遗也是倍加推崇。但后来由于陈嘉庚的生意受到金融危机的冲击，再也无法进行图书馆的投资建设，这一美好的规划最终成为泡影。

1926年5月1日出版的第148期《厦大周刊》载有"陈石遗先生来校销假"的消息，称："本校国文教授陈石遗先生，前因丧子，请假一学期一节，已志本刊。兹闻陈先生业已于上星期三（廿一日），由省来校销假授课矣。"由此可知，陈石遗已忍着丧子之痛，在4月21日回到教学岗位上。

回到厦门后，陈石遗坐在厦门大学的宿舍里，怅然若失，作了一首《厦楼独坐》，云：

> 满山尽是相思子，老乏风情只忆家。
> 独坐楼前谁是伴，刺桐树与木棉花。

诗中难掩老人丧子的悲痛，孤寂、苍凉，读来令人怆然。

厦门大学部分师生在1926年曾筹划成立国学专刊社，一致推举陈石遗担任主任，叶长青担任社长；同时又创办《国学专刊》杂志，由叶长青负责具体编务。1926年3月编辑出版《国学专刊》第一卷第一期，5月第二期出版，9月第三期出版，至次年12月第四期出版。其实，在这年春天，国学专刊社刚成立不久，叶长青就受聘为南京金陵大学教授，离开了厦门大学。

叶长青是由盐城陈斠玄（中凡）推荐到金陵大学任教的。陈石遗对叶长青到金陵大学任教充满期待，他在《送叶长青赴金陵大学教授序》中说："金陵东南都会，四方所聚，人物所交，非厦岛偏陋所能望尘也。以长青留心物色，佐斠玄宏奖气类，由鹿鸣相呼之雅，进而像凤鸟之朋徒，吾道张王，未可量也，长青勖之矣。"

厦大洪峻峰教授所著《陈衍与近代厦门诗词的发展》一文载，叶长青的一生以继承、发扬陈石遗的事业为职志。后来撰《石遗室丛书提要》，介绍陈石遗著作甚详；又补订《侯官陈石遗先生年谱》，并付刻。1937年陈石遗逝世后，全部未刊遗稿交他整理。但遗憾的是，他未及整理付梓便逝世，而陈石遗遗稿也从此下落不明。

在厦门大学时，陈石遗还收了龙榆生为徒。当时龙榆生在集美学校任教，他听说诗坛老将陈石遗在厦门大学做国文系主任，心有所动，恰好他的学生邱立等人已经考入厦门大学，于是在学生的引荐下，龙榆生开始拿诗作向陈石遗请教。龙榆生曾回忆说："他说我的绝句很近杨诚斋，我很惭愧，自己是江西人，那时连诚斋的集子都还不曾读过！宋人的绝句诗，我只是喜欢读王荆公的。我听了他老先生的话，赶紧向图书馆借了一部《宋诗钞》来，打开其中的《诚斋集钞》一看，才知道诚斋也是学王荆公的。我这才深深地佩服他老先生的眼光不错，也就备了些贽仪，向他磕了头，拜在他的门下。"

1926年第1卷第3期《国学专刊》刊有《陈石遗答龙榆生问诗学书》，两人切磋文字，探讨诗学。龙榆生说："他著的家庭食谱，把稿子卖给商务印书馆，据说销到几十万册，着实赚了不少的钱呢！"陈石遗喜欢奖掖后进，举动也着实可爱，他认为得意的门生，常常会留着吃饭，仿佛苏东坡的"碧云龙"茶，特为某几位门人而设。

此后，龙榆生常常从集美渡海到厦大去拜访陈石遗，向其请教问题。晚上无法返回集美时，他就睡在学生邱立的床上。在陈石遗的指导下，龙榆生学问精进。后来，陈石遗介绍这位钟爱的弟子到上海国立暨南大学任教。龙榆生后来被誉为20世纪的词学大师之一。

陈石遗还常与艾克、戴密微等人交往，在他的印象中，"艾克喜读庄子"，艾克对陈石遗倾慕不已，陈石遗也曾以五律相赠。戴密微归国时，特意向陈石遗讨诗，陈石遗慷慨相赠。

1926年6月28日《申报》所载《厦大之大更张》一文中称："又厦大文育国学系陈石遗本夏约满，陈表示辞职，学校亦未续聘。"

四

1926年9月，国民革命军北伐至福建，局势动荡，陈石遗应厦门贤达周殿熏、黄瀚等之邀携眷到厦避兵。适逢鲁迅在厦门大学任教，鲁迅在12月19日致沈兼士的信中说："陈石遗忽来，居于镇南关，国学院中人纷纷往拜之。"厦门的镇南关在今思明南路鸿山寺一带，它附近的"鸿山织雨"是厦门岛的著名景观之一，镇南关在1931年因城市改造而毁。

12月13日，陈石遗到厦门大学拜访顾颉刚，两人品茗阔论，交谈很久。28日，顾颉刚得知陈石遗将在两日后回福州，于是和丁山、郝立权等前去育婴堂与陈石遗话别，并带着《柳洲诗话图》请陈石遗题字，没想到第二天陈石遗就完成了。顾颉刚甚为高兴，打开发现陈石遗在画上"书三绝句，甚温婉"。后来，顾颉刚去福州时，曾专门去陈石遗家中拜访。

12月30日，陈石遗离厦回福州。1931年6月，他再次携眷到厦避兵，住黄瀚家。1931年9月就任无锡国学专修学校讲席，购屋卜居苏州胭脂桥畔。

陈石遗虽然离开了厦门，但当时厦门的报刊上，还有许多关于他的记载。

1934年5月7日，厦门《昌言》报刊登了一则陈石遗在厦门的轶事，文曰："陈石遗老人，为闽省有名诗家。前曾任厦门大学教授，因与学校当局意见相左，辞职他去。其在厦时，盖人皆知其以诗文名，而不知其个性亦有可纪者，老人年逾古稀，其继配某氏，只在花信妙年，侍之极谨。老人亦颇以虞山自居，而以夫人为柳河东之俦。前年厦间，老人因避乱来厦，赁居后路头。一日，画家吴石卿偕友过访，欲招其出游，时老人科头裸体，仅将白葛外长衫着上，随人外出，比至人家，老人亦坦然脱衣裸体，豪不拘礼。人或问之，老人曰，自予有生以来，最为怕热，头上不喜戴笠，袜上不喜束带，身上不喜着内衣，人视我为失仪，而我则个性自如，不愿冒礼教之招牌，自加镣枷也。若老人者，可谓能不因人热者也。"

1935年6月1日，厦门《禾山旬报》报道了《陈石遗八秩华诞盛况》，云："夏历四月初八浴佛节，适为隐居姑苏之国学家陈石遗先生八秩华诞。先生以蒿目时艰，本不欲有所举动，但门前桃李，群以年高德劭如先生，胡可不晋一觞。故是日先生居住之胭脂桥畔，车如流水马如龙，盛极一时。来宾中有中央要人邵元冲、张默君，名流章太炎、叶古红，小说家周瘦鹃、范烟桥以及县长吴企云等等，约三四百人。汪院长精卫、于院长右任，均派代表祝贺，冠盖云集。各方所送寿礼，以书画居多。要人如汪精卫、曾仲鸣、张默君、叶恭绰、郑洪年、梁寒操，俱送寿联寿诗，琳琅满目，美不胜收，日夜寿筵共吃去百余席。晚间并有汪院长所送之堂会，为著名之票友登台表演，有魏新绿女士之文渊阁，赵栖云之女起解，汪剑农、徐琴芳之捉放曹。至深夜三句钟始演毕，宾客亦尽欢而散。其盛况较之章太炎寿诞，有过之无不及，诚吴门罕观之盛举也。"

除了这些名人送的寿联寿诗外，钱基博、金元宪等人还分别写了《陈石遗先生八十寿序》。国学大师钱基博十分仰慕陈石遗，便让儿子钱锺书拜其为师，学习作诗。陈石遗对聪慧的钱锺书非常喜欢。在1932年除夕，陈石遗请钱锺书到胭脂桥畔的家中度岁，屋里一老一少，评诗论文、品评时贤，谈燕甚欢。陈石遗臧否人物，如云黄晦闻"才薄如纸"、陈散原"老去才退"、叶长青"浮躁不实"、陈柱尊"大言不惭"之类，皆语出严重，耸人听闻。钱锺书默记陈石遗谈话，后撰《石语》，稿本得以传世。《石语》书中二人品评当时一些学者文人的道德文章和言行逸事，涉及严复、章太炎、梁启超、林琴南等二十余人，也提及石遗老人自身诸多逸事，展示了那个时代文人学者生活、学问、人际以及民族气节等诸多方面的内容，其间不乏谈话者对诗文写作、学问人生的真知灼见。全篇文言记述，辞章优美，生动风趣。文字虽少，但其学术价值很高。

1937年7月8日，陈石遗在福州去世，享年82岁。

戴密微

"余于十四年（1925年）夏，回厦门，由余弟幽介绍，得知其人，盖是时君方任职于厦门大学也。戴君为人，沉默寡言，而书法秀丽，且于近代汉文书报（如《语丝》《猛进》等）亦时注意浏览，于西方学者，可谓不可多见。"这是法国汉学家戴密微留给林语堂的印象，在认识林语堂之前，他已经在厦门大学任教。1924年，处于失业中的戴密微，给在欧洲认识的中国朋友孙贵定写信求助，此时正在厦门大学任教的孙贵定极力邀请他前来任教。延宕许久，戴密微终于在1924年7月31日乘日本轮船经汕头来到厦门。

戴密微：提携后进的法国汉学家

一

戴密微（Paul Demiéville，保罗·德米耶法尔），是法国汉学的奠基人沙畹的学生，和沙畹以及沙畹的另一位学生葛兰言并称为"法国汉学三杰"。1894年9月13日，戴密微生于瑞士洛桑，其父是一名医学院教授。1911年，戴密微在伯尔尼中学获得中学毕业证书之后，便先后到英国和法国继续深造学业，潘重规在《敬悼戴密微先生》一文中称："弱冠，毕业于巴黎大学文学院，得文学硕士学位。"而谢和耐在《戴密微传》中说："他有相当高的音乐文化修养，从而于1914年在索邦大学（巴黎大学）获得了有关'组曲'音乐体裁的大学博士论文。"多人的著述中认为戴密微此时获得的是博士学位，而非硕士学位。当时厦大对他进行介绍时，称其为"巴黎大学文学硕士"。

第二年，他开始在伦敦学习汉文，接着又进入巴黎国立东方现代语言学院继续攻读汉文，当时著名汉学家微席叶正在那里任教，随后，戴密微又到法兰西学院拜沙畹为师攻读汉学。谢和耐认为，由于"他（戴密微）对于中俄之间17世纪最早交流史的兴趣，导致他学习中文"。在一个学习中文被视为奇异行为的时代，戴密微却对中国的文化产生了浓厚的兴趣，在沙畹的指导下，潜心学习，同时还学习了梵文和日文，

戴密微

并能对两种语言运用自如。后被提名为法兰西远东学院的寄宿生,该学院1900年创办于越南河内,办学宗旨是培养中南半岛以及印度和中国文明地区的史学家与考古学家。1920年2月,戴密微乘船到达中南半岛时才25岁。

1921年6月至1922年1月,戴密微由法兰西远东学院派遣赴中国考察,在北京居住了一段时间,还去参观了云冈石窟,拜孔府、登泰山,亲眼观察到中国人的生活,和中国学者们有了零距离的接触,与他们直接交流,切身感受到中国文化的源远流长和博大精深,更加激发了他研究中国文化的兴趣。

这次短暂的旅行,不仅丰富了戴密微对中国的认识,也让他重新确立了学术研究的方向。回到河内之后,他沉迷于学术研究中,夜以继日地在图书馆工作,集中精力投入到《弥兰陀王问经》的翻译工作中,迎来了学术上的第一个爆发期,在《远东法兰西学院学报》上开始发表大量的文章和报告,成为主要撰稿人之一。1922年秋,戴密微完成了《弥兰陀王问经》的翻译工作。1924年,他的第一部重要著作《〈弥兰陀王问经〉的汉译本》以长文的形式发表。这部著作对《弥兰陀王问经》的汉文本与巴利文本进行比较研究,充分显示了他在佛学和东方语言学方面的功力。

蒋杰所著的《保罗·戴密微的远东生涯与他的佛学研究》一文中说,翻译工作的完成,也意味着戴密微在法兰西远东学院的任务结束了,此时他下定决心离开越南。然而去哪里呢?他当时有些犹豫,但并没有离开远东返回欧洲的打算。在给父母的信中,他表露了自己仍然希望留在远东的意愿,而且表示如果有机会,他还想到美国去看看。

如果离开越南,戴密微有几个可以选择的地方:首先是日本,他在东方语言大学的老师列维告诉他,日法会馆正在筹建,也许很快他就有机会去那里开展研究工作;其次,如果去日本的计划不能实现,那他最好的选择就是去北京大学执教,这对他的研究会很有利。最后的一条路是,他还可以去云南,因为列维还邀请他参加一项正在云南进行的人类学调查,但这个邀请被他婉拒了。因为他希望把研究做得更深入一点,在离开越南的时候能够拿出一份漂亮的研究成果。

20世纪20年代北京动荡的政治局势和1923年日本突如其来的大地震,完全打乱了戴密微先前的计划，通往北京和东京的"大道"一时间都被堵死了。留给他的选择似乎只有去云南，但他又不太愿意。因此他仍待在越南，度过了整个1923年。

1924年2月，戴密微与学院的合同结束后，实际上已经处于失业状态，对未来一片茫然。此时，他给在欧洲认识的中国朋友孙蔚深写信求助，后者很快回信，极力邀请戴密微到厦门大学任教。尽管此时戴密微有所犹豫，但仍然表示"自己非常乐意接受这份邀请，不管那里的条件有多么艰苦"。一个偶遇的对厦门有所了解的英国妇女，向戴密微介绍了厦大的各种优点和好处，似乎也改变了一些他对厦门和这所他即将任教的大学的印象。到厦大任教原本并没有在戴密微的计划之内，而且两年之前的北京之行中，在厦门短暂停留时，厦门并没有给他留下太好的印象。他所以离开河内前往厦门，的确是不得已而为之。

二

戴密微的朋友孙蔚深就是孙贵定，他此时已经在厦门大学任教，任教育科主任、校长秘书等职。

至于到不到厦门大学任教，戴密微犹豫了很久，在权衡利弊之后，他带着几分狐疑启程了。蒋杰所著的《保罗·戴密微的远东生涯与他的佛学研究》一文中说，戴密微"延宕许久"。直到1924年7月31日，戴密微终于乘日本轮船经汕头前往厦门。

蒋杰说，由于戴密微对厦大毫无了解，所以戴密微对此次厦门之行能否成功，并没有把握。实际上戴密微也做了两手准备，如果在厦门的生活和研究条件可以接受，他便在厦大逗留一段时间。否则，他就直接到日本找他的老师列维。此时，他仍然没有放弃去日本的打算，始终坚持给列维写信询问去日本的可能性，但他得到的答复总是让他继续等待。

在前往厦门的途中，戴密微给母亲写了一封信，谈论了很多自己过去在河内的工作。同时，他也向母亲表达了一些对厦大新工作的担忧，因为在9月15日他便要在厦大开设"东方学"的课程。很显然，留给他准备课程的时间已经不算很多了。在谈到自己的未来时，戴密微十分希望在自己学成回到欧洲后，能有机会在瑞士的某所大学创设一个汉学教习，就像瑞士有很多优秀的印度学家和印度学教习一样。

戴密微曾称厦门是"我从未见过的世界上最敝陋的偏僻一隅"。1949年，戴密微在《林藜光追思》一文中写道："厦门大学于1921年在集美奠基，建成于1922年，用于建造学校大楼的石材则取自厦门岛。大学靠近南普陀寺，距离东南面的主城区有一段距离。学校所在地风景优美，拥有大片被东海围绕的沙滩，岛上遍布巨石巉岩，山丘上怪石嶙峋，雪白的花岗岩上覆盖着一层黑色。岛上的坟墓随处可见，饥饿的野狗游荡其中，猛虎或巨蟒伺机而动。大学的创办者陈嘉庚捐赠了数百万元，并保证无论其在新加坡橡胶产业盈利如何，学校每年的开支都由他一人承担。陈嘉庚出身贫寒，没有受过什么教育，但成为众多前往海外寻找商机并最终发家致富的中国人之一。据说他是靠在新加坡街头捡烟头起家的。随后，凭借自己辛勤的努力和坚韧不拔的意志，他在马来西亚的商界独占鳌头，在新加坡被尊为'橡胶大王'。但他还保持着和幼年一样极其简朴的生活习惯，并将全部获利都捐给了在家乡苦心经营的文化事业，而那里的人却从未见过他。"

戴密微在厦门大学任教的日子被其称为在远东地区的美好时光，他在1924年圣诞节的信中开心地写道："由于孙蔚深（的帮助），我和所有的邻居都相处得非常好，情况要远远好于在河内最后的日子。也许是我变得更友好了。事实上，只要脸上挂着微笑，无论是谁，我都可以相处的很好。"他在通信中提及在厦大第一年的生活时显得极为忙碌，除教授法语外，还教授"印度哲学史""佛教哲学史""中西文化交流史""比较语言学"以及"亚洲史"等课。

教学之余，戴密微与时任哲学兼德文副教授的德国学者艾锷风常有学术上的切磋，对中国文化、佛学上的共同爱好，让两人惺惺相惜，曾相率到泉州考察东西塔的建筑、雕刻。

早在1917年前后，法国驻厦门领事乔治斯·勒肯特前往泉州，在莫亚神父的陪同下参观了东西塔中的东塔须弥座，就被其上精美的雕刻吸引住了，于是找到当地的摄影师，拍摄了一些照片，后来把照片邮寄给了研究雕刻造像的爱德华·沙畹，不料沙畹英年早逝，研究工作就此中断。沙畹生前把这些照片转给了福切尔教授，福切尔也没有展开研究就把照片转交给了普集鲁斯基教授。1933年2月，福切尔和普集鲁斯基偶然看到艾锷风拍摄的照片，想起了沙畹生前转交的那批照片，比对过程中认出了其中一些是乔治斯·勒肯特拍摄过的精美石雕，于是福切尔和普集鲁斯基把沙畹生前所有的资料都转交给了戴密微，虽然乔治斯·勒肯特拍摄的那些照片因为质量欠佳而无法使用，但沙畹的笔记对戴密微和艾锷风的研究帮助非常大。两人以这些照片为基础，对泉州双塔的佛教图像、雕刻及其历史进行研究，合著了《泉州双塔：中国晚期佛教雕刻研究》（又译作《刺桐双塔》）一书，于1935年在美国出版。

此书出版后，引起了在厦门大学任教的著名史学家兼翻译家薛澄清的关注，他于1936年在第8卷第37期《公教周刊》上发表《介绍〈泉州东西塔考〉》一文，他在文中称：

> 这是最近出版的一本极有趣味的书，著者二人用於十年工夫对那泉州的东西二佛塔加以详细的研究而成的。全书图文各占一半，印刷极精良。艾氏，德国人，曾任厦门大学教授，现任北平辅仁大学教授。戴氏亦曾执教厦大，现则任教于巴黎东方语言专门学校，精通梵文等十余种语言文字。以二氏之学力，加以十年专研的工夫，无怪乎此书之成功也。

薛澄清曾在厦大就读，对戴密微和艾锷风之事颇为熟悉，他在文中披露了一些此书背后不为人知的故事：

> 又例如图解方面,大部分工作是戴氏干的,他参考过不少原本的梵文佛经以及日本人佛学著作,更有一二,赖朋友帮忙。第十五图"薄荷示迹"即系由林藜光君负解释之责也。林君,厦门人,毕业厦大,现任巴黎东方语言学校汉文讲师。
>
> 本来,此书未出版以前,佛像的图解,原有性愿法师记载下来的说明,戴氏即利用此种材料重加一番整理工作,正者从之,误者引经博考为之改正,其终不可考者,则仍缺疑,以待将来讨究。性愿法师于此点帮忙戴氏甚大,原书序文曾向他和园瑛法师二人称谢,则因此种缘故也。

薛澄清认为此书之所以能够成功,归根于戴密微深厚的中文功底与广博的知识。他说:"艾戴二氏因为要读者对这东西塔发生深刻的印象,所以书中凡与东西塔有关系的泉州以及洛阳桥等都提到,有文有图,甚至漳州的江东桥、通津桥、南山寺、开元寺(已废)也提到,可见其比较参证之博。地方志如晋江、龙溪、泉州以及开元寺等志,都曾一一引用,戴氏虽为瑞士人,然于中文固熟识颇深也。"薛澄清对此书评价很高,说:"鄙人对于此书除赞服以外,不敢再有何辞。"

1962年9月,厦大教授庄为玑在《泉州东西塔历史研究》一文中对该书也给予很高的评价:"中华人民共和国成立前,德国人艾锷风和法国人戴密微合著《刺桐双塔》,详述刺桐历史与建筑雕刻,附图详尽,琳琅满目,三十年来,独步书林,国人所作,尚未有超越这部书的。"

三

从戴密微留下的有限文字中,我们可以发现他对厦门大学的印象:"厦门大学任命林文庆博士为校长,他是厦门当地的医生,在新加坡长大并接受英式教育,是孙文和许多早一辈革命者的老朋友。学校的教职人员来自四面八方。国学老师有诗人兼学者的福州人陈衍,哲学家缪篆(缪子才),他是章炳麟(章太炎）最好的学生之一；语言学由周辨明先生负责，他关于厦门方言的研究发表在《通报》上；生物学由一位祖先是满族人的知名学者秉志负责；图书馆由冯汉骥负责，他现在是四川省博物馆馆长并且是一位考古学家。著名作家林语堂的弟弟、漳州人林幽先生教授英语。林语堂本人也于1926年底在厦门大学执教数月，一同前往的还有著名作家鲁迅以及其他几位来自北京大学的教授，当时他们恰因政局动荡而逃亡到南方。然而这些知名的中国学者并没有长时间滞留在厦门，因为他们觉得这个贸易都市有一种土气，这令他们感到厌恶，这也在某种程度上破坏着这所大学的光辉。"

戴密微在厦门大学任教的情形，他的学生、法国著名汉学家谢和耐在介绍其生平的文章中写道："他在那里开设形式极多的课程：法文、印度文明和佛教史、中国与西方国家的文化关系史、亚洲史，他在与中国同事们的交往中也学到了许多知识。"

戴密微学识渊博，兴趣广泛，治学严谨，享有盛誉。他在汉学领域诸多学科，包括中国哲学、佛教、道教、敦煌学、语言学、中国古典文学等方面都表现出极深的造诣，且成就出众。1925年，戴密微发表了《两篇中国考古学著作笔记》《一枚中国货币》等部分考古学作品，同年，他对重版的《营造法式》的评价，是对这部建筑学经典论著内容的最佳书评，受到学界的高度认可，被称为"在西方发表的有关中国建筑艺术的最具科学性的文章"。

戴密微

学者桑兵所著《国学与汉学：近代中外学界交往录》中也称："戴密微任厦门大学哲学教员期间，参与该校国学研究院的筹备并任筹备总委员会委员，出席过讨论修订章程的会议。他与任教该校的陈衍、缪篆等人有所交往，1926年7月，戴密微归国省亲并欲游学日本，陈、缪等分别应其所请，赠诗送行，戴氏则还以瑞士山水画册。"

戴密微抵达厦门之时，正值厦大草创之初，各方面都呈现出一派欣欣向荣的气象。在陈嘉庚先生的大力支持下，学校规模日渐扩大，还正在筹划开办国学研究院。从1925年12月19日出版的第132期《厦大周刊》所载《本学年各种委员会委员一览》中，可以看到戴密微与孙贵定、毛常、秉志、黄开宗、陈定谟、缪子才、钟心煊等人都是国学研究院筹备总委员会的委员。

19日上午11点，国学研究院筹备总委员会在校长办公室开会，戴密微、孙贵定、毛常、缪子才等出席会议，校长林文庆亲自主持，戴密微参加了国学研究院章程的讨论和修改。讨论到第三条时，"日已停午，遂各散会"。第二天上午9点，众人又到鼓浪屿林文庆家中继续讨论。

至于戴密微即将辞别厦门大学向陈石遗讨诗之说，在陈声暨编、王真续编、叶长青补订的《侯官陈石遗先生年谱》中有文字记载："送哲学教员戴密微归瑞士并游学日本诸诗，戴密微与艾克友善，要公（陈石遗）赠诗，以瑞士山水册为报，自跋云此册得自其姊也。"

在戴密微离别之际，除陈石遗外，缪子才也写了《送戴密微教授归省序》。缪子才在序中写道："篆游闽南，获交戴密微先生，籍瑞士，通十数国语言，而习中国书已十载。恒闻其述堂上二老年登七十，欲谋归省。篆钦其务本，服其天性真挚，详察所治书，则孜孜于经子。叩其所得，则曰，忠信之人，可以学礼。先生于一九二六年七月买舟回瑞士，篆曰，孔子所志，老安少怀有信耳，先生归省，合于仲尼安老之训。濒行，以译尹文子质诸篆，应之曰，名家言，可译者也。"由此可以看出，戴密微的治学令缪篆钦佩不已。

在厦大任教的著名学者郝立权也写了一首《送戴密微归欧》相赠，其中有句云：

> 风光初转蕙，鼓枻事长征。闽海再悠游，顾闻戴君名。戴君瑞士产，山水含清英。东游垂十载，所至扬其声。藻思竺玄谭，鞮译见典型。博文以善诱，讲贯多裁成。旦夕检归装，谓将省其亲。碛岸鸣玉銮，江沱映节旌。振远通其邮，惟君酌其情。展诗一相送，大川已扬舲。

如今读来，仿佛置身其中，殷殷惜别之情跃然纸上。

1926年7月1日，戴密微离开厦门，回瑞士省亲后，前往日本横滨就任日本日佛会馆馆长，期间主持编写大型佛教百科全书《法宝义林》，并出版《〈大乘起信论〉真伪考》，由此奠定了其在世界佛教研究领域的地位。

　　1925年夏天，林语堂在厦门大学初次与戴密微见面时，对他印象非常深刻。鉴于戴密微在越南（安南）多年，对当地语言有深入研究，于是邀请戴密微为北大研究所国学门所办周刊撰稿，写《印度支那语言书目》一文。当年12月，戴密微就将文稿邮寄给了林语堂，由于经费支拙，周刊被迫停止出版，文稿被迫搁置。两人在厦门共事时，由于种种缘故，文章没能发表。直到1928年1月18日，林语堂将文稿翻译后得以在《东方杂志》发表，此时，戴密微已经离开厦门去了日本。

四

　　在厦大期间，戴密微结识了哲学系学生林藜光。戴密微在《林藜光追思》一文中称，两人是在1924年一个偶然的机会相识的，"我和他因某种机缘相遇了"。他说："我很快便结识了这位如此不凡的22岁的年轻人，他的严谨和聪慧使他在同学中鹤立鸡群。那时他已经着迷于自己的个人探究且自得其乐了。他全身心地投入，不为个人得失所扰，严谨、不妥协且治学独立于他人。从哲学之下，他试图去发掘一些语文学中没多大价值的内容，一些严密却晦涩的史学根基。正是凭借这种兼有批判精神的渊博学识，他开始了印度佛教的研究，在这里他感觉到了自己的祖国和遥远欧洲的某种联系。"

　　林藜光（1902—1945），厦门人，当时正在厦门大学读书，戴密微对这位特立独行的学生非常欣赏，而林藜光也勤奋好学，时常向戴密微请教，两人之间建立了深厚的感情。1928年，林藜光从厦大哲学系毕业后留校任文科助教。戴密微虽然离开了厦门大学，但对林藜光的成长和治学还是非常关心。

　　1928年3月，戴密微从东京致函钢和泰，向他推荐林藜光，并附林的姓名和住址，以便联系。钢和泰是著名的汉学家、梵语学者，胡适与陈寅恪都曾跟从钢和泰学习梵文。但不久之后钢和泰即赴哈佛大学任教，未顾及此事。1928

年 10 月 22 日，钢和泰在写于剑桥的报告中称："几个月之前，戴密微先生致信于我，询问我能否接受他以前的一名学生加入汉印研究所。戴密微先生曾在厦门大学教过他的这位学生基础梵文，这位学生希望能随我在北京继续他的学业，因为戴密微先生已经离开厦门去了东京。我离开北京来美国使得我无法在 1928 年接受戴密微先生的这位学生，但我希望他将于 1929 年来北京。他的前老师如此不寻常地用力推荐了他，说他是一名真正的学者，故我期待他将成为汉印研究所的一名十分有用的成员。"于此可见，在戴密微的极力推荐下，钢和泰也对这位未曾谋面的年轻人充满期待。

钢和泰结束访问返回北京后，于 1929 年聘请林藜光为哈佛燕京学社所属北京中印研究所研究助理，1929 年 8 月 7 日，林藜光和他的未婚妻以及厦门大学副校长张颐夫妇一同到达北京。1929 年至 1933 年，林藜光在钢和泰的指导下在该所工作近四年。

1933 年，林藜光应戴密微之邀，赴法国担任巴黎东方语言学校中文讲师并继续深造。在巴黎，林藜光与钱锺书、杨绛等交往密切。他在讲授中国语文课程的同时，师从法国印度学大师列维和著名学者雷鲁，并时时向戴密微请益。甚至在写作论文的过程中，林藜光每写成一章，即与戴密微反复商讨定稿。林藜光的学术成果很快得到国际学术界的认可，成为著名的佛学家和印度学家。然而天妒英才，林藜光不幸于 1945 年 4 月 29 日病逝，年仅 43 岁。

复旦大学文史研究院特聘研究员徐文堪在《林藜光先生的生平与学术贡献》一文中说，林藜光去世后，戴密微精心整理其遗著《诸法集要经研究》，陆续出版。戴密微在校订时，并不掺以己见，对林氏的原文尽量不加损益；遇到梵文颂辞有文字问题时，则与法兰西学院印度学教授雷鲁和知名佛学家巴罗商酌。原文不清之处，又委托原籍荷兰的澳大利亚国立大学教授、佛学大家狄庸花费大量时间与藏文本进行对照，加以修订，所以第三册 1969 年始得出版。至于第四册，经读过第二、

林藜光

三册的学者提供意见，由狄庸教授对照梵文和藏文部分，补写"补遗"部分，于 1973 年问世。戴密微为此书耗费了 28 年的时间和精力，终成完璧，留下一段佳话。

林藜光在北京还做了一件富有学术意义的事：担任卓越的语言学家罗常培所著《厦门音系》一书的发音人，时间达三个月。罗常培与作家老舍是小学同学，是周恩来总理提名的中科院语言研究所首任所长。他在 1926 年秋追随鲁迅、顾颉刚、沈兼士、孙伏园、张颐等人南赴厦门大学任教，在此之前，他曾任西北大学教授兼国学专修科主任、四存中学国文教员、京师公立第一中学教务主任。在厦门大学任文科国文系讲师，他说："我觉得厦门方音很有意思，我就存心要学厦门话。当时我开的课有经学通论、中国音韵学史。课余之暇，请人给我发厦门音。"

罗常培在厦门虽然待了不到五个月，但对厦门一直有着深刻的印象。他曾带着学生"访问语音，察其条贯，并征集当地通俗韵书、里巷谣谚及教士所为罗马字注音诸书，互相参究，积以半年，略有所得，尝欲董理之，以成闽南方音考"。

他在 1927 年 12 月 30 日给薛澄清的信中说："我对于厦门方言本想作一番系统的研究，不过我住在厦门的时间拢总不到五个月，虽然有思明的林君藜光，晋江的邱君豫凡，同安的陈君延进，龙溪的你……帮了我好多的忙，终究因为和社会上接触太少，不能有什么昭著的成绩，离开厦门以后，更没有机会听'Ling ging Kuan Chian Jih Poan；Lang tiam ting，li lai Khoano'一类的活语音了。"

虽然在厦门搜集、整理了一些材料，但罗常培不想把这些材料束之高阁。他对薛澄清说："但是我的个性对于一件没有了结的工作始终放心不下，所以在最近的将来，还想把以前仅有的一点收获，姑且作一回结账式的整理。"

后来，罗常培回到北京，想写《厦门音系》。他就利用在厦门时搜集到的材料做了一个字表，由发音人校正，而这个发音人正是给他帮助很多的林藜光。林藜光

罗常培

把音灌在蜡筒上，罗常培把灌的音用国际音标记出，最后由赵元任先生校正。

《厦门音系》是罗常培的第一部专著，1930年由中央研究院历史语言研究所出版，成为他早年的成名之作。罗常培在《〈厦门音系〉序》中说："适林君藜光应中印文化研究所之聘，自厦来平，从钢和泰爵士学。于是，商请林君于每周之夕来所发其乡音，以资研习。计自十九年一月经始，历时三月记音毕，因更择取旧稿成《厦门音系》七章。"

林藜光担任《厦门音系》发音人一事少有人提及，可以说，他是通过蜡筒向外界推广厦门话的第一人。

罗常培的著作

朱谦之

他是毛泽东眼中的无政府主义者，是吴稚晖眼中的"印度学者而有西洋思想"，是陈独秀眼中"颇力学，可惜头脑里为中国、印度的昏乱思想占领的人"。他曾经的年少轻狂，让陈独秀嗤笑、鲁迅讽刺、胡适怜惜，却也让梁漱溟欣赏、郭沫若佩服。著名经济学家、教育家、曾任厦门大学校长的王亚南曾说："朱先生时代感非常强烈，而且搜集之富，钻研之精，涉猎之广，读其书，知其生平者，均交口称道。"他去世时著作等身，许多研究成果至今无人超越。他就是曾在厦大任教的著名哲学家、历史学家朱谦之。

朱谦之：不要文凭的学术大师

一

朱谦之既是"百科全书式的学者"，也是有名的民国怪人。

从朱谦之的自述中可知，他是福建福州人，生于1899年，在他四岁时，母亲郑淑贞撒手而去，由继母何玉姑抚育成人。他的母亲"幼入家塾，授业于伯兄，颇涉猎经传"，又"女红之暇，多看书吟咏"，即使在病危时也不忘教育儿女，"子女稍长，辄口讲指画，殷殷以读书勖，病亟犹勉支床前课督，谓我教汝恐无日矣，苟延一日，则尽我一日之教育已"。他母亲曾留下一首诗：

> 立地参天一古松，风霜阅历独从容。漫嫌密密能遮日，且喜辨高欲化龙。

朱谦之说，这首诗影响了他的一生。

朱谦之11岁时，父亲弃世。他在读中学时得了重病，姐姐在照顾他时也染上重病，不幸去世。

读中学时的朱谦之写了一本《中国上古史》，"这本书很有革命思想"。他在福建省立第一中学经常名列第一，还常向《民生报》等报刊投稿，用"闽狂""古

愚""左海恨人"等笔名，撰写杂著、小说以及社论，因而闻名于乡里。他还和几个朋友办了一个《历史杂志》，但是不成功，于是自己单独做了一个小册子，起名《英雄崇拜论》，阐述自己的"唯我主义"。当时他写道："20世纪中，将有大英雄者出，临于世界之上，振动六洲，威夷五种，此大英雄者吾将以锦绷葆迎之，重为祝曰：愿大英雄出世于今日！"从中可以感受到他年少轻狂的壮气、激情澎湃的热血。

后来，他以福建省第一名的成绩考入北京高等师范学校，和郭梦良等人一起到了北京。到北京后，他又去投考北京大学，在预科学习两年后，于1919年转入北大哲学系本科学习。

在北大上学时，他住在"学旅"（学生旅社），晚上10点熄灯，但他要学习到深夜，只好用煤油灯。无钱买煤油时，他就躺在床上思考学术问题，从不向人借贷。

五四运动爆发时，朱谦之参与领导了北大学生会组织的活动，积极参加示威集会，并发表文章抨击时弊，提出改革社会和学校的主张。历史学家郑天挺在自述中曾说，1919年11月，日本人在福州残杀了中国人，并派海军陆战队登陆威胁，当时福州的学生愤怒地举行游行示威活动，北京的福建学生也起来响应，组织旅京福建学生联合会，抗议日军暴行。他说："五四运动及福建学生运动（即'闽案'）时，和我常在一起的有郭梦良（弼蕃）、徐其湘（六几）、朱谦之、郑振铎、黄英（庐隐）、许地山、龚启銮（礼贤）、张忠稼（哲农）、刘庆平、高兴伟等人。大家都是福建人，其中郑振铎还是我的本家侄子，以后过从亦多。"

郑天挺说，1920年春天，十几个福建学生在北京组织了一个S.R.学会，探讨社会改

在北大读书时的朱谦之

革问题，除了朱谦之、许地山外，上面的大多数人都参加了。对于朱谦之，郑天挺说："朱谦之也是北大的福建同学，颇有才气，看书也多，他当时是无政府主义者，连毕业考试都不参加，不谈社会改革问题，所以没有加入。"

不仅郑天挺说朱谦之看书多，当时北大图书馆馆长李大钊也曾对人说："北大图书馆的书，被朱谦之看过三分之二了，再过一个月，将被他看完，他若再来借书，用什么方法应付呢？"这成了朱谦之好学的一段佳话。

朱谦之十分爱学，20世纪20年代出版的《长虹周刊》"每日评论"栏目有一段《谦之走着看书》的文字：

> 谦之是我的最好的朋友中的一人　才干、见识、人格，他都很高
>
> 一般人们也许以为谦之是一个读死书的人，是一个好静的人　可是事实上，他连看书都时常是走着看，更不必说明他是如何好动的了

郑天挺所说的朱谦之不参加毕业考试，是指这一年的3月26日，朱谦之给老师胡适写了一封信，信中写道："我现在自决，从此以后不受任何被动的考试了，因此很对不住先生，望先生原谅。"除了给胡适写信外，他还给蒋梦麟写过信，表示不愿意考试。当时的《申报》载："蒋氏复书内有数语曰，一凡学生之要学位要毕业证书者必经考试，凡学生之不要学位不要毕业证书者可以不受考试。"在朱谦之的影响下，北大发起了废考运动，文理法三科的学生选出六位代表见校长蔡元培，朱谦之是文科代表，众人与蔡元培面谈，最终，蔡元培拒绝了废考的要求。

朱谦之还在北大第一次贴出大字报，坚决要求学校废除考试制度。此后不久，朱谦之在《北京大学·学生周刊》上发表了《反抗"考试"的宣言》，在宣言中阐述了反对考试的理由："现在教授的方法，全是注重记忆，注重背诵，注重考试。因为把知识看作可以灌来灌去的现成东西，所以用蛮记的法子灌进去，又用背书和考试的法子来看究竟灌进去了没有。"因对通过灌输方式来考查学

生的教育模式深恶痛绝，不再参加任何科目考试的朱谦之，主动放弃了学位。

在北大读了四年却不要文凭，朱谦之俨然成了校园里的怪人，但胡适似乎特别青睐他。胡适见朱谦之一时找不到工作，生计成了问题，就特意帮他找了一份半工半读的工作。朱谦之虽然不要文凭，但对学问却非常看重。他经常去听胡适的课，听完之后，还时不时到胡适家中请教。此外，他还对美国哲学家杜威的哲学思想感兴趣。杜威来华时，他特地将杜威的哲学书籍系统地看过一遍，并写了一篇评论杜威哲学的文章，文章写成后，还特地给胡适邮寄了一份。

1920年10月10日，朱谦之因与一些同学散发传单被捕入狱，在狱中一度绝食。据1921年1月27日的《新闻报》报道，朱谦之在狱中绝食的消息传出后，旅京福建学生会代表和北大学生代表都在24日前往警厅询问详细情况，提出与朱谦之见面被拒之后，又提出"以笔代口例以通问起居"，也被拒绝。北大学生听闻后认为警厅"有意摧残志士蔑视人权"，认为如果朱谦之有刑事嫌疑应该在24小时内移送法庭公判，不应该无辜拘留十日，且将朱谦之逼至绝食。代表们回去之后，北大学生群情激愤，相约在第二天上午10点，在第三院操场集会，讨论营救朱谦之的办法。之后，引起全国学人的声援，留日学生救国团、天津学生联合会、无锡学生联合会等都行动起来，积极营救朱谦之。

在各界的努力下，警厅做出了让步。"嗣经各方面一再要求保释，始于旧历新年，由警察厅将该生移交教育部，从严约束矣"。当时《京报》载，1921年2月4日下午5点，警厅将朱谦之送到教育部，北大代理校长蒋梦麟闻知即赶到教育部，与朱谦之一同乘车返回学校。

二

朱谦之是北大有名的学生，风头完全不亚于"新潮社"的傅斯年、罗家伦以及"国民杂志社"的许德珩、张国焘。当时的朱谦之倡导无政府主义，曾被鲁迅讽刺，《北京大学·学生周刊》也发表过批判其思想的文章。倡导社会主义的费觉天与他同一个宿舍，两人常常发生激烈争辩。有一次，争吵得非常凶，两人都面红耳赤，甚至都把书桌推倒，煤油灯也倒了，煤油洒了出来，差点引起火灾。易君左在两人之间做"和事佬"。费觉天和朱谦之在学术上、思想上水火不容，但两人争论过之后，依然是情谊上的好友。后来曾做厦大校长的王亚南说："至若就其（指朱谦之）研究的态度讲，我们在几年同事当中，每次见面必争论，每次争论必达到面赤耳热的程度，结局他总会给你满意地说：'你所讲的很对。'但他这样讲的时候，言外决不忘记也给他自己满意的表示：'但我所讲的也很对。'这就是说：绝对尊重他人的意见，同时也绝对坚持自己的意见。"朱谦之的这种做学问的态度，被友人称为"为生活而学问的态度"。

出狱不久，朱谦之发出"虚空破碎，大地平沉，凡有皆恶，惟无则善"的感慨，进而又选择了出家。在1921年4月27日《京报》报道中，朱谦之曾对记者说："我近日惟潜心华严等经，拟不日出家杭州西湖或福建武夷山。至我出世之原因，因我极端主张个人主义，举凡社会国家，俱是虚无的，假的，只有我是真的。况我既无妻子又无父母，正好乘此机会遁迹湖山，一则领略山水天然之趣，又可借此修养身心。"师友们听闻朱谦之要出家，还多次写诗文相送。朱谦之到杭州追随太虚法师，要求剃度出家。

据《太虚自传》载："朱到杭州，住在我的兜率寺中十余日，特与他谈了一回话。我问他出家到底目的是什么，他说要将所有的佛书批评一过，重新整理建设起来。我告诉他：若为此便不须出家，且以不出家为较宜，我可介绍你到欧阳竟无那边去；若真要出家，最少要连书报也不看，去持戒、坐禅四五年。两条路你走哪一条？你可细想想再回报我。过了两天，他说愿意到欧阳竟无那边去，我写信与他去了。过了半年后，我在到天津的船上遇到他，那时他已把学佛的心打断，另做别的学问去了。"由此看来，朱谦之学佛的想法是没有经过深思熟虑的。

高拜石在《古春风楼琐记》中写五四前后五花八门的思潮时也曾提到朱谦之，他说："朱谦之著本虚无哲学，自命超人的思想家，嚷着要出家做和尚去，诸朋友在中央公园春明馆饯别，他宣传从此削发入空门，要准备革佛教的命，说着合十而别，不多时又回来了，而且带了一个女朋友叫杨没累，色空，空色，他从虚无哲学又转到真情主义。"

杨没累，湖南湘乡人，1898年正月初一出生于长沙，1922年到北大音乐传习所学习，在与朱谦之恋爱前是独身主义者，对乐律、诗歌、戏曲、小说、妇女问题等都有所研究。关于朱谦之与杨没累的交往，著名作家丁玲在给厦大教授、作家徐霞村的信中说："她原同国家主义派的几个才子易君左、左舜生相熟，后来认识了朱谦之。朱谦之在那时写唯爱哲学，很合她的意。他们第一次见面，她什么都不说，带着朱谦之去理发，再去洗牙。朋友要在她那里坐上十分钟了，就逐客，说：'你们把我们的时间占去太多，不行，我还要同谦之谈话呢！'"两人之间的恋情迅速升温，1923年5月，两人正式确立恋爱关系。

杨没累

爱情帮朱谦之冲散了虚无的阴翳，找到了生命的价值。朱谦之在写给杨没累的万言定情书中称："人生的最终目的，只有爱情，我有爱情便足以自豪，宇宙间还有什么能间隔我们呢？诗人在唱，泉水在流，都是告诉我们以'爱'的哲理，我们和'爱'合德的，忍辜负了我们诗的天才吗？……愿有一个女子的帮助，如果真个同情同调之人，共相唱和，誓结长伴于山林之间，吟风弄月，傍花随柳，那就是我一生的愿望，我愿望和爱人默默地和宇宙俱化啊！"

关于两人的结合，朱谦之还说："我和没累的'纯洁的爱'（pure love），我俩对于恋爱所抱的见解，有非常的信念，我们为着我俩的'爱'的长生，自始至终避免那恋爱的坟墓——性爱的婚媾，在几年中倾心陶醉，同宿同飞，说不出难以形容的热爱，而仍无碍于纯洁的爱。"

朱谦之曾回忆说："翌年（1923年）春我俩才开始通信，凭着我们狂醉的热情，自乐自进而为终身伴侣，这在《民铎》杂志第四卷第四号有我俩共同发表的《虚无主义者的再生》，和1924年编成出版的《荷心》通信集，都可参考。"

两人的情书以《荷心》为名由新中国丛书社出版。关于《荷心》，有一位作者"天侠"在1924年7月6日《无锡新报》发表的《与北大朱谦之杨没累书》中说："你俩合著的《荷心》，满纸都是血，都是泪，一个真，一个情，一个心，一个胆，读的我击剑起舞，泪沾衣襟，继且欲放声大哭。"另一篇署名"天行"的作者在《记朱谦之》一文中说："内容的风趣，实不亚于鲁迅和许景宋的《两地书》，可惜这书早已绝版，知道的人也不多了。"然而在当时，有人却不这样认为。冯沅君就以"淦女士"的笔名在1924年7月29日的《晨报副刊》上发文，她说："自身早就是整个的艺术品的爱情信，哪能用那枯燥的难解的哲学上的术语来叙述描写。当我正读《荷心》时，我不断地设想：若果他们两君能将这些非常人所能懂的哲学上的术语，尽换成清隽的辞句，这部小册中所叙述的那些情境，定能在我的幻想里构成个极乐园来。"

写到这里，冯沅君肯定是意犹未尽，她更具火药味地写道："爱情——自然不限于两性间的——这件东西无论将她解释得如何神秘，双方的爱慕的心——自然不尽是物质方面的——终是个中必要的条件。不过为防止对方的自满心的增长，与其彼此以过分的谀辞相称道，不如在表示欣慕的辞句中，多含点勉励的意思。其实这一端与此书的艺术上无大关系。不过作者性格上缺乏相当的修养时，易使读者对于作品的艺术性起反感。质之朱杨二君，以为何如？"

正准备到厦门的朱谦之和杨没累读后自然十分不悦，杨没累便开始撰文回击，两人隔空对阵，后来引起激烈讨论，最终朱谦之也参与进来。

三

朱谦之虽然有真才实学，但没有文凭，找工作处处碰壁，好在厦门大学向他伸出了橄榄枝。1924年秋，朱谦之来到了厦门。

他在《回忆》一文中说："回京以后，不久便应了厦门大学讲师的聘约，这自然比南京建业大学好多了！我的唯情哲学，更有宣传的机会了！因此即和没累顺路先往长沙，再到厦门。"

而从杨没累在1924年8月30日在《晨报副刊》发表的《看了"沟沿通讯"

杨没累在《晨报副刊》上发表的文章

以后》可知，此时杨没累和朱谦之还在北京，尚未动身到厦门。

朱谦之的到来让厦大学生、担任陈石遗助教的叶长青欣喜不已，两人还特意合影留念，叶长青专门写了一首《朱君谦之自长沙来主讲席契阔三载握手甚乐摄影纪念媵之以诗》，诗云：

> 憧憧海陆中间者，忆否文昌旧读书？剖道夙来师剖斗，逃名未得暂逃虚。及身事业千秋定，过客生涯七载余。鹭水苍茫寒意健，他时相见较何如。

关于朱谦之的外貌形象，作者"客河"曾在一篇文章中介绍说："朱谦之个子矮小，在北大时，经常剃光头，近视眼，却穿一件蓝布大褂，绝似一个小和尚。"也有人在报刊上撰文称："朱先生身子修长，状貌颇像自称'过河卒子'的胡适。""朱先生的身躯是矮小的，但眼睛却非常精明。"对于外貌，他本人说："我在外像方面，虽很藐小似的，在实际方面，却是至尊无上的。"

朱谦之在厦大期间留给师生们的形象或许也是如此。

朱谦之在厦门大学教授"中国哲学史""中国文学史"以及"历史哲学",而这些课程的研究成果大部分都已经刊发出来,所以他在课堂上讲起来是驾轻就熟。他说:"最重要的,却在这个时候,能充分给唯情哲学以历史发达的基础,并且宣布我治学的方法,是一种'历史的方法',就是'进化的方法'。如研究中国哲学的历史进程,拿他分做四个阶级;研究中国文学的历史进程,完全从音乐进化的方面去解释,这都是我那时特自创立的研究法。"

朱谦之曾作过一次题为《一个唯我主义者的哲学》的演讲,在演讲中他从宋朝哲学家陆九渊的弟子杨慈湖讲起,娓娓道来,呼吁追求人的本性,追求"自我",并倡议"大家应该看重大家自己的我"。他说:"此外我还有两次公开讲演(见《谦之文存》),都是开明反对现代的学校教育,而极力尊重唯我主义的教育的。"

虽然在厦大的时间不长,但朱谦之对教育有着独特的见解,他说:"我以为现在人间教育,差不多都基础于两个误谬的主义上,一宗教教育,二国家主义教育。我最恨的是当时醒狮派所提倡的国家主义教育。以为'在这种教育之

朱谦之(左二)与梁漱溟(右二)

下，不但人道是没有了，简直连天性的爱情都没有了！他们心目中只知有一个抽象的国家，而不知具体的实在的重要。他们心目中只看见一个笼统的国家，却不知人类情感愈发达，就可撤去现在国家的界限，而实现人类全体的大同世界了。'"

当时的厦大学生郑江涛记录了朱谦之的一场《孔子哲学》的演讲，郑江涛说朱谦之"对于先秦诸子阐发甚详，尤推重孔子哲学"。朱谦之离开厦大后，郑江涛根据记忆将这篇演讲整理后发表在1925年12月12日出版的第131期《厦大周刊》上。朱谦之在演讲中说："夫大哲学家之道，如日之在天，光被四表，亚东为昼，美洲为夜，冬爱其温，夏畏其酷，随时随地，各有取舍。孟子曰'孔子圣之时者也'，其旨深矣。且斯世学术方隆，莫不以发扬国故，参证新理为先务，孔子于吾国哲史，譬若泰山河汉，讵可泯灭哉，天下之读孔子者，宜有以启发之。"

1925年8月，《音乐的文学小史》由泰东图书局出版，书的扉页上有"这是我在长沙的演讲集，以一个星期在大吉祥旅社做成的。现在把他刊布出来，求朋友们的指教！朱谦之 一九二四、十一、二五，南普陀"字样，南普陀正是厦门大学旁的名寺。后扩充为《中国音乐文学史》，获得了国内外好评。日本的学者中村嗣次曾把《中国音乐文学史》译成日文。

1926年4月，《谦之文存》由泰东图书局出版，朱谦之在《谦之文存》的"自序"中说："这本文存，大部分是在闽南演讲时作的，只有'再论中国文学与音乐之关系'一篇的下半是在西湖作的。'宇宙美育'是在南京作的。"从目录可知，该书分上下卷，共有十一篇文章，九篇都是他在厦门演讲时的作品，可见他在厦门演讲活动是很频繁的。9月，另一本书《历史哲学》也由泰东图书局整理出版，这本书则是朱谦之在厦门大学上课的讲义。

厦门大学的教学生活显然不是朱谦之和杨没

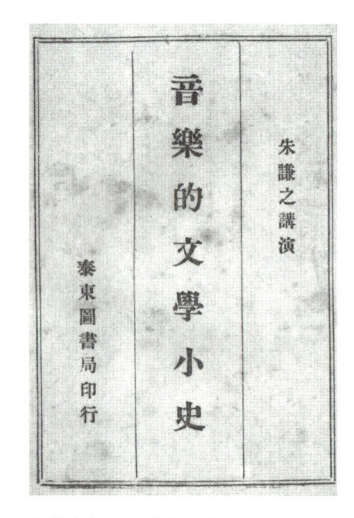

朱谦之著《音乐的文学小史》

累所渴望的。朱谦之后来在回忆中说："我在厦大只有一年，即决计辞去教职，虽然我和同学感情极为融洽，校长与同学都在挽留我，最后还开会欢送我，但我为着思想的完全自由，早已决定隐居杭州西湖，去过那二三年闭户著书的生活了。"朱谦之曾说："我俩既然唯一的愿望，是'结长伴于山林之间'，便觉得如林和靖那样才是最富于情而淡于欲的人，他的情感好比幽谷之兰，流水高山之曲，孤芳深隐，这才是我们敬慕的理想生活。"

1925年5月，朱谦之辞去厦大教职，和杨没累一起隐居于西湖葛岭山下，门对宋代诗人林逋（和靖）故居，潜心著书立说。至于离开厦大的原因，朱谦之说："我和没累的恋爱生活，理想中本有一种超然的高蹈的隐逸思想，吟风弄月，傍花随柳，一方面与社会政治隔绝，一方面与爱人默默俱化。"

于是两人在离开厦门大学之后，就到杭州定居，看梅望月，弄艇投竿，过起了神仙眷侣般的生活。

杨没累在厦门大学时，除了上课之外，经常给厦门的《民钟报》投稿，五卅运动发生后，她还曾发表《告同胞书》等文。

四

在杭州，朱谦之与杨没累徜徉于名山胜迹之间，与音乐诗歌作伴，且为了保持纯洁的"爱"，二人拒绝"性欲的婚媾"，以便建设神圣单一永续而具有诗美的"恋爱之宫"。杨没累专心研究中国乐律学史，多有撰作。

在朱谦之看来，只有保持恋爱的纯粹性才能使得恋爱长久，他说："我们……在几年中倾心陶醉，同宿同飞，说不出难以形容的热爱，而仍无碍于纯洁的爱。我俩纯洁得清泉皎月似的恋爱生活，不但一个时候，就是永世的将来，我俩理想

《没累文存》

的爱河之水,还是应该静得和镜一样,温凉得如露一样。"

然而,这段旷世之恋在1928年4月杨没累因肺病病逝后戛然而止。当时也住在杭州西湖的丁玲、胡也频曾帮忙料理后事,几十年后朱谦之回忆说:"丁玲是没累在周南女学时的同学,没累逝世时,她和也频适在杭州西湖,曾助理丧事,以后他们创办《红与黑》,在招待上海出版界的席上,我还代他们招呼朋友,这种友谊,直到我出国后,还继续一时。"

杨没累去世后葬于烟霞洞。朱谦之将其著作整理后以《没累文存》之名出版。

有一年,历史学家左舜生带着儿子到西湖游玩,在杨没累的墓前驻足良久。根据"枕育"在1946年第12期《秋海棠》上发表的《左舜生不忘杨没累》一文可知,左舜生经王光祈介绍认识了同乡才女杨没累。"这杨女士赋性乖僻,虽在豆蔻之年,喜读老庄之书,当时与左氏获见,芳心一片,顿为倾折,两情缱绻,相约以礼"。当时左舜生已经是有妇之夫,杨没累常去左舜生家教授左妻书法,"情好如一家人",左舜生只好发出"恨不相逢未嫁时"的叹息。

左舜生

左舜生在杨没累坟前徘徊半日,并赋诗纪事,诗中有:"此是故人杨没累,呼儿展拜莫喧哗"之句。诗被其友看到,"乃调以诗云:'凄凉湖上伴愁眠,卿自飘零我自怜。往事如烟谁想得,一轮明月照当年。'"

杨没累被称为才女是不虚的,她在初入小学时因受家中的刺激,萌生独身主义。高小毕业后到广东省亲,又至上海南洋女师范求学。1921年由长沙周南女学转入岳云中学。她那时热烈主张独身主义,同时主张人类灭绝,并谓造物主是玩弄人们的罪魁。1922年始入北京大学音乐传习所。蔡登山先生所著《名士风流》在介绍杨没累时称:"杨没累是郑天挺的女弟子,在音律上颇有造诣。郑天挺曾回忆说,在蔡元培的支持下,当时北大成立了课外活动社团,其中音乐会发展最快,影响较大……后由音乐会发展为音乐传习所,请来不少民间音乐家如刘天华等，来所担任讲席和演奏。还培养出一些音乐人才，有志研究中国古代乐律的杨没累就是音乐传习所的学生。"

光阴荏苒，杨没累再次被厦门大学的师生们提起是在半个多世纪之后，这与丁玲有关。丁玲在《我的中学生活的片段》一文中说，当时和她一起转到岳云中学读书的，有许文煊、周毓明、王佩琼、杨开慧、杨没累、徐潜等六人。不久，杨开慧与毛泽东结婚，许文煊嫁给了协助毛泽东工作的易礼容。

1984 年，厦门大学计划举办全国第一次丁玲创作研讨会。厦大教授徐霞村邀请老友丁玲谈其早期的作品创作，徐霞村在 20 世纪 50 年代就在厦大讲授《太阳照在桑干河上》等作品，他最期待的是丁玲能对争论半个世纪的《莎菲女士的日记》原型进行讨论。

1984 年 4 月 8 日，徐霞村致丁玲的信中说："据我不完全的记忆，莎菲的原型是丁玲同志的一个朋友，名叫杨 mo-lei，凌吉士的原型是一个华侨青年，后来做了茶商。"

4 月 15 日，丁玲给徐霞村的回信中写道："来信提到杨没累，我倒狠狠想到了她。她是一个很有特色的有个性的女性。我们在周南女中同学，她是高班生，我们几乎没有说过话，在岳云中学又同学，不同班次，但同宿舍，也还说得来，不亲密。1924 年在北京，她已有爱人了。"

丁玲回忆了杨没累与朱谦之的交往后又说："1928 年，我在杭州西湖时，我住在葛岭山上十四号，他们住山下十四号，我常去看他们。他们还是像一对初恋的人那么住着，有时很好，有时吵架，没累常对我发牢骚。他们虽然有时很好，但我也看出没累的理想没有实现。她这时病了，病人的心情有时也会发生一些变化，几个月后，她逝世了，我们都很难过。有天，朱谦之激动地对我说：'没累太怪了，我们同居四五年，到现在我们还只是朋友、恋人，却从来没有过夫妻关系。我们之间不发生关系是反乎人性的，可是没累就是这样坚持，就这样怪。'也许旁人不相信他这话，可是我是相信的，还认为很平常。因为那个时代的女性太讲究精神恋爱了，对爱情太理想了……所以你问我是用谁作模特儿，这个我很难说，也许有杨没累，但又不是杨没累。"而丁玲的同学周敦则十分坚定地说："《莎菲》写的就是杨没累。"

1972年7月12日，朱谦之在北京逝世，终年73岁。朱谦之是一个勤奋的学者，对哲学、史学、佛学都有精深研究，一生著作等身。他甚至提出中国僧人发现美洲的说法，认为在哥伦布发现美洲之前，中国僧人就到达了墨西哥，发现了美洲，比哥伦布早了近千年。

秉志

秉志创办了中国高校中第一个生物系，并任系主任，编写了第一本采用中国资料的动物学教科书，参与创办了中国第一个生物学研究机构，还担任了中国动物学会第一任会长。他曾说："我要在自己学生身上化成三百个秉志，如此则中国科学可以发达，如此则中国可以强盛。"当时在中国的动物学者，几乎都是出自他的门下。生物研究所的研究成果，使欧美各国生物学界对中国生物学渐有认识，生物研究所为中国科学赢得地位，不能不归功于秉志先生卓越之精神和毅力。

秉志：中国动物学界的开山大师

一

秉志是河南开封人，满族正蓝旗，出生于1886年4月9日。原姓翟佳氏，名秉志、际潜，字农山，笔名骥千、伏枥，后一直用"秉志"之名。秉志的父亲在开封教公学，对子女的思想品德要求很严格，秉志自幼随父亲诵读四书五经以及一些古典诗词。1900年，他父亲去世。1901年，秉志考进河南高等学堂，学习英文和数理化，同时仍努力攻读古文。

1903年12月29日《申报》刊载的"癸卯恩科河南乡试题名全录"记录了这次乡试录取的84人，17岁的秉志名列其中，成了科举制度中的举人。1904年，秉志就读于京师大学堂，1909年毕业。这一年8月20日的《申报》，刊登了京师大学堂毕业生名单，秉志是预备科学生，该科毕业125人，秉志是95名中等生之一，"秉志、崇文、林典、张鑑哲、袁炯五名原系举人，拟请以部司务补用"。

9月3日至4日，秉志在北京的学部参加了留美学生处主持的考试，主要考国文、英文、历史、地理等科。9月7日发榜，秉志、梅贻琦、胡刚复等68人进入复试名单。最终录取了47人，秉志、梅贻琦、胡刚复三人都在其中，考取了第一届官费留学生。

同年，秉志进入美国康奈尔大学农学院，与胡适

成为同学。秉志在著名昆虫学家 J.G. 倪达姆（Needham）指导下学习和研究昆虫学，1913 年获学士学位。1915 年当选为美国 Sigma Xi 科学研究会荣誉会员，1918 年获博士学位，是在美国以昆虫学论文获得博士学位的第一位中国人。毕业后，秉志又到费城的韦斯特解剖学与生物学研究所，跟随著名神经学家 H.H 唐纳森（Donaldson）从事脊椎动物神经学研究，历时两年半。

1914 年 6 月 10 日黄昏，美国康奈尔大学，秉志和任鸿隽、赵元任、杨杏佛、胡明复、周仁等中国留学生聚在一起，讨论世界走势和中国的未来。有人提出，中国缺乏的莫过于科学，我们为什么不出版一种专门向中国介绍科学的杂志呢？这个提议立即得到在场所有人的赞同。他们决定组织科学社，创办《科学》杂志，介绍世界先进科学以饫国人，提出"以提倡科学，鼓吹实业，审定名词，传播知识为宗旨"。秉志、任鸿隽、赵元任、周仁、章元善、过探先、金邦正、杨杏佛、胡明复，这九个在《科学》月刊"缘起"上签名的人就是科学社的发起人。

1915 年 10 月 25 日，该社正式定名为"中国科学社"，宗旨为"联络同志，研究学术，以共图中国科学之发达"，"不但是传播新知以促进科学的研究，还要发表研究结果以建立学术的威权"，成为真正意义上的学术会社。这是国人的一次科学觉醒，是在五四运动之前更早的一次呐喊，是科学在国人心中的一次伟大的萌芽！胡适在日记中写道："此发起诸君如赵君之数学物理心理，胡君之物理数学，秉、金、过三君之农学，皆有所成就。"

中国科学社选举任鸿隽为社长，赵元任为书记，胡明复为会计，他们三人和秉志、周仁二人共同组织第一届董事会，杨杏佛为编辑部部长。中国科学社的成员并不局限于研究自然科学的，任鸿隽在邀请心仪的才女陈衡哲加入时，陈说她不是学科学的，任鸿隽回答说："没关系，我们需要的，是道义上的支持。"

1918 年，中国科学社迁回国内。在中国科学社核心成员分散于全国各地的情况下，中国科学社在上海坚守阵地，长达十年。更多的科学家参加了

任鸿隽

中国科学社，如胡明复的两个兄弟胡敦复、胡刚复也是最早加入科学社的重要成员，一家三兄弟，都献身科学。

1920年，秉志回到国内，任国立南京高等师范学校教授。在此之前，北大校长蔡元培曾委托胡适邀请秉志到北大任教，但是晚了一步。秉志致函胡适云："南京秉文屡次见邀，弟已许之，背之则不义，且舍小就大，亦非君子之所取也，弟只可先往金陵以践前约，俟将来有机北上，再图为母校尽力焉。"胡适只好给蔡元培回信说："秉农山先生（生物），因已受南京高师之聘，故不能来大学。此事我已通告水产学校校长了。"

秉志在该校创办了中国高校中第一个生物系，并任系主任，编写了第一本采用中国资料的动物学教科书。后来，南高师更名为东南大学，秉志继续在该校任教。

1921年秋，众人公推秉志、胡先骕、杨杏佛筹划生物研究所事宜，秉志担任该所研究员兼筹备委员长。1922年8月18日上午9点，中国科学社生物研究所在南京中国科学社成立，推举秉志主持，社员有梁启超、郭秉文等四十余人，群贤毕集，一时称盛。秉志在演讲中，提倡"注重精神不可因无造次之得而自阻，亦不可专重应用，因科学家目的在求真理故也。就本所为基础，一面当求达到研究高深问题，一面求能通俗，以期普及。又言提倡研究科学，可以提高个人道德，增强国民性，尤为吾国今日救弱之急图"。

欧阳翥在《南京高师与生物学》一文中写道："生物系兴，秉农山、胡步曾、陈席山、陈焕镛诸先生先后莅止，登坛讲授，一时人物称盛，冠于国中……而秉农山先生之尤力，旦夕从事，汲汲焉惟恐不给。于是学者靡然从风，争欲一睹所谓生物学研究者。"

二

然而不幸的是，秉志的这些努力在一场大火中化为灰烬。大火发生于1923年12月11日晚上，起火地点位于东南大学口字房。此房是两江师范时期的建筑，是学校的教务部、藏书室、史地陈列室、物理仪器室、生物标本室以及文理科、农科、教育科的办公室。时值冬日,天气干燥,风势又大,大火一直烧到12日凌晨2点30分才熄灭,"口字房烧毁殆尽,物资损失达二十万元,个人损失尤以生物教授为最巨"。

12月13日《申报》报道称:"其次为生物系之动植标本一二万种,皆吾校历年由秉志博士及胡先骕、钱崇澍诸先生亲往西南各省,及安徽、江西、江浙、福建采集而来者。其中尤有外间稀罕之标本,或自己采集所得,或由欧美各大学交换而来者,此项标本,皆费许多经济、精力、时间而得,现时纵有金钱亦非一朝一夕所能办到。"除了标本之外,还有书籍等物品。

19日《社会日报》载:"所藏书籍六百七十余部,杂志九千余份,欧美专家私人著作二千余份,此皆秉志博士私有,以供学生参考者,植物书籍三百余本。尤可惜者,为秉志博士之在美十数年实验报告笔记,及所经解剖、著作二十余箱,同宿焚如。其他具零物,亦不下数千件。闻秉博士数日前丧子,教授课不辍,谈笑自若,及闻标本著作被焚,痛不欲生,谓学生曰:宁烧我家,不愿焚学校。"段熙仲曾写道:"南雍不戒于火,科学馆被焚,诸弟子齿录较高,与秉农山、柳翼谋、陆志韦诸老师相向而哭,皆失声。"当时的《申报》说:"秉志博士见火不可救,当时不省人事,而面色苍白,哑不能言,后经同学扶至他处,方渐苏醒。"可见这次火灾对秉志的打击是非常大的。

胡宗刚先生所著《胡先骕先生年谱长编》一书记载:"(1925年)秋,秉志往厦门大学执教,东南大学生物系同学会举行欢送

东南大学生物系同学会欢送秉志留影

会,并在生物所前摄影纪念。"

秉志为何到厦门大学任教呢?可能与当时东南大学校长郭秉文与商科主任杨杏佛之间发生的争斗有关,这场争斗持续数月,演变成"易长风潮"。陈鉴《忆二十年代中期东南大学易长风潮》一文记载:

> 东南大学易长风潮,实属不幸事件,为全校师生所痛惜!症结所在:校内有两派之争,而当时的北京政府教育部偏听一面之词,不深入了解,贸然将十年锐意经营、大有功于建校于学校扩建之校长郭秉文免职,另派原上海大同大学校长胡敦复前来接任,来时还利用军队护送,激起拥郭派(包括大多教师生)之义愤,拒胡挽郭,掀起轩然大波。然而拒胡派中少数人谩骂动武(我亲眼见胡刚复面有伤痕),和幼稚无知行为,如将胡氏兄弟从学校校门赶出还燃鞭炮以示驱鬼,待授人以口实。此后双方文电交驰,腾于报章,迁延经年,终因苏省官绅调解,调江苏省教育厅厅长蒋维乔暂代校长职务告一段落。

对秉志而言,无论是与郭秉文、杨杏佛还是与胡敦复、胡刚复以及其弟胡明复关系都不错。所以风潮开始不久,秉志就在报上发表声明:"鄙人平昔主张大学教授,应注意教育及研究事业,绝对不宜多问他事,凡事之带有政治臭味者,鄙人皆不欲闻,此次校长风潮发生后,除对于马叙伦之乱命表示反对,及重劝胡君敦复不就职外,仍本平素主张,注意学生学业及个人之研究。近闻沪报有柳贻徵致部恢复评议会,将鄙名列入,未经鄙人签名,碍难默认,又鄙人日日到校,照常授课办公,沪报误载有不到校之说,尤非事实,合亟声明真相,以免各方误会,特此通电。"后来,他还和朱君毅等人一起发布过此类相关的声明。

胡刚复

双方的争斗令他左右为难,这个时候他的选择是默默离开。他之所以选择厦门大学，可能与 1924 年在《东北》杂志上发表的一篇《倡设海滨生物实验所说》有关，他在文中呼吁，在滨海处设立生物实验所，开展海洋生物研究，调查海产"何者有关实业，何者有关教材，凡海水生物之分布及其生活历史，悉行研究。俾专攻斯学者，借此广富渊薮，多所发明，为人类知识之贡献"。关于海滨生物实验所，他认为"吾国人宜就滨海适宜之处，建一学舍，择生物专家二三人，董理其事，内分动植物二部"。

在文中，他罗列有此实力和环境的高校时，列举了北京大学、东南大学、厦门大学三所高校，毋庸置疑，此时厦门大学的办学环境已经在他的关注范围内。而北京大学虽然环境和实力都不错，但没有滨海的优势，当秉志离开东南大学时，厦门大学成了不二之选。

1925 年 11 月 22 日下午 3 点，厦大理科同学会在生物院二楼开成立大会，校长林文庆、理科主任刘树杞和教员秉志、钟心煊、田渊添、李英标、王学澧等出席当天的成立活动。刘树杞在会上演讲后，秉志受邀走上了主持席做演讲，他说："我国大学，可称为真正之大学者寥若晨星，而中国今日之学生，乃多喜从事于所谓新文化运动，对于举世所重视之科学，反鄙夷不屑道，殊属荒谬。"又谓："所谓大学者，非有 original（原始）研究，不足以当此称呼。此种研究，当以对于人类知识上能有所贡献为贵。贡献之大小，顾不论也。本校幸蒙陈嘉庚先生之热心兴学，所有理科仪器、书籍等，尚足供诸君研究，机会极为难得，而诸君对于中国科学界之责任，乃益重大，顾愿诸君努力用功。对于学问，当有自动诚实之研究，使本大学能成为一真正无愧之大学。"从中可以看出他对学生的殷切希望，现场师生们全神贯注，屏息静听。

三

秉志的到来，无疑大大提升了厦门大学动物系的办学能力，校长林文庆还主张动物系博物院扩建。1925 年 12 月 5 日第 130 期《厦大周刊》载："本校动物系博物院，筹备已久，内容颇有可观。现自秉农山博士兼充该院主任后，林校长益加注意，拟于明年春大肆扩充，预算经费约需一万五千元左右云。"

12月15日上午10点左右，厦门的虎溪岩山上发现一头老虎，附近居民异常害怕，慌里慌张地跑到警署报告。警署闻讯立即派数名携枪的警察前往，警察看到老虎之后开枪射击，没多久"虎饮弹立毙"。众人将打死的老虎抬到警署，经过测量发现该虎身长6尺有余，重达200余斤，皮毛呈黄灰色，满布黑斑，毛已脱落大半。

厦门大学闻讯后，立即派人前往警署，恳请警方赠与厦门大学制作标本，当时警署的负责人答应将骨骼赠与厦门大学，但是须把老虎的牙齿留给警方。而厦门大学认为，如果把老虎的牙齿取下则老虎的骨骼就不算完整了，于是再派人与警方协商，厦门大学愿意另外购买一副虎牙来交换，但警方没有立刻答应。秉志到现场看过之后说，这只老虎非常老，而且根据皮毛可以断定已经染上病；在生物学中老虎的骨骼及内部构造与猫相似，两者同为一属，这只老虎并没有特别的研究价值，主张学校放弃。此事刊载在1925年12月26日出版的第133期《厦大周刊》上。

秉志认为患病且年老的老虎制作标本没有研究价值，并不等于秉志对标本的否定，相反的，秉志和植物园主任钟心煊商定，采集海洋淡水及陆地生物制作标本，成立了厦大生物材料供给所，目的是辅助生物教育，"以供国内外各学校及生物研究所应用材料之需求"。这个供给所设在生物院内，是动物系和植物系独立创办的，没有任何外资，且是不以赢利为目的，所以标本价格十分低廉。出售的标本中有变形虫制片、夜光虫制片、管虫胚胎制片等，多达上百种。

动物系一直秉承了对标本重视的学术传统，当听说有人到南普陀寺放生一条蟒蛇时，动物系感到有研究价值，特致函该寺，索要这条蟒蛇。这条蟒蛇长两丈许，遍体黑白斑点，腹部甚大，约二尺有余。因其曾食下一头羊，被厦门城的村民抓住，送到南普陀放生。生物系助教王钦福看后确认是一条锦蛇，并无大毒，讨回后豢养在生物院内的铁笼中，让师生们研究。后来，该系还制作了鲨鱼标本、白海牛标本、鲸鱼标本等。难怪方宗熙在《厦大生物学系历年发现与中国生物科学》一文中说："到过厦大参观的朋友，没有不称讲厦大动物与植物标本室规模之宏大，搜罗之丰富，这实因历来服务于生物系的先生们关于福建本地及附近一带的生物，无不尽能力之所及，多事采集，所以发现至多。单就植物标本室而言，秉志和胡先骕二生物学家说，厦大植物标本室是研究福建植物最好的场所，于此可以想见厦大生物学系在学术上的地位了。"

据1926年4月17日第146期《厦大周刊》记载，秉志在当月15日，因公事向学校请假回南京，当天就搭乘"新昌"号轮船出发，他对学校说"须至下学期始能返校"。秉志请假时已经把这学期所要教授的课程提前授完，临走时他交代同事，从4月下半月到7月底，其所应领取的薪金全部捐给厦大图书馆。

姜立夫

4月30日下午，厦门大学教育考察团到达南京，秉志闻讯后尽东道主之谊热情款待，第二天还作为导游陪同大家到附近的古迹名胜游览，并帮忙联系所要考察的金陵大学、金陵中学、金陵女大、东南大学、东大附中等学校，极为周到。

秉志回南京后，厦门大学怕他一去不回，于是再三礼聘，而同时东南大学也极力邀请秉志回校任教，甚至河南教育厅的厅长也"电请秉志回汴长农专"。秉志被厦大校长林文庆、理科主任刘树杞的诚心所感动，答应再回厦大任教。于是这条消息以专电的形式刊载在1926年7月28日的《申报》上，云："厦大新聘东大秉志为动物学教授，南开蒋筮夫为数学教授。"可惜，报道把著名数学家"姜立夫"写成了"蒋筮夫"。

三天后，《申报》又公布了林语堂、沈兼士、鲁迅、顾颉刚等厦大新聘教授，言及续聘教授时云："此外续经聘定之教授，则有东南大学动物学教授秉志、南开大学数学教授蒋立夫"。这里又把姜立夫写成了"蒋立夫"。而8月14日，《申报》在披露东南大学及与秉志相关的消息中说："农科方面亦稍有更张，动植物亦分两系，动物系秉农山博士因厦门大学之再三礼聘，允于下学期去半年，明春仍回东大。"由此可知，这次秉志只答应在厦门大学任教半年。

四

1926年9月22日，新学期开学之际，理科主任刘树杞在《厦大周刊》上发布公告："秉农山博士约于下星期来校，其所担任各学科之演讲，俟秉博士到校后开始上课，惟该项学程之实验功课均即日照常上课。"可见，秉志践行诺言，又回到了厦大的讲台上。

在厦大任教期间，秉志多次为师生们做演讲。有一次，他讲《理想之大学》，说："吾国今日各大学，以此而论，皆不足为大学矣。政府不足恃，国立大学甚难有希望，吾人不能不由人民一方面希望之，倘吾人从事于此校，努力奋进，将来教授皆做高深之研究，毕业院中之学生，亦能深造。师生研究之结果，无论其属何种学科，而皆足以与世界之学者相见。教授学识富，无论有如何程度高远之学生，欲来校内研究，无论其专攻何学，而校内必有专家，可以导之前进，而学生之在社会服务者，足以为知识阶级之领袖，其道德学问言论行事，皆足以为国人师表，则此校庶乎近于理想之大学矣。"

1926年11月25日，他在大礼堂召开的周会上为全体师生作另一场演讲，顾颉刚、孙伏园、林语堂等人都成了听众。他说："世界凡百生物，皆顺自然而图存，自然乃生存之大道，顺之则生，逆之则死。自古迄今，无论极细微极普通之一切事物，无不如是，世人不察，勋以自达尔文、斯宾塞尔等科学发明后，造成种种'适者生存''弱肉强食'之新名词，引起人群争斗残杀之恶习，不知此皆错认科学之真义。世界有人群如身体之有细胞，一身体之细胞，必有强固系统组织，而后身体强健，若有一部分之侵害，则牵及全体，势必致于疾病而死，同归于尽，人群与世界亦犹是也。各得相当自然之生存，我不犯人，人不犯我。如一味侵害他人，残害他人，思得一己之胜利，其结果必与上述细胞同。必有互助团结之精神，而后可以有为，学问方面，亦必力求进境，盖凡是皆由学问而来。"

秉志在厦大期间留给顾颉刚的印象并不好，因为当理科主任刘树杞与国学研究院有冲突时，秉志也参与其中。顾颉刚在1926年10月22日的日记中说："我们来，颇招人忌，这是早知道的。今日乃知理科方面已对我们下攻击，由秉农山领衔，要求收回国学院房屋，以我们借国学院三楼办公也。此等小人伎俩，一何可哂。秉先生前颇敬之，以其切实研究生物，今乃知其亦一掀风作浪之徒耳。"但几天后，顾颉刚又在毛常的介绍下，与张星烺一起去拜访了秉志。

秉志在厦大时，对学生伍献文一直给予鼓励和提携。伍献文是秉志在南高师时的学生，以优异成绩毕业后，到集美学校任教，后到厦门大学动物学系担任助教。1925年秋，他在秉志的鼓励下申请注册为动物学系学生，一边给秉志、何博礼等教授当助教，一边完成自己的学业。伍献文多才多艺，曾在理科同学交谊会上表演魔术。伍献文曾自言："一直追随先生左右，深得教诲，凡四十年。"1929年，伍献文在美国一杂志上发表一篇论文，阐述了在海豚肺内新发现的寄生圆虫新种，伍献文将之定名为秉氏圆虫，"以示感谢前本校动物系主任秉农山教育之厚意"。后来，伍献文和秉志一起成为中研院院士，之后师徒二人又都成为中科院院士，是我国研究鱼类学和水生生物学的奠基人之一。

秉志虽然是动植物学家，但古文功底深厚，经常与朋友诗词唱和。1986年，中国动物学会、中国海洋湖沼学会为纪念秉志一百周年诞辰刊印《秉农山先生诗存》，此书由伍献文托厦门大学何励生先生编订的。

秉志对校长林文庆治校方法非常赞赏，认为林文庆爱人下士，有古君子之风，两人惺惺相惜，成为莫逆之交。秉志曾在鼓浪屿海中发现一种海星新种，为了纪念林文庆，秉志将这种海星定名为"林文庆海星"。

1948年，林文庆八十大寿时，秉志作《林梦琴先生八十寿序》，其中有句云："当时学风浮薄，青年学子多喜速化之术，汲汲欲借学校毕业为利达之资，而志在深造者殊鲜不可得。先生力矫此弊，欲使学校蝉脱日新，渐变而为高尚纯洁之学府；不惮瘏口焦音，以身作则，提倡高深之研求，对于校中各学科，悉以实事求是之精神求其改进，而于科学尤竭尽所能，以图发展。故数年之中，厦校内容之充实，在国内各大学之中，实首屈一指焉。"

关于秉志在厦大上课时的情形，尚未看到相关的文字记载，但其鲜明的个性可从轶事中折射出来。据

伍献文

说，有一天，蒋介石去燕子矶游玩，碰到秉志在那里给学生上生物课，他对蒋介石并不理睬，像没有发现一样，仍然上他的课，令蒋介石很不高兴。

刘敬坤先生曾记录了一则秉志先生的轶事：

> 秉先生在抗战期间留在上海，1946年中央大学由重庆回到南京，秉先生常到中大（即中央大学）生物系，我们常看到一位白头发和白胡子的老者，手中拄着手杖，冬天下雪也穿个短裤。有的同学告诉我说，那就是有名的秉志先生，你要称他秉老先生，并且路上遇见他，一定要站在路旁给他鞠躬行礼，口中还要喊出"秉老先生"，不管哪一系的学生，不管秉老先生认识不认识你，都要这样。要是你遇到秉老先生，不给他行礼，他就用手杖连连击打地上，口中还不停地说："没礼貌，没礼貌。"冬天下雪时，我有次在文学院不远处遇到秉老先生，我很有礼貌地站在路边，对着秉老先生一个九十度的鞠躬，口中还喊出"秉老先生"。秉老先生对我笑着点点头说："学生对师长就要这样。"又问我："是哪一系的？"我说："历史系的。"秉老先生说："凡是中央大学都是我的学生，历史系也是我的学生。"我呆呆地站在那里说了两三句"是的"。秉先生当时也不足六十岁，但已须发皆白，他的音容笑貌今天还清晰保留在我的记忆里。

1927年2月10日《申报》载："秉农山回校（笔者注：指东南大学），该科动物系教授秉农山博士，去年9月请假一学期，赴厦门大学，主持该校动物系教务兼研究该地沿海动物，刻已返校，继续其动物研究事业。"由此表明，此时秉志离开了厦门大学。

秉志对厦门大学还是非常有感情的。1934年4月7日，秉志偕同中华教育文化基金会董事任鸿隽再次回到厦门大学，两人专为视察厦大补助事业的情况。后因赶船，两人登岸视察后即乘轮返回南京，来去匆匆。

1935年，秉志被聘为中央研究院第一届评议员，1948年当选中央研究院院士，1955年当选中国科学院学部（生物地学部）第一届常务委员。中国科学院成立时，周恩来总理希望他出任中国科学院副院长，但他再三谦让，并推荐了别人。他淡泊名利、高风亮节的品格，备受同仁和晚辈的敬仰。

秉志是中国科学院院士、动物学家、教育家、中国近代生物学的主要奠基人。他研究领域广泛，在昆虫学、神经生理学、动物区系分类学、解剖学、脊椎动物形态学及古动物学等领域均有许多开拓性工作。

秉志

他一生曾在多所大学任教，在几十年里为我国生物学界培养了大批人才，直接或间接受过他训练的学生逾千，培养了许多不同专业方向的学生。秉志对学生要求十分严格，特别是对年长的、造诣较深的学生。由于其言传身教，许多学生都秉承了他勤奋刻苦、持之以恒的学风，成长为动物学界的著名专家，如王家楫、伍献文、杨惟义、寿振黄、张孟闻、卢于道、张宗汉、郑集、张春霖、王以康、沈嘉瑞、陈义、欧阳翥，等等。他们是20世纪我国教育界和科技界的重要骨干，为我国的教育和科学事业作出了重要贡献。

原国家自然科学基金委员会主任陈宜瑜院士在为《秉志文存》撰写的序言中写道："秉志创建的中国科学社生物研究所，至抗日战争之前培养或训练的生物学家计有百余人。当时在中国之动物学者，几乎都是出自秉志门下，诚不愧为中国动物学界的'开山大师'。生物研究所的研究成果，使欧美各国生物学界对中国生物学渐有认识，生物研究所为中国科学赢得地位，不能不归功于秉志先生卓越之精神和毅力。"

1965年2月21日，秉志在北京去世，他毕生为开创和发展中国的生物学事业作出了历史性的贡献。

缪子才

缪子才是章太炎的高足，鲁迅的同门师兄弟。在泰州，缪子才与袁康侯、洪钰侯有着"海陵三才子"的美誉。他在厦门大学任教的时间长达十年，"缪氏讲课时，声音特别宏亮，他名片上的头衔，不填别的，只填'章太炎弟子'五个字"。缪子才是厦门大学国学研究院筹备委员会的委员，与鲁迅、顾颉刚交往颇多，任教期间勤于著述，最令人称道的是他与陈石遗一起"卖文救国"。

缪子才：卖文救国的海陵才子

一

缪子才（1877—1939），即缪篆，原名学贤，江苏泰州人。哲学家，早年留学日本。1926年始任厦门大学哲学系副教授、教授，中山大学哲学系教授。先后出版著述六十余种，涉及老庄、周易、考古、诗词、多种外语语法等诸多领域，著有《老子古微》《显道》《邻德》《礼人十一书》《齐物论释注》《国故论衡注》《检论注》《周易大象简义注》《马氏文通答问》《英德拉丁法国动字变化表》《缪氏考古录增补》《先祖余园诗抄校本》《文存诗存》等。

笔者查询到的关于缪子才的最早的文字记载是他的一首《沪宁铁路感事》，这首诗发表在1909年第1卷第1-10期《庄谐杂志》的附刊上，诗曰：

起陆龙蛇辨不真，妖狐当道更宁论。突开五路首压指，狂裂四维悲侧身。白貂飞灰奠朝士，青云垂手羡强邻。文姬万里何年赎，梦里衣香画里神。

沪宁铁路是清政府修建的一条重要的铁路。1904年（清光绪三十年）3月22日，沪宁铁路正式开始动工，1908年6月，沪宁铁路全线竣工。1908年4

月3日的《申报》报道了沪宁铁路开车典礼："沪宁铁路工程告竣，定于三月初一开车，全路通行。镇道刘观察亲至京岭下总车站举行开车典礼式，中西官绅到者甚多，颇极一时之感。"缪子才就是在这种背景下写的忧国感怀之作。

1914年8月4日，当时的《政府公报》刊发了"内务部饬第三十八号"公报，称："技士缪学贤派在职方司办理技术事宜。"

9月14日，《申报》上刊登了《第三次第三场知事甄录试及格名单》，"缪篆"的名字出现在"保送三百二十八名"之列，与他同在一起的还有张伯英、张锡蕃等人。民国初年，北洋政府举行了四届县知事考试，选拔县级行政长官，这是利用新的考试方法选拔县知事的一次尝试。

19日，缪子才被列入"特送"人员名单，列第二名。27日，《第三届知事终场之正榜》发布，"第三届知事试验自九月一日开始试验，每试录取人员业经分别榜示，现在试验终场委员会依据修正知事试验条例第十一条规定，按照试验成绩平均分数计取，甲等一百十六名；乙等五百零八名，丙等一百六十二名"。缪篆的名字出现在甲等榜单中。

11月8日，《第三届考取知事分发之披露》公布，缪子才与富恩霖、张勋年、郑庆名、林丰、彭颐、彭承苞、方本元等十九人被分发到当时的奉天。内务部在9日午后1时给新录取的知事们分发凭照。缪子才和其他人员一样，交了五元分发凭照费之后，收拾行囊奔赴奉天。

其实，在此之前，缪子才已经在东北工作过。由他编辑、戴修鹏绘制的《吉林省全图》在1912年出版。1913年6月他编纂的《黑龙江》一书由东三省筹边公署出版，这本书由章太炎审阅，两书出版时署名都为"缪学贤"。

1939年出版的《制言》第五十期收有一篇《老子古微上下篇引用书目》，标明此文为"缪子才先生遗著"，文末有编辑沈延国附语，他说："民国二年，章公（章太炎）筹边东三省，缪君因吉林民政司韩公紫石介从章公问业。君绘吉林、黑龙江二图，较旧东三省图为精，章公爱之。"

由此可见，缪子才约于1913年经韩国钧（字紫石）引荐入章太炎之门从学，成为章太炎的弟子。韩国钧当时是吉林省民政使，先后历任江苏省民政长、安徽巡按使、江苏巡按使、省长、督军等职。

章太炎在《章太炎先生自定年谱》中也流露出了对缪子才的喜爱之情。"设筹边署于长春，僚属才十余人耳，既鲜事，经费亦少。吉林民政司韩国钧紫石适去官，荐泰县缪学贤子才与余。子才善测绘，尝为吉林图，余甚爱之。"章太炎对缪子才非常欣赏，他说："余行署本有监山韩沅涛旭初，能测绘，又得子才相辅。念事无成理，测实可知，因招秀思测之，中间果高，其议遂寝。子才复为绘黑龙江图，较旧东三省图为精美矣。"

缪子才在《黑龙江》一书的"自序"中说，该书原是在1912年春受同乡韩国钧鼓励所作，后来韩国钧去官归里。"二年春正月，余杭章太炎先生筹边三省，又为规画指示，命再搜集江省实业材料加以记号，附之说明缩绘焉，俾便流通"。缪子才听取章太炎的建议，又花费四个多月搜集资料，"集十二人心思才力，费十六阅月时期仅乃成此"。

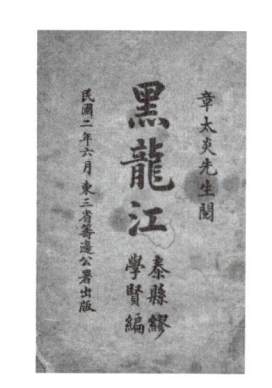

《黑龙江》全书二十一章，记录黑龙江水道、界务、民族、矿产、森林等，约五万字，录载资料十分丰富，是民族历史研究者的重要资料。关于编辑此书的目的，缪子才说："吉林总图，因限于纸幅，未及详绘，俄界殖民地点并未注记，因于此篇补其阙。"最终目的是为筹边救国而献策。近代东北地方史专家魏声和称赞此书，"搜辑广博，勘证谨严，凡前测绘皆有疏漏之处，而得俄图之精审"。

1915年，缪子才因病辞职，当时的《政府公报》称："技士缪学贤因病辞职，应即免去本职"，由此可以猜测此时缪子才应该离开了奉天。

1918年6月5日，《申报》刊载了一则来自杭州的消息，云："任用知事缪篆奉财政厅张厅长委赴宁、绍两属守，提上年终欠缴正杂各项，现已悉数清解回省销差。"由此可以推测，缪子才此时已经在杭州任职。1922年，高僧太虚法师在浙江杭州省教育会演讲时，缪子才是现场记录、参校者之一。后来，他还写信向太虚法师请教。在1924年的《申报》上，还有缪子才到灌云催款的报道。

二

缪子才到厦大任职的确切时间，尚无从知晓。

有资料曾写过缪子才到厦门的一个细节：缪篆先生是个嗜书如命的学者，一日眼中无书，手中无笔，便如神猿失树。在去厦门大学任教的途中，虽海风大作，他仍坐在船头专心致志地看书，浑然不觉是在风高浪险的海上颠簸。家人频频惊呼，他仍不为所动。缪篆看书，还有一个非常奇特的习惯，每读一书，他都要把自己认为最重要的几页撕下来，其他的全扔掉。

1925年5月23日出版的第117期《厦大周刊》即开始连载缪子才的作品《显道》，这表明在此之前他已经在厦门大学任教了。

12月21日上午12点，在校长林文庆即将赴新加坡之际，教职员们一起在生物学院二楼设宴为林文庆送行，到会者有五十多人，分坐四席。酒过数巡之后，王孝泉作为全体教职员代表致辞，历时三个小时，才尽欢而散，缪子才是这次活动的发起人之一。

厦门大学的部分师生因"国学沦亡，斯文道丧，特与海内文人，组织国学专刊社，以整理国故，发扬文化为己任"，并提出"世之亡人国者，必先灭其文字，文字不灭，国畴与亡……今夫国未亡而自灭其文字，惟恐不速，在大同文轨未见前，吾不能不爱吾国也"。

国学专刊社成立后，大诗人陈石遗任主任，叶长青任社长，每位会员需要缴纳三元会费，即便如此，还吸引了五十多人加入。该社还计划出版专刊，两个月一期，第一期计划在元旦前出版发行，其中就有缪子才、陈石遗、陈宝琛等人的作品。由于各种原因，第一期直到1926年3月才正式出版。

1926年2月22日至23日是新学期的开学注册日，身为国学系指导员的缪子才忙着接待同学们，为同学们办理注册提供咨询和指导，每天从上午9点一直忙到下午4：50。他不希望任何一位学生在填写过程中出现失误，不厌其烦地提醒学生把注册证、保证书、课程表、通讯处备查单等保存好，以备不时之需。

为了庆祝厦门大学建校五周年，校方准备了一系列活动，除了纪念盛典之外，还有运动会、音乐会、摄影展等，学生演话剧，征集诗钟等文娱活动。教职员工们则举行会餐活动。

学生会游艺部征集诗钟的活动于4月6日上午举行。这次以"五周"二字为题，鹤顶格，进行征集活动，还委托校图书馆工作人员代为收发卷件。缪子才、毛常、王孝泉三位教授负责活动的评阅，学校准备了小洋一百五十角作为奖金，分甲乙两等，甲等各门三名，奖励小洋一元；乙等各门十五名，奖励小洋五角。

教职员工会餐活动于第二天在生物学院二楼举行，全校教职工欢聚一堂，"杯酒言欢，颇极一时之盛"，前后历时三个多小时才结束。

4月29日星期四，在这天的周会上，全校师生聚集在大礼堂，缪子才应邀为全校师生作了一次演讲。他从易经艮卦的角度解释厦门大学的校训"止于至善"四字的含义及校章用"门式"为标志的趣旨。

1921年，陈嘉庚在厦门大学创办初期即把"自强不息，止于至善"定为学校校训。"自强不息"指自觉地积极向上、奋发图强、永不懈怠。最早见于《周易》："天行健，君子以自强不息。""止于至善"指通过不懈的努力，以臻尽善尽美而后才停止，也就是说不达到十分完美的境界绝不停止自己的努力。语出《礼记》："大学之道，在明明德，在亲民，在止于至善。"

缪子才引经据典，以独特的视角对"止于至善"四字进行了详细的阐释，令师生们耳目一新。在解释厦门大学校章中的"门式"时，缪子才说："易说卦云，艮为门阙，为路径，言艮卦之象也。论语曰，谁能出不由户，何莫由斯道也。斯道在曾子所称大学之道。儒家之言曰，游于圣人之门者难为言。佛家之言曰，不二法门。道家之言曰，学道先敲戊己门。今厦门大学具头头是道之宏愿，览天门之开阖，参乾坤之易门，知必有诚者自成之人才焉，知必有成己成物之君子焉，故易曰成言乎艮。"

鲁迅与缪子才同为章太炎的弟子，鲁迅到厦门大学任教后，两人交往频繁。1926年11月18日，鲁迅写给许广平的信中说了一件事："昨天出了一件可笑可叹的事。下午有校员恳亲会，我是向来不到那种会去的，而一个同事硬拉我去，我不得已，去了。不料会中竟有人演说，先感谢校长给我们吃点心，次说教员吃得多么好，住得多么舒服，薪水又这么多，应该大发良心，拼命做事，而校长如此体贴我们,真如父母一样……我真要立刻跳起来,但已有别一个教员上前驳斥他了,闹得不欢而散。"

这"别一个教员"就是缪子才。事发当天《鲁迅日记》亦有记载:"下午校中教职员照相毕,开恳亲会,终至林玉霖妄语,缪子才痛斥。"身为学生指导长的林玉霖是林语堂之兄,他说校长对教职员的体贴"真如父母一样",这在当时矛盾重重、暗流涌动的局面下无疑是不妥的,所以缪子才当着众人的面予以痛斥,由此可以看出缪子才生性坦率、耿直的一面。

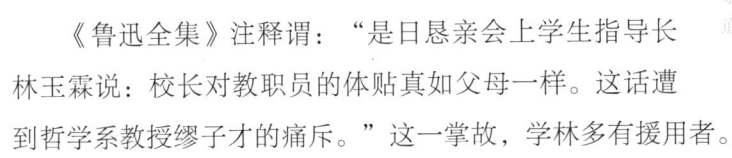

蔡元培为缪子才的著作《显道》题字

《鲁迅全集》注释谓:"是日恳亲会上学生指导长林玉霖说:校长对教职员的体贴真如父母一样。这话遭到哲学系教授缪子才的痛斥。"这一掌故,学林多有援用者。

顾颉刚在当天的日记中写道:"学校开交际会,摄影及茶点。林玉霖与缪子才哄。"记述非常简单,没有说明事件的前因后果,不读《鲁迅日记》和鲁迅写给许广平的信,单看顾颉刚的文字确实是让人一头雾水,摸不着头脑。

1926年11月,太虚法师从南洋回国。20日,太虚法师到达南普陀寺,沿途受到盛大的欢迎。缪子才、洪鸿儒、余超、神田慧云等人出现在欢迎队伍中。故友相逢在异乡,热情如故。

21日,绅商学僧界领袖在南普陀寺举行隆重的迎接太虚法师欢宴,厦大教职员中出席者有鲁迅、缪子才、孙贵定、张颐、庄泽宣、顾颉刚、陈定谟、罗常培等。鲁迅后来曾评价太虚法师:"和易近人,思想通泰。"第二日,太虚法师偕常惺、蕙庭等,赴厦门大学参观,缪子才等人做导游,介绍厦大的建设和办学情况,太虚法师应约为师生们讲"缘起性空之宇宙观",缪子才一直陪伴在侧。

蔡元培在1927年2月17日的日记中写道:"十七日,晚王、林招饮,缪子才招饮,均在'别有天'。"此时,蔡元培、马叙伦在厦门,调停集美、厦大的风潮,在蔡元培离开厦门的前一晚,缪子才设宴送别蔡元培、马叙伦等人。

从顾颉刚日记中可知,缪子才在厦大任教期间,曾把其子孝感带到厦门。缪子才经常参与各类的文人雅集活动,也带孝感参与其中。

三

1931年夏，缪子才的女儿缪孝勤在教授三个儿子范恒、范临、范怀时，向父亲问到《马氏文通》一书，缪子才认为这本书"兼采泰西各国古今文法，而德意志亦其一也，为之举一，以期隅反。茶余闲谈，不计工拙，达意而已。"缪子才于是为三个外孙讲解此书，缪孝勤用笔记录，于是成了《马氏文通答问》。1931年第11卷第1期《厦大周刊》开始连载《马氏文通答问》，一直持续到1932年。

1932年，缪子才任厦门大学文学院教授时向学校图书馆捐赠了一百余种、三百余册的图书，《厦大周刊》以《缪子才先生赠书一览》为题，分多次报道，公布了他捐赠这批图书的目录，"以彰盛意"。这批书中有李慈铭、胡朴安、王树枏、梁启超、张謇等人的著作，文学、历史、哲学、政治、经济等林林总总，蔚为大观。

缪子才在厦大任教时最令人津津乐道的是"卖文救国"的佳话。1933年3月份，日军顺着平泉黄土梁子一带的长城沿线进入喜峰口，当时有两个连的军队没守住，整个喜峰口的制高点被敌人占领。在这种情况下，冯玉祥的部下宋哲元将军就从马兰峪一带，把37师109旅兵力调到喜峰口，从109旅中挑选了500名大刀敢死队员。他们正面佯攻，吸引日军兵力，500敢死队员绕过绝崖峭壁，杀进敌人心脏，实行了肉搏战。

当时，94岁的爱国老人马相伯发起组织了不忍人会这一爱国救亡团体，号召各界为抗日将士劝募义捐，组织救助难民和伤员。在雷鸣远牧师的带领下，240多名队员前往喜峰口，在前方战区救护伤兵难民，此举受到社会各界的热烈欢迎和多方接济。据1933年5月13日的《申报》所载："此次陈缪二先生亦因国民天职，不得不以精神心力设法为涓埃之助。"此中的"陈缪二先生"就是陈石遗与缪子才。

文称："厦门大学哲学教授缪子才氏，精研哲理，雅工文学，兹因马相伯老人发起不忍人会救护队，事繁款巨，拟以精力换取笔资，捐助经费。陈石遗老人为订润例，各界爱国善士，凡愿购陈石遗或缪子才二先生文者，不论本外埠，须将事略及润资，一同面交或邮交上海徐家汇土山湾乐善堂收受。"缪子才此举受到了章太炎的称赞，"章太炎先生闻之亦极嘉许，并介绍云，泰县缪篆子才，学问精博，兼能文章，尝为余所著齐物论释等作法，皆萃十余年之精力为之，近在厦门作教，并愿为不忍人会救护队卖文，以资土壤之助，予亦深表同情"。于是，缪子才卖文救国的消息不胫而走，受到各界嘉许。

除了卖文救国之外，缪子才还在报纸上撰文呼吁士农工商共赴国难。1933年6月27日，缪子才在《申报》发表《救国标准之解释》，文称："夫近日通称'共赴国难'四字，依鄙人之愚解之，学界之赴国难也，大约不越习坎重险，君子以常德行习教事矣。黑智尔以讲堂为战场，巴斯脱以试验室为战场，似合'共赴'二字之原理。今当留心中国史理，当增刊救国报纸，当广闻国外消息，当多编儿童读物，如此讲去，则士农工商，人人一举一动，皆从本分上努力进取，在范围内尽量活动，莫不有赴国难之精神，即抱在手中吃乳之小孩，乃二十年后之义务兵，亦须养成共赴国难之精神。且如此讲去，则学校中无一学院，无一学系，无一学程，在在为赴国难而设，然则认明'为国难读书，以读书救难'，一校如此，全国学校如此，大学如此，中小学亦如此。昔法岛拿破仑战胜奏凯而回，则归功于小学教师，夫小学教师何尝入义务军？何尝去买飞机？然而拿破仑以为'此乃共赴国难者！'如果此说能讲得通也，则学界共赴国难之精神，乃在讲堂及试验室，而为教授者，如果无论何科何系都含有救国难的成分在其中，则学生当溢出许多'为国难读书'的兴味，此或是树立救国标准之一端乎？"

关于缪子才卖文润例的报道

四

缪子才"学力益宏富，致力之劬，为学之笃，有过人者"，而且治学严谨，于庄子致力尤勤,多有胜解。其所著《齐物论释注》一书,章太炎先生亲为引喤。1934年,第八届世界哲学大会在布拉格举行之际,厦门大学接到相关部门的通知,为国际哲学会议搜集哲学书籍,身为国学院哲学系教授的缪子才提供了《老子古微》《齐物论释注》《缪篆丛书》《显道》等四种共13册。书籍搜集到之后,邮寄到欧洲捷克的中国公使馆转交。这届大会上的哲学家们来自法国、美国、英国、意大利、中国等,当时在燕京大学任教的冯友兰应邀出席,并在大会上作了题为《哲学在现代中国》的学术报告,发出了中国的哲学声音。从搜集到的这些著作中可知,缪子才在厦门大学任教期间,除了教书育人,还勤于著述。

笔者收藏有《显道》一书,卷首印有缪子才照片,下题曰:"著述者缪子才五十四岁小影,子才为乾隆大诗家缪沅字湘芷号澧南著《余园诗钞》者之仍孙,故号湘仍,中华民国二十年摄影者识。"

其中谓缪子才为乾隆年间诗人缪沅的"仍孙",也就是八世孙,据《中国历代人名大辞典》载,缪沅(1672—1730)是清江苏泰州人,字湘芷,一作湘沚,又字澧南。康熙四十八年进士,授编修,官至刑部左侍郎。工诗,少时与宝应王式丹等号"江左十五子",著有《余园诗钞》。

1935年出版的《厦门大学教职员暨学生姓名录》中还可以看到关于缪子才的介绍:国文兼哲学教授,1934年秋季教授国文、中国文法研究、经子专书研究三门课程。1935年第2卷第6期《真光校刊》发表缪子才的作品《孔子的人生观》时,对缪子才的介绍是"明德社导师、前厦门大学教授",由此推测,缪子才离开厦门大学应该是在这一年的秋天,至此缪子才在厦门大学任教的时间长达十年。1935年秋,章太炎主持的章氏国学研究会成立,缪子才与周作人、沈兼士等都是该会的发起人。

离开厦门大学之后,缪子才曾到中山大学任教。1939年,缪子才去世。这一年出版的第50期《制言》杂志中收有一篇《缪子才先生遗著》,内容是《老子古微上下篇引用书目》，文末有编辑沈延国附语，介绍了其师从章太炎先生的情况，谓：

> 泰县缪君子才，以疾卒于香港，噩耗遽传，闻之怆痛。民国二年，章公筹边东三省，缪君因吉林民政司韩公紫石介从章公问业。君绘吉林、黑龙江二图，较旧东三省图为精，章公爱之。其后教授厦门、中山诸大学，著述益富，有《齐物论释注》《国故论衡注》《检论注》《老子古微》等书，皆成巨帙。君又从同县黄锡朋游，所著《显道》《原道》若干卷，间涉黄学，亦别有利解。然勤阐师说，征引广博如君者，吾同门中不多觏焉。《老子古微》将于次期续完。《齐物论释注》《国故论衡注》《检论注》亦拟由《制言》次第付印，聊述数语，以志人琴之感。民国廿八年三月沈延国谨识。

太虚法师在《己卯日记》（1939年）的旧历九月二十一日当天写道："下午，陈定谟携示缪子才去年出版《中国固有之道德》一书，始悉缪已去世。"睹物思人，太虚法师的这段文字给人带来无限遐想。

缪子才去世后，蔡元培在1939年2月16日的日记中写道：

> 题缪君子才遗像一绝，寄其子孝威
> 远自函关参大道，近勇荆汉演微言。
> 等身著作承贻赠，追展遗容已九原。

此诗是怀念之作，充满惋惜之情，也对缪子才做出了客观的评价。

林语堂

厦门对于林语堂有着特殊的意义,他在厦门求学,一度又回到厦门工作。1926年,"兼容并包"的林语堂邀请了鲁迅、沈兼士、孙伏园,也邀请了顾颉刚、陈万里、丁山、黄坚、容肇祖等著名学者到厦门大学任教。一时间厦大名师云集,进一步提升了厦大的社会地位和声誉。后人称林语堂把半个北大搬到了厦大。除了林语堂之外,林语堂的两个哥哥和一个弟弟都曾在厦大任教过。

林语堂：把半个北大搬到厦大

一

说起林语堂，人们脑海里总会有其拿着烟斗的形象。在民国时期，很多报刊就开始为林语堂"画像"了。作者"靖南"在《记林语堂》一文中称："两撇日本风的小胡子，矮矮的身材，说话时抹着他的小胡子的，这便是林语堂。"

"半秃的黑发，缺角瓦爿饼般不肥亦不大瘦的脸儿，六十度近视眼上架着一副玳瑁边博士镜，唇上虽然毛茸茸，但尚系散兵线。西装不常着，穿起来倒很考究，（牛津式）中服不爱马褂，春来了一袭维也纳长衫，态度潇洒。烟不离口，他说话时，常先放一阵烟雾，确是一个丰于思想的善于沉着的人。"这是"九君"在《关于林语堂》一文中对林语堂状貌的描写。无论众人对他的容貌、形象如何描写，都认为他是幽默大师、文坛健将。

关于林语堂的幽默，郁达夫曾说："林语堂的幽默，是有牛油气的，并不是中国向来所固有的'笑林广记'，他的文章，虽说模仿语录的体裁，但奔放处，也赶得上那位疯狂致死的超人尼采。"

林语堂与厦门有着深厚的渊源。林语堂的女儿林太乙就在《林家次女》一书中开篇写道："我们认为我们是厦门人。"

林语堂

林语堂原名林和乐，字玉堂，1895年10月10日出生于漳州平和坂仔村一个贫穷的牧师家庭。一大家人和睦相处，互敬互爱，兄弟姊妹各尽其职。林语堂长大时，他的两个姐姐已经操持家务，男孩也要挑水干活。

林语堂兄弟姐妹八人，林语堂排名第七。四哥林和平早殁，二姐林美宫在出嫁不久回娘家的时候因患鼠疫去世，以至于林语堂年轻时候的眼泪都是为他的二姐流的。四哥和二姐埋葬在坂仔的番仔山，也就是南山。林语堂在老年深情回忆家乡的时候，还牵挂他们的坟墓是否还在。

大姐林瑞珠，又名仪贞，粗通文字，嫁给鼓浪屿一商人，但丈夫因抽鸦片烟早早去世，她茹苦含辛抚养八个子女。

1905年，10岁的林语堂和三哥林和清翻过漳州平和坂仔老家的山岭，坐了三天的船，来到了厦门的鼓浪屿。

13岁时，林语堂从最初入读的养元小学升入教会办的寻源中学。中文、地理、算术、经典和一本薄薄的地质学，这些学科在林语堂读来都是"太容易了"，以至于他经常跑到码头看来往的船只。四年后，他以第二名的成绩从寻源中学毕业。学校没有给他留下太好的印象，在毕业那天，他没有去听美国领事安立德的讲演，一个人"在卧室窗门上坐着，凭眺运动场"，为的是"留此印象在脑中以为将来的记忆计"。

养元小学和寻源中学都是鼓浪屿上的教会学校，对英文要求尤其严格，这为林语堂奠定了深厚的英语基础。1911年，林语堂到上海就读圣约翰大学，在那里得到了全面发展。圣约翰在民国教育史上非常著名，培养了一大批外交家。

林语堂堪称圣约翰大学的高材生。钱锁桥先生在《林语堂传：中国文化重生之道》一书中称，林语堂1916年被选为年级学生会主席、年级英语辩论组组长、英语文学和辩论社主席、英语小说创作和英语朗诵得

圣约翰大学

奖者、圣约翰学生刊物《回音》英语编辑、圣约翰大学年鉴《圣约翰人》主编。他曾被学生投票选举为"最杰出的学生""最佳英语作家",等等。林语堂在圣约翰参加各种体育活动,学会了打网球和篮球,参加了学校足球队,还担任划船队队长。他是1915年和1916年学校田径队成员,创造了学校一英里跑步纪录,还代表学校参加了远东奥林匹克运动会。

林语堂毕业后曾到北京清华学校任教。1919年回到厦门和廖翠凤结婚。廖家当时是鼓浪屿的显赫人家之一,从东南亚发家致富后到鼓浪屿安家立业,培养下一代。当时廖家曾嫌弃林语堂贫穷,但廖翠凤却看中了林语堂,她说:"没钱不要紧。"

1919年8月9日,倜傥才子林语堂与银行家千金廖翠凤的婚礼在廖家别墅举行。据说,当时被安排结婚的林语堂不改调皮本性。迎亲时,廖家献上象征吉祥的龙眼茶,结果他把龙眼全部吃掉。婚后,林语堂偕廖翠凤赴美留学,由此开始了57年的美满婚姻生活。后来,林语堂征得妻子廖翠凤的同意,把结婚证书烧掉了。

当时的报刊刊载了他们夫妻之间的很多趣事。1935年10月13日《立报》上《记林语堂》载:"他与妻子的感情很笃。在一次的宴会里,语堂听见皮鞋的得得声,侧耳细听了一会,便说'她来了!'但听门铃响处,一个高胖的妇人塞了进来,果然是他的夫人。大家都微笑颔首,仿佛对于他们两个老夫妻的爱表示欣羡。"

林语堂与廖翠凤

1936年第12卷第11期《平民月刊》曾刊载《林语堂与他的夫人》一文,文称:"林语堂除读书写文之外,家中什么事都不高兴负责。他的夫人很能干,把家事弄得很有秩序,林夫人说:'家里大事由语堂管,小事由我自己管理。'林先生听完这话以后,便笑着说:'我的方法是把大事化为小事,小事化为无事。'"

二

据朱立文所著《陈敬贤与林语堂》一文所载，厦门大学国学研究院的设立与林语堂有很大关系。1925年夏，林语堂从北京回到厦门时曾到厦门大学参观，其时陈嘉庚的胞弟、"二校主"陈敬贤正在厦门主持集美、厦大的校务。在会晤中，林语堂介绍了北京大学国学研究院"重在发掘国内数千年来之古迹"的情况。"这便促使了厦门大学决定仿照北京大学，筹办专门研究中华文学的学术机构——厦门大学国学研究院"。1925年底，厦门大学成立了国学研究院筹备总委员会，拟定了组织大纲，并确定"本大学以研究中国固有文化为必要，特设国学研究院为研究之所"。

1926年3月18日，"三一八"惨案爆发，段祺瑞政府杀害了游行请愿的刘和珍、杨德群等人。刘和珍是北京女子师范大学的学生，林语堂当时是该校的教务长兼英文系主任。惨案发生前，北京女子师范大学教务长许寿裳辞职，8日，林语堂以六票当选为新一任的教务长，此时，林语堂刚接任10天。惨案发生后，鲁迅、林语堂等纷纷写文章谴责当局的这种行径，鲁迅甚至称这是"民国以来最黑暗的一天"。

当时的政府两次下令通缉"暴徒首领"。在第二批通缉的48人中，林语堂排在第17位，鲁迅排在第21位。林语堂不得不四处避难，躲到著名医生林可胜家中。林可胜是厦大校长林文庆的长子。其时，林文庆正在积极筹办国学研究院，林可胜的家中正藏着学贯中西的林语堂。据说是林可胜向父亲举荐了林语堂，在林可胜的帮助下，林语堂于1926年5月偷偷离开北京，携家眷回到了第二故乡厦门。后来，林语堂的长女林如斯，在抗战时期曾回国参加战地救护队，给林可胜当过英文秘书。

林可胜

1926年6月24日《申报》载："厦大下学期改分文、理、商、教、法、医、工等七科，增设国学研究院，聘北大教授林玉堂为文科主任兼研究院总秘书，沈兼士为研究院主任兼文科国学系主任，周树人、顾颉刚为教授，又拟聘钱玄同或刘半农,余各科多原各系主任任继。"

执教厦大时,林语堂刚过而立之年,已是国内有名的学者、教授、作家。

在林语堂友朋式的感召下,一批大师陆续来到厦门大学,有文学家鲁迅、国学家沈兼士、古史专家顾颉刚、哲学家张颐、中西交通史家张星烺、考古学家陈万里、编辑家孙伏园和作家章廷谦(川岛)等。这批名家的主体是北大的"语丝派"与"现代评论派"。他们的到来,让厦大文科盛况非凡,"一时颇有北大南迁的景象"。

根据当时《申报》报道,除了这些名家外,林语堂还邀请了钱玄同、刘半农。顾颉刚日记中说,语言学家魏建功当时也有意到厦门大学任教,但他们最终都没能成行。这些名家选择厦门大学,除了北京动荡的局势、林语堂的极力邀请之外,还有一个因素是厦门大学的教授们薪水很高,当时厦大教授每月有400大洋,而北大教授只有280大洋,中山大学教授只有300大洋左右。

厦门大学国学研究院的成立,北大一批教授的南下,一时间名师荟萃,给厦门大学带来了诸多荣耀,也使厦门大学迈上了一个新的台阶。

林语堂受聘为厦门大学文科主任、语言学正教授、国学研究院总秘书。林语堂之女林太乙曾说:"这时在厦大的学生中,有后来任中央社社长、董事长的杰出报人马星野。他这样回忆:'当时林先生只有三十上下。经常穿长袍黑马褂,梳得亮亮的头发,俊秀英慧之态,不但光彩照人,而且慧气逼人。我当时是十八岁的一年级学生,看见院长,头都不敢抬,心中暗暗赞美与羡慕……'"

林语堂到厦门大学之初,校方在工资和经费方面都有很好的承诺。然而由于南洋各地经济萧条,陈嘉庚经营的工商业失利,给厦大提供的办学经费也受到了影响,因此国学研究院的预算不得不大幅度削减,仅国学研究院的办公经费一项就从5000元削减到400元。

1926年11月25日,林文庆跟国学研究院人员开谈话会。林语堂作为国学研究院的总秘书和文科主任,对此不能袖手旁观。他找到校长林文庆,据理力争,甚至到了辞去总秘书一职的地步,鲁迅也"以去留为孤注"提出强硬抗议,迫使校长取消了削减经费的决议。11月29日,国学研究院又开会,讨论林文庆的建议——特聘刘树杞等理科主任为顾问,以"联络感情",鲁迅独持异议,使这项建议未能实施。

当时在厦大掌握财权的是刘树杞，他的职务是教务长、大学秘书兼理科主任。所以在讨论经费预算时，经费向理科倾斜，导致文科与理科之间发生了矛盾。甚至国学研究院原拟出版一种《国学季刊》，因一期需一千余元印费，校方也要求这份学术性的季刊与新闻性的《厦大周刊》合并，不必另出。

预算的压缩、同事之间的争斗，等等原因，都令林语堂感到在工作中处处掣肘。鲁迅在《厦门通信（三）》中亦说："语堂是除办事教书之外，还要防暗算，我看他在不相干的事情上，弄得力尽神疲，真是冤枉之至。"

顾颉刚在1927年1月5日的日记中记载，当天国学研究院开会时，面对陈万里的质问，林语堂也曾发火，"语堂先生声色俱厉，盖数月来办事不顺手，积愤甚多也"。

林语堂在纷争的世事中，还是利用点滴时间来做学问。根据国学研究院计划，每月举行一次学术演讲，第一次是国学研究院代理主任张星烺所讲的《中世纪之泉州》。林语堂被安排做第二场的演讲。1926年12月18日下午2点，林语堂在国学研究院楼下的生物院演讲室为全校师生讲《闽粤方言之来源》，后此文发表于1928年的《贡献》旬刊。

当时厦大周围有很多坟墓，林语堂和鲁迅一样都以坟为题材做文章。他的散文《冢国絮语解题》就是在百忙之中完成的。1927年元旦，林语堂又写出了《译尼采〈走过去〉——送鲁迅离厦门大学》一文，用尼采笔下的查拉图斯特拉的"走过去"，比喻鲁迅离开厦门大学的执着与坚定。他后来发表的另一篇文章《平闽十八洞所载的古迹》也是在这一时期积累的资料。

据1927年第171期《厦大周刊》所载，厦门大学计划在1927年暑假办暑期学校，函聘萧恩承为筹备委员会的委员长，林语堂、孙贵定、周辨明、陈芝美等任筹备委员。可惜，还没有等到这个计划中的暑期学校开学，林语堂就离开了。

三

在南下的众多教授中，与林语堂关系最为特殊的是鲁迅，最受关注的也是鲁迅。林语堂虽然以先入为主的身份邀请鲁迅到厦门大学任教，但几十年来学界对鲁迅在厦大的关注远远超过了林语堂。

林语堂真正与鲁迅交往，是在1925年鲁迅向林语堂约稿以后，这在鲁迅的日记中可以看得出来。据施建伟统计，从1925年12月5日至1929年8月28日近四年的时间里，仅鲁迅日记中有案可查的林、鲁交往就有88次。可以说，这是林语堂同鲁迅并肩战斗、友情逐渐加深的时期，也是林语堂受鲁迅影响最大的时期。由于两人之间的关系如此密切，林语堂发出邀请，鲁迅才有允诺南下厦门的可能。

1947年11月21日《中华时报》所载《鲁迅与林语堂》一文说："在厦门他们是同事，虽然其时林语堂已遭二三小人之包围，但鲁迅得能在厦大教书半载有余，完全是林语堂的情感联络之功。"鲁迅任教半载有余，这是不确切的，但鲁迅能到厦门大学任教确实与林语堂盛情邀请有关。

1929年第3卷第1期《北新》杂志载有林语堂所写的《鲁迅》一文，文中说：

> 1926年春天，张作霖快入北京的时候，当时的政府列出五十个过激的教授和"智识分子"的名单（由那保守派的大本营拟出来的），预备通缉他们。鲁迅当然是其中的一个，在那些过激的教授大都离去北京之前不久，我问鲁迅，"你打算怎么办呢，现在？""装死"便是他的回答。
>
> 这回他可没有完全做到，因为他当时被劝南下，担任福建某大学（它的名字我不便说出来）的中国文学讲座。那不是他确切地如通常所谓完全斩绝世事的纠缠，但我亦不能一定说不如此。那地方的四围是中国人的公共坟地，并不是"神圣之野"（Campo Santo，即意大利国内的一公葬场），绝不是啊，不过是一些小山，山上面遍布一些土堆和一些张口于行人过道中的坟坑罢了，这正是普通的公共坟地之类。在那里有乞丐和北兵的尸体腐烂着而且毫无遮拦地发出臭气来，而那智识界的空气呢，比起来也只好得一点。鲁迅在这种地方实在是一只"令

人担忧的"白象，与其说是一种敬礼，毋宁说是一种累物。不管他如何担心，他本可以在这个窟窿里安居十年而且可以每天徘徊于空旷之所，没有什么人知道他是谁，而且全中国也不知道关于他的事。他曾经对我说，他的主意是想在这个地方致献两年的功夫于学问的研究，其著作则由这所大学付款出版，这本是那学校的当局们所满口答应的。他所得的结果却是用了他一腔热诚走去上当，或者他是不知不觉地上了他的一个朋友并敬爱他者的当。那已经允许的预算竟成画饼，鲁迅的专心研究两年之计划便如人类的一切脆弱的希望一样地结局了；就是他所载的那个机关的经常费也核减了，那机关实在是靠不定的。空气严重起来了，有些谰言和攻击居然说鲁迅实在不曾辞去他北京的职务，说鲁迅是故意地不远数千里而来使这平静的地方发生风潮——用了什么魔怪的引力呢，他们可没有说。当时的事实分明是不利于他的，凡属他所到的地方，那里便有青年学生之显著的活动，写白话文的恶趋势，非孔的空气之增长，如此等等。这都是难以否认的。是的，当时的事实是不大利于他的。鲁迅曾经把他自己比之于一种乌鸦，它带给恶运和火灾于它所落在的家里——看一看他的头发和胡须之暗黑，这比拟倒也不错。以一种尼采式的坦然态度，他便离却了那个大城。

从文中可以看出福建某大学就是厦门大学，林语堂对鲁迅在厦门所处环境的同情与无奈，甚至内心还有一份愧疚。林语堂看到鲁迅"成天靠火腿和绍兴酒过日子"，"自觉没尽到地主之谊"，为没有照顾好鲁迅而愧疚。林语堂找着各种理由请鲁迅等人吃饭，希望能改善鲁迅和大家的生活，鲁迅在给许广平的信中说："中秋，有月，玉堂（即林语堂）送来一筐月饼，大家分吃了。""语堂的兄弟及太太，都为我们的生活关心。"虽然如此，林语堂到了晚年还感到既然鲁迅是他请来的，鲁迅生活不好，又受到挤压，自然是自己的不是。

鲁迅对林语堂的处境也是十分理解，他说："玉堂也不能指挥如意，许多人的聘书，校长压了多日才发下来，校长是尊孔的，对于我和兼士，倒没有什么，但因为花了这许多钱，汲汲要看着有成效，如好草喂牛，要挤些牛乳一般。玉堂盖亦窥知此隐，故不日要开展览会，除学校自买之泥人（古冢中土偶也）而外，还要将我的石刻拓片挂出。"当有人告诉鲁迅，林语堂"敌人"颇多，但因为有沈兼士和鲁迅在，"敌人"有所顾忌时，鲁迅更为林语堂的处境担忧，他说："我于这里毫无留意，吃苦的还是玉堂，但我和玉堂的交情，还不到可以向他说明这些事情的程度，即使说了，他是否相信，也难说的，我所以只好一声不响，自做我的事，他们想攻倒我，一时也难，我在这里到年底或明年，看我自己的高兴。至于玉堂，我大概是爱莫能助了。"

鲁迅在厦大的生活虽然不如意，但对林语堂没有抱怨，甚至对林语堂的处境抱着同情的心理。他在1926年12月19日给沈兼士的信中说："厦校本系消减经费，经语堂以辞职力争后，已复原，但仍难信，可减可复，既复亦仍可减耳。语堂恐终不能久居，近亦颇思他往，然一时亦难定，因有家室之累……语堂究竟忠厚，似乎不甚有所知，然亦无法救之，但冀其一旦大悟，速离此间，乃幸耳。"鲁迅甚至说："只怕我一走，玉堂立刻要被攻击，因此有些彷徨。"同时他又能理解林语堂的苦衷，并劝告林语堂也尽早离开厦门大学，不必老待在这个是非之地。他说："玉堂今天辞职了，因为缩减预算的事，但只辞国学院秘书，未辞文科主任。我已托伏园转达我的意见，劝他不必烂在这里，他无回话。我还要自己对他说一回。但我看他的辞职是不会准的。"

1940年第1卷第7期《再建旬刊》刊发的林火所著《鲁迅与林语堂》一文说："林语堂回到故乡的厦门当了厦门大学的文科主任，鲁迅也以林语堂的招请而来到厦门大学，自是两人关系就很紧密起来了。但！鲁迅与林语堂的人生观根本不相同，所以他俩除了职务上的联系而外，内心里简直是丝毫也不交流的。"

章廷谦（川岛）在《和鲁迅先生在厦门相处的日子里》一文中说："对自北京来的那些'陈源之徒'，固然可厌，就是拉我们来的林语堂，鲁迅先生也已经觉察出来，对他再不存什么希望，而且以为他在厦大也必定失败。""这时节，鲁迅先生对林语堂已经绝望，以为这样下去，大家会跟着他同归于尽。"

最终，鲁迅选择了离开。临别之际，鲁迅同林语堂以及泱泱社的文学爱好者在南普陀合影留念。

林语堂、鲁迅在厦门与泱泱社同人合影（自右起：卓治，采石，梅川，鲁迅，林语堂，陈梦韶，俞念远）

章克标在《略记林语堂一生》中说："林语堂同周树人（鲁迅）的从交好到交恶，是大家所熟悉而且事情也极简单的。主要是思想、意识形态上的难以协调，没有共同语言。彼此分开，也谈不上有什么恩怨。鲁迅成了左翼文学的主帅，原想拉林语堂站在同一条线上驰骋，可是深受基督教感化了的林语堂，对于左倾思想，格格不入，却找到幽默与性灵的自娱之道，又具充分的经济基础，可以坚守自己的园地。"

正如林火所说："鲁迅与林语堂是走到天涯海角也不能相会的两个人，他们俩既不能在同一个平行线上一直的走，而又不能在同一道路上分向东西的两个绝对方向走去。最初两个人在三叉路口出发，各自顺着各自的道途前进，向着永远没有相遇的希望的遥遥的地点迈步。这两个人中间没有一条可以相通的小径，所以他俩如果想走同一的旅途，除去再回返到那原来的三叉路口来是没有第二条方法的。"而厦门大学就是两人开始朝不同方向前进的三叉路口。

最终，林语堂与鲁迅之间的隔阂越来越大，彼此鱼沉雁落，音问不通。鲁迅去世后，林语堂在《悼鲁迅》一文中说："鲁迅与我得离者各二次，其即其离，皆出自然，绝无私人意气存焉，鲁迅知我，我始终敬鲁迅，至于小人之挑拨离间，早已置之度外矣。"

等到孙伏园、鲁迅等人离开厦门大学，林语堂也紧随其后离开了。1927年1月31日，林文庆在校长室宴请到厦门的蔡元培、马叙伦。饭后二人和林语堂、叶渊、容肇祖、陈苕之等分别发表演说。也就在这一天，张星烺找到顾颉刚，说出了林文庆的意图。顾颉刚日记载："亮丞先生告我，谓林校长此次到新加坡，蓄意撵去林语堂先生，嘱他与我二人勿与其事。"由此可知，林语堂与林文庆之间的关系已经恶化。

林语堂

后来，林语堂致林文庆的函在厦门当地的报刊上发表，1927年3月8日《申报》说林语堂致函内，"述国学院兴废经过及被厄于刘树杞，各节颇多牢骚语也"。林语堂离开厦大前夕，曾到厦门的街头上散发传单，而林文庆认为传单含沙射影，是对他的污蔑，还曾在报纸上刊登消息，请求彻底清查，最终与林语堂不欢而散。

顾颉刚在1927年3月12日的日记中记载，当时国学研究院的十五人中，林语堂与大哥林景良以及潘家洵、章廷谦已经决定辞去国学研究院的职务了。林语堂后来在自传中说："我在那奄奄欲睡的厦门大学惹起一场大风潮，直到我不能再在那里安身，就于民国十六年春间离开，投身加入武汉的国民政府服务。"

四

除了林文庆之外，林家兄弟也与厦大有着千丝万缕的联系。

1947年第54期的《快活林》以《林语堂的兄弟们》为题，介绍了林语堂的兄弟们。"他的二哥叫林玉霖……林玉霖至今还在四川大学任教授，年纪已六七十岁。他的三哥名林憾庐，是个著作家，也做过大学教授，抗战时在香港任香港大学教授，现在居沪，林太乙、林无双二位女公子在沪时，即在憾庐家中。林语堂行五，他还有一位弟弟名林幽，现在中山大学任英文教授，在华南教授中，是名教授之一，其人思想颇为前进，每次广州的民主运动，总有他参与其事，所以他也是民主阵营中人物。林氏一门，可以说每一个都是以文化人的姿态与世相见的。"

林语堂的大哥林景良，又名和安，字孟温，厦门救世医院医科学校毕业后，一度在鼓浪屿荣华中学任国文教员。中年举家迁回漳州，在东门街（今新华东路）路口开设"保元大药房"，为群众施诊看病。后斥资购宅于北廓顶（今大同路），取名为"葆园"，颐养天年。

二哥林玉霖，又名和凤，在上海圣约翰大学毕业后，赴英国剑桥大学留学，归国后返母校任教。抗战胜利后，返闽在厦门大学西文系任教授，直至退休。

三哥林憾庐，又名和清，毕业于上海圣约翰大学。活跃于上海文坛，担任《宇宙风》编辑，抗战期间随刊物迁往广西桂林，林憾庐抱病编辑《宇宙风》，最后心力交瘁而逝。

六弟林幽，又名玉苑，也曾出国留学，长期在上海从事文化工作。

林坚编著的《芙蓉湖畔忆"三林"：林文庆、林语堂、林惠祥的厦大岁月》一书中说，林语堂的大哥林景良在林语堂到厦大后，为了支持林语堂的事业，也来到厦大担任国学研究院编辑部编辑。

林语堂到厦大之前，他的二哥林玉霖在1921年9月已经在厦大英文系任教，做过英文教师兼总务主任。林坚说，林玉霖到厦大后曾受陈嘉庚的委托，担任学校的监工，负责群贤、集美、同安、囊萤、映雪等五栋教学楼的建筑监管。

1926年秋，新学期伊始，由于学生指导委员长周辨明改任总务处主任，遗缺学生指导委员长一职，经过校长林文庆的批准由林玉霖担任。据1926年第156期《厦大周刊》载，林玉霖上任后，公布三则指导办法："一、采取不干涉主义，俾学生个性，得以充分发展，锻炼自治精神，但以不妨碍他人自由及公共秩序为限制。二、对于卫生方面尤宜特别注意，饮食有节，起居以时，是

林玉霖

为卫生不二法门，不得稍事疏忽。三、凡学生一举一动，务须注意实际，万勿从托空言，以符言行合一之旨。"

在鲁迅、顾颉刚的日记中也多次提到林玉霖。1937年，林玉霖翻译了鲁迅的名著《狂人日记》，并在《高级中华英文周报》上进行连载。

林玉霖离开厦门大学后曾在光华大学、华童公学等校任教。他在上海华童公学教英语时，唐弢是这所学校的学生。唐弢说："只有林语堂的哥哥林玉霖还在教预科一年级的英文。学校一星期上五天课，星期六、星期日都休假。每周五天中，两天半中文，两天半英文，数学、化学、美术、体操等都由英籍教师用英语教，四书五经则由中国老师教。"

后来，林玉霖又回到厦门大学。1945年入学的机电系学生许敏生在文中记下了当时的林玉霖，他说："大一英语老师是林玉霖教授（林语堂先生的哥哥），穿着长袍，个子瘦高，文质彬彬的，讲话带闽南腔。他对教学非常严格，每周一考雷打不动，记得当年到校第一课就是英语课，林老师一进教室第一句话就一语惊人。他说：'你们初到厦门，厦门是非常美丽的地方，厦门女孩子非常漂亮，两颗眼珠同龙眼核一样。'老师讲得非常认真，我们听得以为耳朵出了毛病，听错了。我们工科是和尚班，没有见过'龙眼核'，无法印证。一天偶然中我看到我们级友中（其他年级同学尚未回厦门）好像有一双大'龙眼核'，个子苗条，衣着朴素。因为'男女授受不亲'，虽是同学，却不敢走近去印证林老师的话，而且没有机会，四年间没有同一位女同学讲过一句话。转眼间半个世纪过去了。"直到五十五年后的级友聚会，许敏生才跟这位有"龙眼核"的女生谈上几句话，发现对方的"龙眼核"依然乌黑发亮，"我也深深怀念幽默的林老师，在入母校上第一节课就听到这么美好难忘的话"。1950届机电系的学生陈溶年也曾回忆说："英文老师林玉霖（林语堂之兄），用普通话讲，很幽默。"

1949级化学专业的学生李传业在回忆文章中说："我的英文老师是林玉霖先生，他是当时鼎鼎大名编《西风》杂志的林语堂的哥哥。在我印象中，那时他已经比较老了，连牙齿都掉了几个。他讲课生动，语言也很幽默诙谐。有一次教一篇课文，他弯腰探头，用神秘狡黠的眼光，从眼镜边框上向全班扫描了一下，用手指着背后的天井，故意压低声音说：'这里也有鬼呀！'大家明知这是故意开玩笑，可也都屏息凝神、毛骨悚然。此情此景，至今历历在目。"

林玉霖、林语堂、林幽三兄弟都曾在圣约翰大学就读，林语堂和林幽毕业后都曾赴美国留学。林语堂曾获哈佛大学文学硕士学位，小弟林幽在美国印第安纳州汉诺威大学获英文及社会学学士，于1921年回国在厦门大学历史社会学系、英文系任讲师。在厦门大学的第一次风潮中，林幽便被裹挟其中。林文庆回厦大时，林幽一度兼任国学研究院编辑部编辑。顾颉刚在日记中曾多次提到与孙伏园一起找林幽商讨风俗调查的事情。

廖超照

在厦大任教期间，林幽还在《厦门大学季刊》上发表过《乏慈日记》。后来，林幽长期在上海从事文化工作，担任过《人间世》《宇宙风》的编务。林语堂与林幽曾合编过《开明英文讲义》，所译的《英文成语》也备受欢迎。

林语堂的妻子廖翠凤也积极支持林语堂的工作，为厦大出力。章廷谦曾在文中说，廖翠凤经常做好饭好菜请鲁迅、章廷谦等人到家中改善生活。

廖翠凤的哥哥廖超照，从圣约翰大学毕业获得医学学士学位后，赴美国宾夕法尼亚大学攻读医学硕士研究生。回国后曾任厦门大学校务主任，并担任筹建中的厦大医科副教授。他还是厦大学校卫生委员会的委员长、医药处主任、厦大足球队的教练。廖翠凤的侄子廖永明也曾在厦大任教过，后来居住在林语堂、廖翠凤结婚的房子里。

林玉霖之子林疑今，67岁时出任厦大外文系主任，其译著《永别了，武器》成为经典。林玉霖的孙女林梦海、林梦如都曾长期在厦大工作。

陈万里

陈万里是近代享誉世界的陶瓷专家,被学术界誉为"中国陶瓷考古之父"。叶圣陶先生曾做过这样的评价:"陈万里先生富于艺术天才,文艺、戏剧、绘画、书法,他没有一项不笃好,也没有一项不竭思尽力去擘摩。"

陈万里早年从医,平生多才多艺,研究过昆曲,能唱能演,还是摄影家。大约从1919年开始,他就迷上了摄影,在中国摄影史上创造了多个"第一",堪称摄影界领军式的人物,是中国摄影艺术的拓荒者之一。

陈万里：中国举办个人摄影展的第一人

"厦大新聘教员沈兼士、顾颉刚、陈万里来电约蒸（十日）可到厦，周树人须再缓二周。"这则简短的信息刊登在1926年8月2日的《申报》上，告知世人，陈万里将在10日到达厦门。然而据陈万里所著的《旅厦杂记》可知，他在8月18日才从上海坐船赴厦，19日开船，船在海上行驶了两日半才抵达厦门，同行的有沈兼士、顾颉刚、黄坚、潘家洵等。

陈万里是享誉世界的陶瓷专家，中国早期著名的摄影家，北京光社创始人之一。在中国摄影史册上，陈万里占有多个第一：第一个出版个人摄影画册《大风集》，第一个出版纪实摄影画册《民十三之故宫》，第一个在国内举办个人摄影展。

陈万里，本名鹏，又名冥鸿、夷初。万里是他的字，取"鹏程万里"之意。公开资料显示，1892年，陈万里出生于江苏省吴县，1917年毕业于国立医学专门学校，专攻寄生虫学和公共卫生。1917年至1926年任北京大学校医。顾颉刚在1973年7月补记的日记中曾称："陈万里，原在众议院任速记员，以事闲，入北京医科专门学校。毕业后，任北大西医师，工作一切敷衍，独好摄影，在医务室中夹一暗室洗照片，又常在校中开照片展览会。"

陈万里在泉州访古

关于陈万里，还可以从顾颉刚发表在1926年第1卷第20期《紫罗兰》上的一篇《陈万里的历史》获知一些，他说："我和万里结交十五年了，他的历史我可以介绍一下。他是一个天生的艺术家，尽管他进的是速记学校和医学专门学校，但终掩不没他的艺术的天才。他十余岁时，在本乡（苏州）学唱昆曲，后来到了北京兼唱二黄，在这两方面都有很高的造诣。数月前，他在北京的乐群社中扮演'搜山打车'中的程济，悲壮沉郁，听者没有不赞叹的。他最喜欢游山，起初我还追得上他，后来便让他独作千里万里之游了。中国中部、北部的名山他到过的很不少，去年他游甘肃敦煌，搜集到的佛教艺术品无数，归来写成一册《西行日记》，使得读者眉飞色舞。起初，他学中国画，后来研究了摄影术，又习西洋画，他在摄影方面下了七八年工夫……"

1924年，清废帝溥仪被逐出故宫，陈万里曾以摄影记者的身份参加了宫闱的清点工作，随后出版了《民十三之故宫》和《故宫图录》两本纪实性的摄影画册，"新颖精详"，留下了珍贵的影像资料。

1926年8月3日，陈万里离开北京南下就事。到厦门的途中，在上海短暂停留时，应朋友之邀，把随身携带的摄影作品挂在慕尔堂内，他的摄影展就这样在上海开展了，而开展的当天他正在开往厦门的船上。船行在海上，虽然陈万里可以与沈兼士、顾颉刚等人在甲板上说笑，旅程并不显得寂寞，但他说："而余所不能去怀者，为19日开始之个人作品展览会也。"

其实，在上海的展览举办之前，陈万里就把自己历年所拍摄的照片挑选出来，在苏州的青年会做了为期三天的展览，但是这次展览没有带来轰动的效果。8月10日是展览的最后一天，参观完的张锦在所著《陈万里的摄影展览》一文中说："我心想一定很拥挤的，哪知道竟使我失望，没有几个人在那里周旋。"对于这种冷清的现象，张锦分析认为，"在苏州摄影展览，

泉州洛阳桥，陈万里摄

还是创举。一般人大概不知道其中的美，所以不曾注意，这未免太辜负了陈先生的好意了"。

虽然人不多，但展览给张锦留下了深刻的印象："我尤其爱风景，除了几张呆板的什么宫，什么殿，其余便是随意取景，随意题名，从这些题名里，都含有诗意，像'雪朝''菊影''归途'……几如身临其境的一般。"除了这些风景画，展览中的三幅人物摄影也给他留下了深刻的印象。"一曰'假期'，一曰'太戈儿和林徽青女士（林长民女公子）'，一曰'娴儿'。其中以'假期'最佳，意在言外，令人寻思，非有深刻的想象，丰富的艺术，办不到此"。张锦所说的"太戈儿和林徽青女士"应该是陈万里拍摄的泰戈尔和林徽因。

张锦认为如此高超的摄影技艺与陈万里深厚的文化底蕴密不可分。"一方面就又想到或者陈先生对于旧诗词很有研究，因为标题都是极好的诗句，他把普通常用的'春江水暖鸭先知'的最后三字去掉，谨把前四字作为题名，这不得不说，他的艺术功夫超人一等"。

苏州的展览结束后，陈万里把作品带到了上海。有资料称，陈万里在上海慕尔堂举办了国内最早的个人摄影展览，由此可见这种说法是错误的，国内最早的个人摄影展览应该是陈万里在苏州青年会举行的。

到了上海，陈万里在好友江小鹣的怂恿下，决定在上海也举办一次展览，江小鹣极力操持，并借得汉口路慕尔堂作为"陈列会场"，展览日期定在19日。而陈万里要乘坐的"新宁"轮也在19日早晨起航。18日晚上，他与江小鹣、潘家洵从大马路北冰洋赶回"新宁"轮上取摄影作品，并把所有参展的作品托付给了江小鹣。当他航行在海上时，展览在上海如期举行。

这次展览为期两天，关于展出的作品，一说数百帧，一说两百余帧，但作品受到了社会各界的好评，"杰作颇多"，"观者莫不叹为有历史上与美术上之价值"。陈万里说："小鹣来书告我展览会盛况，上海各报均欲刊载揄扬。"当时的《申报》就曾连续刊发多篇文章，"熊梦"在《过眼云烟录》中就说："洵开摄影史上之奇观，余愿海内同志起而提倡之，则此种展览会，得以日形发达也。"摄影展中的几十帧风景摄影作品，"写边陲之风土，摄化外之云烟，阅之令人起出尘之思"。除了黑白照片，这次摄影展还展出了彩色照片，"彩色片有芍药、静物、复写及新奇之花卉十余帧，配光明晰，令人欣赏不止"。爱好摄影的佛青在《参观陈万里君摄形记》中说："精彩非常，而所题之名，亦皆雅切，羡叹久之，不忍遽舍。"

二

1926年第156期的《厦大周刊》，对陈万里、林语堂、顾颉刚、沈兼士、孙伏园、章廷谦等13名新聘教员做了简略的介绍。在"新聘教职员略历"中关于陈万里的介绍是："陈万里，江苏吴县人，国立医学专门学校毕业，北京大学校医，北京平民大学、新民大学讲师，现本校聘为国学研究院考古学导师，兼造型部干事，兼管考古学事宜，兼文科国文系名誉讲师。"从教职员授课的课程表中可知，陈万里当时还为同学们讲授《曲选及曲史》。

顾颉刚在日记中道出了林语堂邀请陈万里到厦门大学任教的原因："予以彼既有是长（指爱好摄影），故江苏教育厅长蒋维乔以新郑古墓出土大量铜器，畀予二百元，嘱往调查，予约彼同往照相，且同游各地石窟寺。不幸予卧病晋祠，渠不为医疗，舍我竟去。及予回京，渠竟不将照片送我，使我无法向苏教厅交代。其天性薄凉可知也，然居不在一地，利害关系不甚。及林玉堂任厦大文学院长，以多涉览其照片，聘之为考古学讲师，此林与陈之关系，与我无与也。"在这段顾颉刚于1973年7月补记的日记中，道明了陈万里来厦大之缘由，同时也说出了其对陈万里不好的印象。

陈万里看到厦门大学"背山面海，风景绝佳"，"规模颇阔大，惟终嫌散漫无系统耳"。校园"中央群贤楼，礼堂在焉。学生宿舍曰映雪，曰囊萤，教职员之无家眷者，其宿舍曰博学楼，与眷属同居者曰兼爱楼，女生宿舍曰笃行楼，此外依山住宅已落成者，约二十余处。生物院三层为国学研究院，其偏南者为化学院，计划建筑中者有图书馆，等等"。

厦大距离"繁盛市场约七八里，船行，一遇风浪，颇不便"，如果步行去厦门港，沿途"腥秽遍地，令人欲呕"。由于出行没有意思，所以陈万里喜欢待在学校里，"是以终日在校，转觉处处晏然，不愿涉足尘市"。但这也不是绝对的,"逢星期,与同来诸友一游鼓浪,购置零件,有时在白室(为一夫一妇所开之广东餐室)用膳,然后回校"。

陈万里到达厦门不久,他的妻子伟英带着子女娴儿、孟甥于10月10日抵厦。陈万里发起的捡贝壳活动大受欢迎,沈兼士、罗常培参与其中,甚至还能看到顾颉刚、孙伏园的身影。娴儿、孟甥到厦门后,"拾贝壳兴趣益浓",陈定谟的夫人带着儿子和佣人也参与进来,黄坚的女儿北华、燕华也乐在其中。"拾贝精神,愈见发皇",顾颉刚和容肇祖夫妇"不惮跋涉,努力搜寻","搜索为最勇"。有的人为了捡到精美的贝壳,竟然不知不觉中沿着海滩走了数十里。

暮色苍茫时,各人满载而归,匆匆吃过晚饭后,开始清洗、整理捡来的贝壳,前后需要花费一个小时左右。清理完毕后,把贝壳罗列盘中,"争相夸耀,如是习以为常",最终众人发现容肇祖夫妇捡拾的贝壳最精美,已经超过了发起人陈万里,陈万里调侃说:"我其退避三舍矣。"

陈万里兴趣广泛,才华横溢,叶圣陶对他的评价是:"陈万里先生富于艺术天才,文艺、戏剧、绘画、书法,他没有一项不笃好,也没有一项不竭思尽力去擘摩。"他在厦大任教和研究之余,除了捡贝壳之外,还常常与罗常培一起"唱皮黄为乐",操琴的是南开转学来的一位同学。后来一位同事郑君又请他传授昆曲,因为郑君的恋人蔡女士学过《长生殿》中的"定情赐盒"。可惜的是一直没有找到曲笛,只能用平常的笛子伴奏,"其声高亢激越,竟若梆子班中所习闻者,以海滨素不闻昆曲,遂亦假用之,不嫌憔杀焉"。

陈万里的女儿娴儿从厦门大学附属小学肄业,蔡女士教她舞蹈,没想到娴儿一学就会,居然能上台参加《明月之夜》的表演,扮演其中的"快乐神"。黄坚的两个女儿北华、燕华在北京孔德学校读书时,已经学习了歌舞,到了厦门之后,也经常为大家表演,给大家的生活平添了很多乐趣。黄坚的三女儿则喜欢模仿两位姐姐的舞姿,惟妙惟肖,令人颇觉可爱。黄坚的夫人在哄睡家中的五女之后,也会高歌一曲,唱"好朋友,我的好朋友……"

上海的摄影展撤展后,展品运到了厦门,陈万里应学校师生的要求将展品放到厦大国学研究院的陈列室继续展出,"一时间参观者纷至沓来,自此遂有厦大摄影学会之发起"。

三

在教学之余，只要有机会陈万里都会带上相机拍几张。"摄影机会，凡在旅行时，余决不让其放过，惟作画颇少"。在厦门的几个月间，最令他感到满意的佳作不多，但印象深刻者有之，如"雨后""任神父肖像"等。陈万里最早住在博学楼的三楼，北窗外有走廊，走廊上有石灰制的栏杆。雨后栏影，屈曲现于走廊的铺砖上，陈万里看到此情此景有了创作的灵感，"以此为画幅之中心，廊外南普陀山，蜿蜒向东，云气郁蒸，似尚有雨意者，作为画幅之背景，摄成后，以粗面 Bromide 纸放大，画意较从前作品略见浑厚"。恰如顾颉刚所说，陈万里"善于取景，从他的敏捷的心灵里发抒出来，这是别人及不来的"。此外，他还把游泉州时为任神父拍摄的肖像，用"120 号软片上放出，亦较从前所摄人像为有进步"。其余的十之八九都是他赴泉州旅游时所拍摄的照片。

陈万里爱好摄影，在中国摄影史上是开创性人物。民国初年，作为北京大学校医的陈万里经常拿着照相匣子出没于解禁的北海、天坛、颐和园等皇家园林。五四新文化运动以来，北京大学引进了开放的新学风，陈万里与黄坚、褚保衡、吴缉熙等人，在校园里成立了摄影研究会，并在北河沿的北京大学第三院举办过三次摄影展览。1923 年冬，校外的吴郁周、钱景华、老炎若、刘玄虎等加入研究会，研究会更改为北京光社。1924 年 6 月 14 日，北京光社在中央公园来今雨轩举办了国内第一次摄影展览，陈万里有 60 余幅作品参展，影展过后，他筛选出 12 幅作品，自费出版了个人摄影画册《大风集》。

陈万里亦爱好旅行，顾颉刚说："他高兴起来，可以独自出行几千里路，搜寻名胜。"然而他的旅行不是游山玩水，而是有目的的。来厦门之前，陈万里曾做西北之行，后来出版《西行日记》，顾颉刚在此书的序言中说："陈万里先生是我们一班友侣中特出的一个人，他极度的爱好自然和美术，尽力作旅行，他不但有旅行的兴致而已，又有各种的

陈万里的著作

济胜之才，如摄影、图画、医药等等。又有耐劳的身体，一天定七八十里，睡在骡车上，迟眠早起是不以为奇的。他不但欣赏美术，而且能下研究的工夫，尤其是对于造像和壁画等佛教的艺术作品，所以他的旅行是有兴趣、有技能、有目的的。"

在厦门，陈万里自然不会抹杀这份雅趣。刚到厦门不久的9月14日，他就和沈兼士、顾颉刚、潘家洵、孙伏园、丁山等人应集美学校校长叶渊的邀请到集美参观。船行一个小时，在集美上岸。叶渊为陈万里等人介绍了毕业于北大，正在集美任教的蒋希曾、王世宜等，众人同叙校友之情。之后参观了科学馆、植物园、集美小学，看到建设中的集美幼稚园。走到延平故垒时，陈万里看到这座郑成功的将士们守护的寨垒只留下了一角，感到可惜，特意为之拍照留念。后众人到陈嘉庚花园、陈嘉庚回国办事时所住的小楼参观，经过集美中学、商业学校等处后，到校长的住宅稍作休息。当天下午5点，乘坐集美渔轮返回厦门大学。陈万里在《闽南游记》中对集美之行做了详细的记载。

陈万里著的《闽南游记》

10月24日，陈万里与许雨阶、李公瑞、艾锷风等雇了一艘帆船到龟屿游玩。中午时分众人才到达龟屿，"余等全由蔓草丛中上山，约行三里许，始达其巅"。在龟屿的顶部，陈万里等人看到一处八角形的古塔，可惜已"倾其半"，塔的底部有石刻造像，后来众人还在草丛中发现两块石刻，其中一块已经断为四截。陈万里说，志书上只说了龟屿的地名，关于龟屿的历史没有详细记载，屿上的石塔就更无从考据了。他认为，石塔与南太湖（今南太武）之塔有关系。当时他还计划着把石刻"迁存国学研究院中"，然而却没有得到校方的同意。很久之后，他还惦念着这块石刻，"此时是否尚在龟屿，我不敢知"。龟屿原在筼筜港内湾，如今已经消失，周围也被填为平地，石刻可能更无从考据了。

对爱好摄影的陈万里而言，风景优美的鼓浪屿更是不能错过的。他曾登上日光岩，发出"临风长啸，间足一洗尘襟"的感慨。参观菽庄花园时，他发现"其

陈万里拍摄的鼓浪屿菽庄花园

所占形势，在别墅中可谓最擅胜地。就海滨岩石，支架石桥，委婉曲折，极近布置之能事，中途复有石亭二，可以凭栏远眺"。陈万里曾在菽庄花园拍摄了多幅照片，"均以石桥入画，各有经营"。黄坚看过之后，也认为作品不落窠臼。黄坚曾在一圆洞中拍摄了一张照片，陈万里认为"取景极挺匀，佳片也"。

与陈万里同时期在厦大任教的著名语言学家罗常培说："万里好游，根于天性。他的游兴一动，无论事务如何萦缠，前途如何险阻，谁都不能遏止，并且不到意阑兴尽时，也绝对不肯罢休。惟其如此，他才能经历旁人所不能践履的境地，发现前人所未及觉察的宝藏，在他个人的旅行史上，有许多可惊、可羡、可敬、可喜的故事。"

四

1926年10月31日，陈万里、张星烺、艾锷风三人天不亮就起床，5点半赶到厦大模范小学的船埠码头，准备前往泉州考察。在出发的前几天，他身边的朋友都劝他不要去，说："游历也不是一项正经的事，犯得着去跟土匪打交道？"但陈万里的态度很坚决，认为如果真的被土匪绑去了还可以体验几天土匪的生活，"也是我平生一桩难遇的事"。三人态度决绝地上了开往泉州的船。

其实，这次考察，三人各有目的：艾锷风是第三次到泉州考察了，"他所依恋不能忘情的是开元寺的古塔"；张星烺则"为其所专门研究的学问搜集材料"；陈万里更希望"一往灵山，探索回教徒古墓"。11月3日下午2点，陈万里和张星烺返回厦门，下船后先到鼓浪屿白室用饭，然后才返回学校。

12月15日，天还未亮，陈万里再次前往泉州，这次是与顾颉刚、王孟恕（王肇鼎）从厦大模范小学的码头出发，乘小船到厦门港，搭乘驶往泉州安海的"后海"号轮船。经石井到安海，从安海乘汽车到泉州，在泉州新桥头换乘人力车到了泉州西街开元寺，众人将行李安置在慈儿院楼下东厢房后，开始访文庙、探奎魁宫，并在奎魁宫"拓十字架古石刻"，游清净寺，到叠芳桥访泉州名士吴桂荪。吴富收藏，众人一起鉴赏其收藏的何朝宗造佛像、唐制铜罗汉像、宋代瓷碗、国姓瓶等。

铜佛寺的平民学校、清源书院、天后宫、洛阳桥、九日山、华表山等处都留下了陈万里等人的身影。直到24日下午，陈万里等人才回到厦门，此时已经日薄西山，众人等待过海军关卡的两次稽查，费时颇多。陈万里等只好先由驳船上岸，在太古码头雇到舢板船，本想坐船返回校园，但因风急浪大，只好在当时的电灯公司附近上岸，借着夜色深一脚浅一脚地沿着海岸步行回到厦大寓所。

他在总结这次考察的收获时写道："关于风俗、神祇及传说方面，颉刚、孟恕所获成绩甚多。余则于东禅寺畔发现古墓三区，差堪自慰。蒲寿庚后裔虽难证实，顾较第一次调查时，已有进步。至于宋代石刻造像，在泉州为特多，除万安桥外，均为南渡以后，即西历十二十三世纪之作品，其年代及建造者，根据确凿，尤可信也。"他非常自信地说："此行尚不辜负。"

这次考察回来后，陈万里将所拍摄的"泉州十字石刻"照送给了鲁迅，还赠送了一份拓本。鲁迅在1926年12月29日日记中写道："陈万里赠送泉州十字石刻拓本一枚。"

1927年1月16日，陈万里同孙贵定等又开启了赴泉州的第三次考察活动。在这次寻访中，陈万里等人看到了乾隆刻瓷笔筒、周天球手卷、何子贞字册等。在开元寺，他看到修葺东塔的木架已经搭建起来，于是乘机拍摄了20幅佛传图石刻，后又托友人找来拓手为这些石刻做全拓。他登上塔顶，看到塔顶铁缸已经倾斜，"空无所有，随摄数片，出开元寺"。他还到当时的市政局拜访一位姓刘的先生，"交涉搬运大街上亚剌伯文残石至厦大国学研究院事"。当时"泉城匪患充斥"，"入夜后，除大街外，行人绝少，仿佛戒严状态"，他感慨"地方秩序如此可虑"。

17日夜间，陈万里听到了清脆的枪声，泉州的友人安慰说这是平常事。18日，陈万里在观看了赵文敏、董文敏手卷、吕西邨金书磁青纸临汉碑册页、吕海山龙虎大幅及洪承峻字轴之后萌生了返厦的念头。19日凌晨5点起床，冒雨返回。坐汽车、乘轮船，在下午3点多回到厦门。此次考察匆匆结束。

除了三次泉州之行，他还在1926年11月27日同艾锷风一起做过为期三天的漳州之旅。

1927年春，厦门大学国学研究院解散后，陈万里也很快北返。

自1928年起，陈万里曾"八去龙泉，七访绍兴"，搜集了大量瓷片标本，进行排比研究，开辟了一条瓷器考古的新途径，从而使我国陶瓷学进入了一个崭新的阶段，为现代陶瓷学研究奠定了科学的基础。1946年，陈万里撰写的《瓷器与浙江》一书堪称瓷器窑址考古的一座里程碑，陈万里因此成为享誉世界的陶瓷专家，是中国新瓷学研究的开拓者，被誉为"中国陶瓷考古之父"。他是故宫博物院陶瓷部的第一任主任，也是培育中国新一代瓷器研究人才的一代宗师。

松风，陈万里摄于泉州华表山

顾颉刚

民国时期，学界喜欢把名望大、学术地位高的教授称为"老板"，据说在北平的学术圈里，有三人被称为老板，一个是胡适，一个是傅斯年，还有一个就是顾颉刚。在三十岁那年，顾颉刚在《努力周报》的附刊《读书杂志》上发表了一篇题为《与钱玄同论古史书》的文章，提出了"层累地造成的中国古史"观，彻底颠覆了历代相传的"三皇五帝"系统，引起了学术界一场古史大辩论。1926年《古史辨》一书的出版，正式奠定了顾颉刚作为现代古史辨学派创建人的地位。陈西滢曾把此书列为近代十大名著之一。

顾颉刚：欢乐和苦痛交织的岁月

一

顾颉刚是现代著名的历史学家，中国历史地理学的奠基人，民俗学的倡导者。他到厦门大学任教，也是受林语堂的邀请。从顾颉刚的日记中可知，未到厦门之前，他就曾搜集与厦门相关的资料，如："抄《厦门御前清曲之孟姜女》"；"抄《花幡记》毕，以厦门本作校勘，未毕"。顾颉刚接受林语堂的邀请后，郭绍虞写信邀请他到中州大学任教，他婉辞了。国民大学的胡朴安也邀请他前去任教，还有人想帮他到江苏通志局就职，他都拒绝了。

1926年6月28日《申报》报道了林语堂、沈兼士、鲁迅、顾颉刚等将到厦大任教的消息。7月1日，沈兼士给顾颉刚送去厦门大学的两张聘书，一是厦大国学研究院导师，月薪160元；一是大学教授，月薪80元。他说："以北方尚无相当职事，只得允之。拟于8月中行。"不久，任鸿隽又邀请他到成都大学任历史教授，因他已经接受厦大的聘书，所以拒绝了。

7月28日，顾颉刚同鲁迅、张星烺、陈万里、丁山等准备到厦门大学任教的人一起到沈兼士家，众人"商量厦大国文系课程及研究院进行计划"。当晚，故宫博物院的尹国辅、王师曾、史明、万秀岳、周同煌、刘儒林、潘傅霖等还在来今雨轩设宴为顾颉刚、沈兼

士、陈万里、黄坚等人饯别。这一天，顾颉刚还给在天津的范文澜写信，请他代购南下的船票。听闻顾颉刚将赴闽任教，俞平伯、张季龙以及他在草桥中学的同学等分别为他设宴送别。

8月5日，顾颉刚一家正式从北京起程经天津、杭州赴厦门，他计划先把妻子和女儿送回老家。这天一早，钱玄同到顾颉刚家，修改《吴歌集》中的注音错误。忙完之后，顾颉刚又赶到胡适的住处，胡适不在，他只好向胡适的妻子江冬秀辞别，遇到江冬秀的侄子江泽涵（后曾在厦门大学任教）。下午，江冬秀、丁山、陶沅君、蒋仲川、朱曜西等一众亲友赶来送别，众人送他们夫妇到车站。4点25分，他们坐上驶往天津的火车。本来顺利的话，在7点就可以到达天津，没想到途中屡次等候兵车，耽误了一个多小时。晚上8点多，他们到达天津。范文澜在车站迎接他们，并将他们送到长发客栈。安顿好后，范文澜又在天祥市场的共和春酒楼为他们接风洗尘。

第二日，范文澜带着顾颉刚一家游览了南开中学、南开大学、望海寺等处。之后，顾颉刚一家又冒着倾盆大雨，乘坐"新丰"轮经烟台驶往上海。在上海盘桓数日，与王伯祥、叶圣陶、胡愈之、魏建功、陈乃乾等相见。

8月13日，顾颉刚一家到杭州，看到四年不见的父亲，"颇觉老态逼人，比甚足使游子伤怀"。一家七口人好不容易聚在一起，在顾颉刚的建议下，专门拍了一张全家福留念。顾颉刚看望过好友，又给长女寻找一处聋哑学校，还游览了西湖美景。18日上午，与沈兼士一起回到上海。安顿好妻子和幼女之后，顾颉刚在晚上12点登上"新宁"轮。

19日凌晨6点半，轮船起航。与他同船的有沈兼士、黄坚、潘家洵等人。21日下午2点半，众人到达厦门，林语堂此时已经在码头等待多时，众人把行李搬上小船，然后同去鼓浪屿林文庆家中吃茶点。到达校园时，顾颉刚感受到"厦门大学地极闿爽，襟怀邕甚"。

第二天中午，林文庆在家中设宴为众人接风洗尘，顾颉刚在当日的日记中写道："林校长居鼓浪屿笔架山顶，天风

【厦门】省财厅长尹晋序决辞，薩拟王允遑继，周同意，日内可发表，（一日下午十点）
【厦门】厦大新聘教员沈兼士顾颉刚陈万里，来电约蒸（十日）可到厦，周树人须再缓二週，（一日下午十点）

1926年8月2日《申报》的报道

时来，虽暑无汗。房屋亦颇整洁，可惜布置无法，事事堆砌，失去美术意味。林夫人讲英语极好。鼓浪屿多富人居，红墙红屋顶照耀碧波绿树间，太鲜艳了，变成了俗气。"顾颉刚、沈兼士、丁山、潘家洵、黄坚、陈万里等出席，厦大老教员孙贵定、刘树杞、朱志涤、周辨明等作陪。

虽然刚到厦门没有几天，但顾颉刚对厦门的生活感受极深，他说："到厦门后最苦的事是吃饭，此间之菜既腥且淡，时时欲呕，然不吃更无办法，只得忍之。万里（陈万里）等不能熬，乃拟将两日来包饭之厨子辞去，明日自办饭吃。然罐头食物其可久耶？次苦的事是大小便，三层楼梯凡七十级，来回便一百四十级。大便厕所又须自冲。又次，是洗衣。一件衣服须洗三天，使人不能替换。洗价又奇昂，一双袜子要五分。这种苦痛，接了家眷出来都没有了。"

8月25日，林语堂给顾颉刚送来了新的聘书，原聘其担任研究院导师与大学教授，新聘书改为"研究教授"，当顾颉刚听说研究教授不需要上课时，心里非常高兴。他在1975年的日记补记中写道："予骇问其故，则谓自《古史辨》出版后，学术地位突高，故称谓亦须改变。然自此以后，北大同学侧目而视，称我为'天才'，为'超人'。"

他的《古史辨》一书1926年6月才由朴社出版，但出版之前的文章已经引起了广泛的关注。1923年5月《努力周报》增刊《读书杂志》上发表了一篇顾颉刚写给钱玄同的书信。在这封论史书信中，顾颉刚大胆地提出"层累地造成的中国古史"说，以"层累"的眼光考察古史系统，推翻了"自从盘古开天地，三皇五帝到于今"的历史"常识"谱系和神圣的偶像。此论一出，立刻在当时引起轰动，进而引发了一场古史研究的论战。赞成者有钱玄同、胡适、魏建功、容庚、罗根泽、童书业、杨宽等人；反对者是刘掞藜、胡堇人、柳诒徵、张荫麟等人；还有王国维、傅斯年、钱穆、冯友兰等人参与讨论，发表意见。以此为标志，引发了中国近代史学上著名的古史辨运动，这篇论学书简堪称"古史辨宣言"，顾颉刚的学术地位也在辩论中凸显出来。

二

顾颉刚到厦门大学不久,曾邀请傅斯年到厦大任教。

1926年11月4日,顾颉刚在日记中写道:"孟真(傅斯年)回国,其愿到厦大来,而此间经费竭蹶,无从说起,乃写一快信与他,嘱其且就上海或广东谋事。三年前,他看了我在《读书杂志》论古史之文,即写信与我,写到现在,尚未完,先寄四十页来。"

11月9日,傅斯年与罗家伦的信中说,顾颉刚曾邀请他到厦门大学任教。傅斯年也曾做过认真的考虑,他在信中说:"先是我在柏林未走前,接到蔡先生(蔡元培)一信,约去杭州后,接颉刚一信,约去厦门。我以为蔡先生事必是蓬莱楼阁,而颉刚人既不是好开玩笑的,而言之又复如彼之切,故数思之后决于可去,而有下列条件:(一)蔡先生不到北大,故我也不去北大时,(二)蔡先生杭州事可以谅解我不就。我所以有此决定者,因为我蓄志多年,欲害颉刚。换而言之,我和颉刚一起,可以狼狈为善,S.P.D.Q(社交恐怖症,此为信中玩笑语)之论,兄闻之熟矣。庄重言之,颉刚古史研究,我有许多地方可以帮他忙,而我近中所作二部书,也有很多地方,他很可以帮我忙。他不来,我尚愿挑之,而况自投罗网。(前云寄颉刚信,终于在船上写成,约六十页。其中有许多意思,我甚喜。后必要来请兄一看,而批评之。)后到巴黎,适之先生更赞成之,心遂无疑,以为到上海后,先见蔡先生,他如许我到厦门,则到厦门矣。"

等到傅斯年到上海后,却听到一个传言,说他虽是北大毕业,但嫌弃北大没有钱,不愿意回母校任教,想到厦门大学去。傅斯年听闻后,非常恼怒,他说:"说这话的人简直是混账。我事之糟,至今如'茫茫之狗'者在上海,岂不都是为了对于北大之忠诚?今乃如此。如能查出造此语者,非打他嘴巴不可。"

傅斯年写信让顾颉刚把详细情况邮寄到上海,待他到后就可以明白一切,以便决定行止。等他的船到

傅斯年

香港时，又寄长信给顾颉刚，请顾颉刚回电报，但迟迟没有收到顾颉刚的回信和电报。此时，傅斯年已经预测到事情有了变化，他说："诚不知是何缘故，大不类颉刚行事，看来此事十九不成，再待五天，如尚无消息者，即发一电，三日不复，便不管此事矣。"随后又说："如厦门事日内可定（自然分数极其少）便往，否则在此待到事定后再往。"

事实恰如傅斯年所料，顾颉刚到达厦门大学之后，对厦门大学创办国学研究院的事情有了更深入的了解，现实并不如他预想的那么好，计划没有赶上变化。这可能是他迟迟无法给傅斯年回信的原因。

傅斯年在给罗家伦的另一封信中，道出了顾颉刚没有回信的原因："方才接到颉刚的信，原来他前所云云，是他自己的欲望。以他好意，吃个大亏。因以此未曾早与人接洽，今乃空着。"邀请傅斯年到厦门大学任教是顾颉刚的想法，并没有与校方接洽，再加上国学研究院的实际情况，让邀请傅斯年到厦大任教的这一想法"胎死腹中"。最终，傅斯年受聘到中山大学。

在厦门时，顾颉刚经常和同事们一起到海边捡贝壳，游白鹿洞、虎溪岩、狮子洞、鸿山寺等景点，甚至去看妓女，生活十分惬意。顾颉刚的妻子殷履安的到来为这份惬意的生活带来了更多的欢声笑语。

10月30日，顾颉刚的妻子殷履安乘船到厦门。顾颉刚得知妻子将到厦门后，当天下午3点就和潘家洵、江泽涵到厦门太古公司，打听殷履安乘坐的"新宁"轮到岸的确切时间，却被告知第二天早上9点才到。于是他们到新马路品茶、吃饭，到岛美街购物，还到南华旅社洗浴、歇宿。当他和潘家洵在海边散步时，得知"新宁"轮在下午5点已到。等顾颉刚雇小船登上"新宁"轮时，却发现殷履安和小女儿已经上岸了。于是，他冒着夜色匆匆忙忙往学校赶，发现妻女已由校医章茂林护送到了厦门大学。

殷履安是顾颉刚的第二任妻子。1911年1月27日，顾颉刚与吴征兰女士结婚时，尚不满18周岁，新娘则大他四岁，是个纯粹的旧式女子。两人本无感情基础，更无共同语言，但顾颉刚感其柔弱无辜，既然木已成舟，则"男女之情舍吾妇外，不应有第二人耳"，婚后他刻意培养夫妻感情，甚至还教她认字、写自己的名字。

吴征兰在1918年8月初撒手人寰后，王伯祥、叶圣陶向顾颉刚介绍了殷履安。两位挚友的推荐，使得顾颉刚对殷履安产生敬慕之心，虽未谋面，却对她不能忘怀。10月底，顾颉刚向祖母说起殷氏，得到祖母应允，于是派人去求亲。1919年5月21日，顾颉刚与殷履安结婚了。9月，顾颉刚回北大复学，殷履安在家中代他尽孝道，操持家务，照顾吴征兰留下的两个女儿。

两个月未见，顾颉刚发现殷履安"身上甚瘦，肋骨触手"，而且殷履安在船上还曾呕吐过三四次，所以气色一直不好，到厦门后还腹泻多日。

殷履安身体稍好后，顾颉刚便带着妻女游鼓浪屿、登日光岩，逛瞰青别墅、藏海园等，一起上街购物、买菜，游山玩水，不亦乐乎。

在厦门时，顾颉刚还把所搜集整理的《吴歌甲集》邮寄给了著名的文学评论家张若谷，张若谷读后大为赞赏，他在1927年3月13日的《申报》发文说："上月又收到顾君从厦门寄来《吴歌甲集》一册，读完以后，我觉得这一本小小的册子，对于中国文化上的贡献，实在比那摇动中国史学坛的《古史辨》更伟大而更重要。"

顾颉刚与殷履安

张若谷读过《古史辨》，如今再读《吴歌甲集》，对顾颉刚的治学态度深表钦佩。他说："他（顾颉刚）是一位苏州少爷，书香子弟，现在牺牲了他少爷式的学者生活，在教育界上服务。顾君现为厦门大学教授，又来做这种人家不屑做的事情，真叫人'五体投地'地佩服。我生平所深佩服的几位中国学者中如陈垣、张星烺、傅彦长诸君，要算顾君为第一人，彦长君称顾君为'北京的学者的第一人'，我也很以为对。"

三

厦门大学为顾颉刚带来了欢乐，也带来了苦痛。这里是他与鲁迅关系进一步恶化、撕裂的地方。

顾颉刚与鲁迅之间的矛盾在北大时就初见端倪，两人虽有不快，但还未到翻脸的地步。及至厦门大学之初，两人还曾在一起共事、吃饭、讨论国学研究院事宜。顾颉刚认为与鲁迅关系的进一步恶化与潘家洵、章廷谦等人有关。顾颉刚在厦门期间的日记在后来又有多次补记，谈及与厦大同事之间的交往时，用墨最多的就是鲁迅、潘家洵、章廷谦和沈兼士。

潘家洵，字介泉，苏州人，著名翻译家。1938—1942年在昆明西南联合大学任文学院院长兼教授，与顾颉刚是同乡、好友，两人曾在一起长住十年之久，北京大学毕业后留校任讲师。据顾颉刚日记记载，厦门大学聘请顾颉刚时，并没有聘请潘家洵。他看到顾颉刚上船时也带着行李跟着一起南下，顾颉刚言于林语堂，后来校方同意聘请潘家洵为讲师，而顾颉刚则被聘为教授，这引起了两人之间的不快。顾颉刚说："彼见我升级太高，遂大肆播弄，生出风波，鲁迅遂斥我为结党矣。此余之所以与之绝交也。"

1973年7月，顾颉刚在日记的补记中又说：

> 此次我到厦大，对我最感嫉妒者为潘家洵（介泉），此万想不到之事也。渠与我同住十年，且谈话最多，我之所作所言，无不知之。厦大本只请我，而他亦慑于张作霖之淫威，不敢住北京，以其未得延聘也。瞰我何日上海上船，即束装以俱登。我性不绝人，到厦门后即为向文学院长林玉堂介绍，林氏以其为素识，仍照北大例给以讲师头衔。对于我，则因《古史辨》一出，名誉骤增，本约为讲师（笔者注：与前文日记不同），至此易为研究教授，薪金当然提高。这一来就使得他火高三千丈，与我争名夺利起来。称我曰"天才"，又曰"超人"，逢人就揭我的短（我一生未做过良心上过不去的事，但仗着他的能言

> 善道，好事也就变成坏事）。值鲁迅来，渠本不乐我，闻潘言，
> 以为彼与我同为苏州人，尚且对我如此不满，则我必为一阴谋
> 家，惯于翻云覆雨者，又有伏园、川岛（章廷谦）等人从旁挑
> 别，于是厌我益深，骂我益甚。更可恨者，一宵校长林文庆在
> 鼓浪屿家中请客，乘小艇浮海以往。及归，天黑甚，我将上岸，
> 一脚已跨上另一船，而后脚尚在原船，风浪急，两船浮开，我
> 势将陷入海中，急呼曰："介泉，拉我一把！"彼乃假作不闻。
> 予幸未溺，突跳以上。事后，虽与之同反我之罗常培也说："介
> 泉太自私了！"以此知彼不但骂我，且欲我死，其心狠毒，有
> 如虺蜴。此我之所以与之绝交也。

顾颉刚险些落水的事情发生在1927年2月17日。据其日记记载，他和潘家洵乘船返回厦大时，船在码头靠岸，他右脚已登岸，而左脚还在船上，船被浪击打突然离岸，他尚未站稳，险些失足落水，而站在岸边的潘家洵竟然没有伸手拉一把，这让顾颉刚记忆深刻，从此对潘家洵的印象也有了很大的改变。

对于沈兼士，顾颉刚在日记中写道："兼士先生与我相处三年，而处处疑忌我为胡适之派，我反对伏园、川岛全是为公，而彼对人扬言，以为是党争。可见他之拉拢我，非能知我，乃徒思用我耳。"

对于章廷谦（川岛），顾颉刚也是极其反感。1927年2月9日，顾颉刚写道："川岛小人，处处挑拨，我要对付他，时间精神均觉可惜。我要让他，又使他快乐，这真是难办的事。我本立定主意与语堂先生同进退，今看他为川岛挑拨，对我颇疑忌，我觉得不必作此无谓之牺牲矣。"两天之后的日记中，他又说："宾于告我，闻川岛言，鲁迅说：'宾于、式湘因

潘家洵（右）与钱歌川（左）

为是顾颉刚荐的，所以偏偏不用。'他现在正托川岛觅国文教员。按，鲁迅对于我的怨恨，由于我告陈通伯，《中国小说史略》剿袭盐谷温《支那文学讲话》。他自己抄了人家，反以别人指出其剿袭为不应该，其卑怯骄妄可想。此等人竟会成为群众偶像，诚青年之不幸。他虽恨我，但没法骂我，只能造我种种谣言而已。予自问胸怀坦白，又勤于业务，受兹横逆，亦不计较也。"

顾颉刚给胡适的信中也说："去年我初到厦门时，曾劝语堂先生不要聘川岛，孰知这一句话就使我成了鲁迅和川岛的死冤家。川岛到厦之后，千方百计替我造谣，说我和张亮丞先生抢做主任哪，说我向林文庆暗送秋波哪，说我单独欢迎蔡先生哪，说我阴谋倒戈，赞成开除学生哪，想不到像我这样瘦弱无才的人骤然添了这许多排挤谄媚的本领。语堂先生信其谗言，骎骎疏远，后来竟不见面了。我为保全国学院机关计，直至林校长由南洋归来，声明不能招回辞退之教职员而后辞职，自问此心甚为坦白。辞退之后，孟真见招，因拟到粤。鲁迅在粤任中大教务主任，宣言谓顾某若来，周某即去。"

顾颉刚又告诉胡适："这几年中，周氏兄弟假公济私，加以伏园、川岛们的挑拨，先生（指胡适）负谤亦已甚矣。"

程争鸣在所著《360度鲁迅》中说，在鲁迅的推荐下，章廷谦（川岛）来到厦大任教，顾颉刚得知之后，又抢先向章廷谦报告，在章廷谦到厦大当天，顾颉刚还送去了一大碗红烧肉和烧菜花。鲁迅认为这是顾颉刚在讨好章廷谦，所以对顾颉刚的为人十分反感。

程争鸣说："顾颉刚在厦大，不是散布鲁迅的谣言，就是拉帮结派，导致两人关系进一步恶化。林语堂的秘书黄坚和顾颉刚在厦大广泛散布：鲁迅之所以接受中大的邀请是要寻找他的'月亮'（指许广平），鲁迅是黑夜！当朋友向鲁迅求证时，却是支吾其词。但他在私下给许广平的信里却坦诚：'我是夜，当然要

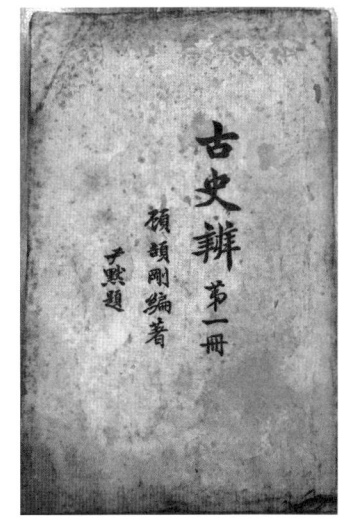

有月亮的。'即使鲁迅去中大是为了'月亮',但毕竟是个人隐私,在校园里'广而告之',也太不厚道了吧!"

顾颉刚将与鲁迅矛盾的恶化归结于潘家洵、章廷谦,但鲁迅很少提及潘家洵,他在给许广平的信中说:"此地所请的教授,我和兼士之外,还有朱山根(顾颉刚)。这人是陈源之流,我是早知道的。现在一调查,则他所安排的羽翼,竟有七人之多。……他已在开始排斥我,说我是'名士派',可笑。好在我并不想在此挣帝王万世之业,不去管他了。"

鲁迅又说:"山根已在大施宣传手段,说伏园假期已满(实则未满)而不来,乃是在那边已经就职,不来了……'现代'派下的小卒就这样阴鸷,无孔不入,真是可怕可厌。"此时,顾颉刚推荐了一个人顶替了孙伏园在南普陀的教职,更令鲁迅不满。对此,章廷谦说:"他(顾颉刚)不在厦门兴风,便在北平作浪,天生一副小娘脾气,磨了粉也不会改的。"由于顾颉刚介绍多人到厦大任教,这被看作安插私人,拉帮结派,阻挡不同道者的做法。虽然如此,但他与鲁迅之间的矛盾依然没有公开化。

1927年1月9日,林文庆在鼓浪屿设家宴为鲁迅饯行。顾颉刚、陈万里、林语堂、章廷谦、张星烺等作陪,其间,林文庆当了许多人的面将顾颉刚单独约到一个房间里,两人谈了一个小时。两人谈话结束后,顾颉刚怕引起众人的误会,当场宣布了讲话的内容。可知顾颉刚此举是有意消除与鲁迅等人之间的误解。

顾颉刚曾总结了与鲁迅不睦的四个原因:一是他揭露鲁迅的《中国小说史略》是抄袭之作;二是他是胡适的学生,而胡适与鲁迅不和;三是两人同在厦大为研究教授,"以后辈与前辈抗行";至于第四点,他说是"我不说空话,他无可攻击。且相形之下,他以空话提倡科学者自然绌"。

两人在厦门相处的时间不长,但矛盾却愈演愈烈。顾颉刚与鲁迅之间的矛盾公开化是在离开厦门大学之后,顾颉刚一度要状告鲁迅。

四

顾颉刚是怎样一个人呢?当时的资料称,"顾先生身材其伟,神态潇洒,是一幅翩然学士之风……穿着一件半新半旧的灰长衫，深度近视眼镜，谈话时满满江南土音，逸兴遄飞之际，就有些字听不清楚。"甚至有人因听不懂其所言而离开。他在厦门青年会演讲后，《厦声报》的记者在评论他的演讲时，称"声细而速，又杂苏音，颇难领解"，顾颉刚看到后称："此语甚确，予本不能讲也。"

钱穆在《师友杂记》中也说："颉刚长于文，而拙于口语，下笔千言，汨汨不休，对宾客则讷讷不能吐一词……"顾颉刚是钱穆的伯乐，在他的极力推荐下，没有学历的钱穆得以从中学进入大学任教。尽管顾颉刚生性木讷，但他的学问却无人不佩服。顾颉刚的学生史天行在《记顾颉刚》一文中说："他的教书虽说是学问渊博，可是国语说得不大好，口才似乎也不大好，教书时常常写黑板。可是为人极诚恳，有事请托，如果是他力之所及，无不给你以圆满的答复，跟他谈话，请他题字写序或指导治学，生可以变熟，你定为感到他的可亲、可爱而乐于去接近他。"

在厦大期间，顾颉刚积极参与厦大国学研究院的筹划和建设，从1926年第168期《厦大周刊》公布的"各科教员每周授课时数之调查（一）"来看，顾颉刚在厦大讲授"经学专书研究"，每周上课两个小时。

1926年12月4日第166期《厦大周刊》刊登了顾颉刚与陈万里联合发出的启事，向校内外征集明代倭寇的传说、郑成功的传说、海神的传说，目的是"预备积材稍多之后做一种研究"。顾颉刚还去泉州、福州、漳州等地考察，希望做出一些研究成果。

由于橡胶价格跌落，陈嘉庚先生的企业受挫，各项经费支出大大缩减，于是，厦大国学研究院停办的传言越来越多，而且治学氛围也越来越差。据1927年2月15日《申报》所载："厦大14日宣布陈嘉庚、林文庆电，今国学研究院停办，所有教职员，除张星烺、顾颉刚管理该院外，余均辞退，学潮将扩大，惟开学尚无期。"至此，国学研究院停办成了事实。

而这一天，顾颉刚正陪着蔡元培、马叙伦到漳州参加活动。蔡、马二人在演讲时，他和黄坚、容肇祖、林孟温（林语堂大哥）等人游东岳庙，逛古玩铺、赌场，还去买了旧书籍，甚至"看妓院"。

2月16日，顾颉刚与蔡元培、马叙伦等人一起返回厦门时，坐汽车到了漳

1927年，福州省教育团欢迎蔡元培、马叙伦时合影

州的浮宫。顾颉刚在车站读报时，看到了国学研究院停办的消息，除了他和张星烺之外，其他人一律辞退。从浮宫返回厦门的大通船上，他与蔡元培、马叙伦等人还在讨论国学研究院的事情。

回到厦门时，天色已晚，顾颉刚冒着雨到黄坚住处，看到国学研究院的同事们都在，众人也在讨论国学研究院的事情。他在日记中说："予与亮丞（张星烺）先生虽被挽留，势难干下，盖校长性质，既胆小又糊涂，实不能为之尽力也。"这一天恰逢元宵节，顾颉刚的心情可谓复杂之至。他在日记中写道："今年元夜时，苦雨黄昏后。不见去年人，泪湿青衫袖。"

顾颉刚从内心里希望国学研究院能办下去，于是他给林文庆写了一封两千多字的信，"质问停办国学院及辞退教员之故"。他将这封信送到校长室，另外又给陈嘉庚写了一封信。

这封《厦门大学停办国学研究院事质问林文庆校长书》在《民钟报》《新教育评论》《艺术界周刊》等杂志上发表，他在文中说："回忆去岁夏间，颉刚在北京，承林语堂先生以尊意见邀，来书商榷，至再至三，谓先生热心创办，预算已规定每年五万九千元，对于国学可作大规模之整理，力劝南来协作。颉刚等甚喜闽中有此机关，又有此经费，得从容一抒其素志，故接收聘约，冒暑而行。不幸本院成立之后，以种种因缘之牵制，不特开办费未发分文，即经常费亦未尝有一月照预算办理。"在文中，他还极力呼吁林文庆能够履行之前的诺言把国学研究院办下去。

3月1日，顾颉刚找黄开宗讨薪水时，黄开宗却拒绝发放2月份薪水。顾颉刚大为不快，在日记中说："黄开宗，一不知天地为何物之人，居然做起文科学长，并无理扣留上月薪水，可笑。质问后无话可说，即发出矣。"

其间，林文庆找过顾颉刚谈话，甚至允诺会复办国学研究院，可是顾颉刚很快发现林文庆的话不可信，于是提交了辞职信。

顾颉刚给厦大提交了辞职信后并没有马上离开，他在给傅彦长的信中说："此次厦大风潮，亮丞先生（即马可波罗游记导言译者张星烺君）及弟均被牵入漩涡，精神上十分痛苦。弟因广州中大屡函相招，已允去，厦大职已辞去。一时弟不去，在半月中，当仍住厦大也。厦门，我本可以多住若干年月，此地没有文化基础，我也不怕，因为在这样的环境之下，使我较清闲，可以专作自己工作，不幸……"

集美学校校长叶渊听说顾颉刚辞职，邀请他为集美国学专修科中学生上课，顾颉刚拒绝了。

1927年3月16日，顾颉刚接到傅斯年的来信，傅斯年再次邀请他到中山大学任教，他最终决定去广州，此时写的一首诗表达了他的心情：

云满山头雨满楼，那堪迢递忆西川。沉沉碧葦书斋里，对坐无言已一年

3月31日，罗常培、章廷谦、潘家洵、黄坚等冒雨离开厦门大学，顾颉刚到码头送别，因为众人行李较多，费时颇久。

1927年4月15日午饭后，顾颉刚夫妇登上"海宁"轮，4点半轮船起航驶往广州。

1927年2月6日，顾颉刚动笔写了一篇《读李（子祥）、崔（陡尘）二先生文书后》的文章，

受各种环境的影响一直到 3 月 30 日才写完。他说："写一篇短文尚且如此的困难，写若干长篇文字更有何种方法可以达到我的愿望。我真悲伤，难道我的时间是命定的应该这样地耗费吗？"

顾颉刚在日记中写道："自到厦门大学，已历六月，除编讲义外竟无成绩，日惟劳于酬酢，幸游福州、泉州、漳州，得广闻见耳。生活长此不变，予之人殆废矣。予非绝对不能治事，但我总觉得不如研究学问之值得耳。只要不读书，总似这一天白活的，心习已成，不能改，亦不愿改，而社会上偏不容我如此，此予之所以多悲愤也。"这或许可以看作顾颉刚在厦门期间的内心独白。

对于厦大的生活经历，顾颉刚后来在自传中说："那时真使我精神苦痛到极点。至今二十余年，想着还是心悸。"

沈兼士

1926年秋季的厦门大学热闹纷繁，因为林语堂的邀请，名家纷至沓来，文学家鲁迅来了，国学家沈兼士来了，古史专家顾颉刚、语言学家罗常培、哲学家张颐、中西交通史家张星烺、考古学家陈万里、编辑家孙伏园和作家章川岛等一批大师接踵而至，于是有了林语堂把半个北大搬到厦大一说。在到来的这些名家中，鲁迅在厦大仅仅待了135天，然而比鲁迅更早离开厦大的是沈兼士，他在厦大的时间不足100天，可谓来去匆匆。

沈兼士：来去匆匆一过客

一

1926年6月28日的《申报》刊登了一则《厦大之更张》的消息：

……该文科主任辛宜改作法引，唯文科主任无人，特聘北大方春学教授林玉堂充任，并兼国学研究院总秘书。林为哥大哲学博士，曾任北京女师大英文系主任，及毛国民新报英文笔政，与北大中英教多友善。林受聘后，并荐北大国学研究院主任沈兼士及教授与（按：原文如此，疑为周之误）树人（鲁迅）、顾颉刚，以沈为将来之厦大国学研究院主任兼文科国学系主任，周、顾则为文科长教授，已经聘定。林尚荐孙伏园、钱玄同及刘半农，但尚未定。孙须俟沈兼士来后，由沈以私人名义，征求其同意与否而定。钱刘二人则拟择一聘请云。至厦大此次之设国学研究院，闻以沈兼士、顾颉刚等在北大对国学之整理，已有成绩，而该较绌于经费，致沈等

> 著书竟无力付梓，其他亦感于经济之压迫，无由进展，林玉堂乃以厦大将设国学研究院，商请其来厦。沈复函谓，苟厦大于开办费外，五年内有若干经常费之把握，则余等必能予以相当之成绩。林玉堂征得文庆同意后，复书报可，沈顾等乃决行。

由此可知，沈兼士之所以能到厦门大学任教与林语堂（即消息中的林玉堂）的推荐有着极大的关系，而且校长林文庆也允诺，除正常的开办费外，在五年内给予若干经费支持。基于此，沈兼士等才启程南下。

1887年，沈兼士出生于陕西省汉阴县，从小接受过良好的传统教育。1905年东渡日本求学，入东京物理学校，并拜旅居东京的章太炎为师学习国学。期间加入了同盟会，进行反清的民族民主革命。归国后一度在嘉兴、杭州执教。1912年，参与发起组织国学会。同年秋天受聘于北京大学，先后任国文系教授、国史编纂处编纂员。当时他的兄长沈士远、沈尹默也在北大任教，兄弟三人被称为"北大三沈"。

1922年，沈兼士主持北京大学研究所国学门时，带领学生及同仁将凌乱的故宫清代档案整理出来，受到蔡元培先生的高度赞誉，说他"有功史学，夫岂浅鲜"。这期间，沈兼士做了一件非常了不起的事情，备受世人称赞：在他的呼吁下挽救了《四库全书》。这部《四库全书》原藏在沈阳故宫博物馆里，后被袁世凯调运至北京故宫保和殿。当时已经退位的清室废帝溥仪以经济困难为由，计划把这套书偷偷卖给日本人，且议定售价120万元。此事被沈兼士获悉后，他非常着急，立即致函教育部竭力反对。消息传出后，全国震惊，迫于巨大的舆论压力，国宝得以保存下来。

据《顾颉刚日记》记载，1926年7月28日，顾颉刚同鲁迅、张星烺、陈万里、丁山等准备到厦门大

沈士远

沈尹默

学任教的人到沈兼士家，"商量厦大国文系课程及研究院进行计划"。当晚，故宫博物院文献部的同仁们为他们饯别，沈兼士、陈万里、顾颉刚、黄坚等受邀在列。

北大众多教授有意南下到厦门任教，引起了当时众多媒体的关注。1926年7月29日《晨报》以《北大教授多往厦大》为题报道了沈兼士将到厦门任教的消息。报道认为，北大众多教授之所以选择到厦门任教是"因（北大）教育经费无着，下半年一切进行，均感困难，故均另谋他就"。除了厦大的经费有保障外，另一个吸引众教授的原因是，"因厦大秋后拟设国学门，故北大国文系教员被聘者颇多，又沈等并拟带助手多人一同前往"。

从7月31日的《申报》可知，此次受聘的名家还有动物学家秉志、数学家姜立夫、人类学家史禄国等，但钱玄同、刘半农无法到厦大任教，"钱以疾本期不能来，刘则以北大有不能立即脱去之任务，暂时亦不能来"。

1926年8月1日《晨报》称，7月31日上午，沈兼士的学校同事、清室善后委员会的同事们在大高殿开会欢送沈兼士等人南下，宾主双方"各有演说，颇极一时之盛"。顾颉刚在日记中说，直到11点才冒雨回到家中。报道称，沈兼士等在欢送会结束后的第二天启程南下。但在顾颉刚的日记中，8月3日、4日两个晚上，顾颉刚都在饯别的宴席中与沈兼士同席吃饭，可见报道的启程日期是不准确的。8月5日，沈兼士、顾颉刚才启程南下。

据陈万里所著的《旅厦杂记》可知，沈兼士和陈万里、顾颉刚、黄坚、潘家洵等在8月18日从上海乘坐"新宁"轮赴厦，可是直到19日早上6点半才开船。众人在8月21日下午2点半到达厦门，林语堂到码头迎接大家，后众人同到鼓浪屿林文庆家品茗小憩。

二

到达厦门的第二天，校长林文庆在家中设宴，为沈兼士、顾颉刚、陈万里、黄坚、丁山等人接风洗尘。之后几日，沈兼士等人除了参观厦大校园之外，还游览了厦大隔壁的南普陀寺，并且在寺中吃过晚饭方才返回学校，厦大的风景以及南普陀寺的文旦树、桂圆树给众人留下了深刻的印象。

从顾颉刚的日记中可知，沈兼士和众人一样都对厦大国学研究院的发展充满期待。沈兼士多次同顾颉刚、林语堂等人商量国学研究院与国学系相关事宜。

9月4日，鲁迅初到厦门时，暂住在中和旅馆，来旅馆迎接的就有沈兼士。当年在北京的老同事如今在厦门大学又成了同事，这对章太炎的弟子又在厦门得以相聚。5日，沈兼士与顾颉刚、黄坚、陈万里、潘家洵、丁山等人同游鼓浪屿，在去的途中遇到暴雨，众人衣衫皆湿，但游兴不减。他们登上鼓浪屿，在洞天福地吃西餐，在菽庄花园游览半天后，又去日本餐馆喝冰牛乳，直到晚上7点左右才尽兴而归。

直到9月8日，南下教授中还有人没收到聘书，"大家觉得不安，佥意是兼士先生不就职之故，因共劝之"。从《顾颉刚日记》中的这段记载来看，沈兼士可能透露了不愿意就任厦大国学研究院主任或文科国学系主任的意愿，所以当天日记中，顾颉刚才会又写道："为此间职务事，开会议，劝兼士先生就职。"

沈兼士深知鲁迅爱好碑刻，遇到碑刻之后就收了送给鲁迅。9月9日的《鲁迅日记》里便有记载："夜兼士赠景印《教宗禁约》一份。"此后，沈兼士又赠鲁迅先生唐人墓志拓本等。当然，也少不了他们在南普陀寺共饮小聚，这在《鲁迅日记》里亦有记载。

9月30日，周四。这天是新学期开学的第一次周会，全体教职员工和学生四百多人齐集大礼堂。上午11点，在易史尊卿教授的钢琴伴奏下，周辨明教授领唱校歌。之后邀请国学研究院主任沈兼士发表演说。

沈兼士说到厦门时间短促，并无其他感想，就将这次由京来厦的思考和对教育上的感想与大家交流。他说："自民国以来，各处教育，大有蒸蒸日上之势，与科举时代大相悬殊。北京为全国教育之中心点，为人人所注意，但以吾人观之，实抱无限之悲观，盖现在北京之教育界，愈趋愈下，只有表面足资观瞻，而实际则类于破产，推原厥故，无非为军阀专横而政府忽视。以致各校经费，均为搜刮净尽，现在总计已被欠一千四百余万元，各校不能为无米之炊，因是而暂时停顿缓期开课之声，时有所闻。回顾目下各位处私立大学，反觉非常发达，但其中有名无实者亦复不少，考其原因，类皆想金佛郎及庚子赔款之分润，徒挂一面假招牌，借图中饱，欲求真能为教育而办教育者殊不多觐。我厦门大学，得陈嘉庚先生之热心资助，与夫林校长之竭力经营，五年之间，而有如是伟大之成绩，殊足令人钦佩。其经费之充裕，设备之完全，不仅为南方各大学所不及，即全国各公私立大学，能与之匹敌者亦如凤毛麟角，不可多得。故鄙人对于厦门大学，实抱有无穷之希望。诸君既得来此求学，实为无限幸福，尚望努力专攻，积极进取，俾将来北京教育之中心点，得移转来厦，为中国教育前途发一异彩，则不独厦门大学之幸，亦全国教育前途之幸也。"

由此看来，沈兼士对厦门大学的未来充满期待，也可以看出众人的劝说是有效的。沈兼士答应任厦大国学研究院主任兼文科国学系主任，在不久之后出席了厦门大学国学研究院的成立大会。

10月10日下午2点左右，厦门大学国学研究院成立。据1926年第159期《厦大周刊》中《国学研究院成立大会纪盛》一文所载，出席成立大会的除思明县代表、警察厅代表、英国领事代表外，还有300多名各界嘉宾。

国学研究院院长一职由厦大校长林文庆兼任，他在演说中说，十多年前在北京出席一个医学会议时，会议上有人用洋文标注医学名词，"将中国固有名词，完全废弃"，林文庆"不禁生无限感慨，因念中国数千年来固有文字，竟衰替一至于此，真足令人痛心切齿"。

林文庆说，接任厦大校长时，曾咨询过陈嘉庚办学校的宗旨，"究竟注重国学，抑或专重西文，陈先生即答以两者不可偏废，而尤以整顿国学为最重要"。基于此，林文庆上任后对国学提倡不遗余力。他说，此次特组织国学研究院，聘请国内外名人从事研究，目的是"保存国故，罔使或坠。一方面则调查民间风俗言语习惯等"。"闽有闽语，粤有粤语，甚且县与县殊，乡与乡异，民间动作因之隔阂甚多，苟不统一使之一致，将来必致四分五裂，其危险有不可言喻者矣"。

继而，作为国学研究院主任的沈兼士上台发表演说，他重点报告了国学研究院运行方法及研究材料。沈兼士说："在昔我国人士对于国学，除讲究八股文章而外，绝少贡献，虽有书院设立，其所研究材料，类皆偏颇不全，且无精确考证，迨书院改为学校，始渐次更变方针，但亦不过注重八家古文而已，初无所谓国学也，从前研究古学，态度不外两种，一则信人，一则信己。所谓信人，即凭各种传说，而持为考据。所谓信己，则又凭有限之常识而已，此种研究，在此科学昌明时代，殊无价值可言。如古代历史，宋罗泌曾著有路史一书，关于古历史述之綦详，而考其内容，殊难准确，故现时欲研究古学，必得地质学、人类学、考古学、古生物学等等，作为参考，始有真确之可言。否则其结果与路史同。兹再举一例以明之。如宋人之三礼图，就清人眼光观之，其中即有种种讹误，及近今研究，其差异之处尤多，可见欲研究古学，非从书籍记载之外，一方再以实物引证不为功，故本院因此二者之重要，特设图书部与陈列部，以资参考，期得完全明确之证据，而为近今人类之考镜。本院于研究考古学之外，并组织风俗调查会，调查各处民情、生活、习惯，与考古学同时并进。考古学则发掘各处古物，风俗调查则先从闽省入手。"

这段演说，不仅表明了沈兼士的治学态度，而且道出了治学方法的重要性。之后，作为国学研究院总秘书的林语堂和教授张星烺、刘树杞以及英国领事代表等人也发表演说。

演说结束后，林文庆、沈兼士、林语堂等人引导嘉宾至生物学院三楼茶叙，之后又参观了该院的陈列室及图书部。当时的陈列室有两处：东侧陈列室展出的是鲁迅所藏的拓片，这些拓片"大多数为六朝隋唐造像"，还有陈万里所藏的大同云冈石窟拓片以及在敦煌拍摄的照片等。西侧的陈列室有各种古物，大都是河南洛阳一带所出土的，有百余件之多。此外还有厦大商科所藏的古钱币等，活动一直持续到傍晚6点，众人方才散去。

鲁迅在给许广平的信中描述了布展的经过："当开会之前，兼士要我的碑碣拓片去陈列，我答应了。但我只有一张小书桌和小方桌，不够用，只得摊在地上，伏着，一一选出。及至拿到会场去时，则除孙伏园自告奋勇，同去陈列之外，没有第二人帮忙，寻校役也寻不到，于是只得二人陈列，高处则须桌上放一椅子，由我站上去。弄至中途，白果（即黄坚）又硬将孙伏园叫去了，因为他是'襄理'（玉堂的），有叫孙伏园去之权力。兼士看不过去，便自来帮我，他已喝了一点酒，这回跳上跳下，晚上就大吐了一通。"

三

正在国学研究院的一系列工作进行得如火如荼时，事情有了意想不到的变化。

10月17日，《顾颉刚日记》中出现了饯别沈兼士的记载："到厦门市南轩，为兼士先生饯别。同席亮丞先生、万里、介泉、孟恕、振玉、莘田。饭后到市购物，5点许归。"这一餐别有特色，且价值不菲。顾颉刚说："今日席中，除鱼翅燕窝外，贵重之菜有烧猪。以小猪仿烧鸭例烤之，味甚美，价须四五元。"

其实，这种情况在鲁迅的信中早就有了端倪，鲁迅在国学研究院成立当日给许广平的信中说："兼士直到现在，未在应聘书上签名，前几天便拟于国学研究院成立会一开毕，便往北京去，因为那边也有许多事情待他料理。玉堂大不以为然，而兼士却非去不可。我便从中调和，先令兼士在应聘书上签名，然后请假到北京一趟，年内再来厦门一次，算是在此半年，兼士有些可以了，玉堂又坚执不允，非他在此整半年不可。我只好退开。过了两天，玉堂也同意了，大约也觉得除此更无别路了罢。现在此事只要经校长允许后，便要告一结束了。兼士大约十五左右动身，闻先将赴粤一看，再向上海。"鲁迅又说："据我想，兼士当初未尝不预备常在这里的，待到厦门一看，觉交通之不便，生活之无聊，就不免'归心似箭'了。这实在是无可奈何的事，教我如何劝得他。"

沈兼士虽然有离别之意，但第二天下午2点，他仍主持了国学研究院研究部第一次会议，参加会议的有张星烺、顾颉刚、陈万里、鲁迅、容肇祖等。会上确定了研究部教员所从事研究的十个选题并计划出版十部专著。其中有沈兼士的《扬雄方言之研究》，鲁迅的《古小说钩沉》《六朝唐代造象汇编》，林语堂的《汉代方音考》和《七种疑年录统编》（与顾颉刚合作）等。

与此同时，众人还在筹划出版第一期的《国学季刊》，从列举的目录来看，国学院的老师们几乎都有著作入选，沈兼士的是《今后研究文字学之新趋势》，鲁迅的是《〈嵇康集〉考》，顾颉刚的是《孔子何以成为圣人和何不成为神人》，张星烺、林语堂、史禄国三人每人都提供了两篇大作。

不久，国学研究院季刊创刊号编成，准备付印，收有沈兼士的《今后研究

《厦大周刊》中关于沈兼士讲演的报道

文字学之新趋势》、鲁迅的《〈嵇康集〉考》、林语堂的《西汉方音区域考》和《论古韵》(译作)等文。此外，国学研究院还计划编印《中国图书志》，内容包括谱录、春秋、地理、曲、道家、儒家、尚书、医学、小说、金石、政书、集、法家共十三类书目。鲁迅具体负责的是小说类。

当天晚上，《鲁迅日记》载："晚（即18日晚）与同人六人共饯兼士于南普陀寺。"由此可知，沈兼士此时已经决定离开厦门大学，但具体原因不详。

其实早在10月16日，张星烺致陈垣的信中已经写道："兼士先生现已决意回京……大约四五日后彼即动身北上矣。"

虽然饯别宴席举办过了，但沈兼士并没有马上离开厦门。10月20日，经济学家马寅初到达厦门，顾颉刚在日记中写道："寅初先生一到即病，语堂先生病亦不愈，兼士先生亦患感冒。"23日，沈兼士还与顾颉刚、容肇祖夫妇、潘家洵等人到海边捡贝壳。27日，顾颉刚与潘家洵、容肇祖等人送沈兼士登上了"苏州"轮。至此，沈兼士正式离开厦门。

在厦大时，沈兼士讲授"文字学及文字学史""声韵文字训诂专书研究"

等课程。那么先生在厦门大学上课的情形是怎样的呢？目前尚未看到相关的文字记载，但在其他学校任教的情形，有一位叫牛文青的弟子记录了下来，他说："先生说话很快，每句话的音调都是先高后低，终至于听不见。又向来不喜擦黑板，在暗淡灯光照耀下的墨色黑板上，每每是用五色粉笔，一层一层地重复写上，使得同学记笔记时感到非常吃力。先生在乍上课时，为了认识同学，常常注意到每个人的姓氏，并且随时拉出古人作为某个同学的本家，弄得同学们面红耳赤，张口结舌，不知道这本家古人是承认好，还是不认好。但这些小节，只增加了同学对先生偃傥不拘、风流潇洒的认识，丝毫没有影响到对先生学问讲授上的敬仰。"想必沈兼士在厦门大学上课时，也会有这样的情景。

另一则资料称，沈兼士教学认真，态度平和、潇洒，讲课时往往闭上眼睛口若悬河，完全陶醉其中，偶尔还会插科打诨，十分幽默。一次他上课点名，看到一名学生叫杨有家，随即引《孟子》中"男子生而为之有室，女子生而为之有家"的句子，取笑道："此乃女人名字。"博得大家一笑。

沈兼士的另一位学生刘敬坤回忆说："沈先生果真是载誉神州大地的名教授，每上课之前，由助教先将沈先生课堂内讲解之文字图表悬挂室内。沈先生于秋、冬、春三季例着长衫或长袍，上罩马褂，至课堂即坐于讲台之上。沈先生口讲，由助教或挂图示意，或写黑板示意；沈先生从不挪动坐椅（就是学生坐的木椅子），一派道貌岸然气魄。就是孔老夫子在杏坛讲学，其严肃场面也无非如此。我们都是晚辈，没有看过王国维、梁启超诸大师讲学时的风采，但像沈兼士先生这样大学者讲学时的风度，确实使人感到'夫子之墙'高矣哉！伟矣哉！学生都以肃然起敬的心态到课堂中聆听沈先生讲课。"

四

沈兼士在厦门不足百日就匆匆离去，北返后在故宫博物院任职。沈兼士在离开国学研究院前，曾提议鲁迅接任国学系主任一职，但未获允。鲁迅在给许广平的信中道出了拒绝接任的原因："兼士似乎还要回京去，他要我代他的职务，我不答应他。最初的布置，我未与闻，中途接手，一班绝不相干的人，指挥不灵，如何措手，还不如关起门来，'自扫门前雪'罢，况且我的工作也已经够多了。"

从1926年11月9日容肇祖致陈垣的信中可知，"兼士先生回京……此间国学系主任暂由张亮臣先生兼代"。信中所说的张亮臣即张星烺。容肇祖的说法在1926年11月13日出版的163期《厦大周刊》上得到印证，周刊所载的消息称："国学院主任沈兼士，近因要务，请假回里，所有国学系主任及国学研究院主任之职，暂由张星烺教授代理。"沈兼士离开后，国学研究院再次公布将出版的书籍时，已经不见沈兼士所著的《今后研究文字学之新趋势》。

沈兼士

1926年12月4日出版的第166期《厦大周刊》公布国学研究院编辑部负责的"中国图书志编辑现况"时称："在沈主任告假期间内，已有容肇祖先生继续编辑，大约本学期末，即可竣事。"由此可知，直到此时沈兼士还是以"请假"的理由离开学校的。另一种说法是沈兼士是以接家眷为由离开厦大的。

沈兼士为何来去匆匆呢？从1927年1月17日《申报》的一篇报道中可以管窥一二。国学研究院的一位当事人曾对记者说，沈兼士的离开与刘树杞的专横有关。刘树杞与校长关系很好，同时又兼任校长秘书，"对校务有甚大之建议力，而其秘书之地位，又可预及全校事"。沈兼士、鲁迅、顾颉刚、张星烺、孙伏园等人到厦门大学任教时，"沈等原抱一国学研究之绝大愿望而来，拟以历年著作在北大无资刊行者，陆续在厦大出版，此外计划规模亦至宏大，故厦大秋季经费预算，国学院章订至常年费一万四千元之多。9月，沈兼士既来，拟具研究院章程送校长，刘任秘书，加以改易，削主任之权，而院长总揽之，主任在院长指挥命令下行事，如最要之'本院教授由主任提出，请院长聘任'，刘改为'由主任呈请院长核准聘任'，沈已感不快，语人曰如是主任，任何人均可作，不必我沈兼士耶。沈到不及二月即以赴英国庚款委员会（沈为庚款委员）为由赴沪，沈之席不暇暖而去"。

这位当事人还说，沈兼士离开的原因，"尚非以办事掣肘而别有在"，"先是沈未来,原拟以生物院三楼为其下榻所,讵至则理科教授已居之,沈乃移其行囊入二楼空室,刘复以理科名义定其室为'地质室',揭'地质室'之招于门首。林文庆出而转圜以己之校长图书室让沈,理科教授复函校长反对(此函林语堂曾见之),沈至是乃不得不去矣"。

沈兼士虽然去了上海,但是他原本还打算回来,不过又发生了一件事情。"嗣在沪得函,知国学院经费经校务会议,由月一万四千元减为四百元,刊行张、顾等著作学校已表示无力,知已无可为乃决不来"。看到周密的计划已经落空,对国学研究院感到绝望的沈兼士于是毅然决然地离开了厦门大学。

抗战期间,沈兼士留在了北平,但拒绝与日伪合作,当时日伪要逮捕的黑名单上第一个就是沈兼士。这时众人劝说沈兼士离开北平。

他的学生葛信益回忆说:"1942年12月16日早,沈先生偕三女沈节离开北平去后方。是月30日凌晨,日本人果然出动军宪到吉安所左巷6号逮捕沈兼士,时先生已安抵后方目的地。日本人不相信先生已逃离北平,于是一面在沈家蹲坑(留下几个特务看守门户,只许进入不许出,怕走漏风声,当时叫作蹲坑),一面派人四处查找。因为沈先生过去患头疼病时在西山休养过,日本

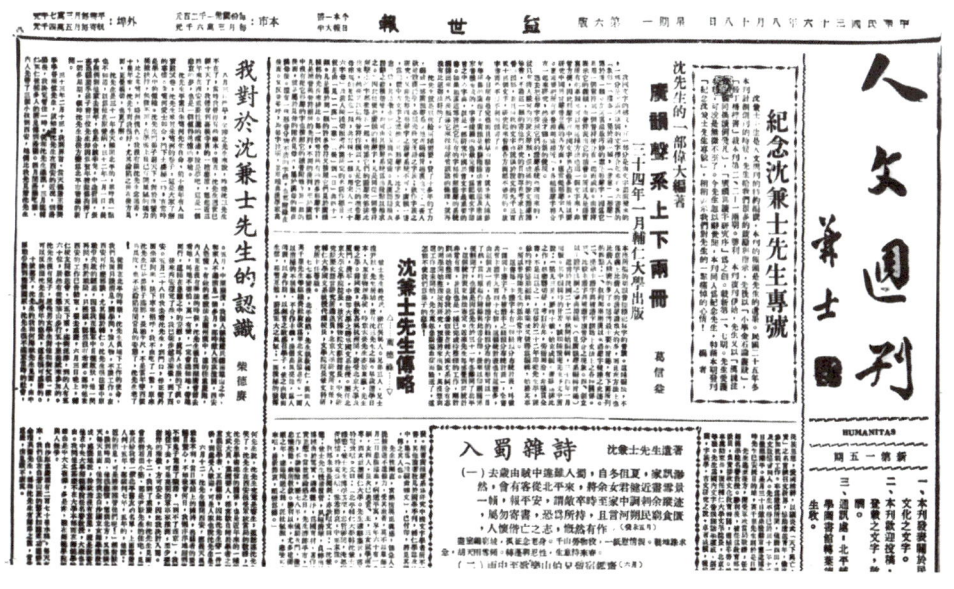

沈兼士去世后报刊上的专号

人以为又躲在那里了,竟搜至西山。1943年元旦时,辅仁的顾随、张星烺、孙子书三位教授先后到沈家去拜年,万万没有想到三个人都先后掉进'坑'里,被蹲坑的扣住,留住了十几天。三位教授的家属也不知发生了什么事,干着急,又无从打听消息。后来日本人确知沈已逃离北平,三位教授才被放回家。"

1947年8月2日晚7点,沈兼士在北平东昌胡同寓所宴请胡适、马衡等人时突发脑溢血,因抢救无效在当晚10点去世。

孙伏园

孙伏园是有名的散文家、编辑，曾被誉为"副刊大王"，是"初期中国新文坛的保姆之一"，"沈从文、冰心、庐隐诸君的成名，他曾给与了他们以相当的助力"。鲁迅曾说他，笑嘻嘻，很会催文章，《阿Q正传》就是在他的催迫之下，一章又一章"挤"出来的。孙伏园和弟弟孙福熙既是鲁迅的学生，也是鲁迅的朋友。有人统计过，在《鲁迅日记》中，提到孙伏园的有413处之多，提到孙福熙的也有73处。1926年秋，孙伏园来到厦门大学任教。或许没人想到，这位副刊大王在厦门时喜欢放野火烧荒草。

孙伏园：在鹭岛放野火的副刊大王

一

孙伏园（1894—1966），浙江绍兴人，原名福源，字伏园，笔名伏、伏庐、松年、柏生等，以字行。

孙伏园"四季均穿着一套很小的西装，看起来活像是一个东洋人"，"胖短身材，白净的脸，下挂着一绺胡子，嘴角后嵌着两个笑窝"。他沉默的时候，"镇静的什么似的"，说话时"两个笑窝先动作，声气更特别平和，稳缓，真够温文劲"。高拜石在《古春风楼琐记》中对孙伏园的描写是："伏园的体型是：矮个子，胖墩墩的，红鼻头，'双颊时时露着笑容'，嘴上留有一块四方的髭髭。"

孙伏园的胡子给人留下了深刻的印象，很多人都曾在文中写到他的胡子。在定县办平民教育会时，他的胡子曾被列入"定县十景"之一。1927年夏天，孙伏园在汉口编《中央日报》时，作家谢冰莹与朋友去拜访他时就留意到他的胡子。谢冰莹说："当他在三十多岁的时候，就蓄了满嘴的胡子，害得许多人都称他伏老，伏老，其实他哪里有半点老的现象呢？""伏老的样子，长得很像个法国人，特别是他的胡子，又黑又长，有点像法国大作家巴尔扎克的画像。"在孙伏园和林语堂的鼓励下，谢冰莹才鼓起勇气将《从军日记》出版，从此跻身文坛。

孙伏园的脾气是出名的好，"人很老实，不大与人发脾气，也不喜欢得罪他人，因他对社会上人情世故很有经验，所以不论谁把自己的作品给他看，或请他批评，他总是笑笑的赞美说是好的"。"他对人对事，遇寒遇冷，老是那样的冲淡朴素，两颊间，经常悬挂着层层的笑丝"。这种冲淡朴素的笑容在孙伏园读书时就有了。

从梅瘦所著的《记孙伏园》一文可知，孙伏园那时叫孙福源，在绍兴城外袍渎村敬敷两等学堂就读，该校原为敬敷义学，创立于明嘉靖年间。1906年，改为敬敷两等学堂。堂长（即校长）王声初是一位老名士，在学界颇负声望，可是此人私心又重。孙福源当时成绩是最好的，在毕业考试时，却名列第三。原来前两名被这位堂长留给了儿子和侄子，如果以成绩论，堂长家的公子未必能冠多士。这引起了很多同学的愤懑，大家要替孙福源抱不平，不料堂长却恼羞成怒，大骂孙福源蓄意捣乱，"声言将扣留其毕业文凭"，孙福源则笑嘻嘻不以为意。看到这一幕，诸同学更是火上加油，联合了低年级的学生罢课停考。众人摩拳擦掌，"预备饱堂长以老拳"，后来经过地方人士调解得以平息。秋瑾的弟弟秋宗章与孙伏园是师范时的同学，他后来曾就此事问过孙伏园，"但他（孙伏园）却坚决的否认"。

1911年（宣统三年）正月，孙福源考入绍兴县立师范（即山会县立初级师范学堂），鲁迅曾在这个学堂任教，所以他是鲁迅的弟子。当时孙福源梳着一条大辫子，留着稀稀朗朗的刘海，唇边已经有明显的须根，和人谈话老是笑嘻嘻的。师范里的很多同学都是敬敷时的老同学，"年龄差不多都是二十不足，十六有余，血气方刚，一言不合，小则谩骂，大则挥拳，甚至头破血流，也是数见不鲜的事"。在这些人中，唯独孙福源生性温和，从来不和人发生冲突，而且对待同学一视同仁，绝不厚此薄彼，所以没有一个人对他有恶意。在课堂上，大家都静心听讲，但他心不在焉，非常随便。令同学们感到钦佩的是，每次考试成绩他比任何人都好。

1912年秋，秋宗章组织了一个蝤阳诗社，请绍兴越铎报主笔陈瘦匡担任名誉社长。陈瘦匡别署禹陵布衣，是一位大儒，被誉为晚清浙东五大诗人之一，以"苏黄体"驰誉会稽道属的宁、绍、温、台各地。他为了培养若干诗才，每月举行三次诗课，并且亲自为社员删改润饰。孙福源经人介绍，加入了这个诗社，很快得到了这位"师爷"的赏识。"师爷"认为既然做一位诗人，"不能不取个比较风雅些的名字"，于是给孙福源取了一个音同字不同的名字——孙伏园，从此后，孙福源渐渐为人忘却，而中国文坛上多了一位孙伏园。

孙伏园在县立师范学校读了不到一年就退学了，原因是他感到学校所教的英语、算术还不及敬敷学堂的水平，于是退学在家自修。后因生计所迫到城内上大路箔业小学兼课，后来又考入绍兴省立第五中学，一边上学，一边代课。

1918年8月，孙伏园投考北京大学未被录取，他由周作人介绍，经文科学长陈独秀的准许在北京大学国文系预科班旁听，同班的旁听生还有后来的著名记者成舍我。第二年，他考取国文系的正科生，再次成为鲁迅的学生。他聆听鲁迅讲授的《中国小说史》，还经常到鲁迅家去求教。他在《哭鲁迅先生》一文中说："我初学写作的时候，鲁迅先生总是鼓励着说：'如果不会创作，可以先翻译一点别国的作品；如果不会写纯文艺的东西，可以先写一点小品杂技之类。'"

孙伏园毕业后，曾任北京大学讲师，还在《晨报副刊》任编辑，开辟了一个"开心话"的栏目，每周一期。鲁迅的《阿Q正传》就是在这个栏目上连载的，孙伏园在这其中扮演了"催生婆"的角色，每次都笑嘻嘻地向鲁迅催稿。

令人想不到的是，一团和气的孙伏园为了鲁迅的一首小诗曾掴人耳光。曹聚仁在《孙伏园与京报副刊》一文中称，当时鲁迅写过一首小诗《我的失恋》，孙伏园把这首诗排在了版面上，"哪知晚上回到报社看大样，大样上没有别的特别变动，只少了一篇鲁迅的诗和多了一篇什么人的评论。据校对对他说，这篇诗稿是代总编辑刘勉己抽去的。他那时闷着气伏在案头看大样，刘勉己慌慌忙忙地走过去，对他说：鲁迅的那首诗实在要不得，所以由他抽去了。伏园一

孙伏园

时火起，一举手便一巴掌打过去。勉己连忙躲闪开去，抽身走了。他就紧追过去，一直追到编辑部，别的同事把他拦住，使他不得动手，这才大骂一顿完事。第二天，他便辞去了《晨报副刊》的编辑了。"

后来，《我的失恋》在《语丝》周刊上发表，又编入鲁迅的《野草集》。刘勉己抽去这首诗的原因是认为鲁迅的这首小诗影射了徐志摩。事后，孙伏园任《京报副刊》主编。

二

在来厦门之前，孙伏园负责编辑《北新周刊》，在8月10日、13日的《申报》上，均刊登了一条"孙伏园先生编辑的《北新周刊》出版了"的广告。

1990年出版的《厦大校史资料》第五辑（组织机构沿革暨教职员工名录）中只显示孙伏园来自浙江绍兴，任国文系教授。关于孙伏园来厦大任教的确切时间，在顾颉刚日记中有记载，在1926年8月29日，顾颉刚写道："与丁山往太古埠头接伏园，同归校。"1926年9月1日的《申报》刊登一条8月30日由厦门发出的消息："厦门厦大新聘教育教授庄泽宣、国学院编辑孙伏园前昨到厦。"由此可以与顾颉刚日记相印证，庄泽宣是在8月28日到厦门的，孙伏园则在8月29日赶到厦门。

1926年9月25日出版的《厦大周刊》在"新聘教职员略历"中对孙伏园、林语堂、顾颉刚、陈万里、章廷谦等人做了介绍。"孙伏园，浙江绍兴人，北京大学文学士，北京大学讲师，北京晨报及北京京报记者，现本校聘为国学研究院编辑部干事兼管风俗调查事宜"。鲁迅是1926年9月4日由北京经上海乘海轮抵达厦门，他在9月7日致许寿裳的信中说："我与兼士等三人，虽已有聘书，而孙伏园等四人已到两星期，则校长尚未签字，与以切实之定议，是作态抑有种变，未可知也。"

孙伏园在《厦门景物记》中记述了刚到厦门的情景：到厦门之前，在他的想象中，厦门是一处居中一站，前后左右四面都是海水的海岛。"到厦门一看，却全不如此"。船上的一个朋友给他介绍了厦大当时的各处建筑：映雪楼、囊萤楼、兼爱楼、笃行楼、博学楼等，以及每一座楼的功能与作用。由于他乘坐的轮船到厦门时已经是傍晚6点多了，根据规定此时已经不准进港靠岸了，虽然厦门大学就在眼前，他也"满腔的热望就在即刻知道厦门大学的一切"，但无法抵达，只能在船上再熬一晚。

第二天一早，他离船登岸时，被要求做检查，因为当时厦门的虎烈拉（即霍乱）比其他地方严重。而所谓的检查"不过是医生站在楼梯旁，叫乘客全体从楼梯下来，经过他的面前，就算完事"，孙伏园认为这种检查太敷衍，"这不是查验乘客是否有病，只是查验乘客是否能够走下楼梯，不禁令人失笑"。

这时他才明白厦门大学门口并不是登岸之处，船要进港后才能靠岸。下船之后，他又乘坐了半个多小时的小艇才真正到了厦门大学。

孙伏园被安排住在生物学院的楼上，房间三面有窗，共有十一个窗户，在房间里可以看到鼓浪屿的洋楼，可以看到南普陀寺以及胡里山炮台，风景可谓极佳。"把任何一个窗户当作画框，去套在任何一块风景里，便片片都能入画，这缘故大部分在乎画框中富有各种形态，也富有各种色彩。大块的是海、天、山，小块的是海中的轮船、帆船、波浪，山上的石岩、茂草、小林，天上的云彩、晴空、飞鸟，而这许多大大小小的东西又都是移步换形，而且是移步换色的。"

鲁迅到厦大后，先住在生物学院的三楼，后来搬到集美楼的二楼上，孙伏园、张颐二人移住在鲁迅的西边。林语堂曾在《八十自叙》中称，当时孙伏园与鲁迅一起开伙，两人吃的是火腿，喝的是绍兴酒。

厦门大学国学研究院自从聘请林语堂、沈兼士、鲁迅、孙伏园、黄坚、顾颉刚、潘家洵、陈万里、丁山等人后，"积极进行，颇有蒸蒸日上之势"。

9月18日下午4点，国学研究院召开讨论会，众人商定决定出版"厦大国学研究院季刊"，当年的12月份出版第1卷第1期，每期以8万字为准，采用新式标点，4号字排印。还商定编辑部共同编辑《中国图书志》，第一部先编《书目之书目》，组织风俗调查会等相关事项。

9月30日上午10时，厦门大学举行开学后的第一次周会，孙伏园、鲁迅等30多位新来的教员出席了这次活动，各科新老教员百余人。校长林文庆宣布了科系的改革，从前属于文科的教育系、商学系、法学系，属于理科的工程学系，"皆大加扩充，改称为科，并另添设医学一科，广招学子，以宏早就"。林文庆演说完之后，各科主任向大家介绍了新聘教员。当时文科的新聘教员中，已到校者7位，"其余在商聘间者，约尚有四五位，日内亦可定夺"。作为文科主任的林语堂在会上重点介绍了鲁迅、孙伏园、顾颉刚、沈兼士等人。介绍完毕，"拍掌之声，震动屋宇"。开学式持续到11时许。

孙福熙在1924年为其兄孙伏园画的素描

从《厦大周刊》所载"各科教员每周授课时数之调查（一）"中可以发现林语堂、鲁迅、顾颉刚、张星烺等35人的授课时数，唯独没有孙伏园的，由此可推断孙伏园在厦大并没有任课，而是专职于编辑事务和风俗调查事宜，同时兼任南普陀寺附设闽南佛学院教职。

三

1926年10月，孙伏园的新书《伏园游记》由北新书局出版，在厦门的他很快收到样书，书的封面系蔡元培题签，封面肖像出自他弟弟孙福熙之手。孙伏园一辈子基本上都在编副刊，是民国文人中少有的以编副刊扬名的人，写作并不是他的特长，也谈不上有传世的作品，所写作品大都以游记为主，这本书也算是他的代表作之一了。

1926年12月11日上午，丁山邀请鲁迅、孙伏园、罗常培等到鼓浪屿游玩。众人在洞天餐厅用过午餐后，同游日光岩和观海别墅，下午乘舟而归。

12月13日上午，孙伏园与顾颉刚、容肇祖、林幽发起组织国学研究院的风俗调查会，不少学生也参与了当天的活动，在章程中决定调查风俗从闽南入手，次及福建全省，全校师生或校外人士，"凡对于研究风俗饶有兴趣者"，经过会员介绍，都可加入。会上还规定，风俗调查会可以接受外间捐款，并自购风俗物品，设立风俗物品陈列室，"作为风俗博物馆之初步"。

现场决定风俗调查会第一期征求的题目为"新年风俗"，因"本校教职员同学中多有本地及各省人士，关于新年风俗，各地有其特色，一旦汇集一处，必成蔚为大观"。到会的师生会员经过讨论决定第一期刊发的作品中有：孙伏园《记绍兴的堕民》，顾颉刚《厦门的墓碑》，林幽《儿童游戏的种类及家族经济》，容肇祖《厦门的偶像崇拜》，丁山《新风俗论》，林惠祥《闽南的下等宗教》，黄天爵《海澄疍户》，高子化《云霄械斗记》等。

孙伏园的嗜好是烟、酒、茶，他曾向人说："一没有烟酒茶，绝对写不出文章，但有了烟酒茶，未必写得出文章。"还有两样不可缺少：糖和鳝鱼，请他吃饭时，鳝糊是必不可少的一道菜。事实上，孙伏园写的作品并不多，据说，他见弟弟孙福熙有一枚印："没有画的画家"，他也刻了一枚"没有作品的作家"自嘲，一些好事的批评家再也不好意思去挖苦他了。

在厦门时，孙伏园还多了一项爱好——放野火。原在上海南洋大学就读的卓治（魏兆祺）在1926年9月转学到厦大理科机电工程系就读，与孙伏园有过交往。他在《厦门与厦大》一文中说，由于当时厦门岛上一人多高的野草可以找到好几处，他曾和孙伏园一起到郊外放野火，"孙伏园先生素好走路，曾常与出行，放野火是我们的新兴趣。记得有一次，第二次周游全岛的那次，我们因放火（是野火）经验的增加，所以成绩很好，只有两根火柴，却引起一条五六丈火线，那时风来正巧，于是蔓延开去，熊熊燃烧了一个多钟，成绩的确很好，或是我们此生中，一部分不小的工作，这段事也只有在厦门才可以实现，我怎不自幸呢？！"

《伏园游记》

孙伏园喜欢出行之事，在顾颉刚1926年10月8日的日记中也有记载："与介泉、伏园同游自来水公司，下山迷路，极狼狈，刺破了两手。"这里的自来水公司就是厦门上李水库，这座在20世纪20年代由德国人修建的水库大坝就像是古堡建筑，坚固壮观。上李水库"规制宏大，工程坚牢，实所罕见"。1926年7月，自来水工程初具雏形，开始试行送水，经过检测水质优良。民国时期来往于厦门的各国商船，在试用厦门自来水公司所供之水的过程中，经过各国多种仪器的化验，确认其水质在亚洲位居第一位。厦门自来水公司由此获得"远东第一水厂"的美誉，名声远播，经过厦门的轮船都愿意在厦门加水。

从孙伏园所著的《厦门景物记》中可知，他曾走进南普陀，登上五老峰，怀着"看看南普陀寺的山背后是什么"的动机，和崔真吾、王方仁、魏卓治（即卓治）、朱玉鲁等四人两次绕行全岛。

从《鲁迅日记》中可知，在厦门大学期间孙伏园曾去了一趟广州，并且鲁迅在10月19日收到孙伏园从广州发来的信。11月5日，孙伏园从广州回到厦门。《鲁迅日记》载："持来遇安信，并代买之广雅书局书十八种三十四本，共泉十二元八角。"之后，孙伏园陪着鲁迅到厦门市区买药、鞋子、帽子、火酒、皮箱等用品，还陪着鲁迅到南普陀寺看戏，关系非常融洽。孙伏园在《哭鲁迅先生》一文中说："我们一同旅行的时候，如到陕西、到厦门、到广州，我的铺盖常常是鲁迅先生替我打的。耶稣尝为门徒洗脚，我总要记起这个故事。"

11月28日，崔真吾、王方仁、魏卓治、朱玉鲁四人在厦门镇南关附近的福州小饭店为孙伏园饯行。当时还邀请鲁迅参加，这顿饭留给鲁迅的印象是"饮馔颇佳"。30日，鲁迅收到商务印书馆寄来的三本英译本《阿Q正传》，分赠给了孙伏园、林语堂，自己留下了一本。

12月4日，鲁迅做东，又邀请孙伏园、崔真吾、王方仁、魏卓治、朱玉鲁一起宴饮，鲁迅虽未明说，但不言而喻也是为孙伏园饯别。之后林语堂、罗常培等人也纷纷设宴为孙伏园饯别。

12月18日（鲁迅给沈兼士的信中说是19日），这天大风，午饭过后，喝得醉醺醺的孙伏园带着行囊坐上了开往广州的船。鲁迅给许广平的信中说，孙伏园登船后，曾在船上大吐。

四

  1927年1月17日《申报》刊载的一则《厦门大学发生学潮》的消息透露出了孙伏园离开厦大的具体时间，可以作为一个参考。"嗣孙伏园与学校意见不合辞去，频行托鲁迅代领余薪，孙以12月18日去校"。显而易见，孙伏园的离开是与学校意见不合，至于什么意见却无从知晓。在鲁迅代孙伏园去领薪水时，学校只支付了11月份的薪水，而12月份的却没了。鲁迅认为学校这种做法非常不妥，"以为即不计12月全薪，亦应计十八日之值以付"。

  赵瑜著的《小闲事：恋爱中的鲁迅》讲述了一段故事。由于孙伏园离开厦门，顾颉刚估计孙伏园不一定回来了，于是推荐了一个人替孙伏园到南普陀上课。"这个人是胡适的秘书——其实连秘书也不算，只不过是替胡适抄写东西的。顾颉刚为了推荐成功，让此人冒充清华大学的研究生，结果被拆穿，自然失败了，但是这个假研究生还是来到了厦门，先住在南普陀寺，主要是替孙伏园上课。"孙伏园当时在南普陀寺有个月入五十元钱的兼职，在孙伏园的假期还剩两天时，"顾颉刚便开始制造谣言，说孙伏园假期满了而不回来，大致是要在中山大学教书了。甚至还派人到鲁迅处打探孙伏园的消息，结果鲁迅用一个太极推手的方式回答了他"。从中可知，孙伏园离开厦大是请了假的。

  鲁迅1927年1月15日离开厦门，乘"苏州"号海轮于18日抵达广州。由于孙伏园已到达广州，便忙前忙后为鲁迅安排住宿。19日下午，在孙伏园、许广平等的帮助下，鲁迅迁入中山大学，住进校园前排中心的大钟楼上。鲁迅在中山大学担任文学系主任兼教务主任，孙伏园还为许广平在中山大学谋到助教一职。

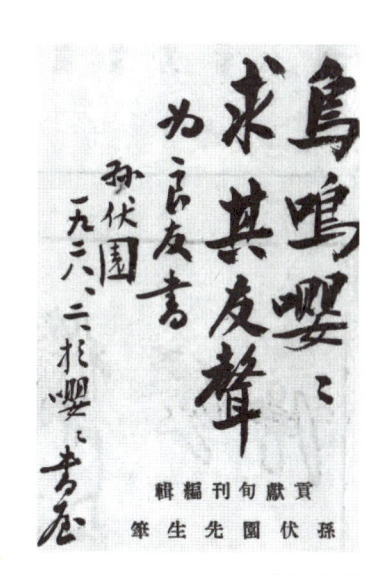

孙伏园题字

孙伏园写过一篇《厦门和广州》，发表在1927年1月21日的《新生》杂志上。他在文中总结了厦门和广州的异同之处，认为厦门和广州的共同点在于："两地同在南方滨海，物产丰饶，交通便利，而受到中国旧文化的遗毒都比较的少"。"厦门广州的人民对于反抗外强这一点上，态度是完全相同的"。在两地"长衫和袍子就很少见，不必说马褂了"，"在闽广许多文字以我们北方人的眼光看是不了解的"，他举例说，"揸"字就不认识，在南普陀的水陆盛会上，他看到"男曰揸公""女曰揸娘"不知何意，"因为字书上向来不收，有人解作碰字的笔误，或者近理"。

"用北方人的眼光看来，广州人实在是比厦门人更其古怪的民族"，他说，在北方吃鳗鱼的人不多，但广州人不但吃鳗鱼，还吃各种蛇、猫、鼠、猴子，甚至龙虱、桂花蝉，而且是剥了壳吃它的肉。

关于厦门的不足之处，孙伏园说："厦门似乎还可以学广州，厦门的富力并不让人，而厦门的富力是潜伏着的，外表上真看不出什么……我希望厦门的富力表现一点出来，至少在文化上与市政上也赶得上广州。"这是孙伏园对生活过的两个南方城市做的一次对比。

不久，孙伏园便离开广州，前往武汉任《中央日报》副刊编辑，而鲁迅离开广州到上海定居后，孙伏园曾多次到上海探望鲁迅，并与林语堂、孙福熙、周建人、许广平和鲁迅一起摄影留念。

无论如何，厦门都给孙伏园留下了深刻的印象，他在1937年第1卷第5期《月报》上发表的《哭鲁迅先生》一文中说："到厦门，到广州，我和鲁迅先生都在一起。鲁迅先生到一处新地方，都是青年心理，抱一腔很大的希望。厦门风景的阔大、旷野，可做的工作之多，初到时给予我们的印象实在深刻。后来固然因为广东方面的不能推却，只有离开厦门到广东去，但厦门的许多人事，我后来听鲁迅先生说，那真是初去时所不及料的。"

鲁迅

鲁迅在厦门大学虽然只待了三个多月，但对厦门大学的影响是巨大的。如今在厦门大学校园里，不但有鲁迅纪念馆，还有鲁迅的花岗岩塑像、鲁迅广场，校门、校徽、信封、毕业证书上的"厦门大学"字样都曾采用鲁迅的墨迹。鲁迅带给厦门大学的是宝贵的精神财富，是厦门大学校史上的一段荣耀，也是厦门大学对外宣传的一块金字招牌。关于鲁迅在厦门大学任教时的情形，有众多的专家、学者著书立说，进行各种考证。本文侧重于展示鲁迅在厦门的另一面，讲述这位大文豪背后的故事。

鲁迅：在厦门的另类故事

一

1926年8月29日，离开北平南下的鲁迅与许广平同车抵达上海。晤亲访友，盘桓两天后，9月1日夜里12点，在周建人的护送下，鲁迅冒雨登上了"新宁"号海轮。次日晨7时驶向厦门。1小时后，许广平乘坐的"广大"号海轮起锚前往广州。鲁迅身在"新宁"号上，但心中牵挂的却是"广大"号上的许广平。后来，鲁迅在信中询问她："不知你在船中，可看见前面有一只船否？"

9月4日下午1点，船到达厦门。鲁迅先往预定的中和旅馆，随后又给许羡苏、周建人邮寄明信片。不久林语堂、沈兼士、孙伏园等来到旅馆迎接，众人雇小船从海上驶往厦门大学。

关于鲁迅初到厦门的情形，1936年4月11日的《南京日报》刊登了一篇《鲁迅在厦门》，文中讲述了另一个版本，因罕有人述及，特全文摘录如下：

> 在他未抵埠之先电报早已送到厦门大学了，厦门江声报也替他登了一篇免费广告。轮船抵埠的那天，厦大校长林文庆博士率全校学生暨厦地各中学校长、教员，数百人齐集提督渡

鲁迅

鲁迅画像

码头欢迎他，比较熟悉的便已搭小艇至轮上去迎接他，结果总是寻不着这位老夫子的影子，大家都发着急，一副失意的脸孔非常可怜地你瞧我，我瞧你，这时林老博士也急的胡子竖立，亲自上轮去找了一趟，结果还是同归于失望，大家在讨论着：或许是他因人生地疏走错路吧？

这时大家各自分头去寻找，到底还是被林博士发现着，你猜看他被发现的是个什么地方？同时厦大学生理想中的鲁迅先生是什么样一个人物呢？我相信各位的猜想，这位老夫子被发现的地方起码也是个有名的菜馆酒楼抑或西餐馆的，在厦大学生理想中的鲁迅起码也是个西装少年，这个推测当然很正确的，因他是个渡洋吃过红烧牛肉的留学生，这可完全谬误了。他被发现的地方，任何人都会猜想不到的。他怎会蹲在马路旁边的小摊上去吃蚝仔煎哩！所谓蚝仔煎者，是厦门人的特种口味，蚝是一种寄生在海边礁石上的壳类，它的身体是紧贴在石头上的，他们把它挖出来做厨房的调味，有的把它拿来放在薯粉里加以相当的水分和蒜苗搅拌成浆状，然后把它放进煎锅里去煎，十分钟即可熟。味道非常鲜美，价目每盆一角至三角。

当林博士过去请他到学校里去，他回答说："这样鲜美的味道，让我多吃两盆再走未晚呢！"依旧蹲在担边大吃特吃，一盆吃过又一盆，吃饱了，旁边的盆子已一叠四五个，林博士代他付了一块二角钱的账，他才起身来，手上染着的油在头发里擦一擦，他的手帕更便当，袖子向嘴角一抹就算了。其中一位学生看得太不下去了，立赠他一方雪白的丝帕，他不但不受，反而说那位学生太贵族化，你用那种手帕实在太费事，还是我的袖子来便利。他今天穿的是一件天青色的旧长袍，只知道它和卖油条的所着的那件灰布的围巾一样的油垢的发亮。幸而他到厦门时值深秋，

> 如果是在夏季的话，恐怕他衣上的油会一滴滴地坠在他那双黑变灰的破皮鞋上
>
> 他住在厦大教授员第一宿舍，一向是不吃伙食的，他每肚饿时，就自己一人踱出校外烧饼摊上去，购了几个烧饼挟在腋里，一路吃回学校里来。他的生性非常浪漫，平时好嗜酒，每逢月底捐薪，便邀了许多朋友上馆子里饱吃一餐，也喜听粤剧，有几位粤籍的同学与他很亲近
>
> 有一次上课，他正在讲的指手画脚很高兴的时候，头上忽然发生奇痒，便用他那养着一寸多长的指甲在头上抓下了四五个像芝麻大的虫子，他很快地把它捡进口里去，嚼得霹霹地响着。其中一位女生起而问道：鲁教授，你头上还带来芝麻吃吗？他回答是很幽默的：是，因他这几个小麻子老在头上捣蛋，不给他吃光了，还留他在吵死人吗？学期结束了，老夫子辞去厦大教职到广州去了

这些趣闻，有的是捕风捉影，有的是张冠李戴，经不起考证，只能作为饭后的谈资，供人一笑耳，但它反映出大家对鲁迅衣食住行的关注。

二

鲁迅对于厦门的饮食是颇有怨言的。1938年5月27日，作者"青鸟"在《力报》上发表了一篇《鲁迅与厦大》，文称："记得他在校（厦门大学）时，住宿、饮食，一切一切都不舒服，加之厦大一位庶务先生，老是和他作对，常常要命他搬家。这种晦气实在叫他受不住。有一次他在厦门当地报屁股上，便作了一首打油诗，诗曰：到校二三日，挨饿三四顿。包饭五六家，还要等一等。"

沈兼士在1936年第3卷10期《中国学生》杂志上发表的《我所知道的鲁迅先生》一文中描述过鲁迅的三大爱好：抽烟、喝酒、吃糖。"先生的嗜好有三种，就是吸烟、喝酒和吃糖，这三种嗜好，一般人固然也有，不过先生嗜好

的程度极深,正如同他的学问一样。吸烟起初吸得很少,以后有人劝他,而他反觉得吸纸烟不过瘾,便吸起雪茄来了。他总是烟不离嘴,脸同手指熏得很黄,好像吸'鸦片'似的。酒,他不但嗜喝,而且酒量很大,天天要喝,起初喝啤酒,总是几瓶几瓶的喝,以后又觉得啤酒不过瘾,'白干''绍兴'也都喝起来。糖,一般儿童都爱吃,但几十岁的成年人不太有这种嗜好,先生则最喜欢吃糖。吃饭的时候,固然是先找糖或者甜的东西吃,就是他衣袋里也不断装着糖果,随时嚼吃。"

在厦门,鲁迅喜欢吃糖或甜食的习惯依然没有改变,他说,"这里的点心很好",但不能过夜,不然就会爬满红色的小蚂蚁。他对此束手无策,给许广平写信说,"这里的蚂蚁可怕极了"。同样喜欢甜食的蚂蚁让鲁迅颇为头痛,他想法来对付这些蚂蚁,"我现在将糖放在碗里,将碗放在储水的盘中",鲁迅用"四周围水之法"驱逐蚂蚁,白糖总算安全了。如果偶然忘记了,等他再想起时,可怕的一幕又出现了,"顷刻之间,满碗都是小蚂蚁"。后来再买点心,鲁迅总是"买来之后,吃过几个,其余的竟无法安放,常将一包点心和蚂蚁一同抛到草地里去"。

除了和蚂蚁斗智斗勇外,鲁迅在厦门还曾与猪决斗过。这件事最早出现在章依萍《记鲁迅》一文中,他写道:"大家都知道鲁迅先生打过叭儿狗,但他也和猪斗过的。有一次,鲁迅说:'在厦门,那里有一种树,叫做相思树,是到处生着的。有一天,我看见一只猪,在啖相思树的叶子。我觉得:相思树的叶子是不该给猪啖的,于是便和猪决斗。恰好这时候,一个同事的教员来了。他笑着问:'哈哈,你怎么同猪决斗起来了?'我答:'老兄,这话不便告诉你。'……"

鲁迅为什么会和一头猪过不去呢?后来,鲁迅的孙子周令飞在《鲁迅是谁》一文中给出了答案:当时鲁迅正与许广平处于热恋之中,两人分开后的相思之苦难以言表,鲁迅在厦大任教三个

鲁迅与许广平

多月的时间里，两人往返书信达80多封，差不多一天半写一封。一天，鲁迅正在相思树下思念许广平，这时一头猪跑来吃相思树的树叶，扰乱了鲁迅的相思和对美好爱情的向往。代表爱情的相思树被猪啃了，鲁迅觉得大煞风景，于是和猪决斗起来。所以当同事问他的时候，他才说不便回答。这其中或许有周令飞的演绎，但并不影响鲁迅留给世人的形象，反而更让人感受到鲁迅身上带有可亲的烟火味。

有人说："他（鲁迅）是一个有趣的人，他和你谈话，常常有许多笑话说给你听，但他自己却不笑。"作者"希濂"于1956年9月30日在《厦门日报》发表了一篇《关于鲁迅一二事》就给出了例证。文中说，鲁迅在厦门大学任教时，他也在厦门大学就读，但和鲁迅并不熟稔，"以致博学楼（我住博学楼）与集美楼间仅仅百余步之隔，竟然不相过从"，集美楼自然是指鲁迅居住的集美楼。虽然没有亲密接触，但他记得一件事情。

"'双十节'纪念会散后，照例全体师生齐集群贤楼下摄影，恰好一架海军机在我们头上盘旋。鲁迅先生指着天空的飞机，矗立海边的无线电台和群贤楼等一列房屋，对学生说：'我们如单在这里看飞机、电台、大楼和运动场，厦门够摩登了。但要认识真正的厦门，却必须到水仙宫镇邦街（按：那时水仙宫镇邦街还没改造，马路狭隘拥挤并污秽）看看，所以选集是万万要不得的。'学生们都大笑起来。"

在很多人的笔下，鲁迅是不修边幅的，在给鲁迅送过餐的厦大校工陈传宗的印象中也是如此。陈传宗说："我第一次见到周树人教授是在1926年10月1日，那天上午我们正准备午饭，突然从厨房门口走进一个人：个子不高，瘦瘦的，眉毛和胡子粗黑粗黑，短头发像粗梳子一样立在头上。穿着一件蓝青色的长布衫，一双黑布鞋。年龄大约在45岁左右。"由于鲁迅穿着朴素，还一度引起误会，著名学者郑子瑜在《鲁迅在厦门》一文中说："又有一次，鲁迅到陈嘉庚公司去兑支票，阍者竟把他挡住了，盖误为扒手；鲁迅发长不剪，穿的又是一件粗布长衣，难免为带着势力眼光的小人之鄙视，但是鲁迅说：'吃亏一点并不要紧，倒是我可以省下剪发的时间去看点书。'鲁迅的不善剪发，虽另有原因；然其勤于治学的精神，已够做我们的圭皋了。"

鲁迅不修边幅不仅在厦门如此，在北平也是如此。1948年5月21日《新疆日报》刊登了一篇署名"大生"的《鲁迅趣事》，讲述了鲁迅在北平上课时不修边幅的故事：

> 鲁迅先生在北平教书的时候，一上教室门，首先惹人注意的就是他那约有两寸长的头发，粗而且硬笔挺的直立着，真当得"怒发冲冠"的一个"冲"字。他尤喜欢穿一套褪了色的暗绿夹袍，和褪色的黑马褂，手臂、上衣身上的许多补丁则炫着异样的新鲜色彩，好似特制的花纹，皮鞋的四周也满是补丁，人又瘦弱，常从讲坛跳上跳下，因此两膝盖的大补丁，也掩不住了。有时，一些学生，尤其是一些女学生都哗笑着他，"怪物！真似出丧时那乞丐的头儿！"
>
> 鲁迅先生就是这个样子去上课，他不管补丁不补丁，头发长不长，他只希望自己的一切学问交给下一代，把每个青年都培养成为一个战斗者。结果，鲁迅先生在每一个学校中都得到一致的拥护，在上课时总没有一人逃课，也没有一人听讲时拿出什么东西来偷偷做。
>
> 以后，很多学生对鲁迅先生这种穿衣服的作风竟模仿起来，他们一致团结在鲁迅的周围。

1947年2月21日《社会日报》刊登的一篇《鲁迅被人奚落》也是说鲁迅因为穿着朴素引起店员的冷落。"当年在沪时，除埋头著译、勤于写作外，每喜于暇时的信步至某日本书店内翻书，该书店为一贵族书屋，进进出出皆衣冠楚楚学者之流人物，独鲁迅先生，衣着长袍，登老布鞋，店员每对其加以轻视。一日黄昏，鲁迅又踱至该书店阅书，店员乘其不备，将临近他身旁的一张电灯突然熄灭，鲁迅勃然大怒，立即大步走至柜台之前，出皮夹故意对店员点数钞票，并购书数册扬长而去，店员方满面春风，含笑送出，事后鲁迅语人：'此辈皆狗眼看人低之奴才也。'"

那么鲁迅在厦门的穿着到底如何呢？与鲁迅同时在厦门大学任教的章廷谦（川岛）在《鲁迅先生生活琐记》中说："鲁迅先生的衣着尽管旧，甚至是破的，然而总是那么整洁。说旧也不是像当时遗老遗少们穿的那种古怪样子，只是他的一件衣裳穿着的年代比别人的要长久些。"这应该是对鲁迅穿着客观、准确的表述了。

三

如今，在上海鲁迅纪念馆中收藏着一方鲁迅在厦门大学任教时使用的砚台。砚台是鲁迅赠送给当时的同事郝立权的，郝立权当时任国文系副教授，教授诗选及诗史、文选及文史等课。

郝立权，中国古典文学研究家，字禺蘅，又写作禺蘅、秉衡。1895年出生。1924年从北京大学国文系毕业，是学者黄节（晦闻）的弟子。

1926年4月17日出版的第146期《厦大周刊》在"新聘国文教员略历"中对新入职的郝立权做了介绍："郝立权，字禺蘅，江苏盐城人。北京大学文学士，历任东陆大学、云南高等师范、金陵大学教授。江苏省立第一中学高级部教员，文艺专科师范学校校长。现应聘来校担任国文系功课。学识经验，均极丰富，诚堪为本大学庆得人。"可见他到厦门大学任教早于鲁迅、孙伏园、顾颉刚等人。

在《鲁迅日记》中先后四次提到郝立权：

1926年12月17日：午，郝秉衡、罗心田、陈定谟招饮于南普陀寺，同席八人。

1927年1月6日：郝秉衡来。

1927年1月9日：王珪孙、郝秉衡、丁山来。

1927年6月18日：上午得郝禺蘅信，11日厦门发。

顾颉刚在厦门大学期间的日记中也多次提到郝立权。可以肯定的是，在厦门大学期间，郝立权与鲁迅、顾颉刚、孙伏园、沈兼士之间来往颇多，交流频繁。

郝立权的《禺蘅诗稿》《惠施传》《重浚司马井碑记》等作品多次在《厦

大周刊》《厦门大学季刊》《厦大集美国专学生会季刊》上发表，是南下的教授中发表诗词作品最多的一位。顾颉刚对郝立权的诗词倍加推崇，他去泉州考察购回的《渔洋柳州诗话图》，曾特意拿去请郝立权题诗。郝立权题写了一首《颉刚自泉州归以所得渔洋柳州诗话图属题即书其端》，发表在1927年第173期《厦大周刊》上，诗云：

> 游艺非隐沦，考览滋所欲。惟君无俗情，访古得牙轴。开函一采览，辉光忽在目。水木湛清华，菉翠晶幽馥。淡瀲生虚明，柔条依旧绿。下有古人诗，促坐言欸曲。挥尘邀清风，商歌散贞朴。岁往亦既久，遗翰在短幅。流观迭去来，守此亦云独。

顾颉刚的父亲六十大寿时，已经离开厦门的顾颉刚还致函郝立权，请求为其尊人写诗，于是郝立权写下了一首《颉刚来书为其尊人六十寿乞言诗以应之》。

不仅郝立权能诗，其夫人也能写诗吟唱，《厦大周刊》上曾刊登过其夫人所作的《春归》《十五夜月思家》《楼头晚立》等三首作品。其中《楼头晚立》云：

> 倦禽日暮亦知休，飘急浮云动客愁。千里乡关何处是，青山渺渺水悠悠。

作者在诗中以纯真的感受、美妙而委婉的情调展示了其独特的人生视角和艺术天赋。通过自我形象的塑造，展现了丰富的感情世界，突出了故乡难忘、故土难离，夜晚来临之际的思乡之情，读来令人倍感其愁，是闺秀诗中的佼佼者。

当鲁迅、沈兼士、孙伏园、顾颉刚、张星烺等人陆续离开厦门大学时，郝立权选择留了下来，到1929年才离开。

1927年1月2日，摄于厦门

那么，鲁迅在厦门大学为什么会送给郝立权一方砚台呢？祝文品在《鲁迅在厦门大学使用的砚台收藏记》中说："一天晚上，郝先生到鲁迅住处去聊天（见日记）。谈的都是鲁迅先生的家事。当鲁迅谈到周作人的日本籍夫人时，心情很不好，曾愤愤地说了一句'我吃的是草，挤的是奶'。这是郝先生第一次听到这句鲁迅名言。为了缓和气氛，另找话题，郝先生看见鲁迅书桌上有一方歙砚（就是现在保存的这方砚台），便称赞说这方砚台很好，随之拿起来把玩一会。当时鲁迅没有什么表示。想不到第二天鲁迅把那方歙砚用纸包好，亲自送到郝先生家里。郝先生觉得这是夺人所爱，很过意不去。最终，还是收下了这件礼物，放在案头使用。鲁迅逝世后，郝先生更加珍惜这方砚台，把它当成一件纪念物保存。郝先生在世时，经常向他的亲友指说这是鲁迅先生使用过的砚台，并以此为荣。"

"文革"时期，祝文品和郝立权一起蹲"牛棚"，年迈的郝立权担心这方歙砚在抄家中会遭到破坏，便送给了祝文品，后来祝文品捐给了上海的鲁迅纪念馆。祝文品说，郝立权先生如果在世也会把这方砚捐赠出来，因为他生前曾把一张鲁迅在厦门的珍贵照片捐给了上海鲁迅纪念馆。

鲁迅在厦门大学担任声韵文字训诂研究、小说选及小说史、文学史纲要三门课的教学，任务并不重，一周才讲五个小时，比林语堂、沈兼士、毛常等人的课时都少，但鲁迅生活得并不开心，除了与刘树杞、顾颉刚等人之间的矛盾外，鲁迅对校长林文庆也很反感。

1938年5月27日"青鸟"在《力报》上发表的一篇《鲁迅与厦大》中称：

> 鲁去后，即在国学院当一名教授，院长是自命为"孔子门徒"的林文庆，思想陈腐之极，鲁对他初不以为然，只是有一次在国学院例会上，林讲在年假时，最好能看到各位教授及学员们有成绩的。后来，鲁迅先拿出成绩来了，不料稿子送到林院长那里，不到半个小时以后即刻原封退还，也没说什么原因，自此，鲁迅开始才知道林院长不然了，并且，鲁迅开始看到自己与厦大之间的隔膜，心中大为不快。

> 鲁迅初到厦大,预先计划在那里执教鞭二年,合同上的年限也如此写着,他觉得没有两年的时日,对于学员是不会收实效的,同时,他也想趁此闭关作长期的自修,如整理中国文学史略等初稿,哪知到了后来全变成了他的泡影。

四

生活上的孤寂,对许广平的思念,与校长林文庆、刘树杞、顾颉刚等人之间的矛盾,加上国学研究院的经费大幅度压缩,鲁迅的一切计划又成了泡影,这让他下定决心离开厦门。

1927年1月15日午后,鲁迅在许多教师、学生的陪伴下登上了一艘小船,离开了厦门大学。与鲁迅同行的还有三名(一说七名)厦门大学广东籍的学生,他们钦佩鲁迅的学问,决定放弃就读的厦门大学转入鲁迅即将去的中山大学。校工陈传宗说:"15日中午饭后,我叫了厨师潘国雄等四个工友,一起到周教授宿舍,帮忙收拾书籍和行李,捆上就走……中午12点45分,我叫他们快走,路过西厨房时,20多个工友出来欢送到平民学校。罗扬才(当时中共地下党员)、谢玉生、陈梦韶和我以及工友四人,送周教授到码头。五人上小船划到'苏州'轮大轮船……在临别之际,我看到周教授面色不太好,双眼红起来,止不住流出眼泪,我心情也十分难过,也流了泪。"然而,令陈传宗想不到的是,此时,鲁迅从日记本上撕下一页,在上面写了六个字:"浙江绍兴府人",把纸条递给了陈传宗。后来国民党飞机轰炸,陈传宗珍藏在家中的纸条与木房子一起化为灰烬。

跟随鲁迅一起到中山大学就读的广东籍的学生中,有一人叫廖立峨。此人是鲁迅的"义子",后进入中山大学外语系学习。他与鲁迅的关系就是在厦门大学期间建立起来的,鲁迅和林语堂都曾资助过他的学费,彼时廖立峨也给鲁迅提供了不少方便,也让鲁迅感受到了青年们的活泼气息。廖立峨在中山大学期间,常去看望鲁迅。朱崇科在《鲁迅的义子廖立峨:作为广东青年的'这一个'》一文中说:"他在鲁迅非常简略的记叙中出现了60余次,即使缩小范围,在1927年他也出现了56次。"而且鲁迅除资助他学费外，还赠给他《华盖集续编》《桃色的云》等六本书。可见，廖立峨深得鲁迅的欣赏和信任。

鲁迅在中山大学任教时间也很短，不久就到了上海，居住在景云里。1928年1月8日，鲁迅在日记中写道："晚立峨来，同弟往旅馆，迎其友人来寓。"鲁迅笔下的"友人"指的是廖立峨的妻子曾立珍和妻兄曾其华。他们到上海"上学"，为何非住鲁迅家呢？据许广平先生回忆，1月8日，下大雨，鲁迅接到旅馆送来一信，知廖立峨等人已住进旅馆，无钱付住宿费。鲁迅与弟弟周建人一同冒雨去旅馆帮助他们付清费用后，只好把他们接到家中居住。不料想三人住下后，不愿出去工作，整天待在家里，鲁迅不但供他们食宿，还得给零用钱。廖立峨还伸手向鲁迅要三人的学费。当时鲁迅和许广平的生活也非常困难，手头拮据，哪有钱为他们拿学费呢？三人为了表明读书的"决心"，听到鲁迅从楼上下来的脚步声，住在一楼的三人就大声读书，鲁迅的脚步声一远，读书声便戛然而止。

后来，鲁迅找到一家书店，和书店说好，请廖立峨到书店工作，鲁迅每月出30元，由书店老板转手把这30元交给廖立峨当薪水。不料想，廖立峨嫌钱少，不愿去工作。其妻兄曾其华离开时，是鲁迅帮忙筹集的路费。不久，廖立峨做木匠的哥哥又来到了上海，住在鲁迅家，并请求鲁迅帮忙找工作，后来没找到活只好离开，又是鲁迅支付的路费。

鲁迅和许广平对他们如此友好，廖立峨和曾立珍认为是理所应当的。有一次，曾立珍和鲁迅的邻居聊天时说，廖立峨到上海是来给鲁迅做"儿子"的，她自然就是"儿媳妇"。作为"老子"的鲁迅，是应该养活他们的，她本以为是来享清福的，没想到却是这样。鲁迅和许广平这才恍然大悟。

1927年1月4日厦岛留别鲁迅先生，摄于厦门大学

不通情理的"义子"廖立峨和妻子在鲁迅家住了八个多月，感觉"啃老"无望，提出要返回广东兴宁老家，临走时向鲁迅讨要路费。本来路费只需一百元，没想到当鲁迅凑齐一百元时，廖立峨却说，到上海时田地卖了出去，现在回去了无法生活，需要买地谋生，要鲁迅给他两百元。鲁迅说，实在难以筹措，而且自己生活也很困难，哪里有钱给你去买田。

廖立峨与其妻没有辞别鲁迅，而是在清晨悄悄离去，临走时从鲁迅家偷走衣服、被子和其他用品十余件，决心不给鲁迅当"义子"了。鲁迅在8月24日的日记中记有："立峨回去，索去钱一百十二，并攫去衣被什器十余件。"

1930年3月13日，鲁迅又收到这位不肖"义子"廖立峨的信，信中说："原来你还没有倒掉，那么，再来帮助我吧。"廖立峨事件，对鲁迅还是有相当刺激性的，他曾在1932年《三闲集·序言》中提及此事，"有一个从广东白云避祸逃来，而寄住在我的寓里的廖君，也终于怨怨的对我说道：'我的朋友都看不起我，不和我来往了，说我和这样的人（鲁迅）住在一处。'那时候，我是成了'这样的人'的。"1933年8月1日，鲁迅在致胡今虚的信中又提及此事，可见鲁迅对此是耿耿于怀的。

鲁迅离开厦门之后，厦门的文艺界长此沉寂下来。1933年出版的《出版消息》刊载《厦门文坛讯息》云："厦门的文艺界，自年前鲁迅在厦门时曾狂热一番以后，渐渐低落而沉寂下来了，文园里不过几株衰萎的蔓草，好像一块无边的荒野，这南涯一角死水里的文坛，委实荒得萧凉啊！固然一方面因为交通的不很便利，津沪轮船多直透汕港，一星期只有一二次的泊岸，同时，厦市当局也极力取缔新文化刊物，即普通的小报亦遭查禁。"

1927年1月4日厦门大学学生会欢送鲁迅先生，摄于厦门大学

鲁迅在上海去世以后，厦门各界举行了隆重的追悼活动。厦门日报社、厦大闽海学会、厦门妇女报、厦门基督教青年会等送了挽联，厦门双十中学学生自治会送了挽幛。据1936年12月1日的《The China Press》报道，当时厦门一度决定将南普陀到胡里山之间的一条路命名为"鲁迅路"，然而这件事情最终不了了之。

至于其中的缘由，郁达夫在《回忆鲁迅》一文中有述及："抗战前一年的冬天，我路过厦门，当时有许多厦大同学曾来看我，谈后就说到了厦大门前，经过南普陀的那一条大道，他们想呈请市政府改名'鲁迅路'以资纪念。并且说，这事已经由鲁迅纪念会（主其事的是厦门星光日报社长胡资周及记者们与厦大学生代表等人）呈请过好几次了，但都被搁置着不批下来。我因为和当时的厦门市长及工务局长等都是朋友，所以就答应他们说这事一定可以办到。但后来去市长那里一查问，才知道又是党部在那里反对，绝对不准人们纪念鲁迅。这事情，后来我又同陈主席（按：陈仪）说了，陈主席当然是表示赞同的。可是，这事还没有办理完成，而抗战军兴，现在并且连厦门这一块土地，也已经沦陷了一年多了。"

1952年10月，鲁迅在厦门大学集美楼的住处被辟为鲁迅纪念馆，这是当时国内五个鲁迅纪念馆中唯一设置在高校里的纪念馆。

张颐

邓以蛰

"在北大的哲学系（在当时是全国惟一底）中，认真讲西洋哲学的教授，我想当以张真如（颐）先生为第一人。"冯友兰曾在文中这样称赞过张颐。张颐曾先后留学美国、英国、德国十余年，是中国获得牛津大学博士的第一人。自他1923年回国主持北京大学哲学系，讲授康德和黑格尔的哲学史，中国才开始有能符合近代大学标准的哲学系。张颐因此被学界认为是中国大学里最早专门地、正规地讲授康德哲学及黑格尔哲学的第一人。1926年9月26日，张颐来到厦门大学任教，他曾是鲁迅的邻居，一度被聘为厦门大学副校长。后张颐北大的同事、哲学家邓以蛰因反对北大合并，也来到厦门大学，两人再度成为同事。

张颐、邓以蛰：两位哲学家的厦大时光

一

从张颐之子张文达所著《张颐传略》中可知，张颐，字真如，又名唯识，号丹崖，谱名为润金。1887年8月11日，张颐出生在四川叙永县马岭镇一个贫寒农家，兄弟姐妹九人，张颐最小，其中一人出嗣他房，旋即夭殇。穷困之家养活八个孩子，可谓艰辛备尝，实属不易。张颐幼年体弱多病，是个爱静的孩子，他不喜欢和同龄的孩子一起嬉戏打闹。从六岁起，他就在父亲的教授下开始读书，常能过目不忘。父亲稍加解读，就能领会于心。张颐13岁时，疼爱他的父亲去世。其父弥留时，叮嘱张颐的兄长熔金、崇金，让他们支持张颐读书，说"汝弟润金，尚知勤学，五经章句，既已告毕，缀文亦且成篇，宜令其继续读书，毋误其前程"，言讫而瞑。两位兄长没有令其父失望，亦看重弟弟的才气，想方设法支持张颐读书。

张颐曾参加过一次童试，没有考中，后来，他又去泸州投考川南师范，也没被录取，无奈之下只好到一个私塾读书。1905年，清朝开始废除科举，大兴学堂，张颐到永宁中学读书。这里新学之风很盛，教师们很多是同盟会员，都是新思想的倡导者，常常给学生介绍《国粹学报》《革命军》《民报》等革命书刊，讲解国内外形势，也鼓励学生出国留学。张颐入校后，

深受革命思想的熏陶。

1907年,张颐经杨沧白介绍,与同学杨伯谦、黄隼高、陶子琛、刘吟楚、徐毅甫、姜静甫等七人加入同盟会,是当地首批同盟会会员,并结为生死之交,号"永宁七君子"。后来七人跟随其他同盟会员一起策划起义,起义失败后,张颐去了成都。

1908年,张颐考入四川高等学堂,他的学费是朋友们帮忙筹措的。在成都的日子里,张颐结识了不少同盟会员,也和这些志同道合的人一起组织革命团体。保路运动中,张颐和大家一起印出革命文告,夹保路传单中四处散发。后来由于环境所迫,张颐历尽艰辛到了重庆。

1911年,重庆宣布起义,成立蜀军政府,张颐任都督府机要秘书,后来又代理炸弹团团长。成渝军政府合并后,张颐来到成都,任民政长公署机要秘书,每天的工作就是写些电文。这样的生活,让张颐感到索然无味,他一心想要出国留学。

1913年,张颐取得四川省公费出洋留学名额,搭轮船去了美国,留学密西根大学。他立志留学十年,学有所成后方才回国。1919年夏,张颐以特优成绩获得博士学位之后,又转到英国牛津大学继续学业,以进修生的身份研究黑格尔哲学。在当时的牛津大学里,中国学生只有张颐一人。1921年,转学德国埃尔朗埂大学研究班。到达后,张颐就开始努力学习德文,以求更深地研究康德及黑格尔哲学。在这里,他常和各国哲学家一起交流,获益不浅。

任继愈在《念旧企新——任继愈自述》一书中有一篇专门写张颐。任继愈虽然没有上过张颐的课,但作为北大的学生,他对张颐的故事耳熟能详。他说:"张颐先生在德国时,正值朱德将军也出国考察,他俩都是四川同乡,还有过交往。"

1923年春,张颐写成《黑氏伦理探究》(英文版),作为毕业论文,送回牛津大学审查,荣获了牛津大学哲学博士学位。他是第一位在牛津大学取得博士学位的中国人,而他又是第二次获得博士学位,这在哲学界是很罕见的事。张颐在所著的书中对黑格尔哲学作了全面详细的论述:追溯其发展,指陈其特点,阐释其困难,品评其意义,估价其可取处,批判其局限处。为此书作序的史密斯教授曾说:"特别重要的是,张颐教授讨论了黑格尔关于家庭及家庭和国家的观点。在这里他以他的批评超过了黑格尔,消除了一般西方思想和制度所根据的偏见……"张颐的这本书很受欧美哲学界的重视,他本人因此被誉为"东方黑格尔"。

留学期间的张颐欠了很大一笔留学费用,时任成都高等师范校长的吴玉章,邀请他回国任该校教务长,并答应代领留学费用再给他汇去。1924年,张颐乘船回到国内。北京大学、中山大学等争着聘请他,最终他选择到北京大学担任哲学教授。

二

1924年第1542期《北京大学日刊》刊登一则《教务处致张颐先生函》,函称:"真如先生台鉴:来函敬悉,先生学问素所钦佩,担任教育哲学至为适宜。来函谓经验缺乏,不克胜任,实属过谦之辞,以先生硕学,断无不能胜任之理,所有教育哲学一科,仍恳先生教授,定期开讲,实为厚幸。"从北京大学教务处10月13日发出的这份公函可知,张颐曾力辞教授教育哲学一科,北大也极力挽留。

当时的北大学术氛围浓厚,学生亦极勤学,张颐在这样的环境中颇感满意。他对学校充满热爱,甚至向北大图书馆捐赠过图书。张文达在《张颐传略》中称:"先父所授课程为西洋哲学史、教育哲学、康德之纯理批导、黑格尔哲学等,选课的学生甚为踊跃。"

1926年6月28日当天,张颐在《北京大学日刊》刊登了三则"启事",其中一则是说暑期来临,曾经向他借书的同学请到其在亮果厂胡同五号的寓所归还。另外两则是告诉同学下学年教授德国哲学等课程,通知选修的同学早日订购相关书籍。启事连续刊登了多日,订购相关书籍的

通知一直刊登到7月10日，其目的是想让更多的同学看到，为下学期的课程做好充分准备。由此还看不出张颐离开北京大学之意，或许已经有意，但未表现出来。

那么张颐为什么离开北京大学到厦门大学任教呢？张文达在文中透露，由于时局动荡，北大处境也有变化，办学经费没有保障。教师薪金每月只发两成，很多北大教授生活艰难，且多人已经离去。当时张颐还负责两个侄子文湘、文曦的大学学费，生活十分拮据。另一个原因是当时北大教授之间的相互排挤、非难，张颐"纯以教书讲学为职志，固不欲有所左右其间"，鉴于此，张颐选择南下。

厦门大学早期照片

1926年第157期《厦大周刊》对张颐介绍的文字如下："张颐，字真如，四川人。美国密西根大学哲学博士，英国牛津大学哲学博士，国立北京大学哲学教授，现本校聘为哲学教授。"张颐与顾颉刚、鲁迅、孙伏园、张星烺等人都是在这一学期到厦门大学的。在薛绥之、韩立群《鲁迅生平史料汇编》（第四辑）中称，张颐到达厦门大学任教的时间是1926年9月26日（张颐之子张文达所著的《张颐传略》中说是9月25日），住在集美楼上。鲁迅到达厦门后，也住在集美楼上。"张氏的宿舍，和鲁迅先生只隔了一重木板壁。他经常把一张印有'博士'头衔的名片贴在门口，而很少看到他到宿舍来"。

从那时起，厦门大学多了一位风度翩翩，精通英、德、法多国语言，研究水平世界一流的黑格尔哲学专家。师生们对其到来充满期待，对其讲课也充满好奇心。

10月7日，星期四，依据学校的惯例全校师生要齐集大礼堂举行周会。上午11点，张颐在周会上首次向全校师生演讲。他认为学生应有爱国精神，在勉励学生好学的同时，他说："吾人爱国，必先具坚毅自立之精神，实事求是，举凡一切政治、经济、民生、社会，加以深刻研究，渐次改良，庶国家有振兴希望，不受列强之羁绊，可与各国平等。"演讲过程中掌声不断，一直持续到12点多才散会。

1927年7月14日《申报》刊登《厦门大学之新设施》一文，文中公布了厦门大学新聘请的一批主任，张颐为新聘请的文科主任，理科主任为胡刚复，动物系主任为秉志，植物系主任为钟心煊，并称赞说"皆为科学界有数人才"。后来，胡刚复并未到任。

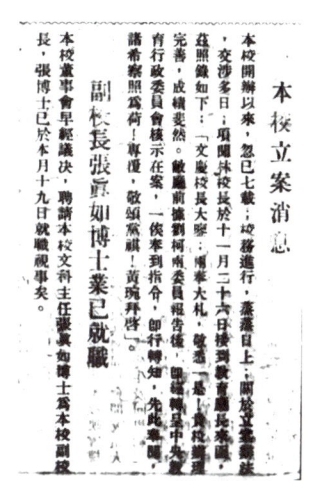

同年11月18日，校长林文庆在《厦大周刊》发布"布告"称："本校教授张真如博士已蒙董事会聘为本校副校长，兹订于本月19日就职视事。"19日下午4点，厦门大学全体教职员举行茶话会，60多名教职员出席活动，林文庆在茶话会上再次宣布聘请张颐担任副校长的消息，并说："本校董事会早经议决，聘请本校文科主任张真如博士为本校副校长，张博士因副校长责任重大，曾向董事会提出辞意，后经本校创办人陈嘉庚校董及陈敬贤校董力劝，张博士始允就职，今日为张博士就职之期，是以有茶话会之欢叙。"在一片掌声中，张颐站起来致谢，他说："蒙本校董事会聘请，颐担任副校长一职，固辞不获，不得已出而肩此重任，尚望林校长及诸位同事随时指导是幸。"随后，理科主任钟心煊、教育科主任孙贵定、商科主任陈灿、法科主任黄开宗以及预科主任徐声金等相继发表演说，茶话会一直持续到6：45才散去。20日晚上7点，全校教职员工齐集生物院三楼公宴张颐，60多人坐了满满五桌，林文庆向众人说明发起公宴张颐的用意后，张颐致答辞，随后林文庆和教职员们举杯欢饮，众人频频向张颐敬酒，"拍张之声，不绝于耳"。宴会一直持续到晚上10点半，众人才在醉眼朦胧中散去。

到1927年11月，厦门大学已经创办七个年头了，但一直没有在当时的中央教育行政委员会立案。虽然厦门大学和各界人士曾积极运作，但进展不大。11月26日，林文庆接到福建教育厅长黄琬的函件，说立案问题已经转到中央教育行政委员会核示在案。原来，厦门大学曾向北京政府教育部请求立案，但"未得要领"，立案工作只好暂停。后来，再次向国民政府大学院接洽。不久，张颐带着各种表册赴南京，与南京国民政府大学院接洽。1928年元旦，周岸登在给胡先骕的信中说："张真如（即张颐）经陈嘉庚特聘，膺副校长，而厦派鼓动本地无知学子反对之。张大不愿意，就职后三日，匆匆赴南京，为本校立案事有所接洽，现尚留沪未归。"从中可知张颐就任厦大副校长背后的故事。

1928年2月8日，林文庆在新加坡遭到流弹射击，伤及面部，立案工作也受到影响。在林文庆医治期间，张颐代理厦门大学校长，继续办理厦门大学立案的事宜，负责接待南京大学院派来的艾伟、丁巽甫，他们就厦门大学校址、校舍、图标及经常、临时各种预算、全校教职员履历、各科学生姓名人数、毕业生一览表以及各种财产、设备等，"均经缮具详细表册"带回南京。厦门大学给两人的印象是"基金充裕，成绩甚佳，各种设备亦极其完善"，丁巽甫当时曾预言，"立案一事，当不成问题"。果不其然，1928年3月26日，国民政府大学院院长蔡元培签令，私立厦门大学准予立案，成为中国大学教育发展史上第一所获得政府批准立案的私立大学。

厦门大学群贤楼

获知消息后,在南洋的"校主"陈嘉庚和校长林文庆都欣喜万分。

三

著名哲学史家萧萐父曾是张颐的学生,他在《吹沙二集》中回忆了恩师张颐:

> 张真如先生,是同学们衷心敬重的另一位严师。由于张先生是饮誉海内外的东方黑格尔专家,知名度很高。三年级时张先生新开"德国哲学"课,第一、二次上课,慕名来旁听的外系同学把教室和窗外走廊挤得爆满,但听到一半就走了不少,到第三次以后,课堂上就只剩下哲学系少数几个同学了。有次我向张先生谈到这一情况,他朗朗大笑说:"这是好事情,人多了,无法讲。"他同时开出的"西方哲学史"和"德国哲学"两门重课,受到专业同学的极大重视。张先生的"西方哲学史"课,指定文德尔班的《近代哲学史》(英译本)作教材,讲课时逐章讲解,对重点、难点,时加补充(援引其他著名哲学史家的论述作比较,或补证以最新研究成果),内容极丰厚。至于"德国哲学"课,则以康德、费希特、谢林、黑格尔四家为主要内容。每一家先讲一引论,然后解读重要原著。上课时,以德、英两种文本对照,逐句译解,一字不苟,常举出英译本不确切之处。我记得讲解黑格尔《小逻辑》一书时,他几次提到:"此处英译本有问题……那年我在牛津见到 W. Wallace,已告诉了他。"当时,同学们对于他这样耿直而不夸张又毫无自炫之意的平常口吻,对他的研究如此深细,论断如此权威,真是钦佩之至。张先生在课堂上非常严肃,取下常用眼镜、换上老光镜后就再不看下面的听众,完全沉浸在自己的深密的玄思逻辑之中,也把听众引入这一智慧境界。课后的张先生,则平易近人,至性率真。在乐山,生活枯寂,星期六下午或星期天常欢迎青年学

> 生到他家（师母李碧芸也热情接待）去谈天、论学，甚至留饭。这时，张先生的爽朗笑声，常具有一种特殊的感染力，正如他的精湛学识和凝专学风具有特殊的吸引力一样，不可抗拒。

任继愈在《念旧企新——任继愈自述》一书中说："张先生是我国第一代介绍黑格尔哲学的专家，对学生要求严格，提倡认真读原著的风气。他讲西方哲学史，用梯利的哲学史作教材，一句句讲。同学们要求不必照书上念，讲讲他的见解，张先生说：'我考虑过，你们现在的程度，这个方式对你们更有利，不要好高骛远。精读过一部教科书，再由此引申，可以触类旁通，自己读别的书就容易了。'张先生是西方哲学史的专家，我们也看到过他撰写的博士论文，确实给人以朴实无华的治学印象，治西学，而有中国汉学家的学风。"

在厦门大学期间，张颐和朱君毅都被当时的教育部长蒋梦麟聘请为教育部编审处译名委员会的委员。作为副校长的张颐还曾请厦门籍的著名飞行员陈文麟到校演讲。1929年3月13日至5月12日，陈文麟驾驶英国生产的"阿维安"轻型飞机，从英国出发，途经欧亚两洲的8个国家，行程1.5万公里，抵达厦门。这是中国最早的国际长途飞行。陈文麟传奇的飞行经历，让同学们大开眼界。

1929年4月的一天，张颐向学校请假三周，计划在13日搭轮赴上海。后因故，临时改变行程，改乘18日的轮船赴沪。他离开后，文科主任的职务暂时由国学系主任李笠代理。

张颐赴沪的原因是到上海与北平艺专教师李碧芸（琦）结婚。据1929年第206期《厦大周刊》中"张副校长定期回校"的报道可知，张颐到上海后假期改为五周。5月5日，他在上海与李碧芸结婚，婚后曾赴杭州旅游。5月22日，携新婚夫人李碧芸搭乘"芝金鹏"号轮船返回厦门。

李碧芸是四川人，是李幼椿（璜）的胞妹。李幼椿早年曾和毛泽东一样是少年中国学会的会员。从《李劼人全集》中可知，李碧芸曾在法国蒙北烈（今译为蒙彼利埃）大学学习美术。1927年第407期《图画时报》刊登了李碧芸的绘画作品，并称："美术家李琦女士，川人，精通英法各国文字。民国十二年随兄赴法留学，入巴黎国立美术学院专习油画、炭画，崇尚印象派。去冬卒业，即赴德、瑞各国游历，迨至今春始行归国。现在北京担任图画教授。"

与张颐、李碧芸一起返回厦门的还有李碧芸的胞妹李玮，并因此成就了一段姻缘。

此时，1928年从厦门大学哲学专业毕业的林藜光正在学校里担任助教，林藜光倾心于佛学，备受戴密微、张颐等师长的喜爱。张颐演讲时，还曾专门请林藜光做过记录。校长林文庆也曾专门召集林藜光、叶国庆、骆文彪等毕业生到其住宅开茶话会，商讨组建厦门大学毕业同学会，林藜光在会上被推举为组织委员会的委员，负责办理文书。

画家李琦女士与其弟李珩

林藜光经常向张颐请益，一个偶然的机会，林藜光与李玮相识。李玮在《外子藜光先生事略》中说："民国十八年春，玮负笈出川。适家大姊与厦门大学副校长兼哲学系主任张真如（颐）先生结婚沪上。婚后返厦，邀玮赴鹭屿小住，因得识藜光与姊丈之居。时藜光已卒业于厦门大学哲学系，对康德及赫格尔（黑格尔）颇能领解，深为真如先生所器重，因任哲学系助教，常过姊夫寓庐，一温文厚重君子也，心甚仪之。"在张颐夫妇的牵线下，林藜光与李玮相识了。不久，林藜光应北平"哈佛燕京研究所"所长刚和泰之聘，偕李玮与张颐夫妇一起到了北平。

据1929年7月9日《民国日报》报道，张颐在7月7日获校长林文庆批准辞职，同时辞职的还有理科教授李英标等人。虽然林文庆多次挽留，但张颐去意已决。

四

除了张颐之外，从北大到厦大任教的哲学家还有邓以蛰。邓稼先的父亲邓以蛰比张颐晚一年到厦门大学任教。

当时，厦大国学研究院已经停办，鲁迅、顾颉刚、孙伏园、沈兼士等一批名师已相继离校。为补充师资，学校多方物色，广罗人才，其中包括邓以蛰。邓以蛰也极有可能是受张颐的邀请来到厦门大学的。两人在北大时就多有交往，张颐离开北京大学后，邓以蛰曾多次在《北京大学日刊》刊登"启事"，催促上过张颐课的同学交作业。1927年1月26日，邓以蛰在刊登的一则"启事"中称："十四年至十五年，张真如先生所授之西洋哲学史同学中，受过学年试验，而平时论文尚有未交齐者，请于假期前一律交齐，以便得向注册课报告成绩，否则即以功课未完成报告矣，希诸君注意。"由此可知，张颐在北大未完成的一些教学工作，是邓以蛰负责收尾的。

1927年秋季开学时，在众多学生的期待目光中，36岁的邓以蛰走上了厦门大学的讲坛。

邓以蛰（1892—1973），安徽怀宁人，字叔存，是一位杰出的美学家，中国现代美学奠基人之一。他与同时代著名美学家宗白华享有"南宗北邓"之美誉，在我国现代美学史上有着重要地位。邓以蛰家学深厚，出身于翰墨世家，祖上邓石如是清代篆刻家、书法家，邓派篆刻创始人。

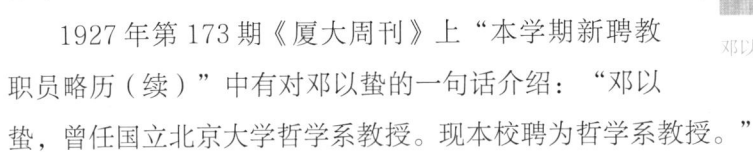

1927年第173期《厦大周刊》上"本学期新聘教职员略历（续）"中有对邓以蛰的一句话介绍："邓以蛰，曾任国立北京大学哲学系教授。现本校聘为哲学系教授。"

邓以蛰

原本在北京大学任教的邓以蛰为何突然南下厦门呢？在《邓以蛰全集》中，"邓以蛰先生生平著述简表"给出了答案："本年8月间，北洋政府教育总长刘哲提出将北京大学、北京师范大学等九所高等学校合并成立'国立京师大学校'，遭到各校强烈反对，在北大引发了反对北大改组的风潮。邓以蛰及他的同乡、老友胡适等多位教授宣告脱离北大，以示反对。胡适往上海办中国公学，邓以蛰往厦门任哲学系教授。"

1927年8月，张作霖组织的北京军政府教育总长刘哲借口各校不易办理，力主将北京大学、北京高等师范大学、北京女子高等师范大学、北京女子大学、北京法政大学、北京农业大学、北京工业大学、北京医科大学、北京美术专科学校等国立九校合并为京师大学校。

邓以蛰到厦门大学时，哲学系主任是孙贵定，在哲学系任教的名家还有张颐、缪子才、陈定谟、艾锷风等。据"邓以蛰先生生平著述简表"所记，邓以蛰和家人先居住在校内，后迁居鼓浪屿。

1927年12月13日下午4点，邓以蛰和其他的厦门大学教职员40多人在生物院三楼开会，讨论成立厦门大学教职员俱乐部的相关事宜。12月22日下午4点，教职员俱乐部正式宣告成立，邓以蛰、李笠、周岸登、郝立权、史禄国、林文庆、何博礼（柏里）、余謇、徐声金、许雨阶等39人参加了成立大会。俱乐部地址选在镇北关3号，此处原为一处厦大教职员住宅，有房屋九间，陈列着多份报纸、象棋、围棋、海陆军棋以及两台留声机等娱乐用品，为教职员们营造了一处良好的娱乐氛围。俱乐部成立的目的是"希望诸先生进了俱乐部后，把一切哲学、文学、科学等思想，暂时抛弃，然后本合作精神，共同娱乐，以达到消遣目的"。成立会过后，有唱歌、猜谜语、游艺等活动，"到者莫不喜形于色，共同娱乐"。

1928年2月，邓以蛰的文集《艺术家的难关》由北京古城书店出版。此书收集了邓以蛰在《晨报副刊》上发表的一系列有重要美学意义的文章，与宗白华发表在上海《时事新报·学灯》上的系列美学文章交相辉映，代表了五四前后，除美学的主要倡导者蔡元培之外，中国学者在美学上取得的主要成就。邓以蛰在《〈艺术家的难关〉的回顾》一文中说："1928年我在厦门时，有一家叫做古城书店的来信，要我为《艺术家的难关》一书选择插图。插图是寄去了的，但是，隔了一年多，我再回到北京，书店没有了。好容易找到一本，打开一看，错字连篇，几不可读！"由于身在厦门，没能及时监督、校对，以至于书出来之后，邓以

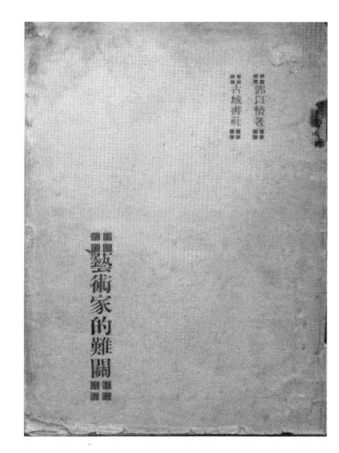

邓以蛰的著作《艺术家的难关》

蛰都没有看到，等看到时对此书并不满意。

5月30日，邓以蛰致函胡适，请其协助为其弟季宣在浙江大学谋一教职，信中还述及到厦门后处境恶劣。他在信中说："弟此次移家来厦门，真是吃亏之至！久用的家乡老妈染疫死在厦门，又遭大炮，孩子们失学，今以厦门污秽，人事坏，举家觉不能一刻居。迁居于鼓浪屿，每日渡海上课，精神上极感不快。"6月10日，再次致函胡适，他在信中说，已经听说蔡元培将兼任北大校长，打听原来在北大遭破坏时离开的北大教授们能否再回北大任教，并表达了回北大的愿望。由这封信可知，邓以蛰已经有了离开厦门大学的念头。

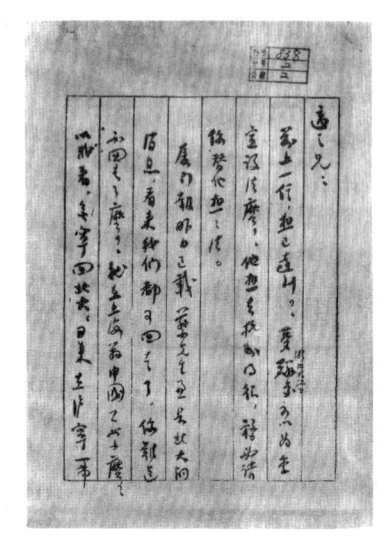

邓以蛰写给胡适的信

6月27日，任厦大副校长的张颐赴上海招生时，请理科主任钟心煊代理副校长，请邓以蛰代理文科主任。

《厦门大学八周年纪念特刊》记载，在1928年11月5日，厦门大学曾"函请胡适之先生来演讲"，是否通过邓以蛰给胡适发出的邀请函，还有待考证。

1929年，邓以蛰从厦门返回北京，不久任清华大学哲学系主任，一直到1937年。

对于邓以蛰在厦门的生活经历，他的子女后来回忆称，那时北大发的工资不够糊口，我们全家便转赴厦门，父亲在厦门大学教课。那时大学校址设在半山上，能吃饱饭，但买不到东西。

张星烺

1926年10月5日，张星烺来到厦门，任厦门大学国学研究院研究教授。

台静农在《辅仁旧事》中写道："史学系主任张星烺先生，字亮丞，原是在德国学化学的，归国后，好像一度在胶济路任事，因患严重的肺病，即在青岛养病。多年养病期中，放弃了化学，从事中西交通史研究，曾有《中西交通史料汇编》一书，由辅大为之印出。他学问的转向，想是受其尊人相文先生（1866—1933）的影响，相文先生是早年地理学的倡导者，有'地理丛书'等著作。亮丞先生因病的关系，不到四十岁，须发皆白，面孔又异于常人的红润。一次他搭胶济火车，没得座位，张宗昌的兵看他那样的老，居然让座给他。援庵先生喜拿这事向他开玩笑，说他鹤发童颜，张宗昌的大兵都被感动了。"

张星烺：学化学的著名史学家

一

据顾颉刚日记所载，张星烺是在1926年10月5日到达厦门大学的，当天的日记，简简单单写了几个字："亮丞先生到厦。"张星烺到厦门后在给陈垣的信中说："别后次日即离京至津乘船至沪，复由沪转厦，到达目的地已阳历八月二十九日矣。"这里的"阳历"应该为"阴历"，因为阴历八月二十九日正是阳历10月5日，与顾颉刚的记载相符。

在1926年第157期《厦大周刊》"新聘教职员略历（二）"中有关于张星烺的简介："张星烺，字亮臣，江苏泗阳人，曾留学美德，历任北京大学教授，青岛胶济铁路局化学技师，现本校聘为国学研究院研究教授。"张星烺在厦大讲授"史学专书研究""南洋史地""华侨史"等课程。

张星烺（1883—1951），字亮尘，有时也被写成亮臣、亮丞等，江苏泗阳人。他是我国中外关系史学科创建人，著名近代史学家，除了在厦门大学任教外，还在辅仁大学、北京大学、清华大学任教过。

张星烺幼年随其父张相文学习历史、地理、古典文学。张相文，字蔚西，被称为20世纪我国第一位著名的地理学家，是中国现代地理学的倡导者。有媒体总结称张相文一生创造了多个第一：首次提出"秦

张星烺

岭—淮河"分界线；1909年9月28日，成立了"中国地学会"，它是我国第一个地理学术团体，是中国现代地理学发展史上的一个里程碑，张相文被推为会长。1910年，地学会开始编辑《地学杂志》，这是我国最早的地质和地理学刊物。鲁迅与顾琅在1906年合著的中国第一部矿产志书——《中国矿产志》，我国第一幅彩色区域地质图《直隶地质图》都是在这本杂志上发表的。

张相文与儿子张星烺在南洋公学（上海交通大学）先是同窗，后又为师生，据说创造了南洋公学的纪录。

1899年初，张相文考入上海南洋公学师范学院攻读史地专业，还兼授该校留学生班的地理和国文课。年仅11岁的张星烺同时考入南洋公学留学甲班（小学低班）。当时张相文写了一首《携儿星烺就学上》的诗，其中有句云："别有传家新作计，任教父老惜狂徒。"表明张相文培养儿子自立、自强，以学问传家的远大志向。但入学不久，张相文因故辞去工作回原籍，留下张星烺一人独自在上海继续求学。当时家人放心不下，乡邻们也不理解，埋怨张相文痴迷于做学问，连孩子都不会照顾。

到了7月份，张相文再次返回南洋公学，一边学习，一边教书。张相文除了认真完成所修学业，还利用课余时间跟随日本外教藤田丰八、粟林小太郎两人学习日语。加上过去自学日语的基础，张相文日语学习进步神速，不久便能独立阅读日语版世界地理书刊，从而不断更新和丰富自己的地理学知识。同时，张相文编译了不少从日本引进的西方地理书籍，这成为他两年后编写教材的基础。

后来，张相文编著了两种地理课本：《初等地理教科书》和《本国中等地理教科书》，印刷达两百万册之多，海内外学习地理的人士几乎人手一册。"教科书"一词也为张相文首创。张相文曾著文说："教科书之名词现已普行于学界，然出现于中国则自余之《本国中等地理教科书》。"此后，张相文出于教学需要和自身兴趣，又相继编写了《新地文学教科书》和《地质学教科书》，同样畅销。

张相文

张星烺后随其父从南洋公学转读于北洋大学堂。1906年，张星烺被选派公费留美。1909年毕业于哈佛大学化学系，同年转柏林大学从名师 Enil Abderhalden 教授学生理化学，研究多肽合成，是我国第一个学习生理化学的留学生。

1917年，蔡元培先生出任北京大学校长，以其兼容并蓄的思想、知人善任的阅历使北大面貌一新，学术空气空前活跃。这年，蔡元培同时聘请了张相文、张星烺父子在北洋政府附设在北京大学的"国史编处"任国史编纂员，并派张星烺赴日本搜集史料，同时方便张星烺就医治病。这无疑是对张星烺的极大爱护和重视，张星烺也不负蔡元培厚望，努力做好工作。他经常埋头于东京的图书馆中搜集资料，博览群书，对玉尔译著《马哥孛罗游记》时所用的各参考书尤注意阅读。他发现关于中西交通的历史外国人已整理出很多专著，而国内却无人研究，于是激起他对这门历史进行研究的志趣。他暗下决心抓紧收罗有关中西交通的外国史料，开始了他第二职业的系统准备工作。

有一段时间，张星烺因身体不好，在浙江黄岩岳父家休养，在这里他又抓住了一个有利条件：利用岳父王舟瑶家的丰富藏书，终日置身于书海之中，把从国外带回的资料和中国史书记载一一对照，达到"外国记载证以中国事实，或中国记载证以外国事实"的目的，在时间和地域上也作了科学的整理，奠定了他以后的工作方向和方法。

张星烺所著《中西交通史料汇编》一书奠定了我国中外关系史学的学科基础，该书耗费了他十多年的心血。他从中国的正史、野史、游记、文集、笔记等274种书籍和英文、德文、法文、日文等42种书籍中摘录有关资料，工程十分浩繁。张星烺自己也说："从事搜索，犹之泅海底挖珍珠，往往搜索丛书一部，耗费光阴数月，而所得仅一二条可以适用……"虽然身体不好，生活也不安定，但张星烺矢志不渝，坚持阅读、摘录、写作，未曾有一日休止。他常对人说，自己天资不高，所以必须格外勤奋刻苦。

《游览崂山闻人志》一书说，张星烺摘录了许多外国著作，有的还是首次发掘和引用。他所辑录的资料范围之广博，内容之丰富，是很惊人的。上自天文，下至地理，民族、文化、科技、历史、政治、经济、生物以及重要的历史人物，无不一一采撷，并作考证。到写作阶段，更是十分艰苦。他说："十余年南北奔波，挟稿以随，稍有余暇，提笔书之，盛暑挥汗，严冬呵冻，未尝辍笔，凄风苦雨，孤灯寒月，费尽心力，始得毕业。"

该书出版后，在国内外产生了很大的影响，陈垣、朱希祖和美国学者奥图尔都给予了非常高的评价。英国著名学者李约瑟在编写《中国科学技术史》时也多次引用《中西交通史料汇编》中的材料。

张星烺有一个妹妹叫张星华，也跟着父亲读书。1907年，两江总督端方在南京招考赴美留学生，当时决定录取四名女生，这是中国女生官费留学西洋的开始。此时，16岁的张星华从上海白克路天足会女学堂肄业。张相文虽然知道她文化程度尚浅，考取希望不大，还是鼓励她前去考试。最终张星华落榜了，四个被录取的女生中，宋庆龄是其中一员。

据姜田兵所著《近代中国地理学奠基人张相文的家风佳话》一文记载，张相文任天津高等女校校长后几次外出考察，都带上女儿张星华，为她开阔视野，对她言传身教。张星华好学上进、敢于任事的性格颇像父亲。在天津，她加入了同盟会，置生死于不顾，积极参与滦州起义，运送弹药，传递情报，是一位巾帼英雄。张星华乐善好施也是出名的。1913年，邓颖超才九岁，因母亲杨振德失业，寡母孤女的生活濒临绝境，张星华热情邀请杨振德到北京平民义务学校任教，邓颖超随母亲来到北京并在该校学习。

二

张星烺到厦门大学时，学生已经开始上课，他只好匆匆忙忙准备讲义。1926年的双十节活动非常隆重，当天上午9点，全校师生以及模范小学的师生，400多人齐集运动场上。庆祝仪式结束后，师生们整队往大礼堂开会，"左首前面为女宾及模小学生席，右首为教职员及大学学生席"。校长林文庆在讲话中说："故吾人欲言爱国，欲图自强，必先锻炼个人之精神，使有强固之团结，坚忍之毅力，而后国家有蒸蒸日上之望矣。"随后，张星烺在全校师生面前进行演说，"大意首述爱国要素必先求学问，学问乃立国基础，次说明其理由，淋漓尽致，颇动听闻"。

泉州都督府街俞大猷故居，陈万里摄

　　为了调查泉州古迹，搜集中外交通史料，1926年10月31日，张星烺与陈万里、艾锷风一起到被马可·波罗誉为"光明之城"的泉州做田野调查。当天早晨5点半，三人从厦门大学门前的码头雇小船到厦门港，换乘"祥鹏"号小轮船。7点驶出港口，沿着厦门岛往北而行，不久右手边就可以看到金门岛。11点，小轮船抵达石井。因水位太浅，只好换小划船继续朝安海镇前行，不料越靠近安海镇，河水的水位越浅，最终小划船也搁浅了。多位当地的居民涉水把他们和行李背到岸上。

　　到安海镇后，他们赶往闽南汽车站候车。当时从安海镇到泉州有一条60公里长的汽车道，张星烺在《泉州访古记》一文中称，这条汽车道是民间集资修建的，但因为盗匪横行，有劫持汽车的事件发生，政府当局专门成立了护路队，保护来往乘客的财产和生命安全。他们坐了40分钟的汽车到达泉州汽车站，车站在泉州南门外，晋江南岸。

　　张星烺、陈万里、艾锷风三人下车后，又坐人力车到了泉州城中的天主教堂。到了教堂，艾锷风递上名片拜访了西班牙籍神父任道远。任道远来华已经20多年，先在漳州传教，后到泉州，在泉州已经生活20年。他"善操泉州土语，颇识华文"，是一位极其和蔼的人。众人一番寒暄之后，又去参观了开元寺。

之后，任道远又带领大家到其老友陈光纯家投宿。张星烺等人住在陈家前院的洋楼上，陈家专门为三人准备了三具洋式床铺，而且送来茶点充饥，"待远客可谓仁至义尽"。任道远回去后又差人送来了晚餐，众人用过晚餐直到11点才就寝。

第二天一早，他们去教堂拜谒神父任道远的途中，看到两块刻有阿拉伯文的石碑，"所云为何，虽不可知，然此等发现，亦犹之地质学家探矿于荒山芜草之中，发现矿苗一块，即以测定山中之蕴藏也。路上石板镌有阿拉伯文，前此泉州多阿拉伯人，从中可知矣"。任道远又带领众人参观府学，当时的府学、大成殿正在修葺，南宋时的石碑还在，四五围粗的榕树郁郁葱葱。一位叫陈育才的人为张星烺等人讲述了南宋阿拉伯人蒲寿峸、蒲寿庚在泉州的故事，后来张星烺又从文献中考证了蒲氏的历史。

从府学前门出来，众人到了宽仁铺府学街参观清净寺（即清真寺）。一路上张星烺或拍照或拓碑，艾锷风则帮忙翻译。过了午时众人才返回，路遇一座被称为"奏魁宫"的小寺庙，众人被墙壁上的石刻小神像吸引，于是匆匆用餐后又赶回。等陈万里拍照后，再次折回开元寺东塔，拓塔底释迦牟尼事迹，可惜拓工迟迟未至，众人等到傍晚才返回寓所。

11月2日上午，任道远带领张星烺等人参观了西城启明女校及国学专修院新建的三层高楼。当时这处建筑为全城最高楼，站在楼顶高台，"远眺全城风景，尽在目中"。张星烺看到的泉州城共有七座城门，城为椭圆形，东西长，南北窄。"南门附近城墙已拆，内富户住宅甚多，宅内多有园庭，花木葱郁"。

从学校出来，张星烺、艾锷风、陈万里等人又坐上人力车，出泉州城仁风门至灵山参观回教先贤墓冢。"出东门折向南，有新修汽车道，人力车行此道者亦需纳捐。由此道向东行约二里，下车步行，向南，经农户数家。东望山坡，

1926年《厦大周刊》上关于张星烺演讲的报道

坟墓累累，先贤冢即在半山焉"。乃摄衣披草，缓步而上"。在墓地，众人看到的石碑中也有阿拉伯文的，陈万里、艾锷风拍摄了资料，还请拓工拓印，准备存于厦门大学国学研究院。

事毕，众人又驱车前往东门外石牌楼，牌坊一座挨着一座，"如森森状，诚壮观也"。张星烺经过考察发现，这些牌坊多为节孝牌坊，其间也有管制学位者，"十九皆清代工作，明代者偶有之，宋元之坊不可见。诸坊皆横跨大道上，此道即以前之驿道，北至北京，南达广州"。

由于学校假期结束，张星烺、陈万里只好打点行装返回，艾锷风留下多待了一天。张星烺在午后与陈万里一起看望张苇邻先生后，乘人力车出南门，过晋江桥，到汽车站，下午4点到了安海，借住在安海天主教堂里。陈万里听说距离安海二十余里的石井镇有郑成功后裔，欲去拜访。教堂的神父任国珍向他们推荐了居住在安海的郑时雨，说他就是郑氏后裔。于是张星烺又与陈万里一起去拜访了郑时雨，郑时雨向他们介绍了郑成功后裔的一些情况。张星烺说郑成功"擎天一柱，崎岖海上，恃其舟师，抗拒清兵，前后四十年，不可谓不雄矣，吾等生于二百年之后，瞻仰前代英雄，钦拜之心，不禁油然而生焉"，可见张星烺对郑成功的崇拜之情。

11月3日，张星烺、陈万里由安海搭轮返校。2日后，两人联名向厦大校长、国学研究院院长林文庆提交了一份《调查泉州古迹及关于中外交通史料之报告》，简单阐述了这次考察过程中的发现，并说："至于深刻的系统的研究，非在泉州有比较长时间之调查工作，难得搜罗充分之材料，此不能不希望于后日者也。"

11月13日下午2点，张星烺开讲这次泉州之行的收获。这次演讲是国学研究院举行的第一次公开演讲，张星烺以国学研究院代理主任的身份开讲，演讲的题目是

陈万里拍摄的泉州牌坊群

《中世纪之泉州》。到会者除了厦大的师生外,还吸引了"厦鼓教育界、新闻界及本地士绅二三十人"。

在地理学之外,张星烺尤其重视人类学、考古学等方法对历史学的辅助作用。他在演讲中,阐述了考古学与史学的关系,"谓考古学之于古代历史,犹地质学之于古代地层史。考古学家搜罗古物,参观古迹,亦如地质学家发明地层构造之学说然,常能对于古史有别开天地之见解"。

这次演讲稿,原计划全文发表于国学研究院所出的国学季刊,但这份季刊后来可能没有印刷。所幸可以在1929年第1期的《史学年报》上,看到张星烺所著的《中世纪泉州状况》,这应该就是当时的演讲稿。

三

同在厦大任教的容肇祖在1926年11月9日致陈垣的信中对张星烺评价甚高,甚至愿意投到张星烺门下。他说:"张先生于中西交通事极熟,著有《中西交通征信录》,肇祖所愿师者。暇中谈论研究,于学问当有进益,与居广州时不易觅良师友较,每觉到此地后为适意也。"顾颉刚对张星烺的评价是:"亮丞(即张星烺)先生人过和易,屡为群小所狎侮,观之甚愤。"

1926年第163期《厦大周刊》载"教职员兼任职务"的消息称:"国学院主任沈兼士先生,近因要务,请假回里,所有国学系主任及国学研究院主任之职,暂由张星烺代理。"接下来,国学研究院的变化更令人意想不到。

1927年2月15日《申报》刊登了一条来自厦门的"专电":"厦大14日宣布陈嘉庚、林文庆电,令国学研究院停办,所有教职员,除留顾颉刚、张星烺管理该院外,余均辞退,学潮将扩大,惟开学尚无期。"消息非常简单明了地说明除了张星烺、顾颉刚外,其余人员都将被辞退。学生听说之后,曾请求保留国学研究院但未获批准。

那么,为什么陈嘉庚、林文庆的电报中点名张星烺、顾颉刚两人留下呢?2月28日《申报》刊登的《厦大宣

容肇祖

布停办国学研究院》一文给出了答案："据幕中人云，国学院中人与校长发生龃龉，顾氏颇不赞之，张则中心空洞，无所主张，顾学校方面特留之也。"张星烺、顾颉刚二人留下后，负责"保管图书"。

2月14日，代理大学秘书长黄开宗奉校董、校长之意，以公函通知大家国学研究院将停办，该院职员教授即行辞退。"国学研究院职教员得函后，态度极为冷静，于次日（15日）联袂赴黄开宗宅，表示得函后，急欲离厦，要求学校履行契约上之义务。盖学校聘请各职教员时，均订有一年二年之期限，欲请其给予全部薪金也"。可是一直拖延多日，黄开宗都迟迟没给众人明确的回复。

15日，厦大裁撤了总务处，辞退了处长周辨明。张星烺和顾颉刚对校方辞去大批同人的决定也感到不解，"致函林文庆，质问停办国学院理由，是否以学潮而有此，词至严重也"。

在厦门大学时，张星烺与顾颉刚交往颇多。张星烺到厦门的第二天，顾颉刚就导引他到国学研究院图书馆以及教室参观，还曾陪他步行到厦门城，在镇南关避雨品茗，到街市上散步，去新马路安乐园吃饭，甚至一起"到商务书馆等太古船"，"到中华书局买书"。他俩同游白鹿洞、虎溪岩，一起为沈兼士设宴送别，一起去拜访秉志教授，甚至还互换过房间。顾颉刚为张星烺起草、修改过致校长书，他在日记中还多次记录与张星烺的谈话。

当顾颉刚在张星烺的住处看到《中西交通史料汇编》后赞叹不已。他在日记中说："亮丞先生穷十余年之力，成书二种，一《马哥孛罗（即马可·波罗）游记》译本，一《古代中西交通征信录》（即《中西交通史料汇编》）。又辑集交通史料书数十种，积稿百余册。今日竭半日之力，仅读《征信录》七册耳，他不好名，所以不为人知。"

1926年10月14日，马寅初到厦门大学、集美学校参观、演讲时，曾劝说林文庆支持张星烺这两部著作的出版，可惜林文庆只是口头答应，最终并没有付诸行动。顾颉刚1927年2月2日给胡适的信中说："林校长办国学院没有诚意，可以举几例。张亮丞先生的《马哥孛罗游记》及《古代中西交通征信录》是近年的两部大著作，如果由厦门大学出版，便可提高厦大的地位。别人同他（林文庆）说了，他说费钱太多，不肯印。马寅初先生这次来厦，又同他说，他也只虚应了。"顾颉刚对这两部著作未能由厦大国学研究院出版刊印感到遗憾。

1927年1月15日，张星烺在山上摔倒，右臂受伤。第二天，顾颉刚专门到张星烺处问疾。

后来，国学研究院的同事们陆续离开。不久，与他一起留下来"管理图书"的顾颉刚也离开了。

1927年11月27日，张星烺在给罗常培的信中说："拙作中西交通史讲义，在厦门大学仅印至一百六十余页，即放暑假。刻弟处只自留两份，预备将来付梓。马哥孛罗游记导言，可问朴社，弟处亦存书无多。"从信中可知，张星烺在厦门大学一直教到放暑假。

此时的罗常培已经在中山大学任教，张星烺在信中除了谈到自己的著作之外，还向他推荐了厦大教授史禄国。他说："厦大教员俄人史禄国，为研究中国人种及东北民族语言专家。弟尝读其书，且与谈论，洵不愧为学者。近有书来，谓在厦门无足与言学问者。贵校语言历史研究所既有东方语言之科目，此人极宜罗致，以增校光。兄如有便，似宜与颉刚及校中执事者言之。"

史禄国是世界级人类学家，现代人类学先驱之一，通古斯研究国际权威。他的俄文全名为谢尔盖·米哈伊洛维奇·希罗科戈罗夫。这位俄国学者1922年移居中国，1939年逝世于北京，后半生有将近20年在中国度过，绝大部分著作也在中国出版，为中国民族学和人类学的发展做出了重要贡献。1994年，费孝通撰文深情地怀念这位恩师。1933年，史禄国收费孝通为弟子，指导他从事民族学和人类学研究，使他受益终身。

1926年7月31日《申报》在刊载厦大新聘的教授们除了沈兼士、秉志、姜立夫外，还说："拟聘请而尚在接洽中者，则有著名人类学家俄国人S.M Shirokogoroff，专任研究中国人种问题。"

张星烺在厦门大学国学研究院时，与俄国学者史禄国有短暂的共事经历，对史氏研究中国人种问题至为推崇，尝称研究中国人种，"史氏殆开其端"。通过阅读史禄国的著作并与之交谈，张星烺了解到人种学中的人类学方法，其中依照人的面貌骨骼，可以确定各民族之互相关联。他服膺于这种研究方法，称"人性志与人类学方法，相辅而用，则民族枝派之分辨，或可得其真确情形也"。由于张星烺多年搜集中西交通史方面的材料，注意到葱岭以西的人群入籍受华化的故事，张星烺大胆提出"中国人种中，有西方印度日耳曼种人"的设想，并利用体质人类学和民族志方法细致考察中国古代人种问题，以"补吾友史禄国之缺点"。

史禄国

史禄国在厦大讲授人类学，还曾受邀到陈嘉庚创办的集美中学演讲。他与鲁迅、顾颉刚都有交往。顾颉刚在1926年9月17日日记中说："史禄国先生来谈，由介泉（潘家洵）翻译……勉强用英语直接谈话，此予生平第一次也。"对于史禄国，他又说："俄人史禄国先生研究中国人种学若干年，对于我有所质问，教我如何回答。介泉以其问太专门，不愿为我作翻译，只得以不成句之英语胡乱应付之。"

据《集美学校编年小史》记载，1927年5月，史禄国和其夫人到集美学校给男女学生做体检，测验男女生体格，为其学术研究积累素材。夫妻两人用了近两周的时间才完成这些数据的搜集。

由于张星烺的举荐，史禄国后被聘为中山大学语言历史学研究所教授。1928年3月，中央研究院在广州设立历史语言研究所，下属八个组，聘任史禄国为第七组即人类学及民物学组人类学工作室负责人。

史禄国在任期间，曾对广州的男女学生和驻军士兵进行体质测量，对华南人的发育状况进行调查。同年7月至10月，受中山大学语言历史学研究所和中央研究院历史语言研究所派遣，他率同容肇祖、杨成志等人，由广州经香港、越南前往云南，进行人类学调查。史禄国在昆明作了2000例体质测量，从人类学角度拍摄了150余幅照片，并住进彝民家中，记录彝语。

1929年5月，中央研究院历史语言研究所迁北平时，史禄国决定在广州整理完既有资料后赴北平。1930年9月30日，史禄国迁居北平，不久转入清华大学，任社会学和人类学系教授。

1939年10月19日，史禄国在北平去世。他的手稿和藏书由其妻保存。她编写了史禄国的著作目录，为后人研究提供了很大的方便。1945年她在北平去世后，史禄国的遗物就下落不明了。

四

张星烺离开厦门后，在这一年的8月，应陈垣之邀到辅仁大学任教。他在厦门大学时开设了"中外文化交通史"和"南洋各岛史"两门课程，前者讲授中外文化交互之关系及其经过，并从各种科学方面证明之，后者讲授南洋各民族之来源、风尚及其东西各国文化交通各方面之关系及过程。1927年之后，他把这两门课程带到辅仁大学史学系。

自1927年8月至1949年3月，张星烺除一学年因病休假外，始终担任辅仁大学史学系主任一职，对史学系的学科发展、人才培养、课程设置的影响既久且深。

此时，张星烺还在燕京大学兼课。当时的燕京大学有三胖子、三瘦子、三大胡子之说，而张星烺与吴雷川、司徒雷登则被称为"燕大三老人"。

1937年第21卷第5期《科学》载有"张星烺将赴德讲学"的消息，称德国波恩大学对中国学术特别注重，之前曾延聘陆懿君教授中国文学，现又邀请张星烺到德国讲学。根据张星烺之子张至善所著《记张星烺先生》一文记载，邀请张星烺去德国讲学的是德国著名东方学家保尔·卡莱。保尔·卡莱对张星烺所取得的学术成果非常认可，极力邀请张星烺到德国波恩大学进行合作，用中国史料来注释可以和《马哥孛罗游记》相媲美的波斯古籍《中国纪行》，并出版它的德、英、中文译本。

卡莱教授的邀请信通过官方渠道送到中国后，遭到南京政府外交部的扣压，他们想用自己人顶替，便提出了别的推荐人选。卡莱教授回答说："这些人可能在一般文化宣传上有用，而我要做的事是纯科学的研究，这只能是专家的事。张星烺教授是中国第一个中外关系史方面的权威，他已给我极有价值的帮助。我不考虑别人，只要张星烺。"可惜，由于第二次世界大战的爆发，卡莱教授的中德专家合作计划未能实现。这些是在近半个世纪以后的80年代，卡莱教授的信札手稿在意大利被发现后才知道的。由于这一发现，也使《中国纪行》的中文译本得以于1988年在中国问世。

1942年9月，来新夏考入北平辅仁大学历史学系，在报道的那一天就遇到了张星烺。张星烺任历史学系主任，学生的选课单都需要到他的办公室签字。张星烺鹤发童颜，慈眉善目，边审核选课单，边用他那副江北口音（江苏泗阳人）问来新夏的简况，脸上总是带着一丝笑意。来新夏说："他虽然苏北口音，初听有些听不懂，但亲切的问话常常使学生紧张的神经很快地松弛下来，原来想象中高山仰止的大学教授，并不那么高不可攀，就是如此平易的普通人。"

有着深厚化学知识的张星烺，1928年时还曾在北师大兼授高等化学，甚至在讲历史课时融通文理。有一次，他把古代发明的火药和现代火药相比时，信手在黑板上写出了许多化学反应式，详细解释，让听课的文科生们不禁瞠目结舌。来新夏说，他还曾用自然科学知识开辟了对正史《五行志》的研究，指导过多篇这方面的毕业论文，而这正是正史研究中很少涉及的领域。

张星烺教书育人时，喜欢奖掖后进，对青年学子是循循善诱，嘉惠学子颇深。1946年，张星烺为了向洪煨莲推荐学生万心蕙，不辞辛苦，从鼓楼步行到东单，以至于走破了一只布鞋。当时张星烺的身体并不好，但他仍拖着病体去向洪煨莲举荐器重的学生。

万心蕙在1946年第9期《文讯》上发表的《沦陷期间之张星烺先生》一文中说："先生于事变期间，一直为辅仁大学历史系主任。辅仁年来经费困难，待遇菲薄，然先生任劳任怨，不变其初志。在敌人压迫之下，肩起为国育才之宏任。每论国事多抱乐观，以日美实力相较，释生徒之忧戚。非但私下谈话鼓励学生爱国向学，即在课堂之上，公开场所，亦侃侃而论。敌人对其忠心正气，亦莫如之何，而不敢辱。"

然而，给张星烺带来更多苦痛的则是身体。万心蕙说：

> 在精神压抑、经济困苦中奋斗了八年，其志节虽愈磨愈烈，而身体则大受损伤，盖先生自中年肺疾康复之后，体格已不如前，在辅大每星期任课至十数小时之多，鸡鸣风雨，寒冬酷暑，往返

> 校舍皆步行，积劳已深。至三十二年元旦，因沈兼士先生之南下，与顾随、孙楷第二先生同遭牵连，为日军拘留八日，无眠无食，后虽得释，出而左脚即感不便，立形消瘦，实为近年大病之先声。
>
> 三十三年春二月即始泻肚，至三月而便血，病源先不得查出，屡经名医，始知为牙根生脓所致，乃自四五月起，至九月，将口中牙全数拔去，病似愈。在此医治期间，先生仍继续上课，未稍休息，不意至冬而左脸中风，口部歪斜，左眼竟不能闭，见先生者未有不心中惨惨。至翌年七月始愈，尚未完全复原，先生又上课矣。越一年，至今春三月廿一日，正授课时，左臂忽抬不起，俟后半身不能行动，病势较前恶劣多多，血压晨夕变化极剧。先生自以为不起，然经数月之医治，现已复原，惟再不能劳累，辅大现与休假一年。将来是否仍堪任教之劳实莫敢言。

在张星烺的帮助下，品学优良的万心蕙，最终如愿以偿到了燕京大学研究所深造。后万心蕙赴美留学。她为了怀念恩师，于1989年在北师大历史系设张星烺教授奖学金。

1946年至1950年，张星烺还曾担任中国地理学会理事长，其前身即其父张相文倡办的中国地学会。

1951年7月13日，张星烺因病逝世。临终时他给子女留下遗言，把父亲张相文和自己的所有藏书及手稿，全部捐赠出去。1954年，家属遵其遗嘱将藏书四万余册赠给中国人民大学图书馆。其中大部分是古籍线装书，多为山水志、杂志、地方志和清代诗文集。中国人民大学吴玉章校长曾宴请张星烺先生家属，并给予谢金。其藏书经整理后，将部分《地学丛书》《地学杂志》《中西交通史料汇编》等书赠给了全国各大图书馆。

1962年9月5日，费孝通致信胡愈之，呼吁整理和出版张星烺的遗作。董必武也非常重视《中西交通史料汇编》一书，1976年，该书经增补后由中华书局重新出版，董必武题写了书名，可惜的是当时只是内部发行。

余青松

1927年8月，刚过而立之年的余青松学成回国，立即被厦门大学聘请为天文学教授兼气象台主任及厦大天文台建设筹备员。此时的余青松已经在国际上享有盛誉，他在厦门大学工作两年之后，被蔡元培聘为南京紫金山天文台的建设者。1934年9月1日，紫金山天文台举行落成揭幕典礼，其实况在广播里进行现场直播，中央研究院院长蔡元培赞誉道："余青松先生积数年之劳苦，开远东未有之先声，终建此台……国立第一天文台独立于斯时崛起的东方，必对中国科学进步贡献巨大！"

余青松：与日月同辉的一颗星

一

余青松出生于1897年4月9日（一说是9月4日），很多资料都称余青松出生于同安或厦门，关于其童年和求学故事多语焉不详。有"厦门百科全书"之称的洪卜仁和著名学者詹朝霞合著的《鼓浪屿学者》一书中，有关于余青松家庭和求学的详细记载："余青松出生于一个官宦之家，父亲余约瑟，母亲林乔宝，或许是因为信仰基督教的缘故，余青松长辈的名字都带点基督教的痕迹，比如大伯父的名字叫余约翰。余家当时居鼓浪屿鹿耳礁（现鹿礁路）。"

《鼓浪屿学者》一书说："据说余青松小时候就读于鼓浪屿养元小学。养元小学为美国归正教会创办。因为其教学目的是培养传教士和教师，《读经》等宗教课程自然不可缺少，但四书五经依然是课程的重要组成部分。此外，教会用罗马字编印的《三字经》《字汇入门》《罗马字拼音》《算术》等也是主要科目。1925年，寻源书院迁到漳州以后，养元小学的毕业生大多直接升入寻源书院，课程也增加了地理、天文、生理学和罗马字编的《圣经选录》《圣经撮录》等。余青松很可能就在这个时期接触到天文学，并产生了兴趣。"由此看来，余青松与林语堂在小学、中学乃至大学都是校友。而1929年第44期《新嘉坡画报》

余青松

在介绍余青松时则称其"与飞行家陈文麟君同为鼓浪屿英华书院之学生",尚不知哪个正确。

从这段文字可知,在教会学校就读的余青松所汲取的知识是比较全面的,教会学校一般对英语要求很高,这为余青松后来的发展打下了深厚的基础。

殷实的家境为余青松求学提供了接受良好教育的机会,后来余青松考入上海圣约翰大学。圣约翰大学诞生于1879年,初名圣约翰书院,1881年学校开始完全用英语授课,成为中国首座全英语授课的学校。1905年升格为圣约翰大学,是中国第一所现代高等教会学府。圣约翰大学是当时上海乃至全中国最优秀的大学之一,也是在华办学时间最长的一所教会学校。该校的校友影响甚至改变了近现代中国乃至世界无数领域的历史。林语堂、顾维钧、宋子文、邹韬奋、周有光、贝聿铭、荣毅仁等都是其杰出校友。

从1927年11月2日《申报》中关于《天文学博士余青松回国》的消息中可知,余青松从上海圣约翰大学肄业后,考入了清华学校(清华大学前身)的四年级。1917年8月5日《申报》刊登的《北京清华学校试验揭晓》,余青松被录取为四年级,同时录取的还有杜光祖、曾中毅等,一共六人。1918年,21岁的余青松从清华学校毕业,并考取公费留美生。

据1918年8月9日《申报》刊载的《清华赴美学生姓氏录》可知,余青松是与叶企孙、邱正伦、熊正瑾、杨绍曾、余泽兰、王贵循、陈克恢等人一起赴美的,当时他的籍贯是福建思明人,选择的是土木工程专业,将入读里海大学。8月8日,所有清华赴美学生79人,其中包括9名女生,皆为"品貌端正,文理优良者",众人在上海张园拍了一张照片,如今还可以看到这张合影。

赴美前,寰球中国学生会、江苏省教育会、中国青年会、妇女青年会、美国大学同学会、留美学生会等六大团体,在法租界霞飞路、倍开尔路转角美国领事馆商务参赞安立德的住宅召开欢送大会,除了清华学生外,还有教育部资助的男女教员6人,其中包括邓萃英;河南省资助的学生30人,自费生40人,其他学校毕业生5人,前来欢送的中外嘉宾多达500人。8月14日,余青松等人乘"南京"号轮船启程赴美。

余青松在里海大学获得土木建筑工程专业的学士学位后,进入匹兹堡大学改读哲学和天文学。1923 年，获得匹兹堡大学哲学硕士学位。

在美国匹兹堡大学攻读天文学时，他出色地完成了《天鹅座 CG 星的光度曲线和轨道》硕士论文，这使他在美国天文学界初露头角。后来，他转入加利福尼亚大学进修，在立克天文台从事恒星光谱研究工作，并获得该大学的天文学奖学金。他对 91 颗恒星做分光光度测量，后被评价为恒星能量分布研究中的里程碑式工作。他提出一种新的测定 A 型星绝对光度的光谱方法，后被称为"余青松法"。不久，英国皇家天文学会因他对世界天文学研究做出的卓越贡献，吸收他为该会第一位中国籍会员。

余青松以他精深扎实的基础、踏实苦干的精神，使当时的恒星光谱研究工作取得了丰硕的成果。甚至，他创造的光谱分类法还被纳入国外天文学教科书。1926 年，余青松就这方面内容完成了博士论文，获得博士学位。后应加利福尼亚大学之聘，服务于加利福尼亚天文台。

二

1927 年 8 月中旬，余青松启程回国。1927 年 11 月 2 日《申报》报道了余青松回国的消息，称其"经验宏富""博学多能"，并对其回国寄予厚望，称其"此次回国，对于天文学必有极大之贡献也"。

9 月，厦门大学理科"复添一天文系，该系所有仪器等，在天文台建筑未竣工以前，暂置于化学院三楼气象台内"。当时理科有算学、天文、物理、化学、植物、动物、地质等七系。

余青松回国后即被聘请到厦门大学任教。1927 年第 173 期《厦大周刊》在"本学期新聘教职员略历（续）"一栏介绍余青松时，称其博士毕业后，"聘为加利福尼亚立克天文台研究学侣，二年，发明一种以光带测量恒星距离之新方法，又发现最热恒星光带上紫外之连射为氢气原子与电子所致。现本校聘为天文学正教授兼气象台主任及建筑本校天文台筹备员"。可见，余青松一到厦门大学就受到了重用。

1925 年 8 月，厦门大学开始筹划设立气象台，当时鉴于"气象之变动影响人类生活,至深且大,而以农事及航海等关系最为密切,东西各国,气象测候所,遍设于山谷海湾。厦岛地居海滨,大气外界之现象,变化之定则,在在均有测记与研究之必要,此本校所以有气象台之设立也"。之后林文庆聘请理科教授李英标等人负责气象台的筹备事宜,1925年11月1日,厦大气象台开始气象的观测与记录,12月就将所有测记气象台所需的重要仪器安置完毕。

刚开始气象台测记所设在化学院三楼,测记所用的仪器都是从物理系借来的,后来设备逐步完善。当时备有最高寒暖计一架、最低寒暖计一架、干湿计一架,这些均放在木制百叶箱内。此外还有水银晴雨计(气压表)一架、雨量计一架、风速计一架、风信针一架、太阳强度计一架、太阳射热计二架以及其他的用具。尤其难能可贵的是,当时还有口径为四英寸的天文望远镜一架,除供天文学生实验使用外,"兼作窥视天象之用"。

厦大气象台又被称为天文台,"以其内部书籍、仪器,天文与气象二方面均具备故也"。气象台每天测量三次,每天下午6点将测量结果向全校公布,每周汇总在《厦大周刊》上刊登,同时寄赠给鼓浪屿上的法国领事馆。每月的测量结果装订成册后与北京、青岛、上海等地的天文台交换,互相考证,还曾与驻厦门海军附设的气象台交换资料。

厦门大学

厦大气象台成立之初,上海徐家汇天文台伯果神父曾给予指导。1926年7月,厦大林可能老师还专门前往上海跟随伯果实习,回校后虽"亦多所规划,惜限于经济,未克尽展所能"。

1927年7月17日,厦门有飓风登陆,厦大气象台在登陆前的八小时已经察觉。可惜因设备的原因,没有办法确定飓风走向和登陆时间。

余青松的到来,对厦大气象台而言是如虎添翼,"本台深庆主持得人"。厦大对于气象台的未来也有了新的规划:"现正从事规划,积极进行,并拟建筑一完备之天文台,以俟筹有得款,即可兴工。本台尤望能于最短时间内,增购各种新式自记仪器，与世界各气象台互相交换，俾得研究各地之气象，而测量其变化，谋人类生活增进幸福，避免灾害也。"

余青松到厦门大学任教不久，与高鲁、竺可桢等人被蔡元培聘请为中央研究院观象台筹备员，余青松负责天文物理，高鲁负责天文气象，竺可桢负责气象。同时，厦门大学创办人陈嘉庚被聘为大学院华侨教育委员会委员。

在厦门大学，余青松很快与同事打成一片。1927年11月13日下午1点，余青松和李笠、徐声金、林希谦、许雨阶、张子常等40多位教职员及家属、同学到马厥猷的宜宜山馆游览。马厥猷是著名华侨，曾在南洋参与创办华文学校，在爪哇创办爪哇印务有限公司，被誉为"南洋数千万同胞之文明输入机关"。

宜宜山馆又被称为马氏花园，位于外清双十路，"楼台错落，风景清幽，有古梅数株，白藤一架，又辟温室，琪花瑶草，先时蓓蕾"，园林亭榭，布置精雅，花木繁盛，清香扑鼻，当时又是秋菊盛开的季节，园内的景观让余青松等人倍觉芬芳可爱。再加上马厥猷的殷勤款待，亲自导览，让"同往者无不欣然色喜"。余青松沉浸在园林美景中，并不时为大家拍照留念，众人直到下午4点多才游玩完毕，茶点后返回学校。余青松爱好摄影，他和许雨阶、何博礼等人的摄影作品曾被征集参加西湖博览会。

同月，光复厦门及收回海后滩等斗争的主要领导人之一的黄廷元捐赠了10000元，支持厦大天文台的建设。第二年的4月13日，在余青松的积极争取下，厦大向法国公司购买了一批天文台仪器，包括自记气压表、自记寒暑表、自记湿度表、观云镜等，总价3000余元，其中自记气压表最贵，价值600多元。

天文系虽成立不久，但仪器方面亦颇可观，除了天文望远镜外，还有浑天仪、太阳系自转公转表示仪器等，均系法国名厂制造。"各仪器构造灵巧，测记标准，业已安置竣妥，开始使用。现本台仪器，甚为丰足，吾国南方各地之气象台，当以本校为最完善"。

三

1928年5月28日，余青松突然接到蔡元培的电报，委派他代表中国天文学会到荷兰参加第三届国际天文学大会。第二天他又收到天文学家、中央研究院天文研究所所长高鲁的电报，云已电汇2000元作为所需费用。余青松说："鄙人本即有意赴会，盖一则可以会晤各国天文家而领受教益；二则可以宣读鄙著新论文；三则可以代表中国方面。今也既得此款，诚鄙人之绝好机会也。"

然而，令他感到担忧的是时间太仓促了。开会时间定在7月5日，而在他等到高鲁所说的汇款时，距离开会的时间仅匝月，"吾人须知厦门至荷兰，欲于期月之间，奔赴其地，实非易事也"。他原计划从西伯利亚陆路进入欧洲，可是当时北方战事激烈，迫不得已改从水路出发。

余青松在厦门大学时留影

在他出发之际，1928年第188期《厦大周刊》刊登了杨幕天所写的《送本校教授余青松博士赴荷兰出席国际天文学大会》祝词，词云："珍重千万，壮游殊方，休辱使命，为国争光！"

接到汇款的第二天，余青松就从厦门乘船去香港。当时的《时报》载："厦大余青松教授，奉大学院委派，出席荷兰国际天文学会，二日（6月2日）赴港放洋。"幸运的是，到香港的第二天就有一艘法国轮船驶往马赛，余青松于是乘坐该轮进入欧洲。到荷兰时，会议已经召开两天了。所幸的是，前两天的会议主要是举行开幕式典礼及荷兰政府的欢迎会等活动，尚未进入实质性阶段。

国际天文学大会1919年在比利时诞生，第一届会议是在罗马举行的，当时没有中国代表参加。第二届时只有一位叫张云的中国人参加。而到了第三届大会上，余青松入门就碰到了另一位中国人赵进义，赵进义当时在法国留学，是算学博士兼攻天文学。他们是250多位与会代表中仅有的两位中国人。会议吸引了28个国家的代表参加，而"远东诸国之赴会者，惟中国与日本耳，然日本有代表四人"。

他原计划把带去的新论文《恒星光带强度学之新研究》在大会上宣读，不料想现场想宣读论文的天文学家太多，平均下来每人只有十分钟，而且只是宣读，没有讨论与批评。更为致命的是，他到会时宣读论文的报名已经截止。然而，天无绝人之路。第29组委员会在分组讨论时，有恒星光带强度的讨论会，他的论文恰与此密切相关，借此得以宣读。他回国时经过加利福尼亚立克天文台，将论文呈给昔日的师长们时，大家恐恿他将论文在立克出版。

中国代表虽然参加了两届国际天文学大会，但中国依然没有正式加入该组织。余青松说："我国天文学虽落人后，然近年来进步颇速，近者广东国立中山大学天文台已落成，而南京、厦门等处现正筹备建筑，将来天文事业，一日千里，固可与欧美齐驱而并驾也。"

1928年6月，中华教育文化基金会第四次会议在天津举行，该会是保管美国第二次退还庚子赔款的机构，成立后以促进科学教育、提倡科学研究为职责，奖励或补助科研成果突出的个人或教育、学术机构。在第四次年会上，为提倡国人研究科学，增设了科学研究奖励金及补助金名额。当时申请者有一百多人，而获得奖励金者仅有三人，余青松是其中之一，获奖的论文题目是《天体光带强度学之研究》。

1928年11月29日，《申报》刊登《中国参与太平洋学术会议之代表》的消息，公布第二年5月16日将在爪哇巴达维亚举行第四届太平洋学术会议。早在1928年5月，在蔡元培的主持下，中国地质学会、中国气象学会、中国天文学会、中国工程学会、中华学艺社、中华农学会等代表，在南京中国科学社讨论相关事宜，推举参会代表。余青松、高鲁、钱宝琮被选为天文学会代表，同时入选的还有竺可桢、李四光等人。会议还要求入选的代表将论文先寄到中国科学社，由中央研究院审查后，再寄到爪哇。出席会议代表的旅费，将由中国科学社呈请中央研究院拨付。余青松提交的论文是《星球光带强度分配之研究》。

1929年4月15日《民国日报》称，参加第四届太平洋学术会议的代表有12人，厦大天文系主任余青松除了代表天文学会出席会议外，还将参加南洋的日蚀考察。因5月9日南洋一带会出现日全蚀，厦大派遣余青松参加世界观察队，对日全蚀进行研究。4月21日，余青松乘轮船赴泰国，对5月9日的日全蚀进行观测研究，然后再赴巴达维亚出席第四届太平洋学术会议。

1929年第202期《厦大周刊》载，余青松是从天津搭乘荷兰邮轮出发的，出发时携带了"星光带分类图"一幅，并准备在大会上展览，这幅图是余青松拍摄的，"均属于光带紫外部，从未有人摄得者"。这是余青松在厦大的最新研究成果。由于在日食观测点太阳被云层遮蔽，"致甚无成绩可言"。余青松说："然予所加入之吉礁队，当时仍可由薄云中以目力窥视日晕与太阳表面的氢气大火焰，惟摄影则大事失败，盖附近太阳诸小星，悉被云遮覆。"面对观测失败，"故余等甚为懊丧"。

第四届太平洋学术会议上与会科学家有 250 多人，中国实际参加的代表有 16 人，国内选定的 12 名代表中 1 人因故缺席，有 2 人是自费参加，还有 3 名当地的华侨参加，翁文灏是中国总代表。会议相继在巴达维亚、万隆、泗水三地召开。

5 月 24 日上午 9 点，天文组会议在万隆工业大学举行，余青松见到诸多昔日的师友，心情非常愉悦，他还被选为会场秘书，并在会上宣读了提供的论文，受到了与会天文学家的广泛关注和好评。余青松的事迹在海外也引起了关注，1929 年第 44 期《新嘉坡画报》就图文并茂地介绍了日蚀观测和余青松本人。

6 月 16 日，余青松回到厦门大学。厦门大学校长林文庆还曾专门开会讨论余青松去泰国的旅费问题，最后决定"由理科缺席教员薪俸下开支"。

四

1929 年 1 月 4 日晚上 7 点，余青松受厦大理科同学会的邀请在化学院三楼天文台开展学术演讲，现场聚集了数十位天文爱好者。他讲"磁电波之原理与应用"，演讲过程中辅以详细的图片或仪器进行讲解，"颇使听者易于了解"。这是余青松一年多来第四次开展学术讲座，可见其受学生欢迎程度。

据 1929 年 7 月出版的第 1 卷第 1 期《国立中央研究院院务月报》所记载，天文研究所所长高鲁离职后，蔡元培在 3 月份就电聘余青松接任并到南京主持工作，"时因余君厦大功课未满，电复候放假后前来，兹已于 11 日入京就该所所长职务"。由此可知，余青松是在 1929 年 7 月 11 日到南京就任天文研究所所长的。

从1929年10月26日第214期《厦大周刊》"在假教员之消息"中可知，余青松去南京时曾向厦门大学请假，"又理科天文系正教授余青松博士，前向本校请假三月，闻系赴宁应中央研究院蔡院长之聘，筹备该院所设之天文台"。

1930年4月10日，全国气象会议在南京气象研究所举行，当该所向厦门大学发函邀请时，厦门大学竟然派余青松参加，《厦大周刊》刊载的消息云："本校以余青松博士现在南京，即派请余博士就近参加并将开会情形及各项议案报告本校矣。"有可能此时的余青松还没从厦门大学办理离职手续。

余青松使厦门大学气象台的建设受到了国内学界的认可，他离开厦门大学后的1929年10月25日，中央研究院气象研究所所长竺可桢对厦大气象台的设备及记载十分关注，函托曾服务于该研究所的集美学校教员全文晟前去调研。全文晟在当日下午到达厦大，在大学秘书徐声金和气象台观测员傅维良的引导下参观，全文晟将相关仪器及数据一一记下，汇报给竺可桢。后全文晟在竺可桢的授权下，代表中央研究院气象研究所拟定九条合作方案，与厦大气象台加强合作，其中最重要的是设立中央研究院气象研究所厦大气象台。后来，上海、南京等地的气象台、领事馆等也纷纷与厦大气象台建立联系，交流资料。

余青松到达南京后，就任天文研究所第二任所长，并立即着手建造紫金山天文台（后发展为今日之中国科学院紫金山天文台）。其后，这位"个头不高，笑容和蔼"的福建人历时五年，以其天文学和土木工程学的双重功底，亲力亲为，克服了经费短缺、自然条件恶劣艰苦以及战乱影响的种种不利因素，艰苦施工。由于经费短缺，南京紫金山天文台的招投标，足足流产了七次，没有一家建筑公司能够完成这样大的工作量，于是，余青松开始自己主持负责建筑工作。紫金山天文台几乎所有的建筑物，都由他本人设计与绘图——大到观测室，小到员工宿舍、蓄水池，甚至包括电缆装置和防火设施。在许多建筑学家看来，这些建筑都达到了天文观测的硬件要求，建筑外观也是中西合璧的经典之作，"很难想象，这居然出

紫金山天文台外景（1935年）

于一个建筑外行之手"。

1934年9月1日，紫金山天文台正式落成。这是中国人自己的第一座现代化天文台，也是当时东亚最好的天文台。紫金山天文台拔地而起后，轰动了国际天文学界，有不少国外学者慕名而来。日本京都大学校长、著名的天文学家新城新藏和几位日本学者到紫金山天文台参观后，深有感触地说："日本目前还没有一个能够建筑这样好的、东亚第一流的天文台的人。"

余青松

当年也曾参加紫金山天文台建造的陈遵妫先生，在他所著的《中国天文学史》中写道："公元1927年余青松回国后，在厦门大学任天文学教授两年，曾计划……建天文台。""南京紫金山天文台的赤道仪室，就是用他在厦门大学拟草的天文台图样。"余青松关于厦门大学天文台的蓝图和梦想，经过转移和放大，终于在紫金山上实现了。

1936年，余青松作为中国首支日食观测队队长，带领队员前往日本北海道观测日全食，为祖国留下首份现代日全食照片与资料。抗日战争期间，他率紫金山天文台工作人员带着仪器内迁数千里，并在昆明凤凰山建立了大后方第一个天文台。在那个艰苦的战争年代，延续了中国天文观测的血脉。

1947年，余青松再度出国，先后在加拿大、美国的高校和天文台工作，直到1967年退休。1978年4月30日，他在马里兰州的佛城逝世，享寿81岁，遗体安葬于佛城的奥立费公墓。

1987年12月22日，哈佛史密松天文台将他们发现的、永久编号为第3797号的小行星命名为"余青松星"。

据《厦门大学校史》记载，厦门大学天文学系于1930年9月停办，我国建造最早之一的天文学系就此停摆。2012年11月26日，厦门大学复办天文学系，成为继北京大学、北京师范大学、中国科学技术大学、南京大学之后，设有天文系的第五所大学。

在浩瀚的星空中，除了"余青松星"外，与厦门大学相关的还有"陈嘉庚星""陈景润星""卢嘉锡星""张存浩星"等，可谓群星闪烁，与日月同辉。

李笠

1927年秋，应聘到厦门大学任教的李笠，是一位著名的经史专家。他中学毕业，但勤奋好学，博览群书，自学成才。与章士钊笔墨往来，切磋墨学。文章备受章太炎、冒鹤亭等人的称赞，名列"瑞安十大才子""永嘉七子"之中，同事周岸登在给胡先骕的信中也称赞说："同事瑞安李笠，字雁晴，朴学专家，人亦甚好。"李笠不仅学问好，人品也备受赞誉，"人品颇极纯正，铅椠之余，别无嗜好，学艺虽富，极自韬晦，与彼自诩自嘘者，迥不同也"。

李笠：中学毕业的大学教授

一

1927年11月5日出版的第172期《厦大周刊》上刊登有"本学期新聘教职员略历"，从中可知，李笠"曾任国立广东大学教授、河南中州大学国文系主任"，到厦门大学任国学系主任兼该系正教授。与他一起受聘到厦门大学的还有周岸登、余謇、朱桂耀、刘云浦、邱椿、陆士寅、张恒、黄榜桂、张国辉等人。李笠的好友陈中凡（亦作钟凡）此时在给胡朴安的信中说："友人李雁晴笠长于校勘，著述繁富，现执教厦大。"

据李笠之女李继芬的介绍，李笠（1894—1962），字雁晴，曾名作孚、雅臣，笔名李玄、玄之。浙江瑞安人。父世鸿，凭劳力所入仅足糊口。在李笠三岁的时候，母亲去世，由父亲抚养成人。

因家中贫寒，李笠直到九岁才去小学读书。1909年，由亲戚资助进入五年制"瑞安私立中学堂"。李笠自幼勤奋好学，成绩优异，每次考试总是名列前茅。陈中凡在《李雁晴君小传》一文中称："无力备置课本，则手自缮写，虽巨帙之西文通史及附图表之理化生物，并摘其都凡，识其要旨。"没有课本，李笠就抄写课本，可见他对学习的执着。他对文学更是特别爱好，与同学李光祖、周蘧等成立"岘山文社"，"写有不少诗词，

并为之定稿"。

1914年，李笠从瑞安中学毕业后，由于无力升学，便一边担任家塾教师，一边刻苦自学。李继芬说，当时地方和学校都无较完善的图书馆，他便千方百计在亲友处辗转借阅，受聘执教家塾时也选择一些藏书较多之家，如城关李（李芑）家、何（乐斋）家、屿头林家。后来在本地结识清代朴学家方成珪长孙方宏源，古籍鉴赏家杨绍廉、杨宰刚父子，孙莘农以及诗人洪博卿、洪幼园父子，有机会借阅大量的书籍，其中不少是善本和名贵书籍，尤其是孙诒让的"玉海楼"藏书，从而开拓了李笠读书和研究的境界。为了有个安静的读书环境，除尽量在设席之家旁屋搭铺外，他更多时间借宿于西山文昌阁及紫霞山仓颉庙，在孤灯冷寺中刻苦读书，勤奋写作。此时，李笠还结交了当地一些年轻好学之士，如薛储石、孙仲瞿、梅冷生等，并与他们一起组织"慎社"，以文会友，相互切磋诸子群经，酬唱诗词。李笠文采翩翩，论著亦由上海《东方杂志》及其他著名刊物发表，所作诗文为乡里所传诵。

李笠有积学能文之才，备受国学大师章太炎和近代著名学者、诗人冒鹤亭等人的赞赏。1916年，在温州瓯海关任职的冒鹤亭，素来以弘奖人才为己任，他曾当众称誉李笠、夏承焘、薛储石、宋慈抱、陈仲陶、李孟楚、李仲骞七人为"永嘉七子"。李笠又与洪锦龙、周予同、陈逸人（一说为宋慈抱）、李翘、薛钟斗、伍偁、郑剑西、许达初、陈俊等合称为"瑞安十大才子"。

1925年，李笠所著的《史记订补》，采用雕版的形式刊刻印刷后，引起国内外学者重视，杨树达先生高度评价该著作，并为该书作序。日本史学家泷川资言在其著作《史记会注考证》中曾引用。

冒鹤亭

1927年1月，李笠在河南中州大学任教时，北京朴社出版了其著作《三订国学用书撰要》。两年后，国学大师刘文典购置此书。2019年的一场拍卖会曾拍卖过刘文典批阅的这本书。刘文典在该书封面题字："此书虽未尽完善，然颇便初学，姑存校备查可尔。"后又在版权页背后题字："民国十八年春购于

北平";"李氏此书繁简失中,所举版本及参考书亦未尽善,且有自己竟未见过而遽列入者。翻检一过,觉其疏漏太多,不适学者之用也。民国廿年十月一日,文典记。时倭寇正进犯新民,辽沈之陷已将半月矣。悲愤忧惶,夜不成眠,抆衣起坐,批阅此书,聊以自遣尔。"对大学者刘文典而言,青年学者李笠的著述未尽完善,疏漏难免,但刘文典还是认为该书有可读之处,适合初学者。

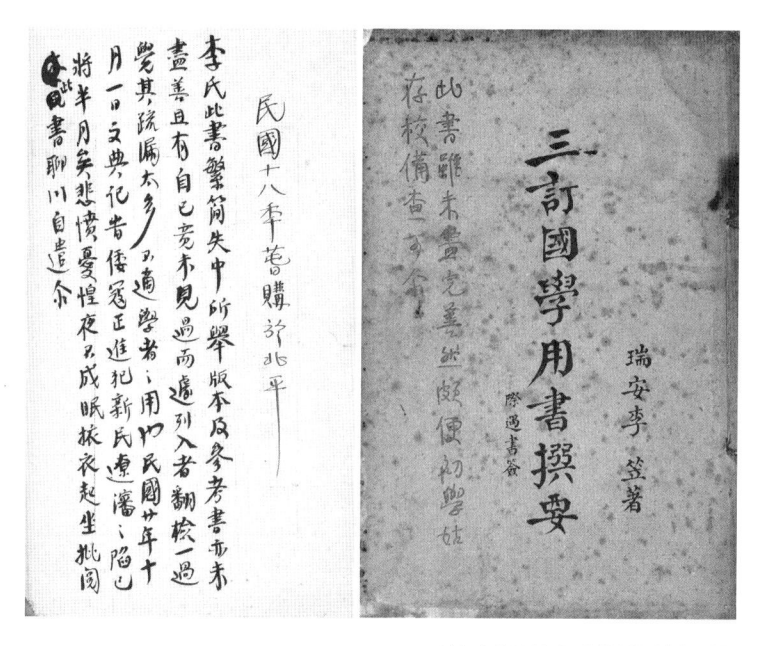

刘文典批注的《三订国学用书撰要》

李笠在《三订国学用书撰要》中谈到读书方法时说:"读书欲成名家,最忌读节本、删本书籍。明代士大夫,最好节删古籍,所以其时学术亦萎靡不振;清代朴学所以大放异彩者,全从烦琐中得来也。盖尽无重轻,有用则沙砾尽为至宝。人之性情,各有所近,程才分工,断难一律;虽有通硕,难预定也。且群经为前哲所重。即其无用者,其名物训诂,亦可作读古书之南针。读《礼记》者,继极畏其烦琐,亦宜先行遍读,然后视其兴趣所近,目的所在者,而采择之。采择之法,须就原书标识,非徒全篇,即散句亦宜留意。此读书之法,不独《礼记》然也。"

他还说："文学之书，不必尽读。性情所近，甲乙互异；兴会所在，父子不传。或本无意读诗文，偶睹篇目，遂惬意而朗诵。故亦不能预为删节，以强人所不好。《古文关键》《六朝文絜》等书，虽极简约，却非深嗜词章者所愿读也。故文学书不惧册子繁多，只惧书本之简陋耳。如《古文观止》《古文释义》等制义式的文学书，虽卷帙厚薄得当，亦复何用？梁氏政治史类举《文献通考》，目下注云：'各人宜因其所嗜，择类读之。'读文学书，独不可择类读之乎？或择人，或择篇，亦视读者所嗜耳。"这些读书经验在今天来看，也有可资借鉴之处。

二

1927年11月20日是一个难得的星期天，天气晴朗，阳光明媚。这天下午，李笠与许雨阶带着20多名师生一起前往白鹿洞游玩。白鹿洞有鹭江八景之一的"鹿洞含烟"，"山虽平浅，而洞则深邃。上有古刹，风景幽静，三五台榭，点缀其间"。师生们登临俯瞰，全岛市廛，如在掌中，远望鼓浪屿及海后滩之船桅如林，风景极佳，师生们叹为奇观。旁有朱子祠，内塑朱子像，"盖厦人纪念昔年朱子主讲玉屏、紫阳两书院也"。师生们在山洞内进食茶点，稍作休息后，又前往虎溪岩，寺内塑一尊虎像，供人奉祀，寺旁有松林，林中小路崎岖，蜿蜒而上可达山顶，"溪水澄清，宛行山石间，滴滴有声，风景幽雅，与白鹿洞相若"。师生们欣赏着山林间的美景，直到下午5点多才返回学校。

1928年12月3日，李笠在全校的纪念周活动上，为师生们作了题为《由文字的意符研究"孝"字在中华民族之根据》的演讲。他说，社会上有人"对于孝字渐渐地藐视，仿佛谈到孝字，便含有腐败的意义及旧家庭专制的气象。所以生活力充足的人们，乐得脱离父母，组织小家庭度其永久的蜜月，所以孝字到了现在，几无立足之地"。针对人们对"孝"的漠视，李笠从孝字的由来、演变说开，从对父母生前、身后之孝引申开来，进一步诠释"孝"博大精深的文化。

演讲精彩之至，获得了不断的掌声。最后李笠重申："孝的范围，有广义的和狭义的不同。狭义的孝，是专对父母而说的；广义的孝，则由父母纵推之及高曾以上，横推之及叔伯一旁。"李笠说："我所说的孝，是广义的，换言之，就是'家族的爱和敬'。所以我所说的，是客观的考察，是历史的根据，是提倡家族互爱的精神，是正义，是人道。至于不近人情的和贼害身体的愚孝，除了杀人礼教的教主作他的护法外，是没有人不反对的。"

后来，他还做过一场《文学与女子》的演讲，剖析文学与女性之间的关系，文学中的女性与女性创作的文学，应该是我国最早以现代视角研究文学与女性的学术著作之一。这个主题，他在河南中州大学时曾演讲过，到厦门大学再次与师生分享研究心得，后删订冗赘发表在《厦大周刊》上。

1928年12月12日出版的第189期《厦大周刊》刊载有李笠所著《史记订补》一书的介绍："本校教授李雁晴先生所著《史记订补》八卷，内容为订正旧说之误，及补充前人所未言者，有诠释，有评论，有考订，有校勘。陈义精辟，然所依旁。南川杨启高著《史记通论》于第六章评此书云：'为学之难，难于通达，通达，则所学之内容外范，无不可以条贯也。历观王赵钱崔诸家所说，多从此方趋向。至李氏立例，执征会通；凡史公旨趣，靡不提要。苟能从此道上奋勇前行，则不惟史记学可以发达，而为史学界生光，即百家学术亦可以开新天地矣。'"从中可知这部著作的梗概以及学界对此书的评价。当时这部书在厦大映雪楼160号学校贩卖部寄售，原价是大洋三元，厦大学生购买还可以享受优惠，每套只收二元四角。

《厦大周刊》上关于李笠新书的介绍

1929年1月12日出版的第193期《厦大周刊》，又推荐了李笠的另一本书《中国文学述评》，云："本校教授李雁晴先生所著之《中国文学述评》，最近由沪出版。迩来坊间所出文学概论一流书籍，大率空疏浅薄，此书取材宏富，议论新颖，与众不同。"在校内的映雪楼一楼160号王晋祥处、生物院三楼编译处何励生老师处都有代售，校内师生给予优惠，每部售价大洋五角。

李笠在厦大曾任国文系主任、《厦大周刊》的编辑委员，在该刊上发表了很多诗词作品，如《忆秦娥》《青玉案（秋海棠）》《调笑令》等。其中李笠与郑剑西诗词唱和颇多，郑剑西京胡冠绝一时，凭着一手琴艺，与当时的戏曲界名流如梅兰芳、程砚秋、俞振飞、周信芳等都有很深的友谊，郑剑西还曾替梅兰芳操过琴。1943年，名旦海碧霞在温州登台献艺，曾聘请郑剑西为她的戏《凤还巢》操琴，不料中途琴弦忽然断裂，郑剑西居然用只有一根弦的京胡拉完了脍炙人口的西皮三眼。

1929年第200、201期合刊的《厦大周刊》上就刊有李笠与郑剑西的唱和之作《郑剑西以玉兰花诗索和次韵报之》，词云：

> 移来仙种近高楼，玉质琳琅比大璆。神女佩环清怯月，骚人衣袖冷妍秋。风传空谷幽香远，妆净瑶台倩影留。一点芳心寒绽露，夜长谁为减更筹。
>
> 绿阴如盖漫团围，韵友相逢月满栏。玉树翻歌人静悄，羽衣慵舞态蹒跚。光风乍泛春痕浅，碧晕难消天水寒。剧爱守愚诗句好，行将拥醉对花看。

李笠在厦大任教时曾介绍近代词学大师龙榆生、周岸登与夏承焘相识。1924年至1928年，身为国学大师黄侃弟子的龙榆生经同门张馥哉的推荐，到集美学校任教，他经常到厦门大学向陈石遗请益。后陈石遗离开厦大，但龙榆生与厦大友人的交往并没有断绝，他与到厦大不久的李笠相识了。

夏承焘

夏承焘在1929年6月9日的日记中写道："得李雁晴厦门大学五月卅日函，谓暨南大学教授龙君榆生，名沐勋，江西人，黄侃弟子，近专治宋词，有所论述。雁晴嘱与通函讨论，周癸叔岸登于梦窗事实，亦颇有所考订，当复一书询之。"据此可知，在此函中李笠向夏承焘介绍了龙榆生的简况。10月，李笠又把龙榆生的信函转寄给夏承焘，夏承焘即复函龙榆生，由是两人开始讨论词学，这是龙榆生与夏承焘缔交的开始。

1929年7月13日，夏承焘送家眷回温州，途经桐庐，住在新市场清泰第二旅馆。巧合的是，这天李笠也刚从厦门返回，闻讯后，立即到旅馆看望老友，并告知周岸登寄了一本书，是论梦窗生卒的，希望他注意查收。第二天，李笠在楼外楼招待夏承焘及眷属，饭后又到艺术馆参观。两人看到高剑父的绘画作品，夏承焘认为高剑父的作品最为动人。在教育馆善本书中看到了陈予的《梦窗年谱》，他们边看边讨论。下午3点，李笠又陪同夏承焘乘坐汽车到灵隐寺，二人同游飞来峰、天竺寺、三生石等处，李笠还在飞来峰、三生石等处为夏承焘拍照留念。薄暮时两人乘车返回，李笠又于市楼邀宴夏承焘，一直到晚上10点才散场，两人"尽一日欢矣"。

三

1929年3月的一天，正在厦门大学任教的李笠，看到当月7日《申报》上刊登的一则《瑞安宋慈抱道歉》的声明，称："慈抱前于瓯海公报及锦湖老渔传单捏造事实，诬蔑李君雁晴（笠）名誉，近又以诈欺手段致干刑罪。慈抱自知错误，挽中向李君说情，以后决不敢再行毁谤，自干罪戾，特此登报声明。"

声明中没有说明是如何诬谤的，但从《梅冷生集》中可找到答案。梅冷生（1895—1976），名雨清，字冷生，笔名有微波、孤芳、脉望等，以字行，人称冷生先生，温州城区人。幼年聪颖，有神童之称。与永嘉陈闳慧、夏承焘、李骥，瑞安薛钟斗、宋慈抱、李笠、李翘，结为朋友，谈诗论文。梅冷生与两位当事人都非常熟悉。

据《梅冷生集》的记载，李笠与同为"永嘉七子"的宋慈抱的事情要从1926年9月说起，当时的《瓯海公报》刊登了一则消息，云："瑞安第一巷有李某者，中学毕业，薄有学问，年来以夤缘手段，得交章孤桐总长，博一大学校教授。与人书，恒自称为孙仲容征君弟子，并尽读玉海楼藏书。嗣何知事横莅瑞时，章孤桐函嘱其拜访李某，谓以此系孙经师及门高足，宜礼其庐而咨诹焉。"明眼人一下就看出，此中的李某指的是李笠，章孤桐即曾任教育总长的章士钊，孙仲容就是出生于瑞安的晚清经学大师、著名教育家孙诒让。消息大意是说，中学毕业的李笠攀附上了章士钊，因此得一大学教授的教职，李笠与人写信时亦常常冒充孙诒让的及门弟子。

消息一出，很快闹得沸沸扬扬。孙诒让的后人获悉后，向上海各报馆声明，孙诒让生平没有收过弟子，意即揭破"阴谋"。李笠一下陷入舆论的旋涡之中，百口难辩。

瑞安张宋庼获悉后，立即写信给《瓯海公报》的主笔进行驳斥，认为这则消息失实了。他逐一驳斥了消息中的不实之处，指出李笠任广东大学教授是易培基、陈中凡两位先生推荐的，而非章士钊援引。李笠到中州大学任教是中州大学校长张劲山自行聘请，亦与章士钊无关。李笠与章士钊只是文字之交，因为两人都治墨学，经常互相切磋，但李笠确实曾"得章之嘉许"。

张宋庼认为李笠"人品颇极纯正，铅椠之余，别无嗜好，学艺虽富，极自韬晦，与彼自诩自嘘者，迥不同也""李之学问固足以自立"。关于李笠所著的《史记订补》一书，张宋庼说，"据撦纂详，深得乾嘉诸老治史之家法，撰例十二（李有《史记补·凡例》十二条，极精审），更为史公之学特开生面，海内名流亦所公认。李何庸假人以自重之必要，审矣。何为冒作弟子，反堕其名哉！李固捧孙，在于阐扬其学说，实非援孙以扬己，至于外人误会，以李为孙之弟子，或以其崇孙之故。"张宋庼还举例说，李笠在《籀庼学会宣言书》时说有"学不传弟子"一语，"尤足证李无对人自称为孙氏弟子之铁证也"。至于"尽读玉海楼藏书"一说，张宋庼说，此话出自杨树达所作的《史记订补·序》中，而杨树达是听马叙伦所言，并不是李笠对人自称的，所以《瓯海公报》刊登的消息与事实背驰殊远。

那么李笠到底是不是孙诒让的弟子呢？李笠的女儿李继芬说："（其父）在小学时曾在瑞安'明伦堂'听过一次孙诒让先生演讲，虽不甚理解，但印象很深。以后便立志要传承孙先生的治学方向，成为孙先生的私淑传人。"1925年12月，商务印书馆出版的《定本墨子间诂校补》即是李笠读孙诒让《墨子间诂》所得，李笠在书中写道："笠卯年受书，便私淑孙氏，甲寅之岁，初读《墨子间诂》，辄为举正数字。辛酉春月，馆邑之南鄙，索居无聊，取定本间诂，与聚珍本、毕刻本对勘，互有不合，定本之挩伪尤多。……尽校书扫叶之功，伸大储未竟之绪。"杨树达为同年出版的《史记订补》作序亦谈及李笠尝读玉海楼藏书："往者杭县友人马君夷初语余,瑞安有绩学士李君雁晴,尽读其乡前辈孙氏仲容玉海楼藏书,专治太史公百三十篇,卓有心得,余心识之。"由此可知,李笠把孙诒让作为治学的榜样和目标,并没有提及是孙诒让的及门弟子。

后李笠在《我对朴学大师孙诒让先生的认识》一文中也说："有些人以我与孙先生同乡,因误会说我是孙先生的弟子,这个头衔我是不敢领受的。从前我为图书馆学季刊撰一篇文章,他登我的略历,说我是受业于孙诒让,曾经更正过。不料去年暑假到惠州讲演,又有些报纸说我是孙先生的弟子,当时因行色匆匆,未及登报更正,现在顺便在此声明。"

而这则不实的消息是如何出笼的呢?原是《瓯海公报》的编辑黄一萍到宋慈抱家拜访道出了缘由。原来,消息是该报林衍桐在瑞安道听途说的,回去后以此成文。黄一萍又说,早前出版的《图书馆学季刊》,在叙述社员履历时称"李笠为孙诒让弟子",杨树达《史记订补·序》中称"雁晴尽读玉海楼藏书",既然不是事实,为何当时李笠没有声辩,他认为李笠好名不务实。而宋慈抱撰写的《书籀庼遗文后》,亦对李笠有所不公,宋慈抱认为："《书籀庼遗文后》以讨论学术之善意,与彼忠告,何雁晴于他人之是者苛加备责,于一己之非者曲为回护,其心术邪正可知,其言论是非,岂足辩哉!"宋慈抱以此认为李笠品行不端,"既而雁晴自大梁回,愤而迁怒于宋墨庵(宋慈抱)"。

有了张宋庼的驳斥,事情渐渐明朗了,但宋慈抱并没有忏悔之意,之后"又以诈欺手段致干刑罪",直到事态严重了,宋慈抱才发现自己所犯的错误,不得不登报向李笠道歉。不知远在厦门大学任教的李笠是否原谅了宋慈抱。

四

李笠在厦门大学任教时,还向国立北平图书馆(今中国国家图书馆)副馆长袁同礼推荐过一位学生,这位学生就是后来著名的版本学家、印刷史大师张秀民。张秀民在自传中说,当时厦大文学院国学系只有四五个人,需同集美国学专修科学生包树棠、林成章等三四十人一同上课。当时的老师除了李笠外,还有周岸登、缪子才、余謇、郝立权、朱桂耀、萧炳实等名家。李笠讲授的《汉书·艺文志》，让张秀民从此对目录学产生了浓厚的兴趣。读书期间，张秀民非常优秀，在校年年得奖学金，只要不上课，他就进图书馆（集美楼）书库，自由阅览图书。那时他已经发表了《评四库总目史部目录类及子部杂文类》《宋槧本与摇床本》两篇很有分量的论文，后一篇论文发表时，刊物的编辑部甚至认为他是厦门大学的教授。

晚年李笠

"当时社会上大学毕业生虽寥寥无几，而求职若无门路，却极困难。李雁晴师对我的前途很关怀，把我发表过的上述两篇论文寄给当时的国立北平图书馆副馆长徐水袁同礼先生（字守和，正馆长蔡元培先生）。李师与袁先生并无深交，但袁先生看了这两篇文章后，当即由馆方名义来信，谓新馆落成（即今文津街馆）需人，望速来。"接到信之后，张秀民未及带方帽、行毕业礼，就乘海轮北上了。

当时，北平图书馆不仅发挥了一个公共图书馆的职能，而且致力于办成一个学术研究机构，聘请谢国桢、刘节、向达、赵万里、贺昌群、孙楷第等人从事各种研究。张秀民说："在这种浓厚的学术空气中，自然受到熏陶切磋之益，也坚定了写印刷史的决心。"在多年的努力下，张秀民终有不凡的收获，这与李笠当初的引荐密不可分。

从1929年10月26日出版的第214期《厦大周刊》上可获悉，李笠在这一年离开厦门大学到武汉大学任教，原文称："又文科国学系主任李笠先生请假半年，近得确息……李先生在武汉大学任国学教授。"消息还公布了此时以请假理由离开厦门大学而另谋高就的教授，如邱椿、余青松等。由此可以确认，李笠是1929年秋季到武汉大学任教的。

李笠在1941年秋再度回到位于长汀的厦门大学执教，并任中国文学系主任。由于厦门岛被日军占领，厦门大学早已在1937年底内迁到长汀办学。从厦大学生欧阳怀岳在1942年第1期《赣友》发表的《关于厦大文学院》一文中可知，李笠到来后担任中国文学系主任，此时的教授主要有余謇、施蛰存、林庚，讲师则有龚达清等四人。在写到李笠时，欧阳怀岳说："李先生曾历任中州、武汉、中山等大学文学系教授、主任，及中山大学研究院文科主任等职，著有《史记订补》等书，并任本校教授。最近始由中山大学来汀，现所开课为文字学、尚书训诂学。当李先生尚仆仆旅途中时也，吾人几昕夕延应以守之。"

1942年9月29日，李笠在长汀寓所修改完《误文之种类及其孳乳》，后来此文发表在1943年第1期的《厦大学报》上。第二期发表了他的又一篇研究论文《中国语文中的反训现象》。

一日，同在厦门大学任教的施蛰存，在授课后闲步市集，遇有虎肉出售，便购得一脔，煮熟后盛了一碗送给李笠品尝，并附《汀州市上得虎肉自烹之以一脔饷李雁晴媵以小诗》：

> 乙咸遽失毂中势，九沸翻成席上珍。遗与一脔堪左饭，槐斋食谱门尖新。

过一日，李笠回赠《蛰存词长馈虎肉诗以谢之》：

> 腥风昨夜袭行厨，别馆惊逢席上胰。理疾但教尝一脔，（余患胃疾，屡思食虎肉，未果）假威谁复问群狐。斑摧匕箸欢扣腹，色变笑谈怕捋须。多谢恩山相馈赠，助吾诗思益吾过。

沈建中为施蛰存编辑《北山谈艺录续编》的时候，施先生特地拿出李笠《蛰存词长馈虎肉诗以谢之》一诗手稿，交代要收在书中。他在《忆雁公赠诗》中说："雁公为一代学问家，老人辞世已多年，如今却鲜为青年学人所提及，故检出雁公昔年赠余墨迹，重温旧谊，并供刊布，聊表怀念之忱。"

图书馆学家张秀民、语言文字学家于安澜、古典文学研究专家胡守仁及詹安泰、经济学家陈征等均曾受业于李笠。李笠的一生中，除了教书、读书、写书之外，买书、藏书也是非常有名气的。

在《朱东润自传》中就有过这样的记载。朱东润称，李笠是在1929年秋到武汉大学任教的，他对李笠的印象非常深刻："1929年的秋天，还来了两位教师。一位是李雁晴，瑞安人，中文系教授。这一位自学出身，长于目录、校勘这套学问，对于我的帮助很大。我为了准备中国文学批评史的讲稿，首先要搞资料，因此不断地向任懋忱、李雁晴这两位请教。任先生主要是搞版本的，李先生却更注重实用，因此对我的帮助更大。雁晴说：'只要是必需的，无论书价多贵，就得买下。要是版本没有特别价值，那么铅印本、石印本都不妨收进。'我的余款有限，所以就跟着雁晴走，应当认为这是一位益友。"

那时候，武汉大学教师常在武昌旧书店走动的，第一是任懋忱，第二是李笠，第三是陈登恪，第四就是朱东润。朱东润视李笠为"益友"，保持了终生友谊。

20世纪40年代中期，伍叔傥推荐朱东润出任山东大学中文系主任，朱东润曾邀请李笠同往。朱东润在50年代后期出任复旦大学中文系主任，把李笠从南开大学调来以充实语言教研组力量。

在李笠的老家瑞安城内流行一句话："东郭有玉海之楼，西门有横经之室。"这里所谓的"横经室"就是李笠的藏书楼，李笠藏书之丰媲美玉海楼，可见用力之深。李继芳依然记得，"父亲每次假期返里，总是箱箱柜柜，车运船载，家人忙乱，邻人驻足，其实内无长物，只有书籍。每逢夏日，则是晒书、补书、序书，翻橱倒柜，大动干戈，家人全部出动，亲友也来支援，为时大概半个月左右。"

横经室筑于1927年，1935年扩建，西式主楼三间二层，楼上四室用于藏书，藏书有五六万册，另有一间藏书画古玩。这些藏书逃过了抗战时期敌机的轰炸，却躲不开20世纪50年代的那一场场运动。温州沦陷时，李笠不惜财力将藏书转移至乡下，幸未受损。但仅1956年一年，散佚七千余册。第二年，所余藏书一部分送至玉海楼保管，一部分被当作废纸处理掉。

1962年7月21日，李笠病逝于复旦大学，享年69岁。

周岸登

周岸登被称为民国词坛巨匠,他的人生颇具传奇色彩,中过秀才、举人,在国子监读书时,深受座师翁同龢的器重。先后做过知县、知州,又加入过同盟会,后潜心教育,在厦门大学、安徽大学、重庆大学和四川大学任教。《词学季刊》创刊号罗列南北各大学的词学教授时,周岸登赫然在列,与"南京中央大学吴梅、王易,之江大学夏承焘,湖北武汉大学刘永济,北平北京大学赵万里,上海暨南大学龙榆生"等词坛巨擘齐名并举。他在厦门大学任教时,曾任中国文学系主任及教授,厦大词风一时兴盛。可惜在周岸登去世后的几十年里,他所受到的关注却寥寥无几。

周岸登：被人忘记的二窗词客

一

周岸登，字道援，号癸叔、二窗词客，1872年4月4日出生于四川省威远县的白鹤湾大院子。

1888年，16岁的周岸登以童子及第秀才，为县试冠军。1891年，参加光绪十七年辛卯乡试中举人，一时俊杰之士争与交游。1894年，周岸登入国子监南学，在求学期间，就以"雅才好博，文藻秀出"见称，排偶声律之文见赏于座师翁同龢。1900年五六月间，经常向词坛名宿王鹏运请益。

周岸登兄弟五人，他居四。长兄宣登及其子麟素俱秀才，次兄俊阳亦秀才。弟先登（又群登），尤敏慧，与岸登中同科举人，惟三兄固登（厚安）淳朴，务农于家。周氏一家可谓棠棣竞秀，花萼联辉。岸登与其弟侄能够功名早达，显赫于当时，都与次兄俊阳教诲、辅导有关。

彭静中在《杰出的爱国词曲家周岸登》一文中称，周岸登在北京与四川京官乔树枏、刘光弟、赵熙等有交往，并与当时的著名词人王鹏运、朱祖谋等人过从甚密。戊戌变法失败后，周岸登等人在思想上受到极大刺激，开始探索救亡图存之路，后加入同盟会。

1905年，周岸登以知县发往广西，历任阳朔、苍梧知县，全州知州、全省营务处提调兼军政司司长等职。其间，革命党人胡汉民、但懋辛等人被清廷追捕，

周岸登从中多方斡旋，胡、但等人得以转危为安。

周岸登是受时任广西巡抚张鸣岐的邀请出任阳朔知县的，张鸣岐与周岸登曾是南学同窗，可是周岸登到任之后，"不问民情，终日钻研词学，一应民间疾苦，并不理会"。有一年，全阳朔县天久不雨，旱魃为虐，禾亩枯萎，万民焦灼，芸芸百姓拥进县衙请求周岸登亲临祈雨，祷告天地。外面群众呐喊声声震屋宇，不料想作为县令的周岸登正元龙高卧，鼾声震耳！于是群情愤激，上报巡抚请求撤换知县，最后张鸣岐迫不得已把周岸登调往他处。

据蒋钦挥著《历史的碎片：全州地域文化纵横谈》和沈奕巨著《广西辛亥革命史记》两书的记载，周岸登到全州任上一年多的时间里引起了三次民变。在办理清乡的过程中，他派了一个试用巡检曹骏，带领兵勇数十人，会同地方绅士办理，但曹骏与地方绅士勾结在一起，所到之处，敲诈勒索，纵兵淫掠，致使风潮迭起。面对风潮，周岸登想到的不是疏导、解决问题，而是以武力去镇压。七月初六这天，曹骏一行抵达万乡亭子江，恶习不改，激起公愤，被乡民团团围住。周岸登亲自带队前往，试图以武力捕捉民众。亭子江各地村民聚集了两千余人，声言要将周岸登和曹骏捆绑到省城。周岸登听后大为恐慌，命令亲兵放枪示威，吓退群众，慌忙逃回州城，闭城两日。村民将曹骏塞进一个大猪笼中，游街示众，之后，又将曹骏用轿子抬着送到省城桂林。送行的百姓们头上都插有小竹片，上写着"官逼民反 绅逼民死"。这支浩浩荡荡的队伍，向桂林进发。周岸登在13日赶到了桂林，请求省府派兵镇压，没想到这一举措更加激化了矛盾。六个乡的村民联合起来响应，扬言"不重惩周、曹誓不休"。面对如此境况，周岸登被撤职。据说，此事载在当年的《东方杂志》上。

辛亥革命后，周岸登又到会理、蓬溪以及江西的宁都、清江、吉安等地任职，他廉政自持，生活淡泊，两袖清风，卓有政声。

1927年，周岸登看透官场的世态炎凉，毅然弃官，投身于教育事业。

二

1927年秋，周岸登受厦门大学副校长张颐之邀任国学系教授。1927年11

月5日出版的第172期《厦大周刊》在介绍"本学期新聘教职员略历"时,"周岸登"三字赫然在列。

在厦门大学,周岸登讲授《词曲选及词曲史》,除了著有《海客词集》一卷外,还编有《唐五代词及北宋慢词讲稿》,立意新颖,发前人所未发。在他的引领下,厦大词风一时特别兴盛,著名词人包树棠、温伯夏、韩文潮等都是他的弟子。在课余,周岸登还将朝鲜人朴殷植的《韩国独立运动血史》改编为剧本,命名为《韩民血史》,以警醒国人。

胡先骕

1928年1月1日,周岸登给胡先骕的信中讲述了在厦门大学任教的情况。周岸登与胡先骕是多年的好友,在周岸登到厦门大学任教之前,曾写信告诉胡先生喜欢研究鼎彝文,而且"费钱太多",还请胡先骕帮忙在南京谋事,"如教育界南京有可托足,幸为我一谋之"。他给胡先骕的信因十分难得,且有助于增加对周岸登的了解,特抄录如下。

得北京赐书,备诵新什,高柔爱玩,德曜相庄,曷胜健羡。

贱躯秋杪病起,校课□□(笔者注:原文缺字),讲座尚非所难,惟编讲义之为苦。公前书所陈极是,然不能行者,主其事者,务在多开专门之班,以撑门面,学子实际非其所急。此等高深学术,妙在无人问难,随我信口开河。茶陵弦歌,于今再见。此期因病旷课四十余日,故楚辞未能卒业,《管子》叙录讲毕,尚有通论等篇,辄而未授,先授本文《牧民》一篇未竟也。词曲一课学生,几满大衍之数,能词者约有十余人,有沈奎阁、包树橦(笔者注:即包树棠)、叶书德、丘立塔、吴大玠诸人尚好,略有兴趣,现课仅至溯源第二。词选则令慢兼授,令尚在五代,慢初授至苏长公而已。

张真如经陈嘉庚特聘,厝副校长,而厦派鼓动本地无知学子反对之。张大不愿意,就职后三日,匆匆赴南京,为本校立

> 案事有所接洽，现尚留沪未归。我在此间授课之外，日惟门户读书，百事不问。是非之地，深不愿溅其余波，见人装呆最是好事。意绪百恶，欲托于音，辄复中止，故竟未能成一篇什也。稍暇当将所编讲义各理一份寄上，以求教正。
>
> 《管子》旧注简略，意欲新为训注，闻近人为之者已有二三人均未出书，同事端安（笔者注：应为瑞安）李笠，字雁晴，朴学专家，人亦甚好。其弟子陈准，有《管子补注》。又有他友，不知其姓，在江南亦为是学，已排印数十部，征友人之益，而非售品，李代我求之，尚未至也。我意现搜集材料，先为一长篇，俟有成书，再剪裁熔铸为注。然此事甚苦，往往因一字而审书数十本，结果未能得一二行，若讲义如此编法，真劳而寡获矣。遇太忙时，注中未能兹书出处，职是故也，总之，借以自寄其心而已。现在尚无所苦，惟每日晨初醒，觉脑中不宁，起而盥漱毕，则忘之矣。稍暇当为词赠公及新夫人。因农山（笔者注：即秉志）回金陵，买得福州漆器首饰匣一个，壁挂二事，托其带致，略效芹献。

信中对其在厦大的生活有了叙述，从中可以管窥一二。这是周岸登与友人之间，那么他和学生的关系如何？学生对他的印象又如何呢？

当时的学生"士希"在《忆在祖国求学印象及老年感想》一文中称："给我印象较深刻的有词学教授周岸登，四川人，是光绪某科的探花，做过几任知府，讲的话四川腔很重，教学法也不甚高明，授课时老是坐着，一边说讲词学，一边用右手不断抚摸稀疏的胡须。他写诗写词，总是运用艰涩难懂的字句，意境亦然。有一次，《厦大周刊》发表周教授所作四首七绝，用字用典都极深奥冷僻，读者看了都不知所云，引起厦门《江声日报》和《商报》鸣鼓而攻，骂他是要不得的时代的落伍者，但他自炫其博学，而不顾及读者的领会，自此以后即不见其作品了。"可见，当时的学生对周岸登深奥难懂的诗词也是敬而远之。

周岸登被报刊鸣鼓而攻的事例还有一则。1928年3月2日，驻厦门的日本领事坂本龙起指使其在厦门梧桐埕私设的日本警察，半夜行动，拘捕了四个给国民党服务的朝鲜人。日本在中国本土肆意妄为，引起了民众的极大愤怒，进而爆发了反日的大运动与交涉。

金德嘉在1928年第4卷第21期《语丝》上发表《周岸登"反日"艳体游仙诗》称："这般热烈昂激的民气，竟冲破冰冷而且僵硬的厦门大学的醉生梦死的洋博士、学者、怪古董、马面、牛头之流的教职员而起来组织了个'厦大教职员反日外交后援会'。于是这会里发起宣传，宣传自然要出刊物，出刊物自然要稿子，要稿子——哦，于是乎那个怪古董——或者说是'活鬼'的反日艳体游仙诗便出现了。"

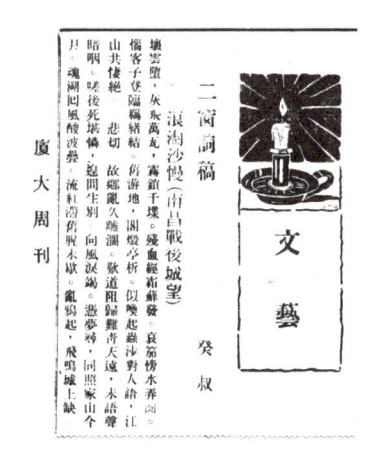

周岸登在《厦大周刊》上发表《二窗词稿》

金德嘉称周岸登是"老古董""活鬼"，因为周岸登写的"反日艳体游仙诗"，"可惜洋博士们都是看不懂，莫名其妙——不，便是前时的诗圣，或者现在的诗哲，也许为难哩"。另一个原因是周岸登抨击新文学运动，他说："陈独秀之罪，是万死莫赎的！什么新文学……屁文学！""……没有古典，还有什么'文'？言之不文，行之不远！唉！唉！唉！"这些言论再加上周岸登的作品艰涩难懂，都被别人看作怪诞之至。

1928年暮春，寓居厦门的杨氏去世。杨氏是来自安徽安庆的农家女，嫁给做裁缝的邓氏为妻，不料婚后四个月，丈夫突然去世，杨氏悲痛欲绝。父亲怕她伤心过度，让族人带着她到京师，希望能够缓解她的心情。没想到有人看她年轻貌美，打起了坏主意。杨氏听后大哭一场，私下秘储了一些毒药准备自杀，族人只好把杨氏送回安庆。然而，杨氏"归益不聊其生"，族人又把她带到厦门。"厦门互市之区，俗尤嚣，或嬲之途，或挑之市"，这令杨氏苦恼不堪，更有甚者，晚上从窗户钻入杨氏室内。杨氏以胆怯为借口，转移到其他房间，大概半月后去世，有人说杨氏服药自杀，然而医生检查后却没有发现。

周岸登认为"盖其志决久矣，委宛数年而终死之，古来殉夫多矣，未有从容若斯者也。予哀其志，寓之词以咏之"。在这种心情下，周岸登于杨氏去世七日后，在3月21日这天写了《北双调》，其中有句云：

> 人生树上花，辞枝逐风委。或飘蘩涸践成泥，还坠芳筵归逝水。贫富和贵贱，寿夭分高低。骚心屈子休问天，著论潜夫思埋地，君看大海怒涛飞。流不尽千年怨女羁人泪。

这是周岸登《梦碧簃曲稿》的其中一部分，发表在1929年第1期的《厦大集美国专学生会季刊》上，周岸登特别注明"为怀宁邓杨氏作"，从中可以看出周岸登对社会的关注，对弱者的同情，以及其悲悯情怀。

三

周岸登以词风初尚吴梦窗、周草窗，而自号"二窗词客"。在厦大时，他开始在《厦大周刊》《集美周刊》《厦大集美国专学生会季刊》《厦门大学八周年纪念特刊》上陆续发表《二窗词稿》和一些其他诗词作品。

1928年重阳节这天，周岸登登上了南普陀后的五老峰极目远眺，并在山上看到了同年岳尧仙、易顺鼎、唐昌岂等人于光绪乙未年重阳节在石壁上的题名篆刻，于是有感而发，写下一首《木兰花慢》。词云：

> 荡云愁海思，俯空阔，作重阳！奈大地秋风，无边落木，万感沧桑！高冈！更穷望眼，指青天一发是家乡！斜日搔余短鬓，暮潮咽断清商。
>
> 徜徉，薜壁经廊，寻篆刻，吊诗狂叹，当年铸错，虚名画饼，招蜀怀湘，魂伤！悼今感旧，记京华选胜共荧囊！休觅残僧话往，有人独立苍茫。
>
> "易官广西左江道，粤督岑西林以画饼名士，劾之落职。当年，铸错二句，又作六州铸错，四魂共谧，则实甫刻有行卷，署日四魂集间之，则日，取宋玉招，魂东魂西魂南魂北也。

在厦门期间，周岸登曾多次打算返乡省亲，但均未能如愿，一时辗转愁闷，不遑安处，曾赋《蝶恋花词（三首）》，以寄其意。

> 卜得归期归未定，梦里吴船，画里潇湘影。消息楚云迷远近，断魂夜夜惊秋枕。
>
> 喜说刀头圆破镜，照见啼妆，泪粉腮红印。长托春醒慵不醒，闲花无数飘芳径。

> 丝雨濛濛香篆定，隔住屏山，却写伤心影。恨比天长除梦近，梦回泪满鲛绡枕。
>
> 且慢焚琴还咒饼，镜匣琴囊，历历春纤印。残酒醒来恁未醒，飞红扑刺迷鸳径。

> 枯坐冥心疑入定，电火飙轮，历历华鬘影。昨夜星辰天路近，断云和梦迷山枕。
>
> 泪滴苔衣侵石径，绿满江潭，不浣残红印。杜宇啼春青未醒，涓涓暗水流花径。

罗元晖在《词学家周岸登》一文中说，从三词看来，就置诸《花间》《尊前》的典雅名篇也无逊色。周岸登常说，予虽"二窗"是祖，然亦不薄"苏辛"，今读他的《蝶恋花》及《六州歌头》，就知其词风是以吴、周隽严的格律，参苏辛的气势，婉约奔放兼而有之的境界。

由于沧桑多变，国事维艰，周岸登感世伤时之际的词风也渐趋豪放。在其著作《蜀雅》中就收录了《八犯玉交椅》（厦门南普陀观潮用仇山村招宝山观月上韵）《透碧霄》《瑞鹤仙》《南浦》（赠周墨史同年殿薰）等在厦门创作的多首诗词，其中亦不乏豪放之作。

周岸登治学精勤，交游甚广，教学之余与夏承焘、乔大壮、黄侃、郭沫若、陈石遗、周殿薰等人唱和往来，以学行相砥砺，互有诗歌相赠答。

周岸登还曾兼任《厦大周刊》的编辑委员，除了教学、填写诗词之外，多次为学生做演讲，如《民族主义与民权主义》《中国上古时代民生主义》等。他帮助学生钟应梅修改《厦门大学七牖》并发表在《厦大周刊》上，还曾与邱大年、杜佐周、朱君毅等教授一起，向校长林文庆提出建议，改组学校的评议会，设教授会，教授由各科主任推举。学生毕业时出版纪念册，他还先后为谢儁、洪文心、曾郭棠等弟子写简介、赠语。

1930年4月8日，厦门大学举行建校九周年纪念活动，周岸登写下《大学箴（并序）》，他说："化民动众，其必由学。学之弗措，乃能以先知觉后知，先觉觉后觉。诲人不倦，温故知新。蛾子时术，敬业乐群，知类通达，然后师严而道尊，勉哉吾徒，共式圣言，有儒司教，敢告侍宾。"对教育寄托着殷切的希望。

1930年4月25日，思明县教育局局长、厦大预科国文系兼职教员郑江涛因心脏病去世，年仅32岁。郑江涛是厦大毕业的学生，深受周岸登欣赏。周岸登对这位"才调文章，为同辈所推许"的学生、同事的离去，深感惋惜，除了和朱君毅一起撰写了一副对联外，还撰写了5月17日公祭大会上的祭文。

四

1930年寒假，周岸登辞去厦大教职，客居南京。

从1930年底至1931年夏季，周岸登在南京除与至交论文外，集中精力，整理自己历年之稿件，合成《蜀雅》二册。后附有《和〈庚子秋词〉》1卷，凡116阕，《杨柳枝词》102首，编为1卷，题为《蜀雅别集》，王易题写书名。《蜀雅》和《蜀雅别集》之扉页均为汪东篆书题字。胡先骕、王易分别为全书作序。全书由周岸登在厦门大学的得意门生包树棠、韩文潮校录。1931年由上海中华书局仿宋

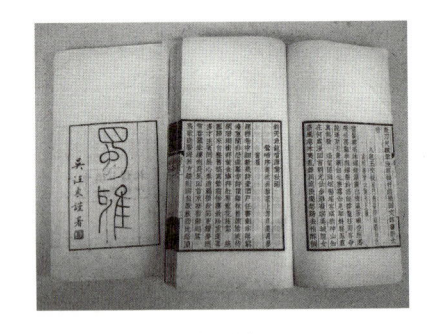

笔者所藏周岸登著《蜀雅》

活字铸版代印，扉页有"重光协洽之岁择勘校印"字样，版权页上方贴"二窗"印记。

《蜀雅》在当时文坛引起不小的轰动，书中收录周岸登各个时期作品580多首，集中体现了他词学创作的成就。学衡派领袖胡先骕在民国六年与周岸登以词订交时，就对周氏词作极为欣赏，认为周岸登与赵熙当为蜀中词坛的中坚力量。

《词学季刊》创刊号罗列南北各大学的词学教授时，周岸登赫然在列，与"南京中央大学吴梅、王易，之江大学夏承焘，湖北武汉大学刘永济，北平北京大学赵万里，上海暨南大学龙榆生"等词坛巨擘齐名并举。

为《蜀雅》做校录的包树棠是周岸登比较欣赏的弟子，后在集美学校、福建师范大学任教，是著名的古典文学家、诗人。包树棠在读书时就开始查询资料，着手编辑《汀州艺文志》。该书出版时，周岸登欣然为他作序。

1931年秋，周岸登受安徽大学校长何鲁之邀到安徽大学任教。何鲁为何邀请周岸登呢，一方面是对周岸登博学才华的认可，另一方面何鲁也怀有报恩之心。罗元晖在《词学家周岸登》一文中记述了周岸登对何鲁的接济。原来，1912年在清华学堂的何鲁、黄秉礼因反抗外籍教师的侮辱被学校开除。同校的吴芳吉和吴宓被选为代表，向学校当局反映此事，亦被学校斥退。周岸登认为何鲁等人不惧官府和洋人，挺身维护民族尊严的行为是爱国的表现，对校方行为表示异常愤慨。何鲁、吴芳吉都是贫家的子弟，有家难返，日惟依靠少数同学接济，夜则两人拥盖报纸为被，卧于街头巷尾，境况非常凄惨。

当时周岸登旅居北平，借住在其弟周先登家中。他哀怜何鲁、吴芳吉两人的遭遇，于是与其弟商议，找到了何鲁，而吴芳吉已赴上海。于是周岸登兄弟把何鲁接到家中，款待如家人，并劝慰他安心自学，寻机再卜前途。

不久，留法勤工俭学会在北京安定门内方家胡同创办了留法俭学会预备学堂（校）。何鲁参加了该校的招生考试，成为第一批学生之一。这批学生不但"专攻法文，乃欲养成勤俭之习惯，故校中同学皆轮班值日，自操工作，除庖人外，则无佣工"。学堂自5月底开学，经过近半年的学习，首批留法学生便离开北京。何鲁和其妻弟朱广儒、朱广湘、朱广才同时成为我国第一批赴法勤工俭学的留学生。

此时，周岸登已经离开北平，其弟周先登闻讯后，为何鲁筹备旅费，以壮行色。

1917年，何鲁在法国里昂大学获得数学硕士学位，世界三大数学难题，何鲁解答了两道，轰动国际，赢得了一代数学大师的声誉。据说，当时某国曾以美金若干万元，预购其死后脑部，解剖研究其中的"三角塔"之数量，盖智力多者，此种结构必多也，后未果行。时人陈迩冬曾诗赞云："数学高名振海遐，当时未有罗庚华；头颅千两黄金贵，诗手书人又画家。"

何鲁回国不久亟赴北京想面谢周岸登兄弟昔日恩德，闻先登已逝世几年了，何不禁潸然流涕很久，既而悲痛地说："报答岸登亦即同报答九泉下的先登了！"

何鲁任重庆大学理学院长，又邀请周岸登前往任教。自是过从更密，以亲长礼事岸登，愈久愈敬。众人称何鲁是知德善报，周岸登和周先登是知才善助。

周岸登离开厦门后，包树棠、谢儵等还常与他书信往来，诗词唱和。1940年，他的学生谢儵从长汀给他邮寄了漳州八宝印泥，周岸登收到后欣喜不已，还填词一首致谢。

1942年9月10日夜，周岸登和马一浮之《江村遣病诗十二首》，一晚写成，"遂使有病之身，溲下血淋，四五日不能饮食"。在峨眉就医无效，旋由其侄周潜川接入成都四圣祠医院治疗，然未见起色，遂接回家中。9月13日，卒于成都东门街139号宅中。身死之日，家无长物，惟余四壁书籍而已。亲友在其宅及川大校园举行了隆重的追悼活动。28日，葬于望江楼畔狮子山之阳，谢无量撰写碑文，王白与书丹。周岸登初娶王氏，无出；续娶高氏，育有两女。马一浮虽与周岸登唱和往来，但两人未曾谋面。马一浮获悉周岸登去世的消息后写下一副挽联："诸法不相知，识面今成身后事；孤吟曾枉和，同时或是梦中人。"

著名的语言学家、国学家王易认为，周岸登的诗词"博雅矜练，语出已铸，律细韵严，一以君特（吴文英字）公瑾（周密字）为宗，或微病其矜而失情，牵律而害意。然余谓为是者，宁涩毋滑，奚竞俗赏为"。著名词人、画家夏敬观称其"才思富丽非余子可及者"。

朱桂耀

在《厦大周刊》上，为一位去世的老师办一期追悼的专号是不多见的，而且厦大师生曾为他停课一天，并下半旗志哀。这位老师就是在厦大任教只有两年的朱桂耀。朱桂耀，亦作桂曜，字瑶圃，后改为芸圃，浙江义乌人，三岁时父亲去世，由祖父抚养长大，等到他快要入学读书时，祖父也去世了。兄长朱桂荣在商铺做学徒，和母亲王氏一起省吃俭用，供其读书，让他不致辍学。后来，朱桂耀考入北京高等师范学校。1927年秋，朱桂耀在杨树达的引荐下来到厦门大学任教，他做人做事都备受同事和学生的好评，在离开厦门大学前往中州大学任教时不幸染病身亡。其遗作《庄子内篇证补》至今还常常被人提及。

朱桂耀：遗篇曾满门墙誉

一

关于朱桂耀早年的生活，笔者没能查询到更多的资料，仅有朱中宝先生所著《义乌"共进社"钩沉》一文中提到了朱桂耀。此文梳理了20世纪20年代初期，浙江义乌一批知识分子的思想及其社会活动。受五四运动的影响，一批在北京、南京、上海、杭州等高等学府就读和任教的义乌籍学生与老师接受了"新学"，追求民主和科学，追求救国救民的真理，他们热血方刚，既有一颗爱国之心，又愿为变革自己的故乡贡献一份力量。

1920年暑假，他们在义乌县城梅麓公祠召开"俭德社"成立大会，到会37人，签名要求入社者70多人。朱桂耀就是当时的会员之一。1921年7月，正式定名为"义乌共进社"，同时选出四个委员会，各委员会即分头开展活动。朱桂耀是教育委员会的一员，教育委员会认为"普及教育为改良社会的第一步"。1922年，朱桂耀（北高师）和王藻馨（南京高师）、何选骥（北京大学）、李勉韶（南京高师）、黄昌纪（北京大学）、冯炎顺（北高师）、楼良相（南京高师）、楼瑞贤（农专）、缪启悟（北京大学）等人借用县第一小学的教室举办了为期六周的暑期学校，以推广国语、讲习教育、为青年提供补习学业之机会为宗旨，

招收本县小学教员及其他教育界人员和高小毕业生与中学毕业、肄业生。课程设有国语、教育和普通等三门。暑期学校教员及干事共 10 人，他们均不支薪水，只由学校供膳。

1923 年 6 月 2 日，朱桂耀将文字学毕业试卷上的文章做了修改，投给了《晨报副刊》。一年后，《晨报副刊》以《中国古代文化的象征》为题予以连载，受到了学界的赞誉。

27 岁那年，朱桂耀从北京师范大学（笔者注：北高师此时已改名）毕业，到天津南开大学做教师。1924 年 5 月 9 日，南开文学会成立，有会员 20 多人，但仅仅不到一年，文学会主席萧承慎"因父丧回里，未能来校"，文学会改选。在这次会上，作为教员的朱桂耀被聘请为出版股的成员之一，正在南开就读的万家宝（戏剧家曹禺）被选为图书股成员。同时决定，将该会负责的《文学半月刊》改为《文学旬刊》，每本售价为铜圆六枚。在《文学旬刊》南开生活号上，朱桂耀是负责稿件征集的联络人，负责指导学生创作、办刊。在南开大学学生会第五届出版股的资料上，朱桂耀和蒋廷黻等人被聘请为出版股的顾问。在南开任教之余，他还负责审核南开的国文教材。在南开的《南大周刊》上可以查询到朱桂耀以"朱瑶圃"为名发表的《格物的解释》《感时六首》等诗文，《感时六首》中有句云：

> 剑南有志争胡腥，无奈儒冠误此生。触绪无端感慨多，漫将世事拼颜酡。
>
> 安得终军英气概，誓将赤手斫长鲸。此心直待成明月，万古丹霄照不磨。

从诗中能读出朱桂耀忧国忧民、感时伤事的情怀。

1927 年秋，朱桂耀经著名的语言文字学家杨树达的引荐，受聘到厦门大学任教。杨树达曾任清华大学教授、北京师范大学国文系主任，他在《积微翁回忆录》中写道："毕业后，余介之往厦门大学任教。"所谓"毕业后"的说法是不确切的，因朱桂耀毕业后先去了南开大学。

1927年第171期《厦大周刊》对朱桂耀做了简单的介绍："前任天津南开大学教授，现本校聘为国学系教授。"这学期新来的教员还有李笠、余謇、周岸登、邱椿、刘云浦等人。朱桂耀与厦大签订的合约期限为三年，"月俸二百八十金"。

朱桂耀到厦门大学所上的第一课是"作文及演说"。学生陈植亭在《恫中忆语》中回忆说："一个天之骄子，不慌不忙地说了些关于文学的原理、派别，今后的趋势和作文的条件，然后出个'自述学文的经过'的题目令我们做。于此，我便认识他是个善于教学的教师。"

令陈植亭印象深刻的是"第二堂，我往旁听他的诸子专书研究——庄子，见他那样的滔滔阔论、规模宏博，于是我认识他是个博学的学者。"

在陈植亭的记忆中："芸圃先生是个体魄强健、年富力强的学者，外表看来，最多三十岁吧？七尺的高度，大肢大骨的，上课时从来焕发动人，任是长久时间的改文或编讲义，未曾见他的精神有些疲倦。他始终是个积极的强者，他的意志、言辞、态度从未见过有些衰弱的表现。"另一位学生王咏祥说："先生对于个人的修养，很是注重……先生脾气很和平，情感很浓厚，'与人无争，与物无忤'，并且非常克己，有'宁使人负我，毋使我负人'的精神。"

二

朱桂耀在厦大开设了庄子、修辞学以及唐宋文等课程。他在课堂上谆谆教诲，告诫学生们说："我们为学的道理，不外两条大路：第一要精，第二要博；精则自能生巧，博则可以互相发明。倘若博而不精，一定流于肤浅。你们看胡适之先生的学问，以为他就很博了。但我们如果细读他所著的中国哲学史大纲诸书，即可发现有许多的地方，极为肤浅无聊了。他就是犯了博而不精的毛病呢。"

当时集美国学专修科从集美搬到厦门大学上课，学生李绍芙说："我们从集美到厦大时，是在民国十六年下季，那时朱先生适由南开大学来此执教鞭。我第一次上他的课是'作文及演讲'。他滔滔不竭地讲述古今文学的派别与趋势，我们听的津津有味，一点也不会生厌。当他第一次把我们的作文卷发下时，口中一面宣判说，我们同学的作文大致分为三派：一为桐城派，二为文选派，三为新文学派，每派各举一二位同学为例，这种评断是一些儿也不错的。"于是，在下课后，同学们之间开始用桐城派、文选派、新文学派相互称呼对方，开玩笑。

李绍芙在1928年9月11日的日记中写道："……晚饭后与周、徐二君到胡里山炮台散步，回来时顺道至生物院三楼找朱桂耀先生坐谈，郝昺蘅先生也在座。我们坐定了后，朱先生亲手拿着美丽的杯子，斟了三杯茶给我们喝，其味清香扑鼻，喝完了，朱先生说：'再喝，这是龙井茶呢！'于是我就自己动手斟，再喝了一杯。五个人约莫谈到了八点钟的样子，我们就辞别了。"朱桂耀给学生留下的印象是如此，给同事留下的印象也是极好的。

当时的同事、著名词人周岸登说："所讲为人心统一，乃知君深于宋五子之学。"在周岸登的印象中，朱桂耀"为人坛宇恢宏，接物和易，有所不可，乃断断不少讪，而内实沉潜，卒难窥其涯矣"。周岸登曾以玩笑的口吻问他，你工诗词，为何不拿出来让大家看一下？朱桂耀笑着反问道，你怎么知道的？周岸登说，从你谈吐间的韵味可以知道。这时，朱桂耀才把诗作拿出来与周岸登交流、切磋。

朱桂耀不仅古文功底好，而且英文也好。在众多留洋归来的教员中，校长林文庆非常看重他，请他翻译自己用英文写的《中山挽歌》，朱桂耀用"朱骏声十八部古韵"进行翻译，文辞优美，读来令人拍案叫绝。等到朱桂耀为校长翻译的作品在《厦大周刊》上发表时，同事们才晓得他还精于英文，而且"深于骚赋音韵之学"。当时厦门的《昌言报》也称他是"少年硕学，为厦大教授中杰出人才"。

他极富有爱心，在校时曾与同事余謇、李英标、李飞生、邱椿、郝立权、夏雨时等人积极为南京中学图书馆的建设发起募捐，并带头慷慨解囊。

1928年4月，奉系军阀张作霖的渤海舰队从青岛秘密南下。5月10日，渤海舰队的"海圻"号、"海琛"号和"肇和"号等四艘巡洋舰突然出现在厦门港附近，想伺机攻取厦门，扩张奉系在南方的势力。漳厦海军警备司令部派"楚泰"舰在海面侦察，并急令附近各炮台进入战备状态。舰队发现各炮台有备后，未敢轻举妄动，一直在厦门附近海面游弋。13日凌晨3点半左右，渤海舰队的

"海圻"号、"海琛"号突然从大担岛向厦门驶进，准备炮击厦门。这一举动被胡里山炮台、磐石炮台和屿仔尾炮台发现，于是开炮迎击，连续发射14枚炮弹，渤海舰队发射6枚炮弹还击。

厦大校园距离胡里山、磐石炮台都很近。朱桂耀和余謇、李笠同住在生物院的最高层上，此时已经

"海圻"号巡洋舰

进入梦乡，听到震耳欲聋的炮声一下惊醒，感到"海沸山鸣，楼壁震撼如将圮"，急匆匆从床上爬起来，鞋子都没来得及穿，摸索着下楼，跑到校园后面的山上躲避，"露伏山堐"，等到炮声稀少时，大家才发觉寒不可耐，冻得牙齿打颤，发出"嘚嘚嘚"的声响。余謇和李笠都担心住处已经倒塌，更担心渤海舰队再次炮击，所以都不敢回去取衣物。当时，朱桂耀身上穿着衣服，比他们好多了。但一会儿朱桂耀就不见了，余謇和李笠四处寻找，也不见其踪影。不大会儿，朱桂耀裹挟着余謇、李笠的衣服、鞋子出现在两人面前，令两人感激不已。余謇常常对人说起此事，说朱桂耀是仁义勇敢之人。在各炮台的痛击下，渤海舰队被击退，仓皇南逃，并于16日返回青岛。

一天，朱桂耀给了校工15番银，请他到市里帮忙购物。不料想，一会儿校工空手回来了，胆怯又难过地告诉朱桂耀说钱丢了。朱桂耀当即又给了一笔钱，并且安慰他不要难过，请他再去买。有人提醒朱桂耀说，要是校工说谎呢？朱桂耀说，如果他说谎，我如此待他，他会感到内疚的，他以后或许会改邪归正的；假使他没有说谎，我又奚落他一番，不是令他更难过吗？于是同事们都认为朱桂耀是诚实又宽恕之人。

同事陈定谟说，1928年寒假，他与朱桂耀讨论托尔斯泰、欧根、柏克森时，朱桂耀的"识解均非寻常所及，亦未见其读哲学书也"。没有看到朱桂耀读哲学书，但他的见解和分析又非常人所及，这令陈定谟等人疑惑不解。

原来在北京读书时，朱桂耀曾专攻苏俄文学，夜以继日，废寝忘食，还生

了一种奇怪的病，后来病情不见好转，越来越沉重，以至于到了不得不休学的地步。病重时，医生们都已经束手无策，于是，朱桂耀放弃治疗，用修养的方法，竟然痊愈了。陈定谟说，这可能与朱桂耀的性格有关，因为他为人很忠诚，看到俄国文学中的社会情形，起了一种不平衡的心理。这一场病，被陈定谟看为是朱桂耀思想改变的一个重要原因。

陈定谟

"修养功夫的研究，大概在未到北平以前，不过到了这个时候，才深信内心工作的重要。朱先生对于宋代的理学，恐怕是有渊源的，到了这个时候，大概信仰更为深切了。他总以为内心能够转移肉体，精神可以控制物质，内部快乐和自由，要超过于外部的。"

三

在学生陈植亭的印象中，朱桂耀在两年间只请过两次假，此外从来没有缺过课，"他对于教务，真是再热心没有的"。另一位学生程履咏说："先生在上课的时候，态度非常的严肃，然而严肃之中，同时掺了不少温和和善诱的成分进去，所以学生都敬而近之。先生对于所担任的功课，也是极为认真，丝毫不苟，在校两年，告假不及一星期，其宝贵时间，诲人不倦，于此就可概见一斑了。"朱桂耀对自己要求严格，对学生要求也严格，这也是导致他离开厦门大学的原因。

王咏祥说："先生此次辞绝厦大的原因，由于一二同学无意识的诽谤而起，虽经多数同学很诚恳的解释与挽留，而先生毅然决然，绝不回头。"

所谓的"诽谤"，其实是有缘故的。因为朱桂耀对授课非常认真，对学生的要求又格外严厉，"凡他所教授的功课，他极力尽量使他们得到实在的利益"。他曾说："做一个人，做一个好人，真是非常之难，有许多人自以为不做恶事，没有轨外的行动，然而他与可能范围内，见恶不能制止，让坏人去作恶，实不能不负纵恶的责任。"

对于学生在课堂上偷看小说、杂志的现象，朱桂耀都极力禁止。然而，他的做法在少数同学那里是无法理解的，这也为他离开厦大埋下了祸根。陈植亭说："因此他拂逆了一些沾染这种病（笔者注：指上课看小说、杂志）的同学。他这回的去职，也是因为那少数的同学作祟。"

李绍芙记得："我们的朱先生专心致意要教人好，多求点知识，所以他看见同学们在桌子底下偷阅小说时就要干涉的。上半年上庄子课时，随堂随问，有些人临时抱佛脚，还答不顺口，羞答答很不好意思，因此招致了一些同学的不快之感，不知谁捣的鬼，乘理科同学酝酿风潮之际，假借团体名义，张贴标语，有涉及朱先生的话，先生知道了，竟有辞职之意。"

在临近暑假的某一天，朱桂耀一改往日上课时平和的态度，愤愤然走进教室，刚踏上讲台就说："我到厦大来差不多两年了，在这两年的当中，自己也知道学问太浅薄，不能使你们多多获益，觉得很惭愧，早早就打算引退，但是在感情方面，我可自信于各位同学也没有什么对不住的地方。虽然考试太严格些，但这是希望大家多得些学问，想同学也不至于见怪吧。这一回弄出来的把戏，原来我也知道一定是一二人做出来的，不值得就当真认为一回事，不过我的生性太偏激，未尝受过这样的刺激，一时觉得忍受不来。本来决议今天就要离校，但因为这学期的功课尚未结束，受了责任心的鞭策，觉得过意不去，所以勉强维持这学期完了，就决心去校。"

朱桂耀非常看重个人的名节，"他曾说一个人总须保重他的人格气节，不然还做甚人？"正是基于这种"士可杀而不可辱"的气节，虽然经过多数学生以及校长的多次挽留，但他最终选择离开。

据周岸登教授的描述："旦日，不告而行。同人追及，劝之返，不可，遂去。校长三使人致书挽回，终亦不愿。"

林文庆得知朱桂耀辞职的消息后，多次予以挽留。孙贵定也请朱桂耀的同乡骆文彪予以劝说，可是朱桂耀去意已决。

四

1929年10月10日，朱桂耀在河南开封病逝。噩耗传来，厦大师生都感到震惊。1929年第215期《厦大周刊》就刊载了《本校前任国学系教授朱桂耀先生客死汴垣》的消息。从消息中可知朱桂耀离开厦大及去世前的详细信息，现摘录如下：

> 本校前任国文系教授朱桂耀先生，在校任教两年，敦品力学，其学术思想，素为侪辈所称述。今年秋季，应河南中州大学之聘，于9月12日到汴，即病伤寒，延至双十节清晨6时，在汴三民医院溘然长逝。本校同人，骇闻噩耗，无不伤悼。文科同学会于昨日（27日）开会议决，与集美国学专修科同学筹备开会追悼，日期未定（约在两星期内），拟先搜集朱先生生平事略，并请求学校通知各教职员加入筹备。闻河南中大尚欲刊印朱先生遗著，业已向本校征求其任教时之修辞学、庄子通论等讲义。

从周岸登所写《朱桂耀教授传》一文中可知，朱桂耀离开厦门后，曾经在上海停留，在上海期间，"感流行性肠炎，至汴病作"。刚到开封的中州大学不久，病情就急剧恶化，最终未能治愈，年仅32岁，尚未成家。朱桂耀的哥哥一直为他的婚事

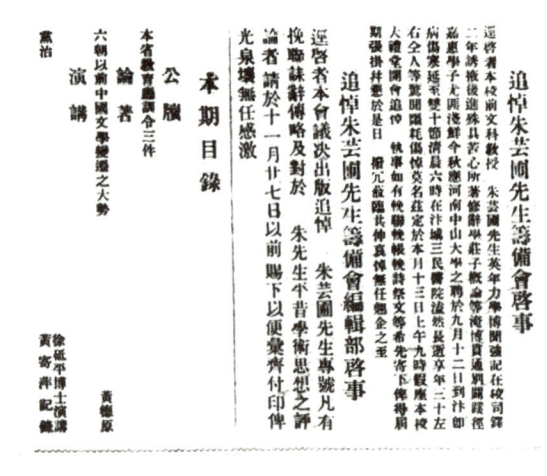

《厦大周刊》上刊登朱桂耀追悼会筹备启事

着急，后来母亲代他看中了一名女子，催促他回家完婚，朱桂耀回信说，"非学行相若者不可"，母亲和哥哥就没有再勉强他。

国学系和集美国学专修科的学生公推陈定谟教授和文科学生盛配为追悼会代表，负责筹备一切。1929年11月13日上午9点，追悼会在厦门大学群贤楼礼堂举行。这一天，厦门大学全校停课一天，并下半旗志哀，全体教职员和学生参加了追悼会。天不假年，哲人其萎，闻者莫不痛惜。

追悼会由代理校长孙贵定主持，区兆荣博士任司仪。徐雪英老师奏哀乐，师生们向朱桂耀遗像默哀三分钟，周岸登作为教职员代表、贺秩作为学生会代表，以及文科代表盛配，集美国专代表曾传薪等相继读祭文。之后，杜佐周、陈定谟、余謇、周岸登四教授和学生代表追忆朱桂耀生前留下的难忘回忆。"会场布置甚为壮穆，开会秩序格外严肃，而各教授言说，均甚情挚，令人哀感"。现场还收到了五十多副挽联，挽词和挽诗也有很多。

为什么厦大师生对任教仅两年的朱桂耀有如此的感情呢？杜佐周在《我们为什么要追悼朱桂耀先生？》一文中给出了答案："先生与我相识，自去秋始，虽为期未久，但其仁厚和善的性情，爽直诚笃的态度，极其磊落高尚和丝毫不苟的品格，早已深印于我的心脑中，而不能磨灭了。"相信这可以代表当时多数师生的心声。他说："顾我们追悼朱先生，非仅哀念其死，而实痛惜其道德、学问及其未竟的工作。"

令人想不到的是，这次追悼活动也招来了非议，1929年11月14日厦门《昌言报》载："厦大教员，因啧有烦言，谓前秘书兼代理校长黄开宗博士之死，仅仅停课半天。且黄死于职，而朱则否。轩轾轻重之间，未免措置失态云云。"

朱桂耀到厦大任教之前已经著有《孔子哲学》《修养录》等书，在厦门大学的两年间，他所编的讲义有《庄子》和《修辞学》。《庄子》又分为《庄子概论》和《庄子证补》。王晋

周岸登著《朱芸圃教授传》

祥在《朱桂耀先生在厦大之著作述要》一文中说："先生研究庄子最大的贡献，就是将庄子真正的思想，从已被谬说蒙蔽之中辨别出来，成功整个的系统。前人对于庄子训诂有未解者或谬解者，先生都加以解释，使其得返本真的面目，成为庄子真正的思想。"

王咏祥则在《我所知道的朱桂耀先生》一文中评价说："他研究的方法和别人不同，别人研究庄子哲学，大概是先假定了一个理想的庄子思想，然后将庄子书中所说的言语，合于所假定的标准的摘录下来，不合的就弃去。还有些人断章取义，刺取一两句话，就说庄子有某种思想。这种人对于庄子整个的学说，就非所过问了。这样的庄子哲学，非庄子本身的学说，乃作者主观的、理想的、片面的庄子哲学。而先生研究庄子所持的态度，是从庄子本文中研究真正的思想，得了有系统的真正的思想之后，才归纳为庄子哲学。这样做学问的态度，纯粹是客观的，毫没有主观的、牵强的、附会的弊病。所以先生研究庄子的思想，是以整个庄子的本身做对象的。"

朱桂耀曾对人说："现在发表庄子哲学的论文，实在是很多，而对于庄子思想得到真正的了解的，确实很少。我个人对于庄子的思想，并不是没有系统的研究，没有整个的明瞭。但是还怕有点不对，急切发表出来，恐有'厚诬古人'的笑话。只好等待将来研究透彻的时候，才能说庄子的思想究竟是怎样呢。"《庄子》一书在朱桂耀生前虽然多次删改，但一直没有出版，可见，他的治学态度是非常严谨的。

在修辞学的研究上，朱桂耀也投入了大量的精力。王晋祥说："先生研究修辞学，有七八年之久，读书的时候每遇到和修辞学有关系的地方，就把它摘录下来。全书的组织，材料的收集，屡有改订和增加，日积月累，才有现在这样的成就。先生选择材料很严，毫没有越出本书范围的毛病，取材的范围很广，如训诂学里的经传释词，校勘学里的古书疑义举例，文法学里的马氏文通等书，所有关于修辞学的部分，先生都为之取出。并且有许多地方，应用西洋修辞学的原则，解释中国文学所用修辞的方法。先生编著斯书，别开生面，和近人所著的修辞学，完全不同。并于一章或一节后，付上古人对于该问题之言论，以备读者参考。"

朱桂耀以广博的知识、精益求精的治学态度，在学生和同事之间赢得了非常好的口碑，令人称赞。

朱桂耀去世后，在同事李笠的帮助下，1932年第1卷第1期《之江学报》发表了朱桂耀的遗作《史记孔子世家补登》。李笠在后记中说："是篇为朱君少年读书札记之一，经朱君生前手加整理，在厦时曾移录示笠，以笠于史记曾有订补之作也，今案是篇校勘异文，恒以声音训诂衡量是非，亦可见朱君少时致力之所在矣。此篇虽未足为朱君生平得意之作，而陈义妥耶，不傍主见，有助于读史记孔子世家者不浅也。"

另一位同事罗常培把《庄子》书稿带给蔡元培，请蔡元培为遗著作序，蔡元培在序中说："受而读之，觉其纠谬补遗，谨严缜密。征引博而抉择精，不惟庄书之臣，抑且注家之诤友也。"1934年，商务印书馆出版了此书，书名为《庄子内篇证补》，至今仍常常被学者引用。

厦大同事何励生曾与朱桂耀同寓博学楼，两人惺惺相惜，时常在一起切磋诗文。在朱桂耀去世一年后，他痛惜说："吾人心目中早已无此高洁自持视名利如浮云流水之学者形象。"于是在追念的诗中写道：

珍重如簪书未达，大梁忽报殒文星。相送一笑擦头书，下付箦琴付涕零。

虎尾春冰倍喟然，江头系不住高船。遗篇讽满门墙客，我为才人有意怜。

朱桂曜手迹

杜佐周

杜佐周是民国时期著名的教育家、心理学家，因曾执掌英士大学被称为"英士之父"，但如今知晓他的人很少，甚至研究他的论文都没有几篇。1928年，杜佐周应聘到厦门大学任教，过着"读书""教书'和"著书"的"三书"生活，在厦大的8个年头里，他的著述多达16种，"颇为教育界前辈蔡元培、马叙伦等所称许"。他对陈嘉庚倾资办学大为赞赏，说："但回顾国内的大学，大多数为国家所经营，即有少数私立者，亦大都为私人团体所组织。至于个人创办的大学，一方面组织完备，具有西洋著名私立大学的精神；一方面成绩优良，能与国内著名大学相并驾齐驱的，则惟有厦门大学一所而已。"

杜佐周：以读书、教书、著书为生活的教育家

一

杜佐周，字纪堂，又作继唐。1895年（一说1898年）生于浙江省东阳县城西旧厅（现吴宁街道西街社区），幼年即聪颖异常，好学不倦，六岁上学，八岁能文，在乡里有神童之誉，但家境贫寒，学费常常难以为继。关于杜佐周的早期资料，可以从他于1948年第156期《读书通讯》上发表的《我怎样求学的：三月十三日在上海广播电台播讲》一文中获悉。

杜佐周常常为每学期需要交纳的三元学杂费和每月两元的膳食费发愁，一家人东拼西借有时也筹措不到。他自言："每当学期开始，我的心总是为此事担忧，我的父母亦常为我的缴费事煞费苦心。"有一次，校长吴味菊先生让他回家拿钱补交所欠的三个月膳食费，杜佐周回到家中看到父母艰辛的情形，没有勇气再向父母开口要钱了，一个人躲在房间里哭泣，之后空手回到学校。吴味菊得知情况后给他垫付了。这份恩情，他一直铭记着，说："我真是感激涕零，至今未敢少忘。"

小学毕业后，父亲让杜佐周去担任小学教师，希望能挣钱补贴家用，但是他的二叔父极力反对，说："这样一个小孩子，不应让他辍学。"经过叔父的争取，他获得了继续升学读书的机会。那一年的寒假里，

14岁的杜佐周穿着草鞋，背着行李，徒步160多里到金华投考省立第七中学，那是他第一次远离家乡。

学校发榜之后，他发现自己被录取了，高兴之余又开始为学费发愁，寄信回家后，一天天期待家中能送钱来。一直等了三个礼拜，家中才送来一些钱，他知道家中父母实在是筹措艰难，当时他都不知道能读多久，"只好读一期，算一期，能读多少，就读多少"。然而天无绝人之路。后来省里颁布中学条例，学习成绩最优良的学生可以免除学费、膳费和杂费，杜佐周凭借着优良的成绩，顺利读完四年的中学功课。他说："我的国文，因为得着当时教师钟禄洲先生等的热忱教诲，获益很多；而英文亦因为受到当时业师何柏丞先生等殷勤诱导，进步颇快，中学的功课，虽甚繁重，但从未遇到任何困难。"虽然杜佐周身体羸弱，但所幸无大病，他也养成了一种习惯：有书就读，有事就做，有信就复，这种习惯影响了他一生。

中学毕业后，杜佐周就立定志愿，要进入大学读书，但进入一般的大学读书又无法承受经济压力，权衡之后，他决意投考武昌国立高师。当时要进高师的学生都需先经各省政府的选拔，杜佐周以第一名的成绩被录取。当时浙江的主考为他的同乡先辈吴佩葱。吴佩葱看过他的国文之后，击节赞赏。有一天，吴佩葱特意对杜佐周的父亲说："君得子如继唐，将来必有成就。"继唐是杜佐周的小名，可见吴佩葱对他寄予厚望。在杜佐周临赴武昌前，吴佩葱又特意接见了杜佐周，给他鼓励，希望他能努力学习，将来有所建树。

在武昌高师，杜佐周度过了一段美好的学习生活，因为这所学校"不但免交学膳杂等费，而且制服和皮鞋等，亦都由学校供给"。"衣食无忧"的杜佐周除了学习之外，还结交了来自各地的朋友。

高师毕业后，他回到了金华的母校去教书。他非常受学生们的欢迎，学生们一致表示，得到学生们认可的只有两个半好教师，一个是学校校长金子敦，另一个就是杜佐周，半个是指当时的历史教员何先生。到了暑假，学生们要求指定考试范围，多数的教员已经通融了，只

杜佐周

有杜佐周独持异议，加以拒绝，没想到这一决定成了学生攻击的目标，他从上学期的好先生变成了不合时宜的落伍教师。

当时正值浙江举行留学考试，在学生的声讨中杜佐周离开了金华到杭州参加考试。可是到地方才发现报名日期已过，而他的高师毕业文凭又放在东阳家中，根据规定是没有资格参加考试的，没想到当时主考官给予了通融，准许他参加考试。他非常幸运地获得了复试资格。

去北京复试时，费用都是他的好友王质园提供的。当时社会上传说，留学名额其实早已内定，复试只不过是一种形式而已。没有任何背景的杜佐周有些彷徨和失望，但还是参加了复试，发榜时他发现并没有名落孙山，内心里激动不已。据说，当时浙江只有五人考取，他是其一。金华的学生们听到了，又都纷纷来函，一再挽留他，他只好又教了半年。杜佐周说："故我放洋，改在该年的冬季。临行的时候，他们远送郊外。"

送别时，师长、朋友和学生都有诗作赠送。1921年12月，浙江省立第七师范学校学生自治会出版的第1期《期刊》上发表了学生郭子城的《杜师佐周赴美游学序》，文中有云："先生志慧高超，性行淑均，又颇旸识乎彼国之文字，赴美游学，生实有厚望焉：望夫先生日康也，望夫先生之学问与时俱进也，望夫先生之经验与年俱长也，又望夫先生学业竣后，而为吾国社会人民谋幸福也……"文中充满期待和祝福，充满依依惜别之情。

他的同学胡步青在1921年第1卷第10期《教育潮》发表《送杜君纪堂游学美国》四首，其中有云："飘摇世局我心忧，今喜吾君去国游。稳渡重洋千万里，学成努力挽神州。"诗中对杜佐周留学也满含期待，寄托厚望。

二

杜佐周在美国学习期间，享受官费待遇，他省吃俭用，每个月还可以邮寄一些钱补贴家用。三年半后回国，到母校武昌高师任教了四年。

1928年12月22日出版的第190期《厦大周刊》刊登了杜佐周的简历："杜佐周，三十岁，浙江东阳人，美国爱俄华州立大学教育学硕士及博士，曾任前国立武昌师范大学、国立武昌大学教授，国立武昌中山大学文科主席兼教育系主任，江西教育厅秘书。"这表明，杜佐周在1928年秋到了厦门大学，并担任教育行政正教授。

在校期间，杜佐周还曾同余謇、陈子英、李笠等人一起被厦门大学编译处聘请为《厦大周刊》编辑委员。

杜佐周尤其关注青年的读书、修养和择业，他在演讲和著述中都多次呼吁。他还关心青年的性教育，这在当时开风气之先。他呼吁学校与父母，尤其是父母在性教育上不应回避。他说："普通做父母的人，往往不能负起这种重要的责任。他们平日故意避免性欲的讨论，以为一涉及两性问题，就视为猥亵，有伤大雅。若儿童有对于人生由来的发问，则每面赤心悸而不自安，或相顾而言他。不然，则用神秘不可思议的谎话哄骗之。"

即便放到今天来看，他的研究也是极具前瞻性，不为过时，性教育的现状到现在尚未完全改变，很多父母也是谈"性"色变。杜佐周还曾对心理学进行研究，发表过《实验心理学对于教育学之贡献》《书法的心理》等研究文章。杜佐周在教育管理领域提出了很多重要思想，对学生管理、教师管理、教学管理及经费管理诸方面都做出了独特阐释。

作为教育家，杜佐周认为"教育是社会的明灯，也是建国的津梁"。1941年9月12日在《东方日报》发表的《教育专家杜佐周》一文称："氏生性和易，固学生对之颇多好感，尤忆在武师时，常语吾人，谓学术是比较其他任何东西为抽象的，但在其根本作用上，则居于中坚或最高的地位，他固然可以作为一国家和一民族的光荣之堡垒，同时又可以作为一国家和一民族向外侵略之'达兰姆'。过去中国学术上之表现，或穷究玄妙，与实际生活关涉太少，或但图抒意，毫无根据，因此许多书籍与学术不相联系，消极的堡垒作用尚且缺乏，积极的推动作用，更是难言了。盖氏以为今后中国学者，应从有用之学入手，氏之研究

教育者，亦以教育为一切有用之学之基础也。"这可以说是杜佐周的治学观点，他认为中国的学者应从有用之学入手，研究教育者应以教育为一切有用之学之基础。

1935年，他在《东方杂志》（第32卷第1期）上发表《三"书"的生活》，文中谈到自己的生活时说："现已归国近十年，读书虽愧无甚心得，但已觉有浓厚的兴趣；教学之余，且喜从事于编述。'读书''教书'和'著书'为我生活的主干。十载如一日，未尝稍改初志。我的人生观是：'凭着我的才能，依据我的志趣，做些对于社会有价值的工作；同时，因为这种工作进行与完成，自己亦可得到相当的满足与快乐。'这三'书'的生活，就是我实现我的人生观的方法。"

在厦大期间，杜佐周"三书"生活的成就是显著的，他潜心于教学和教育研究，其著译主要有《教育与学校行政原理》《普通教育》《小学行政》《小学教育的问题》等十余种，其中厦门大学出版的有《字汇研究》《教育经费研究》等。李崇光在《杜佐周传略》一文中称："1928年毅然接受厦门大学之聘，任教足有8年之久。除专心教学外，埋头于译著，成书有16册之多。"可见在教学之余，8年间杜佐周是笔耕不辍的。杜佐周的著作"颇为教育界前辈蔡元培、马叙伦等所称许"。

《厦大周刊》就曾专门介绍过他的《小学教育的问题》《高级中学师范科教科书小学行政》《普通心理学》以及与姜琦合作的《普通教育》等著作。姜琦即姜伯韩，是著名的教育家，曾任暨南大学校长。在厦门大学期间任教育学教授，与杜佐周是同事。后任福建省立师范学校校长，还曾与龚达清、林啸余创作过该校的校歌。

当然除了"三书生活"之外，杜佐周还有其他的兴趣和爱好。他说："我暇时亦从事于一些休闲的活动。其最愉快的，就是与几位忠实爽达的朋友作毫无拘束的谈话，及与儿女辈讲故事和指导他们做课业。此外，我尚有一种电影迷，每二三日间，在下午1点钟左右，总有人可以看见我手执轻易读物，坐上洋车，向城市中去。这是我近年来认为在工作上一种很好的调剂。从前，我尚喜登山涉水，做猎鸟的游戏。后因胃病，医禁疾行，遂不得已抛弃那种可爱而富有意义的娱乐，今则惟常与二三友人玩击轻便的羽球，以作运动而已。"

杜佐周经常受邀在厦大或厦门各校演讲，如今还可以查询到他在福建省立厦门初级中学、双十中学、集美学校演讲后发表的演讲稿，每次演讲非常受师生们的欢迎，仅在厦大任教的8年期间，其演讲次数就多达20场次。

1929年第210期《集美周刊》就有杜佐周到集美小学演讲的记录："小学教育研究会于五月廿一日，函请厦门大学教育学院正教授杜佐周博士来校演讲，当经杜博士慨诺。即请事务主任叶祖彬先生于廿七日早，前往厦大邀请来校。首由叶维奏校长等出为招待，引带赴幼儿园、女小及男小各机关参观，毕。洒到该校办公室午膳。与校长及各课主任谈教育上之各种问题。午后一时，在礼堂开始演讲，题目系'班级编制补救法'，计分三层发挥：为什么要打破班级编制而创能力编制，如何改良班级编制，及用什么方法可使儿童学业成绩进步，成绩均能同一。听讲者有各校校长、教职员、男女师范教育科学生及幼稚师范实习生等百余人。"可见此次演讲受到了相当的重视，集美学村当时的小学、初中、男女师范、农校、航海、水产等校的校长都是他的听众，而且对其演讲评价颇高，"此次来校演讲，本其宏富经验，参以世界各国最新教育学理论，逐条缕述，发挥尽致，演讲约亘两小时之久"。

杜佐周著作

甚至在杜佐周回浙江老家时，也常被邀请做演讲。1932年他因事到杭州时，就被邀请在各处演讲。当年1月10日《新闻报》载："厦门大学杜佐周博士因事返杭，连日应各校之请，留杭讲学。7日在民众教育实验学校讲'如何使中国教育满足目前之需求'，立论深远，讲解透彻，千余听众，极为满意。8日应浙江大学郑晓渝氏之邀，讲'我对于我国小学教育之意见'，氏将于今日来沪，候轮返厦。"

三

作为民国时期著名的教育管理学家和专门从事教育行政的专家，杜佐周对教育有着独到的见解。他认为："教育为立国的基本事业，亦为推进社会文化的主要活动。一个国家的安全与强盛，不仅在国防的巩固、国库的富有以及各种国事之上轨道，而尤在教育事业的发达，及其能适应国家的需要，而富有效能。其实，国防之是否能够巩固，国库之是否能够富有，以及各种国事之是否能够上轨道，全以该国所办的教育是否能够适应该国的需要，是否富有效能为转移的。故教育实可说是各种社会机构的基本条件，而其重要性，应居一切社会组织的第一位。教育可以立国兴邦，这不是我们的夸张，乃是我们应有的信念。"

他于1929年第193期《厦大周刊》发表《改进高等教育之我见》，向社会各界呼吁重视高等教育的改革，他说："改造中国教育，固当从普通教育及中等教育着手，但高等教育亦是一种不能容缓的建设。现在我国社会的最大缺点，在于缺乏科学人才。人类之能克服天然界者，赖乎科学的进步；科学的进步，赖乎科学人才的培养。高等教育的设施就是为了这个目的。"

1931年，厦门大学成立十周年之际，杜佐周应厦门大学十周年纪念筹备会的邀请专门写了一篇《陈校董之教育事业》，在师生间广为传阅。

他对陈嘉庚给予了很高的评价，说："教育为国家的根本大计。人类幸福的进展，全视教育发达与否为依归。故个人之欲贡献于社会，其最有意义与最有价值的事业，莫如在教育方面多尽些义务，或多做些工作。西人颇能明识此意，近百年来，以私人的财力兴办教育者，实繁有人。例如牛津、剑桥、哈佛、耶鲁、芝加哥、斯坦福、哥伦比亚诸大学，均为私人所创办的。其成绩的优良，且远胜政府所办的大学。其造福于人类的地方，亦自然甚为宏大。但回顾国内的大学，大多数为国家所经营，即有少数私立者，亦大都为私人团体所组织。至于个人创办的大学，一方面组织完备，具有西洋著名私立大学的精神；一方面成绩优良，能与国内著名大学相并驾齐驱的，则惟有厦门大学一所而已。"

身为厦门大学的一名教授，他对厦门大学的创办、经营、管理有着直观的感受，他认为陈嘉庚创办集美学校、厦门大学，自幼稚园至大学，已成一个完整的学校系统。"就其教育事业的影响而言，则小学及于全县，中学及于全省，大学及于全国和全世界。利用个人的力量和努力而贡献于社会者，能如此其大而永久，则在精神上，实很足快慰的了。国内之富有财产者甚多，平日爱钱如命，不知公益为何物。生而徒求物质上的满足，死则不过嫁祸于子孙。这真是下愚的计划，其视陈嘉庚先生，能勿有愧于良心么？"

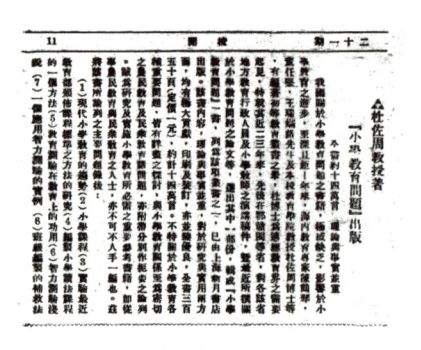

《厦大周刊》上关于杜佐周著作的报道

针对当时的教育进行反思，通过对比之后，他发现陈嘉庚办学更难能可贵的地方在于：

> 一、普通之捐款兴学者，大都以财产的盈余，捐为教育事业的费用。或遗嘱死后拨其遗产的一部分，以为学校的基金。这种急公好义的精神，虽足以令人钦佩，但犹轻而易举。至于陈先生，则以艰辛营业之所获，尽量划为教育事业的费用。换言之，他朝夕勤劳，躬操力作，全为教育事业而奋斗的。此其难能可贵者一。
>
> 二、普通之捐款兴学者，大都不免为名誉心所驱使，但陈先生则不然。他沉静诚直，惟求实效，绝对不喜欢他人对于他的行为加以赞美。他以为尽力兴办教育事业，为任何国民对于社会或国家应有的责任，不足称。此其难能可贵者二。
>
> 三、普通之捐款兴学者，除为名誉外，尚往往有其他间接的作用。如利用办学，为营业上的宣传，或依赖学校为政治上的活动等，比比皆是。但陈先生办学的目的，纯为帮助国家，使能建立于稳定的基础；训练许多有希望的儿童与青年，成为良好的公民，将来可为世界人类服务。这种纯洁兴学的宗旨，实为世上所罕有的。此其难能可贵者三。

杜佐周希望"国内热心教育的人，看了陈先生的榜样，闻风兴起，多多资助教育事业的振兴。同时，并很希望本校同事诸先生一心一德，继续为教育界努力，以期不负陈先生的殷望"。

四

1936年12月29日的《华北日报》在预告杜佐周的广播节目时称他为暨南大学教授，这表明杜佐周已经离开厦门大学，到暨南大学任教。杜佐周之所以到暨南大学任教，与何柏丞的邀请分不开。何柏丞即何炳松，教育家，是杜佐周中学时的英语老师，此时已经执掌暨南大学。

当时读二年级的杜佐周对何柏丞有生动的描述："有一天早晨，我们抱着很热烈的希望和很兴奋的情绪，等待一位新聘英文教员的来临。上课的钟已经敲过了，这位年轻隽秀的先生，就出现在我们这一群静肃而愉快的学生前面开始他的教学。他的风度，他的清晰正确的发音，他的扼要动听的说明，以及他的和蔼可亲的态度，使我们都感觉着得到一位昔未曾有的优良教师教学的幸运。"

"我从少就欢喜英文这一科，我的成绩亦从来没有使先生们失望过，故何师对我亦特别看待。平时奖誉我，鼓励我，而且给我许多将来的期望，我们师生间的深厚感情，就在这个时候树立一种坚强的基础。"何柏丞给他的印象是不但课上得好，而且非常敬业，对学生十分喜爱，因此也深得学生爱戴。

后来，何柏丞出国留学，师生们再次相见时是杜佐周去北京参加出国留学考试的复试时。他说："久别重逢其快乐情绪自不可以言语形容。是年浙江省留学名额，仅有五人。当时传闻均已内定，考试不过是一种形式而已。家道清寒而毫无背景的我，闻讯自觉非常失望，请求何师探听究竟，且代力秉公道，彼笑而安慰我说，'此系谣言，当非事实。果若然者，自当就力之可能而争代之'，榜发，幸被录取。我固大喜，何师亦大喜，且详指示留美所应注意各点。放洋后'一帆风顺'，无论经济方面，生活方面，择校方面，选课方面，

均无困难，实皆何师之所赐。"

杜佐周归国后，两人之间的交往频繁起来，也更加深入起来，何柏丞曾表示期待两人有机会一起共事。

杜佐周说："当我在厦大掌教时，特曾一度约我到商务任事；惜因校中坚留而未果行。至民国二十四年，何师出长国立暨大，函电迭约，催赴襄助，遂辞去厦大教职，而接受暨大总务长兼大学秘书的任务。"那时，大学大多不设副校长，大学秘书的地位仅次于校长，负责协调各方关系，所以责任重大。作为重要的助手，杜佐周在何柏丞身边工作了七年。

抗战期间，暨南大学迁到福建建阳，当时居住在上海的杜佐周张罗着抢运图书和仪器，罗致生员内迁。事为汪伪人员获悉，他们拟聘杜佐周到伪上海暨南大学任教，杜佐周严词拒绝，乔装打扮，利用化名逃往内地。汪伪恼羞成怒，将其夫人周德芳逮捕下狱，后经各方营救方才脱险。而杜佐周则历尽千辛万苦，到学校与师生们相聚。后来，在何柏丞的推荐下，他又被任命为国立英士大学校长。1943年5月12日《革命日报》刊载的《行政院会议决案》称："国立英士大学校长吴南轩呈请辞职，准予免职，任命杜佐周为国立英士大学校长。"英士大学，位于浙江，创设于1938年。1942年12月改为"国立英士大学"，是抗战期间十二所国立大学之一。

1946年7月25日，何柏丞与陶行知同一日去世。杜佐周不仅写了纪念文章，追忆恩师，而且写信给胡适，请胡适写纪念何柏丞的文章。胡适在1946年8月24日的回信中说："承约作《我与何柏丞先生》一文，本应努力试作，但我去国九年，与柏丞兄相别不止十年了。他近年的著作，我都没有得见，回国之后我终日在昏忙之中，没有翻读朋友遗著的工夫，也没有作文章的工夫。这篇文章实在不能应命，千万请谅解。"委婉拒绝了杜佐周的邀请。

1974年，杜佐周因患癌症，在当时的南京师范学院去世。

杨武之

杨振宁曾说："厦门那一年的生活我记得是很幸福的，也是我自父亲那里学到很多东西的一年。"1928年，当时七岁的杨振宁跟随父亲杨武之来到厦门，在厦门大学附属模范小学读书，虽然在厦门的时间不长，但给杨振宁的一生留下了深刻的印象。1995年，杨振宁再次回到厦门大学时说："对那一年，我的印象非常深刻，到现在我还有极好的回忆。美丽的海，美丽的天，是我人生历程的一部分。"杨武之是中国学者中因代数学研究而被授予博士学位的第一人，也是把西方近代代数与数论引入中国的第一人。

杨武之：带杨振宁在厦门的幸福时光

杨振宁之所以能来厦门，要从其父杨武之说起。

杨武之，本名克纯，号武之，1896年4月14日（农历三月二日）出生于安徽合肥，早年毕业于北京高等师范学校，后来在安徽安庆第一女子师范学校教了几年数学。

杨振宁的曾祖父杨家驹，字越千，原系安徽省凤阳府人，当过清朝太湖县分领营兵的都司，卸任后于1877年把家安在合肥县。杨家驹官职低下，俸银微薄，因此家境十分困难，他的五个儿子中只有两个读了一点书，其他都当学徒从了商。杨振宁的祖父杨邦盛，字慕唐，生于1862年，是两个有幸读书者中的一个，1880年考中秀才，但很长一段时间靠设蒙馆开课维持生计。直到1904年，杨邦盛找到了一桩差事，家里的生活才有了好转，并在合肥西大街四古巷买下房舍（现为合肥市安庆路315号）。据说，这桩差事与李鸿章有些关系。李鸿章得势以后带了不少合肥人到北京和天津做官，当时津南巡警道道台为合肥人段芝贵，杨邦盛就是在段芝贵手下做幕僚，负责文书一类的事务。

杨武之是杨邦盛的长子，母亲王氏1905年去世时，杨武之才九岁。1908年，段芝贵由天津调任黑

龙江总督，杨邦盛便随同他前往，不料在沈阳旅馆里染上了鼠疫，客死他乡。父母去世以后，杨武之由叔叔杨邦瑞和婶婶范氏抚育成人。

1914年，杨武之以优秀的成绩从安徽省立第二中学毕业。他先是想在京戏班子里唱戏，后来又到汉口军官学校习武，但这些终究不是他内心所喜欢干的事情。1915年，他终于决定报考北京高等师范学校预科班，随后考中。杨武之的女儿杨振玉说："（父亲）在校时读书认真，成绩斐然。国文、英文、数学都名列前茅，他的古文和中国历史的修养，英文和数学的底子就是这时打下来的。每天课后他都要踢足球直到汗流浃背，晚饭之后则十分专心地上晚自修。青年时期的杨武之，学业上进，体魄健全，兴趣广泛，除踢足球之外，他还打篮球、唱京戏、下围棋（围棋是父亲一生的爱好，50年代父亲还曾得过上海市高等院校围棋比赛优胜奖）。"五四运动爆发时，杨武之和同学一起参与了火烧赵家楼。

1923年，杨武之考取安徽省官费留美资格。他先在斯坦福大学读了三个学期的大学课程，获数学学士学位。1924年秋，转往芝加哥大学继续攻读硕士学位和博士学位，其博士论文是《华林问题的各种推广》。杨武之获得的博士学位在中国近现代数学史上具有特殊的意义，他是中国学者中因代数学研究而被授予博士学位的第一人，也是把西方近代代数与数论引入中国的第一人。

杨振宁曾回忆说："1928年夏，父亲得了芝加哥大学的博士学位后乘船回国，母亲和我到上海去接他。我这次看见他，事实上等于看见了一个完全陌生的人。几天以后我们三人和一位自合肥来的佣人王姐乘船去厦门，因为父亲将就任厦门大学数学系教授。"

其实，当时厦大设立的是算学系，杨武之在厦门大学任的是算学系教授，后还曾代理算学系主任。杨武之在厦门大学任教时用"杨克纯"之名，1928年第190期《厦大周刊》所载"本学期新聘教职员一览表"，对杨克纯做了简单

杨武之

的介绍:"杨克纯,年龄三十三,籍贯:安徽合肥,职务:算学正教授,简历:美国芝加哥大学博士。"与他同期应聘到厦门大学任教的还有朱君毅、杜佐周等知名教授、学者,一共27人。

杨武之在回忆文章中称,是1928年8月从上海乘船到厦门的。

二

杨武之到校不久,恰逢厦门大学理科同学会重组。理科同学会成立于1924年秋,是各科同学会中成立最早的,但该会在1928年上半年突然停止活动,到了下半年开学时,理科的同学们又召集重组。重组不久的同学会,除了邀请林文庆、杨武之、宋文政等开展学术讲座外,还邀请老师一起参观航空学校、大同罐头食品公司等。杨武之备受理科学生欢迎,总是在邀请之列。

1929年1月9日下午3点,厦门大学理科同学会在群贤楼召开联谊会,同时邀请林文庆、杨武之、宋文政等教授发表演说,杨武之在演说中劝勉即将毕业的同学,出校之后,"谨当黾勉为社会服务,庶不负诸位师长之期望"。联谊会直到下午5点才散会,师生们在生物院前摄影留念。

12日下午2点,厦门大学各科教授评议会在生物院会客室举行,林文庆、张颐、杨武之、朱君毅、李笠、杜佐周、孙贵定、钟心煊、余謇等人参加。在这次会议上,杨武之、朱君毅、区兆荣、熊正瑾、徐声金等五人被

陈德恒

推举为预科生特别委员会成员,负责讨论预科生的课程事宜。同时,杨武之和区兆荣、陈德恒还被推举为成绩审查委员会的委员。

3月18日下午2点,厦门大学八周年纪念筹备会召开,全校教职员工积极参与筹备工作,会议决定于4月6日上午举行纪念大会,中午教职员工聚餐,下午举行展览会,晚上举行音乐会或表演新剧。在会上,教职员工们分为招待股、运动股、展览股、游艺股、布置股、财政股、音乐股等不同股进行分工劳动。

杨武之与章茂林、彭文余、薛永黍、王守仁等人被分在运动股，作为机动人员负责大会的筹备工作。

不久，厦门大学准备在暑假发行厦大年刊，杨武之、区兆荣、贺益燻、卢启宗、饶乃诚等五位教授被聘为年刊筹备委员会的委员，负责年刊资料的搜集和编撰工作。

在教职员俱乐部的年会上，大家选出了新的干事，并对会员们进行了分工，杨武之与彭文余、卢启宗、区兆荣被分在体育股，负责俱乐部的相关体育活动。李英标教授提出俱乐部应该在娱乐事宜之外，注意社会公益事业，可以"择其最需要者办理一二件"，这一提议得到了杨武之、陈定谟、薛天汉等人的支持，但后来因所需经费浩繁，只好作罢。陈定谟随后提出教师子弟不下六七十人，其中幼稚园适龄幼儿很多，倡议办一所幼稚园。杨武之对此持积极态度，附议此事，没想到一经提出就获得众多教职员工的支持。副校长张颐提议推荐杨武之、陈定谟、薛天汉三先生为筹备幼稚园委员会委员，众人一致赞成，随后又就幼儿园开办相关事宜进行了讨论，并提出了解决方案。教职员工们分为三股积极筹备开办费用，还准备了募捐游艺会，杨武之任游艺会招待股的负责人。后教职员们经过讨论，决定在暑假后开办幼稚园。

从《厦门大学八周年纪念特刊》的大事记中可知，1928年11月9日，厦门大学理科同学会曾邀请杨武之做学术演讲，这次演讲的题目为《人们为什么学数学？》，而记载显示，这是杨武之第二次做学术讲座。

杨武之在厦门大学上课的情形，笔者目前没有看到相关的文字记载，但从1935年第10卷第7、8期《清华暑期周刊》合刊上一篇关于他的文章中可了解到他上课时的风采：

1929年，杨振宁与父母摄于厦门

他是专门研究代数的，每学期讲授二门功课：一门是高等代数——算学系二年级同学必修和许多物理系同学选修的；一

> 门是颇高深的课程——近世代数、不变量、数论、群论等，是为算学系三四年级同学选修的。
>
> 只要听过他讲课的人，全有个最深的印象，就是他讲授课目的条理清晰，使人明白透彻。每次上课，他总要费十来分钟的功夫把上次所讲过的材料约略说了一个大概，然后才仔仔细细的讲授新课。他讲授得非常仔细，就是你认为很显然自明的事实，他也要一字不苟的写在黑板上。真的，显然自明乃是算学上最常有危险性的话，千万不可乱用的。他讲书的时候，你要时时刻刻注意听讲；不然，他也许突地问你一个似乎很显明自然的问题，把你的脸逼得飞红烧烫了。他对于女生的待遇是同男生一样的，问起来一些也不放松，不像有些教授特别对女生客气一点。他第一次向你问问题，你最好很快地说出很对的答话，那么他就立刻换问别人了。不然，他老盯着你追问，你一发慌就坏了，连接着一二星期向你不断地问了。不能敏捷应答如流，就要持稳。他的习题催得很紧，可是除了助教代看的以外，他是很少还给你的；这倒也许有点道理，做过的题目留下来实在也没什么大用处——不过是否因为这个缘故，那就难说了。总起来说，他讲的非常明白，平常上课有相当的利害，可是考试时候出的题目倒是很容易答，给的分数也不很拢。还有一点，他最勤于讲解，但照例是迟迟下课的，所以有一年的算学系同学，个个因为上堂（而且差不多堂堂）华兰德先生的德文课迟到挨骂。

在厦门大学时，杨武之不吝其力，提携后进。著名天文学家、中国古代天文史学家李鉴澄是杨武之在厦门大学任教时的学生。李鉴澄1925年2月考入厦门大学算学系，由于勤奋好学，深受老师喜爱。杨武之到厦门大学任教后，对这位成绩优异的学生尤为偏爱，时常请他与一些学生到家中做客，并交流围棋技艺。李鉴澄1929年因成绩优异毕业后留校任教。后来，李鉴澄又受到余青松教授的学术熏陶与提携。1930年，余青松被聘为中央研究院天文研究所所长，主持紫金山天文台的工作，遂推荐李鉴澄至该所，李鉴澄由此进入天文领域。

杨武之在上课时发现学生柯召是算学系的尖子学生，极有发展前途，对其极其关注，后来曾推荐他转学到清华就读，和许宝騄同级。清华数学系1933级是杨武之最钟爱的一级，他常说，这一级虽然只有两个学生，但这两个学生都成了优秀的数学家。许宝騄成为我国第一位在概率统计研究方面达到国际水平的杰出数学家。杨武之又根据柯召的兴趣和条件建议他到英国Manchester随著名数论学家Mordell学习，后来柯召成为著名数学家，是我国数论和组合论两方面的带头人之一。

在杨武之的教学生涯中，他提携的学生有很多，著名数学家陈省身也曾受到他的提携和奖掖。陈省身回忆说："我到清华时，他已经是那里的教授。清华大学早期有关代数数论方面的课程，都是杨先生开，我入研究院后，曾选读他开的'群论'课。"陈省身读研究生时，原本是跟孙光远学习几何，选读杨武之的课，不料到了1934年，孙光远被中央大学请走，此时的系主任熊庆来正在法国进修，杨武之代理清华大学数学系主任。陈省身在毕业和出国问题的选择上，经常去找杨武之商量。杨武之帮他办理了毕业和学位授予的相关手续。他是清华大学数学研究所第一个毕业生，也是中国授予的第一个数学专业的硕士生。

毕业后，陈省身又得到清华大学留学两年的资助，清华大学选派的学生一般去美国，而陈省身想去欧洲学习，他把想法告诉了杨武之，得到了杨武之的支持。在申请改派和办理出国手续中，陈省身说："杨先生帮了很多忙，他是我那时在学校里最可靠的朋友。"有了杨武之的支持，陈省身才顺利到德国读书，他说："去德国汉堡读博士的决策，对我后来的学术发展影响很大，是一个明智的选择。"除了在学业上给予指导之外，杨武之还促成了陈省身与郑桐荪教授之女郑士宁的婚姻。陈省身后来说："杨先生还促成了我和士宁的婚姻，使我一生有个幸福的家庭，成为我在数学研究中取得成就的重要保障。"

陈省身

杨武之和熊庆来还慧眼发现了华罗庚。陈省身说:"华罗庚到清华,最早就是跟杨先生学习研究初等数论,发表了十多篇这类内容的论文,杨先生看出华罗庚是一位很有发展前途的青年,不久就鼓励他研究当时新发展的解析数论,鼓励他向新的方向进攻;以后又支持、帮助他到英国剑桥大学,去跟随名师哈代深造。那时的剑桥大学是世界解析数论研究的中心之一,华罗庚去剑桥进修两年,经世界名师的指点,进步很快,不出所料,几年后就写出了具有世界先进水平的《堆垒素数论》。"

华罗庚也曾多次表示:"引我走上数论道路的是杨武之教授。""古人云,生我者父母,知我者鲍叔,我之鲍叔乃杨师也。"

三

杨振宁在《回忆父亲杨武之》一文中也写到了在厦门的生活:

> 厦门那一年的生活我记得是很幸福的,也是我自父亲那里学到很多东西的一年。那一年以前,在合肥母亲曾教我认识了大约三千个汉字,我又曾在私塾里学过背《龙文鞭影》,可是没有机会接触新式教育。在厦门父亲用大球、小球讲解太阳、地球与月球的运行情形;教了我英文字母"abcde……";当然也教了我一些算术和鸡兔同笼一类的问题。不过他并没有忽略中国文化知识,也教我读了不少首唐诗,恐怕有三四十首;教我中国历史朝代的顺序:"唐虞夏商周……";干支顺序:"甲乙丙丁……","子鼠丑牛寅虎……";八卦:"乾三联,坤六段,震仰盂,艮覆碗,离中虚,坎中满,兑上缺,巽下断",等等。
>
> 父亲少年时候喜欢唱京戏。那一年在厦门他还有时唱"我好比笼中鸟,有翅难展……"。不过他没有教我唱京戏,只教我唱一些民国初年的歌曲如"上下数千年,一脉延……","中国男儿,中国男儿……"等。

父亲的围棋下得很好。那一年他教我下围棋。记得开始时他让我十六子，多年以后渐渐退为九子，可是我始终没有从父亲那里得到"真传"。一直到1962年在日内瓦我们重聚时下围棋，他还是要让我七子。

这是没有做过父母的人不易完全了解的故事。

在厦大任教了一年以后，父亲改任北平清华大学教授。我们一家三口于1929年秋搬入清华园西院19号。

杨振宁的母亲罗孟华原名罗梦华，与杨武之结婚后改名。她读过几年私塾，没有进过现代学校，是一个传统的旧式女子。有一天，学校校工到家中通知杨武之开会，杨武之在厦大球场打网球，杨振宁上学去了，罗孟华接待了这名校工。杨武之回来之后，罗孟华告诉他学校通知开会的事情，由于校工是口头通知，结果罗孟华只记得地点却忘记了开会的时间。杨武之很不高兴，抱怨罗孟华没文化。事过几天后，杨武之发现妻子用牙齿咬手臂都咬出了血，

杨振宁在厦门鼓浪屿留影

感到很惊讶，就问她什么原因。罗孟华说，恨父母家里穷，没钱供应自己读书，更恨父亲经商失败，让自己很早就辍学了。杨武之听后震动很大，对自己的言行感到后悔，他曾说妻子"非常坚强且有毅力，又极能吃苦耐劳，这些都是我及不上的"。

在杨建邺所著的《杨振宁传》中讲述了两个杨振宁与厦门有关的故事，现摘录如下：

其一，厦门大学是爱国华侨陈嘉庚先生于1921年创办的，杨振宁虽然只在厦门大学生活了一年，总算是和陈嘉庚先生有

些缘分。20世纪90年代初,杨振宁先生牵头与丁肇中、田长霖、李远哲等世界一流学者在香港成立了"陈嘉庚国际学会"。在成立大会上,杨振宁高度赞扬了陈嘉庚先生光辉的一生。他认为,陈嘉庚先生倾资办学,发展民族教育,培养建设人才的光辉业绩将永载史册,是中国近代史上一位伟大的人物。杨振宁在20世纪70年代以后,积极为国家教育大计出谋划策,费尽心血帮助年轻英才,也正是发扬了陈嘉庚先生的大爱精神,以不同的方式回报社会。

其二,他从厦门到清华以后,曾经将在厦门海滩上精心拾得的蚌壳与螺蛳壳送给新交的同龄朋友熊秉明(数学家熊庆来的儿子)。熊秉明后来成为有名的书法家,在杨振宁七十岁生日的时候,送了一幅他写的立轴给童时好友杨振宁,立轴上两个大字"七十"浑然天成,厚实有力;下面写了一段很有趣的文字:

我们七岁时,你从厦门来到清华园,给我看海边拾来的蚌和螺;今年我们七十岁,你在另外的海滩拾得更奇异的蚌和螺。童话与预言,真实与象征,物理学和美。

熊秉明的这个立轴有点典故。据说有人问牛顿:"您一生做过一些什么事?"牛顿谦虚地回答说:"我不过拾了一些蚌和螺。"

有趣的是,2002年杨振宁八十岁的时候,熊秉明又为杨振宁八十寿诞写了一个"八十"的立幅,上面写着:

一九五七年诺贝尔物理奖公布后我写了一幅大字寄给你,写的是君子任重道远。我以为你的贡献远超越物理与数学而延及中国文化的人文理想。在生命的薄晚,我要写你是任重道远的科学家。

杨振宁说,本来熊秉明答应到2012年杨振宁九十寿诞的时候,还要为杨振宁写一个"九十"的立轴。不幸熊秉明先生在2002年12月去世,留下一个无法实现的遗憾。

四

厦门大学刘青泉教授曾为师生们做过《杨振宁的厦大情愫、成才之路和传奇人生》的讲座。在杨振宁访问厦门大学时，他曾与杨振宁有过亲密的接触。由于厦大教职工宿舍反复拆建多次，所以杨武之一家当年居住的地方现在已经无从考证。

1995年7月底至8月初，第19届国际物理统计大会在厦门大学举行，国际物理学界的科学家400多人应邀参会，杨振宁是参会的嘉宾之一。杨振宁说，小学在厦门大学附小读书，如今已经离开67年之久，想再看一下当时的学校。然而令人感到遗憾的是，由于原来的小学已经拆除，校址变动太大，原来校址已经无处可寻了。

1995年8月杨振宁回厦时上日光岩故地重游

厦大相关方面为了满足杨振宁的愿望，召集一些老教授开了一场座谈会，回忆当时的情景。杨振宁在座谈会现场写下了一段话："1928年至1929年，我在厦大校园居住了一年多的时间，在演武小学前身（即厦门大学附属模范小学）的一个小型的教室里读书，读小学的一、二年级，老师是一位汪先生。对那一年，我的印象非常深刻，到现在我还有极好的回忆。美丽的海，美丽的天，是我人生历程的一部分。今天的演武小学有这样多的小朋友，希望大家好好读书，创造美丽的未来。杨振宁，1995年8月1日。"

厦门大学附属模范小学是在厦门大学教育系主任孙贵定建议下设立的，于1925年秋开办，校舍没有建成前，借用厦门大学旧的建筑部，"房屋狭小，不敷应用，致未能广为收容"。学校是"本大学试行各种新教学法以便教育科学生实习起见"创建的。学生"修业年限及课程等，均照学制办理"。杨振宁就读时，有学生163人，校舍已经建成。学校有运动场、教室、办公室、成绩室、教员寝室以及图书室、会客室、膳房等，一应俱全，校具1100多件，教具

450多件，都是从商务印书馆购置的。小学理科仪器标本、挂图、图书等460多件。

模范小学是现代化的小学，也是厦门大学教职员子弟和附近居民集中读书的小学。学校采用新的学制，设置为普通部与设计部，一二年级为设计部，杨振宁当时在一年级的设计部。设计部在上课时试行混合设计教学法，学习时无固定时间表，不分科目，由教师指导儿童设计学习。课余还组织学生会、演说竞赛等活动，"俾学生所学，得适用于现代之社会焉"。

有一位姓汪的老师教学很认真，杨振宁的数学和国文都读得还不错，只有手工做得不大成功。有一回他用泥土做了一只鸡，拿回家里给父母看，他们说做得很好，问："是一只藕吧？"原来，父母把他做的鸡看成了藕。

杨武之曾言，"我们三个人，在厦门开始了全新的生活"。罗孟华和杨振宁"初次住入有现代设备的住所，这里有电灯、自来水和卫生设备"。一年的厦门生活，让杨振宁大开眼界，他不但住上了漂亮的校舍，还第一次用上了电，第一次见到香蕉，第一次喝到牛奶、吃到牛肉，也第一次用上抽水马桶。杨振宁曾回忆说，他们家住的那栋小楼就坐落在大海的边上。在那段美妙岁月里，他看到了蓝天大海无穷无尽的变化，看到了浩瀚宇宙无边无际的奥妙。

厦门大学早期体育场及部分校舍

在厦门时，杨武之带着妻子照了一张照片，还在鼓浪屿日光岩上为杨振宁拍了一张照片。杨振宁说："那天我很显然不太高兴。三十多年以后，在1960

年父亲与母亲自上海飞到日内瓦跟我团聚以前,三弟翻出那张照片,要他们带去给我看,父亲说:'不要带,不要带,那天我骂了振宁一顿,他很不高兴。'"

杨武之在回忆中称:"1929年春,我在芝加哥大学的同学邀请我到北平清华大学任教,我欣然接受。"

1929年的暑假刚开始,杨武之就带着妻子离开了,北上出任清华大学数学系教授。从此,杨克纯改用字"武之",杨克纯的故事就留在了厦大的历史长河中。

朱君毅

朱君毅是吴宓的同窗好友，是徐志摩眼中学问不错又很质直的人。很多人对朱君毅是陌生的，了解朱君毅有必要先从民国名媛毛彦文说起。毛彦文是吴宓苦苦追求的对象，吴宓对毛彦文的追求，痴情而又执着，然而令毛彦文心动的只有两个男人，一个她用情最深，一个她用情最长。毛彦文曾说："你是我一生遭遇的创造者，是功是过，无从说起。"这位她用情最深的就是表哥朱君毅。一位著名的教育家、现代统计学的奠基人。1928年8月，朱君毅受聘到厦门大学任教。

朱君毅：毛彦文一生遭遇的创造者

一

朱君毅原名朱斌魁，字君毅，据说因在北京发现有"斌魁老店"，觉得此名太俗气，后以字行。据其妻成言真所著的《朱君毅博士略历》，朱君毅于1892年12月22日，出生于浙江省江山县长台镇。

朱君毅的父亲朱镜湖，号筱村，是清末秀才，家有田产，在长台热心办学，兼理社仓、宗祠、祭祀财务，终生以不得罪人为处世之道。朱君毅自幼聪颖好读，八岁入学，接受传统教育，读四书五经。1906年，朱君毅考入江山县立中学堂，与毛常为校友。当时国文教员马叙伦思想进步，曾对同学们大声疾呼，演讲中国衰弱之原因，给学生介绍进步书籍，其中《国粹学报》上的革命文章对朱君毅产生了深远影响。一年后，朱君毅考入衢郡中学堂。

朱天禹所著《朱君毅教授传略》一文称，衢郡中学堂是衢州第一中学的前身，创办于1902年（清光绪二十八年），1902年8月，清廷颁发《钦定学堂章程》，时任衢州知府世善奉朝廷之命将衢州州学正谊书院更名为"衢郡中学堂"，开浙西地区乃至闽浙赣皖四省毗邻地区公立普通中学先河。1910年（清宣统二年），朱君毅以优异的成绩从衢郡中学堂毕业，考取北京清华学堂留美预备生。后来因为辛亥革命的原因，学校

暂停开课，朱君毅就和一众同学回到家乡办西河女校，与毛咸、朱子爽、毛简、朱剑蓉、毛西居、毛常等人先后在女校义务任教。学校只有二十几名女生，朱君毅的表妹毛彦文是其中一位。

据1925年第24卷第15期《清华周刊》上的教职员简历称，朱君毅是1911年入清华就读，1916年毕业。后入美国霍布金斯大学，1918年获得学士学位，1919年转入哥伦比亚教育院教育统计及教育行政专业，1920年获得硕士学位，1922年获得博士学位。1920年至1922年，还在读书的朱君毅已经开始担任纽约大学中文讲师，后被选为美国全国教育名誉学会会员。

在美国期间，朱君毅与徐志摩有过交往，他的弟弟朱斌甲与徐志摩是北洋大学的同学。徐志摩在《留美日记》中专门记录了对朱君毅的印象："朱斌魁，衢州人，霍金大学毕业。据楼张言，学问不错，人亦有浙西山水丛错之气，质直得很。"1919年12月3日，徐志摩在日记中写道："治事看王风华、张跃翔、朱斌魁。""晚上吃饭回来，乘便到朱斌魁那里坐了一会子，随便谈谈。"而且徐志摩还在给友人的信中关心过朱君毅的论文，称"朱斌魁正在起劲做他的博士论文，题目是《中国的留美学生》，很有意思"。

为什么徐志摩说他的论文有趣呢？原来朱君毅的同窗好友吴宓为他提供的一份《游美回国同学录》，里面记载了1917年前留美回国的学生详细资料，多达278人。朱君毅利用这些资料，第一步先估算每人成功的事实，将留美回国分布在政界、军界、工商界、学界、艺术界等各方人士划定等级，制定分数。以政界为例，国务总理最高，为90分，科员最低，为50分。第二步，把成功的因素划分为五类，即家世（家庭出身）、财产状况、身体状况、办事能力和交际才能。第三步，把278人的五类成功因素与成功的事实联系起来，制订统计表，再各项加分，判定这些因素在一个人的成功中各占多大的比例。此项研究，

吴宓

无论是研究选题还是研究方法，即使以现在的眼光来看也是处于前沿的。

实际上，朱君毅博士论文的名字是《中国留美学生成功要素之陈述》。1922年，朱君毅凭借此文获哥伦比亚大学教育学哲学博士学位，也由此成为国际教育荣誉学会美国分会成员。1923年第6卷第1期的《新教育》杂志发表了朱君毅的这篇论文。

1922年夏，朱君毅结束了在美国长达六年的学习和工作。回国时与梅贻琦、沈隽淇、刘湛恩、林志煌、胡贻毂等六人取道欧洲，赴英国、法国、德国、荷兰、比利时、意大利等国考察教育事业，并合写《欧游经验谈》一书，介绍西欧各国教育制度。在朱君毅由美赴欧时，邹韬奋还曾托其调查英国职业教育和英国徒弟制度，后来邹韬奋根据朱君毅搜集的材料写了一篇《英国徒弟制度之现况》。

当时与朱君毅同行的其他五人，后来都成了大师级的人物，其中梅贻琦（1889—1962），是第一批庚款留美学生，历任清华学校教员、物理系教授、教务长等职。梅贻琦任清华大学校长达十八年之久，为清华大学做出了不可磨灭的贡献，与叶企孙、潘光旦、陈寅恪一起被列为清华百年历史上四大哲人。

《欧游经验谈》是一本视角独特的游记，1923年3月由上海青年协会书局出版，胡贻毂在弁言中说："我们在旅行之初，便打算由共同观察中，产生一册性质特殊的游记，并规定各人分负的责任。到海程的最后几天中，彼此将所得的感触和所记的日记，往返商榷，然后按旅行的路线，划作六部分，各人去按那指定的范围，草他的一部分游记。最后汇集各篇而总司其成，则由鄙人负责。"

朱君毅回国后，历任国立东南大学教授、教育科主任、教务部主任、暑期学校主任，江苏第一女师教务长。在清华大学时，任统计学教授，同时兼管职业指导部事务。1926年，清华大学建立教育心理学系，朱君毅成为首任系主任。此时，他的著作除了《中国留美学生成功要素之陈述》外，还有《中国师范教育》《统计与测验名词汉译》等。

二

当时，留美学生的性别比例较为悬殊，女生的人数不足总人数的十分之一，

"资源"有限，导致追求者之间竞争激烈。留美学生中流传一则笑话：谈一次恋爱一年睡不着觉。因为看中一位满意的对象，先是闹单相思，三个月辗转反复睡不着觉；接着展开追求，三个月忙得睡不着觉；终于有点成功的希望，三个月喜欢得睡不着觉；最后恋情告吹，前功尽弃，三个月气得睡不着觉。冯友兰说："这虽然是夸大其词，但是搞恋爱确实是极其麻烦的事。"

和他们相比，朱君毅是幸福的，因为他在出国之前已经订婚了，此时正处于热恋之中，虽然难免有相思之苦，但不会感到"极其麻烦"。他的未婚妻就是表妹毛彦文。关于毛彦文，民国的报纸上曾称其"脸稍麻，曾缠足"。《毛彦文印象记》一文称："毛女士梳横爱司髻，修短合度，肥瘦适中，风度之美，难选其匹，几点细白麻，所谓'江山九姓美人麻'，倒真像是信而有征了。"

毛彦文，小名月仙，英文名海伦，1898年出生于浙江省江山县的一个乡绅家庭。父叔均为秀才，开过布庄、酱园，为当地名绅。毛彦文七岁入家塾启蒙，辛亥革命后就读于江山西河女校，后被保送入杭州女子师范。继而考取浙江吴兴湖郡女校，以浙江省第一名的成绩进入北京女子高等师范学校英文系。

毛彦文三四岁时便被送外婆家抚养，朱君毅是毛彦文的四舅朱筱村的长子，三岁丧母，也送给奶奶抚育。前后六七年，这对表兄妹一起睡在奶奶（外婆）床上，同进同出。表兄朱君毅行五（家族大排行），毛彦文呼"五哥"，"五哥"处处护妹，青梅竹马，两小无猜。

毛彦文

在毛彦文七八岁时，父亲就做主把她的婚事定了。对方是其父生意场上一位朋友的儿子，名叫方国栋，毛彦文从未谋面。

朱君毅在西河女校教书时离家远，便借住在毛彦文家中，白天两人进出相偕，晚上他辅导毛彦文的功课，讲莎士比亚戏剧故事及他在北京的所见所闻，毛彦文对这位知识丰富、见闻广阔的五表哥敬爱有加。毛彦文说："认为他是世上最有学问，惟一可靠的人，因之对他事事依赖，步步相随，如果有半天不见，便心烦意乱，莫知所从，大约这就是所谓初恋的开始吧。"

1913年，毛彦文被保送到杭州女师，方家不放心，要提早娶她过门。毛彦文一方面心里有了表兄朱君毅，另一方面念了几年书后，受到新思想的影响，在西河女校校长毛咸的启发及朱君毅等人的支持下，"预备与父亲斗到底，打一个自以为家庭革命的胜仗"。1914年，迎亲当天，毛彦文在母亲、四舅等人的帮助下逃走，跟着朱斌甲逃到了乡下，甚至一度躲在毛子水家中。后来，县里的绅士毛常（即毛夷庚）与县知事姚应泰帮忙，出面与方家解除婚约。毛彦文称毛常为解除婚约的"总参谋"，说："他那时是江山的绅士，与县知事姚应泰有交情，他早已把我的事情告诉姚了，并请姚如果父亲向他求助，虚与敷衍。"

在她的家乡，浙江省偏远的江山县，这种被认为有伤风化的事是闻所未闻的大新闻，有好事者把这段故事写成了小说《毛女逃婚记》。有报刊称毛彦文"姐妹三人，皆多才美，开风气之先，江山离婚之风俗，实由此三女杰始创焉"。实际上，毛彦文家是四姐妹，其中一人没有读书。

在毛彦文的心目中，朱君毅就是她的一切。她说："我自幼至青年，二十余年只爱你一人，不，只认识一个男人，这个人是我的上帝，我的生命，我的一切。"

1915年，朱君毅与毛彦文在江山家中举行订婚仪式。第二年秋，朱君毅赴美国留学，毛彦文至吴兴县教会办的湖郡女校读书。两个相隔万里的情人约定以"仁、义、礼、智、信"五个字为通信编号，每年用一个字跟数字序号编排，五年用完，约定第六年用"毅"字再继续。刚开始，朱君毅实现了两个星期一封信的诺言，而最后两年却是一个月一封信甚至两个月一封信，这让毛彦文感到很痛苦。

毛彦文（中坐者）与妹妹们

1922年，朱君毅回国时身无分文，毛彦文带着二三百元到上海去接船。朱君毅就任（南京）东南大学教育系教授后，为能经常见面，毛彦文从北京女子高等师范学校转至南京金陵女子大学。但毛彦文发现，分开六年后，两人思想、见解殊多歧异，虽经常见面，感觉反不如分隔时亲切。

1924年5月底的一天，朱君毅遣人送来了一封退婚书，退婚理由是：第一，彼此没有真正的爱情；第二，近亲不能结婚；第三，两人性情不合。这样的理由，令毛彦文无法接受。身边的好友自然为毛彦文打抱不平，东吴大学教务长陶行知亲自出面调解，朱君毅的好友吴宓、陈鹤琴等也好言相劝，双方家长也赶到南京向朱君毅兴师问罪。在这种情况下，朱君毅承认一时冲动，做法欠妥，当着大家的面，把退婚信烧了。表面看，退婚风波暂时平息，但这样一来，两人关系已由爱生恨，"虽在同一地区，已成路人，断绝往还"。

不久，由熊希龄夫人朱其慧女士出面，商议解除朱君毅和毛彦文婚约之事，会议在金陵女子大学教职员客厅举行，张伯苓、陈衡哲、吴宓、陈鹤琴、朱经农、王伯秋以及金陵女子大学的校长、教务长等人都参与其中，经到场人士见证，并当面诵读条文后，均无异议，由当事人及证人签名盖章，婚约宣告解除。

会议从下午3点一直持续到晚上8点，两人最终以分手告终，两个为情所伤的人，从此再未相见，这样的爱情结局谁能想到？

三

后来，朱君毅爱上了汇文女子中学的苏州女子成言真。成言真大方美丽、温顺可人，一下子就俘虏了朱君毅的心。1928年第504期《图画时报》刊登了两人的结婚照，并称："朱君毅君与成言真女士结婚，朱君为哥伦比亚大学哲学博士，历任东南、清华教授，女士为苏州景海女学高材生。"据说，成言真与朱君毅相爱后曾被原来的学校开除，她到底是哪所学校的学生还需要进一步的考证。朱君毅与成言真结婚时，毛彦文发去贺电，说："须水永清，郎山安在。"郎山、须水是江山县有名的山水，当年朱君毅对毛彦文发誓"郎山须水，亘古不变"，不知道朱君毅看到贺电后内心有何感受。

1928年8月25日《申报》在推介一家叫沙利文的餐厅时载："昨日有教育家朱君毅博士，偕其新婚夫人成言真女士假座宴客，男女宾到者颇众，莫不饱享口福而去。"宴请的地点设在南京路三十六号沙利文。这家餐厅"精制西餐糕饼各式点心，卫生腴美，久已脍炙人口"，"不但肴馔烹制格外佳美，且价目亦复克己优待"，"宏敞华贵，尤为顾客所乐就"。一家餐厅能以朱君毅去就餐作为宣传的卖点，可见朱君毅在当时的影响力。

综合以上两则消息可知，朱君毅与成言真是在1928年结婚的，应该是在朱君毅到厦门大学任教的前夕，而非一般资料所言的1925年结婚。

朱君毅结婚后，1929年第210期《厦大周刊》刊登了郑桐荪写的《集玉溪生句贺君毅南旋结婚》，这组诗词共八首。郑桐荪精于古典诗词的写作，是清华数学系创始人之一，桃李满天下，周培源即是其学生。郑桐荪还是数学家陈省身的岳父。其中两首云：

> 众仙同日咏霓裳，佳兆联翩遇凤凰　彩树转灯珠错落，今朝歌管属檀郎
> 雕文羽帐紫金床，苟令重炉更换香　知有宓妃无限意，未妨惆怅是情狂

据1928年10月4日《申报》刊载的《厦门大学教育科之近况》一文可知，朱君毅到厦门大学任教是当时教育系主任孙贵定延揽的结果。孙贵定为"该科学程之完善，复向各地罗致专门人才"，朱君毅被聘为教育测验及统计正教授，除了朱君毅之外，孙贵定还聘请了前武昌中山大学教育系主任杜佐周为教育行政教授、前暨南大学校长姜琦为教育史正教授，但因姜琦当时被委任为留日学生督监，于是推荐了美国斯坦福大学教育硕士雷通群。同时，厦大还聘请了前清华大学教育系助教薛天汉为助教兼厦大附属模范小学指导。

1928年12月22日出版的第190期《厦大周刊》刊登了朱君毅的简历，

同期还介绍了杜佐周、夏雨时、张镜予、林藜光、李飞生等教员。据说，朱君毅掌握英、德、法、希腊等国语言，尤其精通英语，常用英语上课、演讲和写作。1927年，克伯屈来华，在北京及东北各地讲学时，都是请朱君毅担任翻译，他用英文写作得心应手，从事翻译则力求神貌俱全。

1929年12月2日，朱君毅在厦门大学的纪念周活动上为师生们做了题为《一劳永逸的心理》的演讲，他在演讲中非常有前瞻性的提出："心理建设较物质及社会建设为尤要。心理建设为精神的，根本的，为物质与社会建设之源泉，为一切行为之动机。心理建设，为吾人对于人，对于事，对于物之人生观，之态度，之兴趣，之习惯，之学识的改造。"

厦门大学早期照片

在厦门大学任教时，他经常受邀进行演讲活动，到模范小学、厦门青年会、集美学校等处，讲"如何应用统计方法解决教学上的问题""青年学生的社交问题""大学生择业问题""心理的改造""批评测验的标准""美国教育之批评"，等等，颇受听众的欢迎，"际此厦岛教育革新之秋，对于此种教育的科学研究之问题，想必为热心研究教育者所乐闻也"。

1929年1月12日下午2点，厦门大学召开"各科教授评议会"，在这次评议会上，朱君毅、杨武之、熊正瑾、区兆荣、徐声金等被推举为修正预科入学考试特别委员会的委员，负责讨论预科生课程事宜。

4月17日下午2点，全校教授在生物院校长会客室召开评议会，朱君毅是参与者之一，朱君毅和邱大年、杜佐周三人提出"修正评议会组织案"，请校长将评议交董事会讨论。钟心煊在会上支持这一提议，他认为"此举系完全改组本校，关于董事及校长权限所在，应郑重讨论"。

1930年2月，开学不久，校长林文庆就聘请朱君毅兼任大学秘书，何励生任秘书襄理。在上课之余，每天上午10点至12点为朱君毅在秘书处的办公时间。

在厦门大学成立九周年的庆典大会召开时，因林文庆在南京出差，朱君毅以行政会议临时主席的身份代为致辞。他总结了厦大的特点、办学成绩、现状和对厦大未来的展望，更一针见血地指出厦大的不足之处，他说："本校以设备与人才论，实为全国学府之一，应以教育天下英才为目的，但根据以前报告，本校学生多属福建子弟，充其量本校之影响，现时只及于长江流域及其南部各省，故本校亟宜设法增加学生名额，使黄河流域之学生，亦不远千里而来，以期教育效力之普遍。"

四

在校期间，朱君毅还被聘为厦门大学编译委员会的委员，负责《厦门大学学报》的编译工作。1931年12月第1卷第1期的《厦门大学学报》出版发行，朱君毅的《中国历代人物之地理的分布》一文刊登，受到了学界的好评。后在教育学院院长孙贵定的支持下，列为教育学院研究丛书之一，拨用中华文化教育基金董事会补助费刊印多本，赠送亲友。在舒新城的支持下，1932年7月由中华书局出版发行。1931年10月25日，朱君毅在厦门大学所写的序言中说："又从事本篇研究时，先后得周君品瑛、张君庆隆、汪君养仁，及内子成言真女士各种统计上之襄助。"著名学者朱谦之读后发现自己的观点在文中得到了论证，他评价说:"朱君毅《中国历代人物之地理的分布》一书,无异乎为我做的,这就可见他的真价值了。"

朱君毅还参加了中国科学社及中国教育学会,是当时有影响的教育心理学家和教育统计学家。

1931年第11卷第4期《厦大周刊》刊载了《朱君毅博士著教育心理学大纲已由中华书局出版》的消息,在介绍该书时称:"该书内容系讨论本能、个性、学习、工作、精神卫生、自修方法、训练迁移及各种根据心理学之教育的主张,每一问题均提纲挈领,条举原则,而总叙结论,不仅使初学者对于教育心理学得到有条不紊之观念,即已习教育心理学者,亦可据为最可靠之参考。而材料精粹,文字简明,尤能使读者在最短时间内,获得最多之益。"

同年,国民政府举行第一届文官高等考试,由于张默君的推荐,朱君毅兼任襄试委员。此后近二十年迭任高等考试襄试委员、典试委员、考选委员。1932年夏,张默君的丈夫邵元冲代理国民政府立法院院长,任命朱君毅为立法院编译处处长。此时,朱君毅向厦门大学提出辞职,就此离开厦门大学。

1932年6月7日,厦大教育学院欢送朱君毅

1932年第11卷第26、27期合刊《厦大周刊》载有《大学秘书朱君毅博士因公赴京》的消息，从中可知，朱君毅是在1932年6月8日离开厦门的。在他离开的前一天，厦门大学教育学院的同学们举行了欢送仪式，并合影留念。几年前，拍卖会上拍过这张珍贵的合影。朱君毅离开后，大学秘书职务由詹汝嘉暂代。

　　离开厦门大学之后的1934年，朱君毅与杜佐周合译的《普通心理学》一书出版，第13卷第14期的《厦大周刊》也做了较为详尽的推荐。

　　后来，朱君毅曾任国民政府主计处主计官，主计处统计局副局长、局长等职。1947年8月，以中国首席代表的身份赴美国华盛顿出席国际统计学会和第25届世界统计大会。他在会上宣读了题为《中国政府超然统计制度》的专业论文，博得了与会各国代表的好评。中华人民共和国成立后，他在之江大学、上海财经学院等高校任教。

　　1963年3月25日，朱君毅在上海去世。此时，他着手编著的《中国统计史》才完成三分之二。

　　当毛彦文得知朱君毅在上海去世的消息后，写下《悼君毅》的长文，文中说："你是我一生遭遇的创造者，是功是过，无从说起。倘我不自幼年即坠入你的情网，方氏婚事定成事实。我也许会儿女成行若无事，浑浑噩噩过一生平凡而自视为幸福的生活。倘没有你的影响，我也许不会受高等教育，更无论留学。倘不认识你，我也许不会孤零终身，坎坷一世。"

　　在朱君毅去世二十年后，1982年，国际统计学会还发来请柬，邀请他出席国际统计学会年会，可见朱君毅在国际统计学界的影响。

　　1986年11月3日，88岁的毛彦文将精心保存69年的定情别针，郑重交给朱君毅的侄女朱韶云保存。别针是朱君毅在清华学堂毕业时的班级纪念别针，上面刻有1917P.C.K（朱斌魁）Jennings（朱君毅英文名）等字样。在半个多世纪中，虽然经历了时局的变化与战乱，毛彦文也多次搬家，但一直保存着这枚别针。她说："这枚小别针始终随我到处流浪，足以证明我对初恋的珍惜。这是很好的小说资料，可惜我不会写小说。我余年无几，不愿这枚小别针落到不相干的人手中，当废物丢掉。特交韶云，想她会了解其中深意。"

66岁的前北洋国务总理熊希龄剃去了所蓄数十年胡须，与33岁的毛彦文举行了盛大的西式婚礼

毛彦文在自传《往事》中说，她一生受了两种潜力的推动，一是与朱君毅恋爱，一是与熊希龄的结合。两次都是全身心地投入，又都留下刻骨铭心的悲痛。

严恩椿

2019年10月31日，著名作家严歌苓现身厦门海沧大摩纸的时代书店。在与读者见面时，她说，祖父曾在厦门大学任教，那段时光是祖父、祖母最惬意自由的。严歌苓还专程到厦门大学校史馆参观，寻找祖父相关的史料，然而找到的史料并不多，其祖父在厦门大学任教的故事鲜有人提及。

严恩椿：我国最早的家庭问题研究者

一

严歌苓的祖父是谁呢？在众多媒体的报道中，均称严歌苓的祖父是"严恩春"，然而，笔者查询相关资料却发现，严歌苓的祖父名字应该写作"严恩椿"。

严歌苓说，祖父从美国拿到博士学位回到中国后，曾在厦门大学教书。"他是学政治学的，本来想当外交官，可是民国时期，要当外交官也是得走后门，我的爷爷是个非常清高的人，他不愿意求人，所以他就当了教授。带着我父亲和我的二姑姑到厦门，生活了几年。"严歌苓说，"我奶奶说她在厦门是一生中最幸福的时刻，因为她单独和我的爷爷带着两个孩子生活在厦门，远离压迫她的婆婆，也是她的姑姑。姑姑把她的侄女嫁给自己的继子，姑姑是嫁到严家做填房的，就把她的二侄女嫁给继子，认为这样家里就不会嫌她这个"过房娘"吧，但对她的侄女压迫得很紧。"

严歌苓还透露，祖父在厦门教书的几年间，生活很惬意，尤其是给奶奶留下了难忘的记忆，所以奶奶回忆起来就说这是她一生中最幸福的几年。由此看来，在厦门大学任教的岁月，给严歌苓的祖父母留下了美好的回忆。

据相关史料记载，严恩椿是上海吴淞江湾人，字慰萱，自号蛰龙，人极聪颖。江湾严家在当时是名门

望族,书香世家,在清末民初往美国、日本、英国等国家留学的有严恩槛、严恩榜、严恩械、严恩椿、严恩柞等人。

严恩椿求学的资料不多见,只能从他1915年给《学生》杂志的一篇《Some Incidents in My Early School Days》(《我早年求学的一些事》)找到相关记载,他九岁进入吴淞小学学习英语。他说:"当我进入吴淞小学时,年仅九岁,一个英文字母都没有见过。起先我非常开心,因为可以学英语了。但是我没有意识到学习的困难远胜于我的预期。"

学英语对他而言是非常困难的,他甚至连音都发不准。"我的老师是有点脾气的,顽劣愚钝的学生不听话时他就开揍。有一次他让我读单词'he',我发成了'she','不对!'老师说,'你发的音是she,s-h-e,不是he,现在发he,h-e,he,读出来!'倒霉的是我又失误了。他越叫我发'he',我越发'she',我一下子把周边所有的学生的注意力都吸引过来了。老师越来越不耐烦了,最后,他瞪着眼极其严肃,低沉而威严地说'he',我害怕极了,一个字都不敢说,看到老师的表情,我哇地一声大哭起来。"

相对于学外语而言,更令他难忘的是被高年级的同学追着打的一段经历,他写道:

> 但这件事情跟那件被高年级学长追捕的事情相比,可以说是微不足道了。我们班对高年级的那个班印象很差,因为有一次他们把我们班的学生主席赶出他们教室。这种感觉越来越让人难以忍受,最终演变成一场真实的战争。我方首领——那个学生主席指令我去当间谍,问我是否有足够的勇气可以打入敌军为我方窃取情报。我答应了。为了完成任务我出发了。我躲在门后毫不费力地偷听敌军正在商议的军情。但是一个学生正巧来开门,看到我,马上大喊:"奸细!奸细!""抓住他!"众人怒吼,像老鹰抓母鸡一样扑向我,我想逃跑,但徒劳无益。他们"逮捕"了我,把我弄到了一个四方桌下,用木板、板凳、椅子把我团团困住,让我不得逃脱。这就是我的监狱了。仅有

> 一个直径不到五英寸的小洞可供通风，可他们还往洞里扔粉笔、废纸，不时还泼污水。我这可怜的囚犯无法忍受这非人的折磨，尖叫起来。但是敌人们却大笑鼓掌边跺脚，让我的尖叫淹没在他们的嘈杂声中。突然，周边的吵闹声消失，只剩我尖锐的叫声响彻教室。我万分惊讶。正在那时，桌子周边的障碍物都被清理掉了，严厉而严肃的校长出现在我面前。
>
> 我那时有多惨你应该能猜到了吧。虽然过后校长惩罚了首犯，但我也得到了足够的教训，再也不敢当间谍了。

这两件事给严恩椿留下了深刻的印象，以至于到读大学时，他还难以忘怀："所有这些是一个九岁孩子的体验，我已经忘记了我在小学学了什么，但还记得这两件'大事'——初学英语以及被学长追捕的经历。鲜活得就像刚在眼前发生一样。事实上，我以何方式度过我短暂的学习生活，也可从中窥见一斑。"

二

16岁时，严恩椿考入了沪江大学。沪江大学创办于1906年，原名上海浸会大学，位于杨树浦，占地达到165亩，最初的校长为美国人柏高德博士。另设浸会神学院，由美国人万应远博士任院长。1914年中文校名定为沪江大学，并确定校训为"信、义、勤、爱"。沪江大学首任华人校长刘湛恩对沪江大学进行了一系列旨在"中国化"的整顿和改革，使沪江大学在当时私立大学中以学风纯朴、较少教会气更多中国化闻

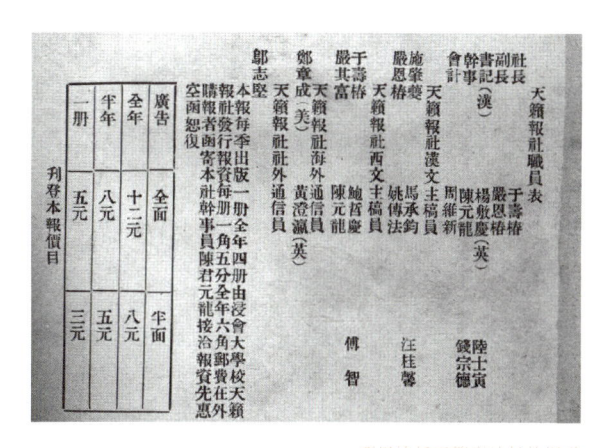

严恩椿任天籁副社长的报道

名。鼎盛时期以文理商著称于世,是上海理工大学的前身。

在沪江大学可以追寻到严恩椿个人才智的成长路径。作为一所教会大学,沪江大学非常注重道德教育,为养成学生的优良品格,学校制订了严厉的校规校纪,约束学生在校内的行为,甚至学生离校外出都受到严格限制。"诸生平日不得擅自外出,惟礼拜六日下午如得校长允准,始可外出,必于当晚六时前回校。此外出权利约一月一次为限。至于家中要事不得不告假者,当先由父兄或保证人具函,说明真实理由,径交校长察夺可否,不得附入学生函内转交"。"僻在沪北根绝尘嚣,于学生之道德上亦无荡检逾闲之虞"。

由于严恩椿的英文很好,他多次被邀请担任翻译。1918年9月14日,东方六大学运动会会长、中国第一个社会学系的创办人、美国传教士葛学溥受邀参加吴淞中华体育学校的开学典礼。葛学溥发表演说时,严恩椿在现场负责翻译,将葛学溥的意思表达得淋漓尽致,在会场收获了阵阵掌声。

当时杨树浦一带工厂林立,工人多达五六万,沪江大学青年会的同仁们在杨树浦设立了沪东公社,倡导通俗教育及"德智体三育",当时主要负责人是葛学溥。9月22日晚7点半,葛学溥到沪东公社演讲时,又邀请严恩椿在现场负责口译。除了教学、做编剧之外,严恩椿还曾多次在沪江大学、明强中学等处演讲,备受好评。

1912年春,沪江大学天籁社成立,天籁社主编一份《天籁》杂志,每季出版一册,第一期在这一年的6月份出版,当时署名"上海浸会大学校天籁报社印行"。这份杂志中英文结合,有评论、专论、通论、演说词、文苑、小说、杂谈等,出版自筹经费。从现有资料看,1913年,严恩椿任天籁社副社长,后任汉文主笔之一,又兼汉文书记。

《天籁》杂志封面

英文颇佳的严恩椿国文功底也非常深厚。从1913年开始,严恩椿多次在《天籁》杂志上发表作品,有诗歌、专论,如《醉月杂录》《欧战溯原》《我之对日政策》《原人》《桃花溪》等多篇。"严恩椿、顾振亚、陈钟凡诸先生之论说文字,堪称无隅独有"。深厚的文字功底或许得益于大学的浓厚氛围。沪江大学与其他大学不同的是，除了国文之外，其他各科都用英文原文，"又鉴于近日学子之醉心于西化蔑弃国学，属意注重，严格取缔，按程度分班，不拘学级，如有各科已毕业，而国文程度不及格者，不能给授文凭，使学生无偏重西文之弊"。因此，严恩椿才会国文、英文俱佳。

1915年，沪江大学社会服务团成立，分调查部、学生公益部、翻译部、卫生部等八部，严恩椿是八个部的部长之一。1916年，严恩椿还曾任过沪江大学科学社的副社长。严恩椿博学多才，是学校的活跃分子，对时事颇有见地。同学在赠他的诗中称："君平风度故翩翩，况复春华最少年。学贯中西精译事，时于社会见通诠。"

在沪江大学就读期间，严恩椿与徐志摩有了交往。1915年12月，19岁的徐志摩由北京回到故乡硖石结婚，自请从北大预科退学，以谱名徐章垿插班入沪江大学预科，1916年9月升入沪江大学一年级，继严恩椿之后成为《天籁》汉文主笔之一。

沪江大学麦氏医院的建设过程中，严恩椿、徐志摩都为这所医院捐过款，严恩椿捐了五元，而徐志摩捐了五十元，位列全校第三，可见当时徐志摩家境殷实，非常人可比。

严恩椿留校任教时，徐志摩还在读书，两人同是沪江校友，而且在校期间也有交往。严恩椿还曾为徐志摩写过一首《独坐长歌寄徐志摩》，其中有句云："独坐无所欢，长歌夜已阑。万物皆刍狗，大地一转丸；人生如朝露，日出倏已干。彭天殇子寿，世事如是观……"但徐志摩评说他的诗歌作品时毫不客气，说"格式可惜没有完全解放"，严恩椿不以为忤，还在诗集的序言中引用。

1916年，严恩椿以第一名的成绩毕业于沪江大学，此时只有20岁。1916年1月22日，沪江大学举行第四次毕业典礼，当时的《申报》披露了毕业生的名单：顾振亚、严恩椿、姚传法、严圣才、陈元龙、缪秋笙、陈子初、樊正康、凌永泉、钱嘉集、严其华、周维新。毕业仪式在当日上午10点开始，严恩椿作为毕业生代表，在仪式上介绍了"本级小史"，大家唱了"同班歌"，还植树纪念，活动一直持续到下午才结束。

毕业后，严恩椿留在沪江大学任教，担任过国文科讲师（1916—1917）。

当沪江大学实行分科制之后,他辅助来自美国勃朗大学的葛学溥负责社会学科,后为历史教员。

1918年冬,严恩椿在任教之余,还为学校的冬季游艺会编了一个话剧剧本《威廉第二》,"中述德国宣战情形及其内幕甚悉"。1919年1月11日,冬季游艺会举行,在严恩椿讲述编剧经过之后,五幕剧《威廉第二》正式上演,"状武力主义之威焰及其结果,殊足令人深省",演出从下午3点半持续到5点半,获得了阵阵掌声。

在沪江大学教学之余,严恩椿用英文写了一本讨论家庭问题的书,但由于事务繁忙,一直没有整理出版。直到1917年春养病期间,他才根据家中的藏书和讲稿整理完成,并翻译成中文。全书分十二章,着重讨论了中国的家庭问题,分析了中国家庭的优缺点,并根据当时欧美的家庭状况对新家庭组织进行了探讨。

1917年12月,上海商务印书馆出版了他的书,命名为《家庭进化论》,这是我国最早的一部家庭问题研究专著。严恩椿在序言中说:"家庭之学,泰西各国,近五十年始见研究,以不学如椿者,于短促时间之中,妄拾唾余,为国中社会学辟一新蹊,则其失当之处,当为读者所共谅,而有以匡正之已。"

三

1919年7月29日的《申报》刊发了一条《清华赴美学生领袖已抵沪》的消息,消息中除了罗列赴美的清华学生陈长桐、陈燮钧、容启兆等人之外,还公布了随同清华学生同时赴美的自费留学生名单,多达101人,严恩椿与缪秋笙(声)、朱博泉等名列其中。

8月12日上午,清华大学护送员刘明召集全体赴美学生,在寰球中国学生会召开大会,到会者百余人。刘明首先讲述了沿途在轮船上的饮食起居以及对待外人之礼仪等注意事项,

严恩椿著作《家庭进化论》

后到张园合影留念，最后在大观楼举行宴会，朱少屏主持。宴会结束后，自费生组织了船中自治会，公推邓松年为会长，黄宝潮为副会长，朱博泉为会计，常能孝、汪兆凡为中文书记，擅长英文的严恩椿和吴冕被选为英文书记。此外还选举了干事长、干事等。

13日晚上7点多，沪江大学同门会在一品香为严恩椿、缪秋笙、朱博泉三人召开欢送会。当时的《申报》透露，严恩椿拟入华盛顿大学社会学科，缪秋笙拟入芝加哥大学教育科，朱博泉拟入纽约大学银行科。

1919年8月16日，严恩椿与清华赴美学生一百多人一起乘坐太平洋邮船公司的"哥伦比亚"号赴美。

严恩椿在华盛顿大学攻读政治，并兼任中国留美学生监督处秘书。此时，家族里的一位兄长严恩槱被教育部特派为留美学生监督兼农商部调查员。

严恩椿在美国获得了华盛顿大学哲学博士后回国。1923年12月17日的《申报》披露了严恩椿回国的消息，当时他参加公民社义务学校的落成活动，和宝山县教育局委员徐祝平等到会并致辞，他的身份是"严恩椿博士"，表明他已经回到国内。

1925年10月31日，光华大学政治系邀请胡经熊博士做题为《法律中之人性》的演讲，担任光华大学政治系主任的严恩椿致欢迎词。1925年11月10日的《申报》报道，8日晚上7点半，光华大学沪江同学会在霞飞路沈宅举行交易大会，当天与会者有百余人，严恩椿以副教务长的身份出席并演说。12月21日晚上，沪江大学中文言论会在该校大礼堂主办第三届各级国语演说竞赛，严恩椿与王云五、何柏丞三人担任评委。

1931年出版的《当代中国名人录》称，严恩椿回国后曾任北京大学英文学教授、北京法政大学政治学教授。从以上资料来看，如果严恩椿在以上两校任教，时间应该在1923年底至1925年10月之前。

1926年，复旦大学的第3期《复旦周刊》报道了一则《演讲委员会消息》，消息称"本校演讲委员会，上学期有余楠秋、洪琛、严恩椿三先生为委员，余先生任主席，自本学期起，严先生业已离校，所以遗演讲委员之职，校中已请刘庐隐先生担任……"而且这一年5月23日召开的复旦同学会上，严恩椿是二十六位出席者中的一位。从这些消息可以佐证，严恩椿曾在复旦大学任教过，至少是兼职过。他与弟弟严恩桢还同时在复旦大学举办的暑期学校任教过。

1926年4月29日，严恩椿的胞弟严恩桢结婚。严恩桢也留学美国，成绩颇佳，在哥伦比亚大学政治科获得硕士学位，1926年春回国后即在复旦大学任教授。在蒋式之的夫人介绍下，严恩桢与袁观澜的侄女，即袁叔畲的长女袁静若结婚。袁静若毕业于江苏省立第二女子师范，担任上海爱群女校教员。其时《申报》披露严恩椿的身份为"光华大学文科主任"。

严恩桢与袁静若结婚照

袁观澜是民国名流，曾任上海道尹、民国教育部次长。其弟袁叔畲曾赴日留学，与侯鸿鉴、经亨颐、刘撰一等为同学，曾任江苏省立一中、二中校长，江苏法政专科学校教授，启东、太仓、南汇县县长，宝山县县参议会议长，"国大代表"等职。袁叔畲与兄希涛（观澜）、希濂，当年号为宝山三袁。

袁叔畲从日本大学高等师范科毕业回国后即积极参加了孙中山领导的革命活动，当时他的公开身份是苏州公立中学的监督（校长）。叶圣陶曾是他的学生，而且他对叶圣陶影响很大。叶圣陶在读初中时，一天，上法制课时，讲课的胡先生未到，由校长袁叔畲先生代课。袁先生此时已是同盟会的会员，当时叶圣陶和同学们并不知晓。袁先生在讲到人民与臣民的区分时说："臣民者，服从人之民，而人民之权利有不能尽享者也。吾人三百年来，代代做臣民，故亦习惯，而不以为怪，然大有弊在。苟一旦人瓜分我，而心中生一同一为臣民之心，则完矣。必心中有一必为人民之心，苟有不令我为人民者，我仇之，我杀之；我人苟有一人在，则必不令人臣民我，如是方无负为人之天职也。"叶圣陶认为这是一段"精论"，曾把它记录在了日记中。

叶圣陶还提过一张照片，是公立中学第一班毕业生与袁叔畲的合影，站在后排最右边的一位是叶圣陶。时间是1912年1月9日的上午，按旧历算还在辛亥年。当时袁叔畲为革命事业极其辛劳，南京、上海时常奔走，同学们忽然听说袁叔畲回来了，赶紧招邀同班同学与他合影，由于时间匆促，毕业班的同学并没有招齐。

9月4日（七月十二日），学校在礼堂开训话会。袁监督向同学们讲述了清政府的腐败，正是这样的一个政府使中国处于危难之中。他告诫同学们："非武实不足以存。夏间走京师，观乎政府之种种丑态，益知此辈更不足恃，所恃者唯如诸君之少年耳。诸君切记宦途不可入，虚荣不可慕。"

四

1926年7月，严恩椿的诗集《藐姑射山神人》在商务印书馆出版，书中收录了他写的古体诗和新诗。新书出版之前，他的好友林孟群、胡适、徐志摩、朱经农等都提出了修改意见。严恩椿在"序"中说："作者不是诗人，不过对于诗很有兴趣，闲的时候，便写几句玩儿，把这比作看电影或听程艳秋。他以为一个人在孤零零的当儿，自己去幻造出一个虚无缥缈的世界，使他的灵魂得生息呼吸于其中——这是一个很好寻快乐的方法。"

1928年6月，大夏大学文科主任卢锡荣到云南就任教育厅长，临行前，他举荐严恩椿代理文科主任一职，学校照办，同时受聘的还有教育科主任程湘帆。6月24日的《申报》称，"对大夏科务发展，二君必能驾轻就熟，全校咸庆得人"。

1930年6月6日下午4点，蔡元培、李石曾、朱少屏在上海亚尔培路205号中央研究院招待法国教育部特派考察中国高等教育专员马古烈博士时，严恩椿与郭成爽代表复旦大学出席活动，此时代表大夏大学的是欧元怀、王毓祥，代表光华大学的是胡其炳，三十多位各校代表济济一堂。由此可以猜测，严恩椿又在复旦大学任教了。

时隔不久，9月12日的《申报》又爆出严恩椿到中国公学任教的消息。与严恩椿同期到中国公学的"新聘教授"还有张资平、李青崖、马名海等人。

一年之后，严恩椿来到了厦门大学。1931年10月3日出版的第11卷第1期《厦大周刊》新教员名单里出现了严恩椿的名字。当时的简介非常简单，称其"曾任上海光华大学文科主任兼教授"，此时，严恩椿的身份已是厦大法学院政治学系的教授。

这一年，严恩椿在第 1 卷第 1 期《摇篮》杂志上发表了《题萧教授黄花吉光等集四首》。萧教授是江西人萧远，曾留学美国，在持志大学任政治系教授，20 世纪 20 年代在上海组织过"黄华诗社"并自印诗集多种，与当时的留美学生陈沧舟、陈九思、应成一时相唱和，与邵洵美亦有交往。

严恩椿所写的四首诗都颇有气势，其中第二首诗云：

> 诗骨莹莹白玛瑙，雅声夐夐青珊瑚。生来眉宇都天器，冰心一片在玉壶。欲到水晶宫里去，骊龙颔下抢明珠。宝刀未试忽三跃，嗟乎此世非唐虞。

厦门大学为了丰富校园师生的生活，决定成立中国艺术社，"员生共同研究各项艺术，从此得有相当娱乐，大可调剂调剂"；"各人兴趣，虽有不同，但在艺术、思想精神所寄则一也"，校长林文庆担任名誉社长。1932 年 11 月 17 日下午 4 时，厦门大学中国艺术社成立，严恩椿成为其中一员，厦门大学中国艺术社第一次展览会开展时，会员们把各人的藏品都拿出来供大家观赏，严恩椿将珍藏的查二瞻（查士标）山水立轴送到现场，供师生们鉴赏。

1933 年元旦，厦门大学中国艺术社在生物院三楼再次举行展览会，这次展出的作品，有会员们自作的，也有收藏的，还有向社外征集的，有书画、碑帖、版本、刺绣、古玩等，可谓琳琅满目，美不胜收。现场展出了厦大教员们绘制的书画作品，如虞愚的书法，陈德恒的花卉和山水立轴，何励生的篆刻，单猛、任孟月夫妇的书画作品等。此外，展出的还有教员们收藏的作品，如陈定谟收藏的黄宾虹的小幅山水、孟丽堂的横幅"百爵图"，画面上绘了一百只麻雀，各有各的神态，"自非具有独擅的机巧者，不能轻易臻于此"。姜琦收藏的尹秉绶书法对联；何励生收藏的孙诒让的团扇，林文庆收藏的肃亲王书联、潘芝园的人物屏条，陈桂琛收藏的王狮子墨龙、江琨婴儿图等。

在这次展览上，严恩椿把所藏的铁梅庵的行书立轴、邓石如的书法对联、包慎伯的屏条等都拿出来，供师生们观赏。铁梅庵即铁保，清朝四大书法家之一，作品潇洒俊逸追二王。邓石如是篆刻家、书法家，尤长于篆书，以秦李斯、唐李阳冰为宗，稍参隶意，作品称为神品。包慎伯即包世臣，也是著名的文学家、书法家，其书法作品以楷书、行书、草书为主，风格与其书学思想高度统一，走"碑帖结合"一路。由此可知，严恩椿是风雅卓异、雅而好古之人，收藏的皆是书画精品，教学之余寄情于书画，品格高洁。

1933年12月28日下午，厦门大学中国艺术社举行菊花大会及会员大会，在干事选举的会议上，严恩椿被选为研究干事。

在教学之余，严恩椿还勤于著述，在厦门发表了《沪上抗日血战一周纪念日濡笔纪国军战绩》《秋兴十二首》等文章。其中《秋兴十二首》是他1929年客居南京白下时感时之作，他称是"顾瞻时局，眷念昔游，颇多鸡虫禾黍之悲，拉杂作秋兴十二首，欲问时彦，并诰来者"。此外，他还发表了译作《詹姆士弥勒之政治思想》。

1933年10月，严恩椿与他人合著的《世界英汉汉英两用辞典》由世界书局出版，成为学习英文的必备工具书之一。同年12月，他的译著《社会主义运动》在商务印书馆出版，他在序言中写道："然在今后十年或二十年间，若国事而有改进之希望者，则政治必走上社会主义之途径，此无可置疑者也。"

1934年4月6日，在厦门大学成立十三周年的校庆特刊上，严恩椿的名字还出现在法院学教职员工一栏里，该院教职员工共10人，严恩椿与曾天宇、杨振先等教授为同事。当时法学院有149名学生，其中2名女生。学生主要来自福建，其次是两广，江浙湘蜀等地又次之。

在厦门大学任教期间，严恩椿与杨振先曾指导学生丘镇英的毕业论文写作。丘镇英的这篇论文《清代中枢政制探讨》在多年以后出版，他在序言里对恩师的教诲念念不忘。丘镇英后来成为著名教育家，是著名数学家丘成桐的父亲。

1936年5月，上海启明书局出版了严恩椿翻译的《黛斯姑娘》（现译为《德伯家的苔丝》），

杨振先

他将哈代译为哈台，这是我国最早的汉译本之一。

严恩椿在1936年4月写下的序言中说："黛斯姑娘是我在不到二个月的时间中译完的。译完后听说本书本国已有二三种译本，但译者仍觉时间不虚掷，因译哈台的著作，像译荷马或其他著名的著作，不妨有二种或者更多种的同语言译本。在实际上说，一部伟大著作，倒的确应有多种同文的译本，盖这样原著的各方面，像金刚钻的各种棱角，才可由不同的译笔尽情表现出来。我希望研究哈台，并研究译文的能把各种译本都拿来做参考。"

严恩椿翻译的《黛斯姑娘》

因资料所限，目前无法查询到严恩椿离开厦门大学的具体时间。1937年7月30日凌晨5点，严恩椿因病去世（一说是自杀）。当时《申报》报道称："最近二三月来，因患病在中山医院疗养，昨忽转剧，至30日晨5时逝世，闻定于今（31日）午在上海殡仪馆大殓。"

在严歌苓童年时，祖父的形象对她而言神秘且伟大，姑妈和父亲曾给她讲过很多关于祖父的故事。严歌苓在美国留学期间所读的大学恰好是祖父留学时的大学，她还专门查找过祖父的学术论文。她的小说《陆犯焉识》就是以祖父严恩椿为原型创作的，其中还融合了另一位老知识分子的劳改遭遇，后由著名导演张艺谋将这部小说改编为电影《归来》。

台静农
郝承铨

笔者藏有一幅郲承铨绘制的镜心《高士图》，画面冶秀清隽，笔格不凡，寥寥几笔却意境高远，看后令人心生欢喜。这是郲承铨在1944年除夕赠给老友台静农的。与身为著名作家、书法家的台静农相比，很多人觉得郲承铨默默无闻，其实他也是一位著名学者、诗人、书画篆刻家、鉴赏家。他曾力排众议收购了《富春山居图》的残卷，如今这份残卷被命名为《剩山图》，成为浙江省博物馆的镇馆之宝。令人想不到的是，台静农、郲承铨两人是在厦门大学任教时相识的。

台静农、郎承铨：在厦门大学相识的书画巨擘

一

鲁迅的一生，以尖刻冷峻而著称于世，而他所引以为至交的，大多为忠厚、正直、笃实之人，如许寿裳、台静农等人即是。"台君为人极好"，这是鲁迅对台静农人品的高度评价。台静农是一个有操守的知识分子，因为思想激进，曾三次被捕。1934年7月，台静农被捕，随后被解送至南京司令部囚禁，后经蔡元培、许寿裳、沈兼士等营救，于1935年1月获释"北还"。

台静农（1902—1990），安徽霍邱人，本姓澹台，字伯简，原名传严，改名静农，笔名青曲、孔嘉、闻超等，著名作家、文学评论家、书法家。早年是北大"未名社"中的主要成员，与鲁迅先生交好。21岁时考取北大国学研究院旁听生资格，后于辅仁大学任讲师、副教授等，供职六年有余。陈垣是辅仁大学校长，故台静农对其执弟子礼甚恭。

作家管继平在《史学大家陈垣提携启功和台静农的往事》一文中说，台静农被捕之事，陈垣也非常关切，其间还专门致书北平宪兵司令部副司令蒋孝先，证明台静农"在校安分守己，未闻有不稳言动，此次被捕，想系冤诬"云云，为台静农开释证明。

当陈垣得知台静农刚刚获释"北还"，极需一

台静农在厦大时的留影

份收入以解燃眉之急,于是想起以前《北平志》曾物色编纂人员之事,故驰函北平研究院实际管事的副院长李书华,推介台静农。尽管此事后来并未实现,但陈垣对年轻人的真诚帮助,以及他爱才惜才之心,足见一斑矣。

台静农一时工作无着落,而且在北平难以容身,于是只好另谋高就。在胡适的引荐下,台静农受聘为厦门大学中国文学系教授,聘期一年。

台静农一直被学界视为鲁迅的嫡传弟子,受鲁迅影响很大,鲁迅也十分关心台静农的工作。1935年8月3日,鲁迅在给曹靖华的信中写道:"闻胡博士为青兄介绍到厦门去,尚无回音,但我想即使有成,这地方其实是很没有意思的。"鲁迅在信中反对这位"青兄"到厦门,还为他打听桂林师范的职位,认为这位"青兄"即使是暂时做教职员,到桂林也"比厦门好一点"。这里的"厦门"指厦门大学,"青兄"正是台静农,"胡博士"就是大名鼎鼎的胡适。最终,台静农没有听从鲁迅的劝阻,千里迢迢到厦门大学任教。

1925年4月27日,台静农在小学同学张目寒的介绍下与鲁迅相识。鲁迅书信集里留存的第一封致台静农的信是当年的8月23日,除了告知台静农稿件已发表在《语丝》上之外,还谈到了与章士钊打官司的事情。这说明,台静农与鲁迅交往过程中,两人关系很好。

8月30日,鲁迅与台静农及其同学韦素园、韦丛芜、李霁野等六人组织了文学社团未名社。台静农早年所出的三本著作《关于鲁迅及其著作》《地之子》《建塔者》均由未名社印行。后该社因李霁野翻译的《文学与革命》一文惹祸,于1928年被北洋军阀张宗昌下令查封,到1931年正式解散。

台静农在北京大学旁听时,做过鲁迅的学生,听鲁迅讲《中国小说史略》《苦闷的象征》。直到晚年他还清楚记得鲁迅讲课时不似周作人死盯着讲义,而是天马行空地发挥,使学生学到许多讲义上没有的东西。1926年7月,台

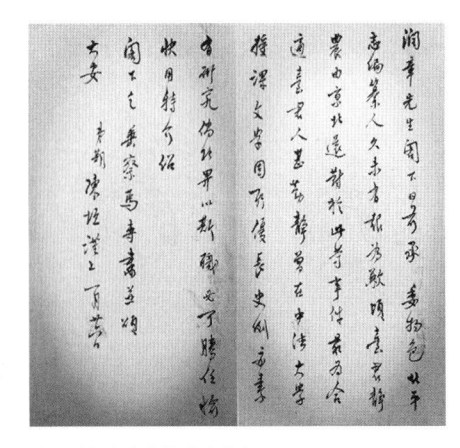

陈垣致信李书华推荐台静农

静农编了一本最早研究鲁迅的专集《关于鲁迅及其著作》。

鲁迅到厦门大学任教时，生活并不如意。他除了与许广平、章川岛通信外，还经常在与台静农的信中大倒苦水。后来，鲁迅在信中曾谈到在厦门拍摄的照片："我的最近照相，只有去年冬天在厦门所照的一张，坐在一个坟的祭桌上，后面都是坟（厦门的山，几乎都是如此）。日内当寄上，请转交柏君。"

台静农曾陪着鲁迅看望友人，陪伴鲁迅发表震动古都的"北平五讲"，还曾协助鲁迅拓印汉石画像。鲁迅对台静农也非常欣赏，对台静农20年代所写的小说，鲁迅在其主编的《中国新文学大系·小说二集》中，选了自己的小说四篇，选了台静农的《天二哥》《红灯》《新坟》《蚯蚓们》等四篇，是当时入选作品最多的两位作家，由此可见鲁迅对台静农的提携和器重。

由于鲁迅在厦门大学任教时并不顺心，对人事关系、派系斗争都有亲身经历，所以才会反对台静农步其后尘。1935年7月22日，鲁迅在致台静农的信中说："厦门亦非好地方，即成，亦未必能久居也。"8月11日，鲁迅又致函告之："青兄：7日函收到，厦门不但地方不佳，经费也未必有，但既已答应，亦无法，姑且去试试罢，容容尚可，倘仍饿肚子，亦冤也。"

二

1935年8月，台静农赴厦门大学，临行之际，著名书法家启功等人为他送行。启功在《读〈静农书艺集〉》中说："记得那年他将到厦门大学去执教，束装待发之际，大家在他家吃饭送行，用大碗喝绍兴黄酒。谈起沈尹默先生的字，并涉及他书斋平日所挂的那一幅尹老的条幅，这时早已装入行李箱中，捆得整齐。他为证明某些笔法，回首去翻，结果无从找到。"临行之际，高谈阔论，毫无沮丧之情，送行的朋友们都感到些许的宽慰。

台静农到厦大任教时，他的好友柴德赓写了一首《送静农之厦门》作别，诗云：

> 岂独可悲车迹穷，尊前酒且与君同。
> 诗魂欲历蛟龙窟，世路偏成荆棘丛。

> 夜半寒光生海月，一襟凉思对秋风。
> 知君此别应回首，终古夕阳一望中。

这首七律诗的下半首（即颈联与尾联），大有黄仲则的咽露秋虫、舞风病鹤之姿，颈联对仗尤其工整，堪称佳作。

柴德赓，字青峰，浙江诸暨人，毕业于北京师大历史系，是著名历史学家陈垣的得意门生，曾任辅仁大学历史系教授、北京师范大学历史系教授兼系主任。台静农与柴德赓都出自陈垣门下，并曾于辅仁大学、四川白沙国立女子师范学院两度共事，共同的爱好让他们成为一生的挚友。

柴德赓

台静农嗜酒，还曾写过《谈酒》《我与老舍与酒》等文章，他说："我是爱酒的，虽喝过许多地方不同的酒，却写不出酒谱，因为我非知味者，有如我之爱茶，也不过因为不惯喝白开水的关系而已。"

启功在《平生风义兼师友》一文中记录一段往事："一次台先生自厦门回到当时北平接家眷，我在一个下午去看他，他正喝着红蒲桃酒。这以前他并不多喝酒，更不在非饭时喝酒，我幼稚地问他怎么这时喝酒，他回答了两个'真实不虚'的字：'麻醉。'"直到许多年以后，启功才理解了台静农那时的心境。自此一别，两人分居海峡两岸，再也没有见面。

1935年9月30日出版的《厦大周刊》第15卷第2期《校闻》栏刊载《第二次总理纪念周：文学院教授台静农先生演讲〈闽人对于近代文化的贡献〉》，全文如下：

> 9月23日上午10时，本校全体师生，在群贤楼大礼堂，举行本学期第二次总理纪念周。由文学院周院长领导行礼如仪。文学院新教授台静农先生演讲，题为《闽人对于近代文化的贡献》。台先生述中国自鸦片战争后，中国文化受西洋科学西来

> 之影响。继述严复、林纾之努力介绍西洋文化，对于翻译重要典籍颇有贡献。最后说及本校为福建最高学府，于研究中国文化颇具成绩。希望以后益加努力，为中国造成一种最有价值的现代的新文化云云，演辞另在下期本刊发表。

由该则简讯可知，1935年9月23日上午，新到厦大的台静农在总理纪念周上发表题为《闽人对于近代文化的贡献》的学术讲演。依据演讲大意，台静农正面评价了严复、林纾等闽籍学者在译介、翻译西洋重要典籍方面的贡献，并希望厦大师生致力于新文化在福建的建设与传播。惜乎遍查此后出版的《厦大周刊》，并未见台静农的讲演辞发表。

台静农在厦门大学上课时给学生留下怎样的印象呢？2002年第5期《厦门大学学报(哲学社会科学版)》刊有柯文溥教授的《文学家台静农》一文，称台静农为人处世朴质温厚、恬静平淡，教学认真，深得学生的敬重。当年在厦大就读的学生惠之在《忆静农师》中说："静农师对待学生慈蔼宽厚，从不摆架子……训诲勤勉，弟子门生无不景仰而心向之"；"他自己生活清苦，却周济过贫苦学生"；"他授课时不善言谈，往往在黑板上写下极详细纲目，然后，以平淡语言条分缕析，很有系统，等到下课时，我们已记下一份很完整笔记"。台静农讲授的内容虽然是文字声韵，但不时引导学生学习新文学。他向学生介绍鲁迅的《呐喊》《彷徨》，暇时常吟唱鲁迅旧体诗。另一位学生卢澎在《风雨中忆静农先生》中回忆："台师珍藏有鲁迅《娜拉走后怎样》的手篇，曾向我们展示，还说鲁迅对古典文学、文字声韵也是一流行家，做学问要学鲁迅博大精深。"从这一鳞片爪的记载中，可窥见台静农在厦门大学的教学和生活状况。

三

在厦门期间，台静农的创作并不多。当时厦门作家陈梦韶的作品《择偶的艺术》完成后，曾邀请台静农为之作序。

陈梦韶后来任厦门大学副教授，当时关于陈梦韶的介绍，可从1934年第

45 期的《十日谈》"文坛画虎录"中了解到，文称：

> 他姓陈名敦仁，梦韶是他的笔名，是个多方面的天才作家。他年纪尚青，具有学者沉寂的态度而没作家的矜持，他谦和而带热情，只要你肯和他亲近，他可虚心下气给你许多善意的指导。他的诗，表现出他热烈的情怀，最得青年们的欢迎。他的创作，最先得到鲁迅的推许，当鲁迅执教于厦大时，他的文学天才惊动了这位前进的作家。在被赏识之下加紧了他努力文艺的兴趣。鲁迅曾在他所作的《绛洞花主》剧本里作序。他努力于创作译述，同时也努力于选择爱人，去年他和某女士结婚了，他那沉寂的脸曾展开一些微笑。
>
> 他在厦门的文坛建下不少功绩，数年前曾一度努力写作。他的创作和翻译，除了《绛洞花主》剧本而外，尚有《破釜沉舟集》《宇宙的美》《小人国游记》《绮情曲》等等。《绮情曲》包罗中国古代各代名曲数十种，缠绵慷慨，为丰富情感的文艺作品。厦门青年诗的写作，多半受他的影响。
>
> 这些皆为 1930 年以前的写作，最近未尝见到他的作品发现。也许他暂时搁起写作生涯而安心乐意度着爱的生活了。

《择偶的艺术》是陈梦韶写的一本关于择偶、婚恋和家庭的书，曾先后刊载于《妇人画报》《立言画刊》《妇女杂志》等刊物上。

台静农于 1936 年 5 月 28 日在厦门大学文学院写完了序言，他在序言中说："一天，陈梦韶先生来访，说有一新著，要我作序。当时听了，颇为惶恐，然而未便拂梦韶先生的意思，只得答应了。不久，梦韶先生将稿送来了，才知道是《择偶的艺术》，于是更加惶恐起来，此道鄙人向无经验，至于'艺术'更谈不来。读完了梦韶先生的著作，才获得'择偶的艺术'的智慧，虽然现在用不着了，知道这些总是好的。""'男女'是罪过，既'男女'而又'艺术'，更是罪过，善男信女，万万谈不得。"很明显这是对社会的一种带有幽默感的讽刺。

台静农又说:"终于时代潮流,冲碎了封建文化,道学家的假面孔失去威灵,门第也算不了'择偶的艺术'。可是男女相悦,固然本诸感情,同时也需要冷静与理智,梦韶先生的著作,正供给了这一方面知识。"陈梦韶先生之子陈元胜在《鲁海蠡酌二题》中称:"序文倾于讽刺的幽默,形象化的议论,更是鲁迅杂文的特色。"

后来这篇序言发表在1936年第2期的《双十月刊》(厦门)上。10月,《择偶的艺术》由上海北新书局出版时,台静农已经离开了厦门。

厦门大学给台静农留下的印象并不好。台静农到厦大不久就与鲁迅谈了当时的情况。1935年9月20日,鲁迅在给台静农的信中说:"11日信收到,知所遇与我当时无异,十余年无进步,还是好的,我怕是至少办事更颓唐,房子更破旧了。"

陈梦韶著作《择偶的艺术》

台静农在1936年12月21日给胡适的信里说:"往年生在北平任事,于南方情形,实为隔膜,近年以来,据所知者与北平较之,相差诚远,如学校当局,除对外敷衍政府功令外,对内唯希望学生与教员相安无事而已;至于如何提倡研究空气,如何与学生及教员研究上之方便,均非所问,长此以往,诚非国家之福。"

他在信中谈到厦大的派系斗争时说:"至于厦大,过去两年,辨明(即周辨明)先生任院长,力加整顿,情形渐好。本年因辨明先生与陈嘉庚氏有改革学校之约,后为林文庆氏所知,因与其左右力攻辨明先生,陈嘉庚氏便中途反汗,辨明先生不安其位,辞去文学院长,厦大一切从此操于林氏左右两三人之手。"

厦大改为国立后,林文庆有意隐退,拒绝再任校长,首任国立大学校长人选问题浮出水面。1937年4月,厦门大学曾委托台静农邀请胡适出任校长,没想到胡适很快拒绝了,打电报辞谢此事,电报内容称:"干不了,谢谢!"言简意赅。胡适所谓的干不了,可能有出于处境困难、任务艰巨的考虑,也可能是受到台静农的通信影响,不愿意趟浑水。

著名学者谢泳教授在《胡适与厦门大学》一文中说:"厦门大学拟聘请胡

适做校长的历史事实出自台静农，是台静农晚年和胡适的助手胡颂平说起的。胡颂平把这个信息记在了《胡适之先生年谱长编初稿》中：'1937年4月18日，今春厦门大学拟聘先生为校长，托由台静农代为接洽，先生婉谢。'胡颂平特为此条加一注解：'台静农与编者谈起先生复他的谢绝之函，惜已遗失'。"

1936年秋，台静农从厦门大学北上青岛，到山东大学中文系任教，开设中国文学史、诗经研究等课程。台静农在厦门大学任教只有一年的光景，但很多事情不幸被鲁迅言中了。关于台静农离开的原因，《台静农年谱简编》一书则说："在厦大气候不宜，常为湿气病所苦，7月辞去厦大教职，北上青岛。"台静农本人在1936年12月21日致胡适的信中称："生本年度原系仍留厦大，惟因今春在厦，身受湿热甚重，常为疾病所苦，适有友人在山大，遂来此充一专任讲师。"

值得一提的是，1936年6月11日，台静农在南普陀山居时撰写了一篇《从〈杵歌〉说到歌谣的起源（一）》，此文于1936年9月19日发表在胡适主持的《歌谣》周刊16号上，文章发表时，台静农已经在山东大学任教。

此文一经发表立即受到学界的重视，紧接着引来了冯沅君的《论杵歌》和佟晶心的《夯歌》二文，成为学界关注和讨论的热点，但由于离开了厦门大学，台静农再也没有写出下文。翟广顺在《台静农：不归故园的"燃灯人"》中说，从台静农以《从〈杵歌〉说到歌谣的起源（一）》的标题看，他是想重新拣拾起歌谣的论题，以《杵歌》为个例由此生发开去，把流传在乡民口头上的歌谣，与记录在纸上的古代歌谣以及风俗的演变融会起来进行研究，其思想显然已经超越了十年前所固守的乡土研究，而朝着多学科的比较研究前进了一步。但是，为什么台静农止于《杵歌》（一）而没有（二）呢？翟广顺推测说，可能如鲁迅所言，台静农在山东大学"又受人气"的环境有关，没了做学问的环境和心境。

台静农著作

抗日战争爆发，台静农举家迁徙四川，任职于国立编译馆。1940年应聘赴四川白沙，担任新成立的国立女子师范学院国文系主任。抗战胜利后，于1946年10月渡海去台湾，任台湾大学中文系教授，1948年8月兼任台大中文系主任，直至1973年退休。他学识渊博，待人宽厚，被奉为台湾教育界楷模。

四

1935年秋，厦门大学新聘教员除了台静农还有一位叫郦承铨，两人在厦门大学相识，并很快成了交谊深厚的朋友。台静农在台湾大学任教时，曾邀请好友郦承铨赴台担任教职。

郦承铨（1904—1967）是著名学者、诗人、书画篆刻家、鉴赏家，字衡叔，号无愿居士，斋号"写春簃"。一生从事古代文学艺术教学与研究工作。

如今还可以看到一张1935年拍摄的老照片。照片上的人戴着眼镜，身着长袍，围着围巾，挂着手杖，双手带着皮手套，站在深色的背景布前，仿若玉树临风。

照片的背后写着几个醒目的大字："厦门大学任教"。此外还有一些小字："我把这张相片寄给你，有下列的两种意义：一是用这相片，作游客将归的预白；一是让后来的考证家，知道厦门也这样冷。呵呵！廿四，十二，廿六，寄给我的艾。衡。"

照片上的人正是郦承铨，他寄给的"艾"，是他的夫人甘汝艾。甘汝艾为清末文人、藏书家甘熙之后，可谓名门闺秀。这张照片表明此时郦承铨已经在厦门大学任教，另外从郦承铨的穿着可知，当时厦门冬天的气候确实寒冷。由于时间是12月26日，寒假即将来临，所以郦承铨才在背后写着："作游客将归的预白。"

韩天衡编著的《中国篆刻大辞典》中称郦承铨"工篆刻，印宗皖、浙两派"。郦承铨出生于书香世家，少年时受教于王伯沆，加之勤学深思，固此在国学、书法方面奠定了深厚基础；后又经王伯沆之介，转益多师，从柳诒徵治史学，向吴梅问词章，复又追随萧俊贤学山水，

郦承铨

向梁公约学花卉。与胡小石、卢前、任中敏、王驾吾、唐圭璋、常任侠、朱家济等师友辈常相过从，讨论学术、研究书画。

他的书画印如其人，朴茂谨严，高远清逸。书法上精于帖学，楷行上学王羲之、王献之，下至初唐诸家，对前贤心仪之作无不细心揣摩，博取众长，自成一家。他学画初以清初"四王"筑基，后师沈石田、文征明、董其昌诸家，再上溯宋元，出于"元四家"和董源、巨然之间。他曾在故宫饱览历代法书名画，复又得观赏江南、蜀中、西南真山真水，故画作不论山水、竹石、花卉，总荡漾着高逸松秀和浓郁的书卷气。

而台静农除了作家、诗人的身份外，还是备受推崇的书法大家。"在教学读书之余，每感郁结，意不能静，惟时弄笔墨以自排遣，但不愿人知"。台静农诗、书、画甚至篆刻都有深厚的功底，1933年第2期的《辅仁美术月刊》曾刊载过多幅台静农的篆刻印拓，备受好评。台静农作画只喜欢冰肌玉骨、凌寒留香的梅花，书法上则广取各家墨意，行草有顿挫、苍茫之笔势，独具一格。相同的爱好，让台静农和郦承铨很快成了无话不谈的朋友，治学之外，时常切磋书画。

郦承铨在厦门留影

在厦大任教期间，郦承铨偕同厦门大学的副教授郑德坤，与赵万里、顾廷龙、陈萌家、周一良等人一起加入位于北京燕京大学内的考古社。从会员简介中可知，郦承铨发表的学术著作有《说文解字叙讲疏》（1935年9月商务印书馆）、《唐诗史》（会文堂）、《建康实录校记》（二卷，1933年江苏国学图书馆年刊）、《愿堂读书记》（1934年北平图书馆馆刊）、《说文部目讲疏》，待出版的有《说文水地疏（一卷）》《古文声谱》《愿堂小识（四卷）》《商周金文书派略说》《春秋战国舆地通考》《六法钩玄》《近代诗选》《写春簃初稿（二卷）》等。

台静农离开厦门大学之后，郦承铨继续在厦门大学任教。1937年6月，厦门大学改成国立后，新任校长萨本栋对厦大进行改革，从1937年8月2日《申报》的报道可知，在萨本栋续聘的中文系老教授名单中，郦承铨与毛常、周辨明、余謇等并列其中。然而，不久发生卢沟桥事变，时局动荡，郦承铨没能再回到厦门大学，而是居家西迁，经长沙、武汉，颠沛流离，于1937年底到达成都。后在金陵大学、华西大学等高校任教。

郦承铨与台静农虽然分开了，但两人书信往来不曾间断。2015年，《龙坡遗珍——台静农作品及藏品专场》拍卖会上曾拍卖10多幅台静农收藏的郦承铨所赠的作品，这些作品以梅、兰、竹、菊为主，尺幅不大，小巧精雅。从题识中可以管窥郦承铨与台静农的交往。

1940年3月，郦承铨在所绘的"高士图"上题写道："寄伯简仁兄一笑。"5月15日，郦承铨赠给台静农的"梅花"镜心上题有："伯简吾兄与鄙人同有画梅之好，因拟古法乞教，至于此帧几于无法，然未始不可谓此用我法也，呵呵。庚辰五月望，承铨。"

1942年农历十一月十一日，郦承铨在所作的一幅"孤松萧古"作品上写道："静农远道索画，偶被酒作此，自谓若有神助，即寄吾老友藏之，切勿示热衷俗人也。"1944年除夕，郦承铨又作了一幅"高士图"赠给台静农，画上写着"寄以伯简老友一笑"。

1946年秋，台静农即将渡海赴台时，在郦承铨家留宿数日，郦承铨画了一幅"新篁葱葱"相赠，画面上的墨竹寥寥几笔，形神生动，神韵自在。他在画上题写："为此君写照要飞动，尤要沉着，自夏仲昭后几于绝响矣。丙戌年秋，静农老友将渡海，遇余话别，留宿寒斋得数日清欢，盖十年无此乐也。因赠此纸以颂平安并乞教我。"郦承铨画墨竹堪称一绝，陈叔通曾对邵裴子说："余绍宋之后，浙江几无人画竹。"待见到郦承铨所绘墨竹时，赞赏之余，立即向其求画。后郦承铨作"风竹图"，题"压倒西风"相赠。

郦承铨写字画画，皆非泛泛应酬，莫不认真从

笔者收藏的郦承铨送给台静农的"高士图"

事，笔精墨妙。1947年，台静农曾致函郦承铨索画，可郦承铨一直到第二年才完成一幅"松石图"寄给台静农，画上写着："静农以未得愚丁亥（1947）年中画，贻书见责，因补寄一纸。然此毕竟是戊子（1948）画，他日作年谱终不能移上一年也，呵呵。阿愿。此罗纹纸太薄，不中用，大抵今世百事偷薄，独此纸为然哉。"

1948年，当时的中央政治大学欲聘请郦承铨为该校教授，郦承铨坚辞不受。同年秋，台静农任台湾大学中文系主任，邀请郦承铨前往任教，郦承铨欣然渡海赴任。9月，郦承铨到达台北，借宿在台静农"歇脚庵"家中，老友相见心生欢喜，切磋书画自然少不了，他在台静农家中所作的一幅"山阁闲话"上就记有"戊子九月到台北，假馆静农斋中，试所藏曹素功墨，写此"。另一幅镜心作品上写有"歇脚盦中灯下临此。时抵台湾第三日也"。这年小雪节气过后的第一天，郦承铨作了一幅"奇松顽石"立轴，赠送给台静农，上写着"戊子小雪后一日，无欲写奉阿农"。农历十一月二十六日，郦承铨又乘着酒兴，绘就了一幅"松竹双清图"，台静农看后称赞不已，在图上题写："阿农云似八大也。"

后来，台静农还请庄严在另一幅作品上补记："此三十七年（1948）衡叔游台为静农作，见之弥念古人"的字样。1949年春，郦承铨离开台湾，从此两位老友天各一方。

中华人民共和国成立后，郦承铨任浙江省文物管理委员会副主任，他曾力排众议，和沙孟海一起从吴湖帆手中为国家收购了《富春山居图》的残卷。郦承铨曾说："1956年冬，湖帆所藏《富春一角》让归浙江省文物管理委员会，予实主之，虽事后谤议朋兴，予终不悔也。以全卷既为大盗劫去，留此一角在浙，宁非幸事，至一身之毁誉又何足计哉。"这种"苟利国家生死以，岂因祸福避趋之"的大无畏气概，正是郦承铨一生胸襟的写照。

斯人已逝，长物永存。这段长51厘米的残卷如今被称为《剩山图》，是元代大画家黄公望代表作《富春山居图》的前段，是浙江省博物馆的镇馆之宝。

台静农与郦承铨都是厦门大学百年历史上的匆匆过客，有心人翻阅《厦门大学一九三六级毕业纪念刊》时，还可以看到两人的照片并列在同一页上，或许是因缘巧合，冥冥之中将两位老友定格在一起。

萨本栋

1937年7月1日，私立厦门大学正式改为国立。7月6日，清华大学物理学教授萨本栋被任命为厦门大学校长。这一年，他只有35岁，是全国最年轻的校长。抗战爆发后，厦大内迁到山区小城长汀，在萨本栋的带领下，厦大师生度过了最为艰难的岁月。他花费了7年的心血，将这所"距离前线最近的国立大学"办成"国内最完备的大学之一"，在战火中弦歌不辍，被誉为"加尔各答以东最完善的学校"，续写了"南方之强"的神话。厦大师生们常说萨本栋之于厦大，正如梅贻琦之于清华。

萨本栋：厦门大学的『梅贻琦』

萨本栋是我国著名物理学家、电机工程学家和教育家。当他要离开清华大学出任厦门大学的校长时，身边的很多朋友都不理解。他的好友吴有训就说："当时我很奇怪，为什么他会去做校长，他对我说，'我是福建人，陈嘉庚先生为我父亲好友，我去任厦大校长，或可使厦大能更有发展，而且清华学生中人才辈出，我们应当慢慢退出，让他们来补充。'"

萨本栋，字亚栋，号仁杰，1902年7月24日出生于福建闽侯县一个比较富裕的蒙古族家庭。1913年考入清华学校，与罗隆基、闻一多等都是同学。1922年毕业后，随即被派送美国，入斯坦福大学学习机械，在获得学士学位后转入麻省武斯德工学院，获电机工程师学位，后转学物理，获物理学博士学位，被美国西屋公司聘为工程师。在美国期间，萨本栋写了《电路分析》一书，这是一本有关电力网络理论的专著，后交由驻美大使胡适联系出版，出版商抱歉地告诉胡适，这本书卖不动，只能印400本。胡适说："400本够了，萨本栋的书，全世界只有7个人能看懂。"由此可见，萨本栋的理论研究已步入世界科研先进行列。1928年，萨本栋回国，26岁即被聘为清华大学物理学教授，在清华任教长达8年之久。1936

年再度赴美，为俄亥俄大学访问教授。

在清华时，萨本栋被称为"傻瓜"兼"教授"，吃饭常常迟到，原因是为了证题。他每周六睡到10点才起床，平时嘴里总是好像在嚼着什么，大家都说他是"反刍"。

1934年第8期《清华暑期周刊》在"教授印象记"中写到萨本栋时说：

> 萨先生独有萨先生之风，你一经认识他，第二次决忘不了他是萨先生。他脸上老摆着的一副庄严的态度，并且走起路来老是很郑重而幽静的。如果你见了他，便会以为他是个工程师；其实他不但是个工程师，并且还是个物理学教授呢！萨先生在学术界声誉是很高的。你们看他那部大学普通物理学就可以了然啦，他是站在本系第一道大门的人。你不读物理系便罢，假使你要进物理系，第一次便碰到他，即使那些工程系统的或者是理学院别系的同学都要和他碰头的，因为他教大学普通物理。对于这个课程他是老资格了，并且他教这课程在清华里是很有名的。只要你去听他讲授一小时，你就会连声道好的。'好，真好！真佩服！'他是福建人，普通话说得很'道地'——福建人好像一生下来就会说普通话似的。他讲书的声调很响亮。话语是很 scientific and logic（科学又具逻辑性）。我总忘不了他所讲的'相当'二字。他这'相当'更用得着力！上他的大学普通物理是件很快乐的事，记得那时我们真想天天上这一课。每堂都有仪器表演，仪器呢，又都是很完全很精致的。萨先生一边讲着一边表演那些 Demonstraties（示范）。有时偶然实验不灵了，他会摆出一种似笑非笑的态度来，于是我们大家也就哄着笑起来啦。不过，萨先生的分数是很抠的，可是为使我们努力，即他是扣不了多少的。放心吧，好好地努力着！我相信，要是你对这个课程整整地努力一年，第二年保管你就想进物理系了，因为在这一年中你一定会见到 miss physics（物理学小姐）给你的 attraction and charm（诱惑和魅力）的。要不然，那时你就来找我好了，我一定在科学馆等待你！

著名物理学家叶企孙先生说萨本栋讲课时尽力于做表演。钱三强先生说萨本栋"每次讲课，都事先预备好做表演的仪器，边讲边表演，使初学者有感性知识"。他说正是因为萨本栋这种"讲解与表演"相结合的方法，比北大的教学效果好，促使他报考了清华大学物理系。

1937年6月底，萨本栋将出任国立厦门大学首任校长的消息不胫而走，很快消息得到证实。7月6日，经过当时的教育部慎重遴选，萨本栋被正式任命为厦门大学校长。这一年，萨本栋只有35岁，是全国最年轻的校长。

其实，在国立厦大首任校长甄选上，胡适曾是一个人选，不过，胡适谢绝了。闽籍作家许地山也曾是个人选，不过，他刚受聘于香港大学。最后，只有萨本栋担起了重任。

1937年厦大私立改国立，萨本栋（前排左三）与林文庆（前排左四）等在移交仪式上合影

7月11日，萨本栋冒险离开北平，于13日抵达南京，与当时的教育部进行接洽，同时开始为厦门大学物色教授。

24日，萨本栋偕教育部督学丁绪宝从上海飞抵福建。萨本栋在福州下机，丁绪宝乘原机抵达厦门，提前与厦门大学接洽，办理学校交接事宜。萨本栋在福州接洽厦大经费及增设土木工程系等事宜。当时的《申报》公布了萨本栋对厦大的改进计划，"萨俟丁接收完成，移交后，即按此计划于暑假后实施"。

25日，萨本栋乘坐汽车从福厦公路赶往厦门，在当天傍晚6点抵达。26日一早，萨本栋和丁绪宝就赶到厦大进行接收工作，林文庆和总务詹汝嘉协同办理移交事宜，当天就办理了校长室及各学院的移交工作，第二天办理图书馆、科学馆的接收工作。厦大原有9系缩减为5系，同时增设土木工程系。虽然每年国库拨款29万，省府6万元，就6个学系而言，每系经费尚不足6万元，相对于国立各大学每学系年均8万元以上的经费而言，厦门大学是最少的。

1949年2月18日，《星光日报》所载《数理学家萨本栋传记》追述交接场景时称:"那时(萨本栋)才三十余岁,是全国最年轻的大学校长,看起来还像个二十几岁的大学生,在接任的那天和厦大卸任校长林文庆共拍一照,学生们都戏称这幅照片为'白发红颜'。"

二

日寇全面侵华后,改为国立不久的厦门大学为躲避战火,决定内迁长汀办学。为什么是长汀呢?据说,这个建议来自时任厦大教务长的周辨明。长汀位于江西和福建交界,就在瑞金边上,从地形上看,这是一个易守难攻的地方——周围地形复杂,日本侵略者可能鞭长莫及。后来的事实证明厦大的决策是正确的,选择长汀,既为广东、江西、福建、浙江的失学学生创造就学可能,也确保了厦大师生的安全。

1937年12月20日,厦门大学正式停课,大批量的图书资料和实验设备装箱待运。经过3天的忙碌,24日,师生们肩扛手提着行李和书籍,开始向长汀进发。萨本栋最终制定周密计划,用了9辆大卡车将厦大的仪器、图书运到长汀,翻山越岭,长途跋涉800里,前后经历20天,于1938年1月12日安

当时长汀县城全景,厦大校舍散落于长汀北山麓

全抵达。1月17日复课。据说,除了损失一箱生物药品外,其他的教学仪器及各种图书资料,均完好无损。

据后来的资料记载显示,在抗战内迁高校中,像厦大这样基本上完整地把学校搬走的并不多。厦大甚至连校内的理发店也跟着搬迁,理发店的刘师傅听从萨本栋的建议,带着理发器材跟着师生们走。后来在长汀,厦大为刘师傅安排了一间小屋,满足全校师生的理发需求。

那时的长汀,没有电灯,只能用花生油及灯草芯照明。萨本栋就把政府配给自己的小汽车上的发动机卸下来,连接交流发电机,给教室和阅览室供电,有电灯的图书馆因此成为大家争夺的"宝地"。但是,电只供应到晚上9点,9点前5分钟,电灯会闪几下,大家就准备撤退了。

7年时间里,萨本栋饮食简易、衣着俭朴,经常身穿布质中山装、脚穿球鞋在校内奔忙,新来的同学往往以为他是工友、园丁。当时学校的办学经费严重不足,为维持员工生计,萨本栋率先执行减薪,按3成至5成支领校长薪俸。其他教职员看在眼里,也纷纷响应,结果是工资200元以上的发6成,100元以下的发9成,50元以下的发全薪。在萨本栋的带领下,教职员们同心协力,安贫乐道,为国育才。

萨本栋接长厦门大学前夕,曾告诉美国的友人,"想把这福建的唯一大学奠立个雄厚的基础",而且制订了详细的计划。

萨本栋的妻子黄淑慎说,丈夫是"以他在清华的标准来办厦大和教课的",他努力把清华一些好的传统移植到厦大:聘请学有专长的人任教。长汀时期厦大的51名教授中,有47名来自清华。动员这些大名鼎鼎的教授到长汀去,难度可想而知。萨本栋花费了不少脑筋,例如,他宁可自己住在普通的宿舍里,而把租来的饭店和新盖的楼房让给教授们住。

萨本栋身为校长,在那个纷乱的时期,校务已十分繁忙,可是他始终坚持为学生授课,最多的一学期开设了5门课,每周都超过20个课时,是所有教师中课时最多的。石慧霞女士在所著《萨本栋传:民族危机中的大学校长》中说:"由于师资匮乏,萨本栋被称为'O型'代课者,缺什么课的教师,他就代上什么课,同时他也是'万能输血者',什么行政岗位缺人,他就亲自兼任。"

萨本栋曾先后兼任过文学院院长、训导主任等职。厦大教授郑朝宗曾说："萨先生精力过人，他当校长还兼管各种杂务，新建筑的蓝图是他设计的，兴建时也由他亲自监工。"校园里有很多鲜花，萨本栋给每盆花编上号，早晨在校园里走一圈，哪盆花该浇水了，他都会及时把编号告诉花匠。

即便如此忙碌，萨本栋还是坚持科学研究。1944年第27卷第5、6期《科学》所载《物理学家萨本栋氏之最近贡献》一文称："厦门大学校长萨本栋氏，近来努力科学教育及研究，贡献甚多。氏在校除行政职务外，复自兼教课每周二十小时，辛勤过人。除教课后，复完成七股计算仪器之发明。此项仪器，可以代计算尺。木制菱形，中央有交错直线三条，分仪器七成股，旁有刻度。另置一线，可以移动，作计算时用，如无仪器，画在纸上，亦可应用。此外复著有 *Dyadic Circuit Analysis*（交流电分析）一书，已选为国际电工丛书。氏最近来渝，准备出国，并已荣获中国电机工程师学会第一次荣誉奖章。"

1946年第4期《建言》杂志发表了湘渔所著的《萨本栋》一文，文中引用了一位学生描写的萨本栋上课时的印象：

> 微驼的背脊，中等的身材，朴素的服饰，稳健的步伐，他走进了教室。微微地，他用舌尖舐着双唇，发出很低微的声音，坐在教室后面的我，几乎从来没有听清楚过，渐渐地，他的声浪扩大了，震撼着教室，波动着我们的耳鼓，透过窗子、草场、旷野，他简直在嚷，好像是在广场中对一大群青年演讲。然而他的声浪里没有凶焰，只有和蔼。是一个很动人的教授，上课没有废话，但也说笑话：'比方说，X是Y的函数，那么，如果你给我一个X的价值，我就可以告诉你一个相对应的Y的价值。'这是他给函数下的一个定义；多么简洁而又具体，这是他的本领——是科学家应有的本领，他能将繁乱的条理化，抽象的具体化！

当时，长汀也经常遭到日军的轰炸，师生们挖了很多防空洞。萨本栋的外甥杨福生、杨平生当时也在长汀。他们回忆说，每当发出空袭警报时，二舅舅（萨本栋）总是站在洞口，催促大家进洞，直到把大家都送进洞中后，他才最后进洞。长汀遭遇过五六次轰炸，所幸厦大师生没有一人伤亡。

由于战乱，许多同学到了长汀就再也联系不上父母，有的同学家里本来就穷困，即便家里过得去的，钱也汇不到这个千里之外的小山城。如此这般，使得大部分学生成为特困生。萨本栋尽力为他们介绍工作，向教育部门争取免费生名额及贷款，设立了多项奖学金、助学金。他又仿效清华大学的做法，组织"厦大学生自助委员会"，通过各种途径，为家境清寒的学生在校内外找到工读机会，例如兼任中小学教员、院系临时工和校内家庭教师等，学习优秀的还被聘为"学生助教"。他们每日工作一二小时，并不影响正常学习，却可以自食其力。萨本栋还制定措施：学生可以申请战区学生贷款，每月 8 元，等就业时清还。后来由于货币贬值厉害，学生毕业时，学校就说钱不用还了。

萨本栋认为关心民族命运前途是知识分子最好的德行。他经常说："予为今日之士，必德行为先，才学辅之，而后可以有济。"他希望同学们"廉慎为公，忧先乐后"，鼓励学生要"镇静地在各自岗位上埋头苦干，做到富贵不淫、贫贱不移、威武不屈、艰难不惧，只有这样才能使事业成功"。

三

厦大迁入长汀初期全校师生不过 200 余人，到 1945 年已发展成拥有 4 个学院 15 个系的综合大学，教授、副教授 94 人，学生达 1044 人。

1940 年，厦大参加第一届全国高校学生学业竞试，按获奖人数与在校生数、全校系数及全年经费数的比率，厦大的成绩均为全国之冠。1941 年，在第二届相同的竞试中，又蝉联第一。厦大办学成绩声名鹊起，闻名海内外。

当时国人南望，无不认为厦大为理想中唯一完善大学。厦门大学虽然距离炮火前线最近，但厦大实验条件并不比战前差，甚至拥有一座具备模、铸、锻、机、钳和动力等各个工段的实习厂，图书馆里有从英、美、法、德订购的最新出版的主要图书刊物。

其时，厦大教师善于教，学生勤于学，具有十分良好的学风与校风，厦大也因此被誉为"南方之强"。她不仅成为祖国东南区唯一的最高、最佳学府，而且为国内最完备大学之一。当时的教育部长陈立夫称赞道："厦大在萨先生领导下，居然以最少的经费，获得最多的成绩。"1944年5月，萨本栋因办学有功，获得国民政府颁发的三等景星勋章，是继罗家伦、竺可桢、严济慈之后的第四人。美国地质地理专家葛德石参观厦大后赞誉为："加尔各答以东最完善的学校。"

1940年11月，陈嘉庚（右）与萨本栋（左）合影于长汀

陈嘉庚对迁到长汀的厦门大学也是念念不忘，还曾专门去长汀视察，对厦大师生的生活给予了肯定。陈嘉庚在《南侨回忆录》中说："厦门大学自七七启衅后，已知厦门危险，准备他迁，及'八一三'上海开战后，即将重要图书仪器及理化各物装妥箱内，移存鼓浪屿。及全校移往长汀，则陆续运往，尚有一部分未运去，比之他省诸大学迁移，书物有丧失殆尽者则为幸多矣，虽各器物未能完备，且战后又艰于添置，然比其他诸大学可无逊色，校舍系将旧有寺庙，草率添建权用，尚幸略可维持，近处空地颇广，拟再扩充学生，及增加他科。其时，学生六百余名，来学期拟添办电工科，至各种毕业生，多有出路，未毕业之前，多省已来聘定。"毕业生在未毕业之前，已被多省聘定，这是对厦门大学办学的肯定和莫大的支持。

胡善美在《萨本栋先生在长汀》一文中说，萨本栋为人秉方公正，做事不存私心，以诚相待，正直无邪，处处以身作则，尽管有个别人不喜欢他，却也不敢不尊重他，他们在背后讲他是"杀不动"（萨本栋三字的谐音），意思是说他"硬得很"，没有商量的余地，其实这正是萨本栋的可贵之处。

萨本栋的堂弟萨师煊曾说："他在厦门大学当了7年校长，除初去时带了一个亲戚当秘书外，没有再引用我们家里一个亲人。在招生上，他也是坚持原则，不徇私情。我们家中有几个堂弟、堂妹多次投考厦门大学，因分数不够，照样未被录取。"

据说，当时驻长汀的国民党某军军长亲自登门找萨本栋，要求让其儿子免试入学。萨本栋委婉拒绝，表示欢迎他的儿子通过考试录取后进厦门大学学习。国民党海军某部司令也曾写信给萨本栋，以其儿子能录取入学为条件，愿将所属造船厂的机械设备送给厦门大学。萨本栋指着这位"慷慨"将军的信对学校其他领导和教师们说，绝不能拿学校的规章制度做交易。

学校规定，教职员不能搞裙带关系，不能安插自己的亲属到学校里工作。当时女生很需要体育指导员，萨本栋的夫人黄淑慎就去当义务指导。她本是体育健将、标枪名手，也做过体育教师，但为了避嫌，她没有领取薪俸及任何津贴。尽管如此，她上体育课依然非常认真，且十分关心女生的健康和生活，几年如一日。

朱家骅到长汀讲座，进入厦门大学时，萨本栋并没有给这位中国教育界、学术界、外交界的耆宿以特别待遇，校园里也没有"欢迎如仪"的热闹场面。萨本栋说："大学不是衙门，不需要向权贵献媚，我们只是把朱先生当成学者。"由此可知萨本栋的那份正气和傲骨！

吴学周在《回忆萨本栋先生》一文中说，萨本栋在南京时，有一次，得知一位美国人在南京搞了一架飞机在中国的天空乱飞，目的是探找中国的铀矿。萨本栋得知后非常气愤，也找了一架飞机，让飞行员紧紧跟在美国人乘坐的飞机后面，强迫他降落。飞机降落后，萨本栋走上前痛斥美国人的强盗行为，还没收了他的全部资料，捍卫了国家和民族的利益。

到厦大之前，萨本栋是清华园的网球高手，体格强壮，腰杆挺拔，但到了1943年，朋友再见到他时，他已经"面色苍白，弯腰驼背，挂着拐杖"。他为厦大耗尽精力，患上严重的胃病和关节炎，校医甚至做了一件铁衫，助他撑腰上课。

尽管如此，萨本栋也不愿意学生落下功课，当他病得卧床不起时，他让人把黑板送过来，让学生到他的病床前听讲。

据1942年3月11日《福建日报》记载，萨本栋在1942年就曾提出过辞职，想专心著述，但由于厦大师生和各界的极力挽留，萨本栋最终没能离开。直到1944年，萨本栋才真正离开厦门大学。

1944年5月15日《中央日报》（福州版）刊载的《萨本栋离汀时师生惜别速写》，对师生送别萨本栋时的场景进行了详细地描述：

> 我国物理学泰斗、现任国立厦门大学校长萨本栋博士，报聘美国讲学，宣扬国策。消息披露，山城鼎沸，萨校长于本月12日自汀启节西行。是晨风和日暖，云彩分明，山城景色，益外清鲜。6时许，厦大全体师生、教职员、校友、工友，队伍整然，浩浩荡荡，横岗下市街，绵延里许不绝，汀市万民拥挤，争仰萨校长伉俪风采，各方争摄玉照，交通为之阻塞。抵达中山公园门首，萨校长身着浅绿中山装，精神奕奕，笑容满面，挥帽惜别。当由厦大姚慈心、庄昭顺、黄婉仙三女士进前呈献鲜花两束、小型校旗一面；并由语言学家、现任该校文学院长周辨明博士，引导欢呼，一时中美国歌，声震寰空，"送亚栋呼""厦大冲锋呼""一帆风顺呼"……旋绕耳际，萨校长伉俪于掌声如雷中登车离汀。

萨本栋虽然离开了厦门大学，也提出了辞职，但是直到1945年9月18日，国民政府才同意由汪德耀接任厦门大学校长。

四

萨本栋离开厦门大学后曾应邀赴美讲学，还一度担任过中央研究院总干事。

著名物理学家、教育家钱临照在《悼萨本栋先生》一文中称，1948年11月底，萨本栋已经病得不能起身了，周围的人甚至包括萨本栋本人都以为是患上了普通的肠胃病。28日晚上实施灌肠时，萨本栋就昏倒了，当时吓坏了大家。但29日早上萨本栋仍旧衣冠整齐，扶杖出席，参加所长谈话会，会上仍旧滔滔不绝地阐述自己的见解，和平时没有两样。

到了12月9日，研究院开院务会议时，萨本栋已经不能起身了。他说如果会议需要还可以到会，被大家劝阻了。最后，他请假三个月休养。

14日，萨本栋去了上海，临行前他对钱临照说，此去上海准备停留一个月，到医院检查身体，同时校对将在商务印书馆出版的《交流电机》一书的中文版，事毕再回福州家中养病。

谁知，萨本栋一到上海中山医院就被沈克非医生诊断为胃癌，癌细胞已经扩散到腹膜和淋巴腺。12月23日，竺可桢已经得知萨本栋患病的消息，他在给赵元任的信中说，病毒已经蔓延至全身，于短期内将不治。"但并不告知本栋太太以如此严重之消息，故本栋太太以为尚有一年半载可以拖延，因此遂有来美割治之议"。在费尽周折办理好护照，得知美国加州大学为萨本栋做好治疗的准备后，1948年12月29日，萨本栋夫妇从上海乘坐PAA班机赴美治病。

萨本栋给人的印象是身体一直很好。1913年，11岁的萨本栋考入清华，受教于清华体育宗师马约翰，成为清华不可多得的体育尖子，不仅入选网球校队，还多次捧回荣誉。即便在毕业多年后回归清华担任教职，他和哥哥萨本铁的网球对抗，也因精彩纷呈时常吸引人们观看。

钱临照回忆说，萨本栋少年时就有胃病，但爱好运动，外表看起来十分强壮。萨本栋虽然是个网球爱好者，但当时风湿病已经缠上了他，时愈时发。在厦大多年后，钱临照再看到萨本栋时颇为惊讶，他说："及至在长汀艰苦地长厦大六年之后，身体大损。当他途经桂林、昆明，以至重庆就任中研院的时候，沿途朋友看见一个面色苍白、扶杖伛身的老者，不认得他是不久之前尚驰骋球场的萨本栋。尽管他身体有病，他脑子一刻不停地在积极思考，他说话永远是高声宏音，出语惊四座的。去年（1948）十月十日十科学团体在京召开联合年会，其实他那时已经病了，联合年会要他作学术讲演，他在事前打了两针，把腰挺直起来，在九华山物理大楼的三楼作公开讲演，宏亮的声音直透到三楼之下。"

1949年1月30日，萨本栋知道自己不行了，拉着主治医生的手，几乎说了一夜的话，讲的全是物理学。后来，医生给赵元任讲述了当夜情况，痛心地说："我看得出，他有一肚子学问，对物理学有新见解、新理论，他热切地希望把它留给后人。他拉住我的手不放，想让我记住他所说的一切，以便传达给在世的人。可惜我学的不是物理学，他讲的东西实在太高深了，我理解不了，更谈不上什么传达。太遗憾了！"

1月31日，萨本栋因癌症在加州大学医院不治去世，年仅47岁，遗体遵照遗嘱在当地火化。2月4日举行大殓。

萨本栋在弥留之际，神志一直很清醒，他一直挂念国内的许多朋友，尤其关心中研院、厦大、清华。他说曾用全力以尽职于他所服务过的机关，要求夫人在他去世后把骨灰带回祖国，送给清华或者中研院、厦大。如果三处都愿意接受，分成三份，分葬三地，"那是他所感激的"。另一条遗嘱是"愿将遗体贡献给医院，作为解剖及研究之用"。钱临照说，医生解剖后发现萨本栋的脑比普通人重300克。

萨本栋

萨本栋逝世后，敬佩他爱国情怀的叶企孙叹息道："尤其令人伤心的是他刚刚死在中国逢到大转变的时候，他没有看到新中国的建立，没有参加新中国的建设。"

1949年2月27日上午9点，萨本栋追悼会在中研院礼堂举行。朱家骅主祭，胡适、梅贻琦、吴有训、任鸿隽等人陪祭，萨本栋的好友和社会各界人士200多人参与。胡适、梅贻琦相继挥泪致辞，悲不能抑。朱家骅当场宣布了中央研究院院务会议的决议：将新建数理化中心的物理研究所命名为"本栋馆"，此外还将设立"萨本栋奖学金"，"以纪念萨氏在学术上之功绩"。朱家骅等人后来认为把骨灰分置三处,非尊重之道,决定置于一处。

胡适在致辞中说:"萨先生一生可分为清华、厦大、中研院三个时代。在清华时,我与之关系尚浅;长厦大时,王世杰先生请我力促其出任;中研院时代,我在哈佛大学教书,他在剑桥养病,同为赵元任先生家中之食客,每天过从。萨先生第一部教科书《普通物理学》是我任中华文化教育基金委员会编译委员会主席时,以十元千字的高价收买出版的,因此在萨先生一生的事业中,我都曾与之发生联系。我认为他在清华、厦大、中研院、教科书四方面皆有极大的成就。在北大教书的短短一年,因为他教得太好了,使后来教物理的人都感到难使学生满意。现在萨先生逝世了,他的骨灰,北大也希望能得到保存的光荣。我过去曾写'不朽'一文,说明一个人的言行在无形中可以影响无数人。萨先生的事业、人格都是我们'不朽的朋友'。我们悼念之余,以这点来安慰自己。"

1949年3月27日,厦门大学师生与社会各界人士千余人举行了萨本栋追悼会,追悼会由厦大校长汪德耀主持。从上午9点半开始,校钟连鸣后,海军学校军乐队奏哀乐,全体师生向萨本栋遗像三鞠躬。汪德耀在悼词中"对萨氏主持厦大七年间所造成之辉煌功绩,及其在科学上卓越不朽之伟大贡献,倍致赞扬,并对萨氏人格之崇高,坦白诚恳,负责认真诸精神,尤表钦仰,数次语至沉痛处,竟泫泫泪下,会众无不动容"。这天的《星光日报》刊载了多篇悼念萨本栋的诗文,师生们借此寄托哀思。

5月,黄淑慎带着丈夫的骨灰从美国回到香港。时隔不久,前往广东公干的厦大校长汪德耀,赶到香港带着萨本栋的骨灰于7月27日上午9点半坐飞机抵达厦门。厦大各单位代表数十人乘车前往机场迎接,经中山路、同文路回到校园。厦大500多名师生在群贤楼前恭迎,萨本栋的骨灰覆盖着校旗,由汪德耀亲自奉置在群贤楼二楼大阅览厅。仪式一直持续到下午2点才结束。与此同时,厦大也在建造萨本栋的坟墓,筹备安葬仪式。墓地选择在生物院旧址的右侧山坡。

8月24日上午9点,厦门大学举行萨本栋骨灰安葬仪式。萨本栋夫人黄淑慎及长子从香港赶来,厦大师生及各界人士500多人参加,倍极哀荣。《星光日报》载:"盛骨灰之铜匣,敛入水泥棺中,旋即奉置于墓穴内。各单位代表相继撒土、上香、献祭品，行鞠躬礼，献花圈，直至11时，始于军乐声中礼成。"从此，萨本栋长眠于厦大校园。

曾任厦大教务长的著名语言学家周辨明说："厦大走向成功的重要原因是萨本栋从接收厦大之始，便励精图治地把学校行政集中起来，使各部均有联系，而能进行一贯的政策，呈现出过去十六年中所未见过的效率。"

厦门大学1944级毕业生陈华回忆说："萨本栋校长具有爱国者、教育家、科学家的特质，他身上有一股磁铁般的力量，把我们吸引到他的周围。他像一团火，点燃了我们每一个人，他是抗战时期厦门大学共同体的灵魂和核心。"这不仅是陈华一个人的心声，也是长汀时期全体厦大师生的心声，所以师生们总说，萨本栋之于厦大，正如梅贻琦之于清华。

施蛰存

"我们一个一个走近他的床头,叫他老师,并且报出自己的姓名,说明来探问的本意。施老师听了,好像知道,又好像一时想不起来。我俯身靠近他,把一块写字板放在他面前,再一次地告诉他:我是朱一雄。他这一会可听清楚了,突然爆出来了带着上海口音的三个字:朱一雄!这声叫唤,使全房间的人都呆住了。他立刻接过那支在写字板上划字的筷子那样的东西,写上了'书出版了没有?还在画画吗?'他歪歪斜斜的字,像尖刀一般刺入我的心。我怎样也禁不住我的眼泪。书出版了没有?还在画画吗?啊!老师爱学生的深情,在这里表露无遗。他的问话,好像春天的雷声,也好像深山里的暮鼓晨钟!"这是半个多世纪后,当年的厦大学生朱一雄到上海看望老师施蛰存的情形。

施蛰存：北山脚下的清苦岁月

一

"我期待什么我不知道。"

施蛰存的这首《我期待》写于1941年7月16日。这个月，对施蛰存来说，大多数时间是在赶路，朝福建长汀进发。他曾游武夷山，独行山中十天，并作《武夷行》诗三十五首。这首诗是他对未来的期待，或许也包含着对即将开始的厦大生活的期待。

当年6月时，施蛰存已应厦门大学校长萨本栋之聘为中文系副教授，每月薪水二百八十元。此时的厦门大学为了躲避日军的轰炸早已迁移到了闽西的山城长汀。虽然没有到厦门的校园任教，但施蛰存对厦门曾有过一面之缘，还曾到鼓浪屿做过短暂的旅游。

原来，1938年10月6日，施蛰存从沦为孤岛的上海乘坐爪哇轮船公司八千吨邮轮"芝沙丹尼"号轮船离开上海赴香港。10月8日，船到达厦门。他在《浮海杂缀》中写道："船从十七艘黝黑的敌舰中间行过，停泊在厦门和鼓浪屿之间的海峡里。这边是断井残垣，那边是崇楼杰阁。这边是冷清清地看不见一个行人，那边是熙来攘往地，市声从海面上喧响过来。领了通行证的旅客雇了舢板往厦门登岸去了，我呢，船在这里有六小时的碇泊，遂也雇了一只舢板上鼓浪屿去观光。"他看到的是鼓浪屿上的繁华和日据时代厦门市

施蛰存

区的冷清。

施蛰存在鼓浪屿的黄家渡码头上岸不久就看见一个难民区。他在岛上找到了邮局，寄出了一封家信。从邮局出来，他开始在岛上漫无目的地闲逛，买了一点绳子、手巾、肉松之类的杂物，还登上了日光岩。他说："在那个光光的山头上，眺望内海一盛一衰的景象，听着山下观音庙里唪经击磬声，和喧阗的市声，简直连自己也不知作何感想，惟有默然而已。"午餐时，施蛰存走进了一家饮食店，发现鼓浪屿的饭菜很贵。侍役告诉他，"猪肉卖一块钱一斤，鸡蛋一个卖一毫，白菜跟鸡蛋一样价，有的时候比鸡蛋还贵"。

施蛰存点了一份咖喱鸡饭，等到侍役端上来时，他一看傻眼了，"饭，没错。咖喱，也没错。鸡？却是没有，代替的是猪肉。""喂，怎么？这不是鸡！"他问，侍役回复说，"对不起了，先生，鸡卖完了，近来鸡很不多，我们这里每天只卖一个鸡。算四毫吧，先生。"

在鼓浪屿，施蛰存花了四毫吃了一顿假的"咖喱鸡饭"，然后上船出发了。这一天，施蛰存还写了一首《中秋寄内》的诗："不分今宵夜，三年客里看。清辉满虚幌，瑶想托前欢。天下犹挥戟，闺中独倚栏。何堪一樽酒，坐对露华寒。"他或许不会想到，几年之后能与厦门大学结缘。

其实在到长汀校区之前，施蛰存已经在位于福建永安的福建省立中等学校师资养成所任国文组主任。当时与他一起应聘到该校的还有地理教员林观德，据1940年12月12日的《福建日报》载："施先生在该所担任中国文学史及历代文选等科，施林两先生学识丰富，态度和蔼，极受学生欢迎。查施蛰存先生，系国内有数文学家，曾任国立云南大学教授多年，著述甚丰……"

据施蛰存年谱资料记载，施蛰存是在1940年11月9日抵达永安的。在此期间还曾作诗《居榕城三日写其风物得八首》《永安山居》（四首）等。

施蛰存离别永安时的情形被作家郭风记录了下来，郭风回忆称："我至改进出版社访友，友人正送客至门前。随后友人告诉我，这位客乃施蛰存先生，是来辞行的，他应聘即将赴长汀厦门大学任教。其时，施先生穿的是一件湖水色的杭绸长衫。"

1941年7月，施蛰存到了长汀。长汀，又称"汀州"，是一座古城，地处闽赣边陲要冲的福建的西部山区。汉代设县，唐开元二十四年（736）建汀州，成为福建五大州之一。自盛唐到清末，长汀均为州、郡、路、府的治所。

长汀南寨

厦大刚搬到长汀时，很多人以为厦大没有希望了。学生只有243人，教职员70人，校舍局促，教具缺如，不少人发出"举目凄凉无故物"的感慨。但很快厦大就有了意想不到的发展，学生增长到700多人，教职员达到了104人，"使他在国立大学群中显露了头角"。当时厦大有文理商法4个学院13个系，也就有了13个以学术研究为宗旨的学会，这些学会出版刊物，举行公开的学术演讲，开讨论会、展览会、座谈会，还经常组织野餐活动，异常活跃，这座闽赣交界处万山拱抱的山城，也因为厦大师生的到来有了新的活力。

当时有学生宿舍6座，每座可以容纳100余人，教室15座，图书馆、阅览室3座。当时的厦大文学院院长是著名的音韵学家周辨明，除了施蛰存之外，还有余謇、林庚、吴士栋、李培囿、张文昌等15位教授，以及七八位讲师、助教。

施蛰存刚到长汀的第三天就到南寨去散步，从此喜欢上了南寨。南寨是长汀郊外的一个大树林，自从厦门大学迁到长汀之后，那里成了一个公园。施蛰存在《栗和柿》一文中写道："我到这个小县城里的第三天，就成为日常到那里去散步的许多人中间之一了。也许，现在我已成为去的最勤的一个了。"

二

长汀的梅林和北山是厦大学子晨读、散步的地方，给很多师生留下了深刻的印象，也是他们经常提及的地方。梅林在长汀南郊，面对汀江，后依南山，有山水之秀，具四时之景。施蛰存就曾在一篇文章中赞梅林之美。

1943年，施蛰存从长汀饭店临时住所搬迁到北山山麓新建成的宿舍，北山原名龙山，因位于长汀的北部而被称为北山。山上花草繁茂，风景宜人，山高三百余米，山顶有高僧住持北极阁。登高远眺，则汀江如带，东西塔山如砺，使人不禁精神振奋。北山有百余株枫树，无数的杜鹃。春天满山花朵，笑脸迎人；秋来枫叶如火，灿烂夺目。那时不少教授的著述都是在北山山麓的宿舍里完成的。

施蛰存的宿舍有三间，书房开窗即见使人心旷神怡的北山。因每天面对北山备课或治学，心中颇为恬适，因此施蛰存将书房命名为"北山楼"。此后，施蛰存虽然移居多处，又返回上海，但书房名是一以贯之，从中年一直使用到晚年，长达60多年。"北山"也是他最常用的笔名或者书名，如《北山四窗》《北山散文集》《北山楼诗》等，以怀念在长汀时，居住在北山脚下与北山美景晨夕相伴难以忘怀的生活。

路易士画的施蛰存像

施蛰存曾在文章中述及住所离瞿秋白的墓地不远，"时常路过，令我常常缅怀这位革命文人，也使我重温起当年在上海大学就读时的情景"。瞿秋白是他在上海大学求学时的老师，那时，施蛰存与戴望舒、丁玲等都是同学，瞿秋白上社会学课时"辞源俊发"的形象令施蛰存很难忘，后来他筹办《现代》杂志时，还曾向瞿秋白约稿，"先生及时寄来文章，使创刊号增色"。

在厦门大学，施蛰存曾给学生开过一门专书选读课，讲了一年《史记》，编写了一本《读太史公自序旁札》，其中一部分还用蜡纸刻印成讲义，发给听课的学生。

在学生陈兆璋的印象中，施蛰存讲课十分精彩，"施老师上课时循循善诱，他善于将教室里上百双眼睛全部吸引住，让大家越听越入神。下课的钟声，才把我们从如痴如梦的境界里唤醒过来，然后大家站起身，带着丰收的喜悦，嘘出长长一口气"。

美籍华裔作家、当时的厦大学生庄昭顺曾回忆说："我大一的国文老师是施蛰存，他看见我第一句话是问我：'为什么不到四川省的师范大学？'我很顽皮地回答：'因为厦大有施蛰存教授。'他点点头。他批改作文很是细心，所以我不敢引经据典。他认为作文要创新，而且不拖泥带水。他是著名的文学家，我的作文受他的影响很大。"

上课之余，施蛰存还搜集碑拓，遇到喜爱的就节衣缩食而购得。此外他还留意乡邦文物，对长汀客家人在宋明时期留存下来的民居、土楼、围屋甚至青砖青瓦、镂空雕刻都非常感兴趣，还对客家语言进行考察。他曾说，长汀乡音是客家语系里相当古老的一种，其中夹杂许多古汉语。他经常在集市上看到一些侏儒，非常好奇，听当地人说，在离城二十多里的山坞里有一个村落，是侏儒族聚居的地方，他们是古代闽越人的遗种。施蛰存在文中记载说："按照人们指点的方向，在山径中迤逦行去。虽然没有寻到侏儒村，却使我这一次游山充满了浪漫主义的情调。我仿佛是在作一次人类学研究调查的旅行，沿路所见一切，至少都是秦汉以前的古物。"

除了一个人散步，施蛰存还经常与同事、学生一起到附近的山川、寺庙等景点踏青、旅游。学生欧阳怀岳曾跟着他和李笠、龚达清等先生一起，一行十一人浩浩荡荡到通济岩、石燕岩等处游玩。登顶后，施蛰存还特意绕高岩一周，而李笠、龚达清两位教授则在山顶伸展拳脚，龚达清还自云力能生风。

欧阳怀岳回来后写三首诗记之，后来发表在1942年第1期的《赣友》上，其中第二首《通济岩赋呈同游诸师友》云：

> 石林泉壑支筇上，秘怪方知遁软红。蹑屐苍岩晴碍日，曳拳静院昼生风。好山如压瓦鳞堕，拙句已搜獭祭穷。傥许歌呼动寥廓，端须挈榼从诸公。

欧阳怀岳说："诸师游兴之浓，且不灭大谢，凡汀州名胜，无不搜探，最近更组织'龙山吟社'，参加者极为踊跃，异日高阁联吟，尖又和唱，必有一番盛况。"

除了上课，师生们还要经常躲避日军飞机的轰炸。当警报响起时，大家都往防空洞跑。施蛰存说："为了躲避敌机轰炸，全校师生一起在山脚下打洞，挖防空洞。校舍在山下，每逢空袭警报一响，中文系师生群趋山上苍玉洞，踞岩穴间，议论上下古今，我有时带着书看。"

施蛰存的同事何励生之子何吉利在《忆抗战时期在长汀》一文中，回忆了他和弟弟寄宿在施蛰存家二十多天的经历："因为我父亲和施伯伯很熟悉，父亲向他提出照顾我俩暂时寄居他家的事，他满口答应。抗战期间，厦大在长汀中山公园建有好几座平房宿舍，

1944年，施蛰存与长子在长汀

红砖墙，树皮屋顶，专门给教授住的，一家一座，一座里面有两个房间，一个小天井。施伯伯也住一座，他腾出一间房间让我和弟弟住，他和他儿子住另一间，这间又是卧室又是书房。施伯伯家只有他和他儿子施连两人，施连的名字是我根据发音写的，不知是不是这个'连'。施连比我们大几岁，念高中。施伯伯不在家做饭吃，三餐饭是由施连从厦大学生食堂打回家吃，我和弟弟的饭也由施连一起取回来。

"有一天，施连打饭快到家了，不小心把一块饭倒落在地，施伯伯看到赶快把那块饭捡起来，自己吃了。在施伯伯家住的二十多天里，我很感动，深受教育。我想，这样一位年长有名、收入较高的大教授，多么爱惜粮食，弄脏了的饭舍不得倒掉，并且自己吃掉。他不轻视地位比他低的职员（父亲当时是学校出版组组长），爽快答应把小孩寄居在他家。他虽是收入较高的大教授，生活还很俭朴，不吃高级的食堂，吃学生食堂。……这些美德发生在一个有名的年长的大教授身上，很难得！"

施蛰存爱惜粮食、崇尚节俭的举动给何吉利留下了深刻的印象，几十年后还记忆犹新。

三

  1942年10月8日，施蛰存的好友、曾任教于清华大学，与朱自清合称"清华双清"的浦江清由沪赴滇，西行昆明到西南联大任教，途经长汀，在厦门大学与施蛰存喜相逢。浦江清打听到厦门大学的校址后，拜谒了校长萨本栋，"萨氏就别，见余畅谈清华近况及厦大情形。要余留一二日，参观厦大，并云倘能留此更佳，因中文系缺人，而西联彼可去电为代办交涉也。余感其意，恳辞"。

  之后，在他人的带领下，浦江清来到了施蛰存居住的长汀饭店，"饭店为厦大最初之教职员宿舍，颇曲折进深。至最前一楼上，蛰存赫然在焉。见余来颇惊讶，事前略无所闻，以为余或留申未出也。蛰存有二室，颇宽敞，谓余宜迁住其中，留一二日。乃至远东旅社取衣被提包出。大行李则原存汽车站未取。是晚宿长汀饭店，与蛰存长谈"。他乡遇故知的喜悦之情从浦江清的文字中可以感受得到。

  第二天上午，施蛰存带着浦江清参观了厦大图书馆，浦江清看到此时的厦大图书馆藏书甚多，"西文书，凡语言、文学、哲学、历史、医学、生物皆富，物理、化学、数学书亦可，而关于中国文学之书籍亦多，出意料之外。据云语言、文学为林语堂，生物为林惠祥所购，故有底子。人类学书亦富。中文则丛书甚多，地方志亦不少，顾颉刚所购，金文亦不少。又有德文书不少，自歌德以下至托麦斯·曼均有全集。尼采、叔本华全集英、德文皆有。亚里士多德有最新之英译本"。

施蛰存的译著《老古董俱乐部》

  为数众多的图书，给浦江清留下了深刻的印象。施蛰存在厦门大学期间除了教学之外，还勤于写作，创作和翻译了大量的文学作品。丰富的藏书，也为施蛰存的治学和研究提供了便利。他说："所有藏书竟然毫无损失，全部内迁，我着实看了许多外国文学的各类好书，印象较深的是读到几本希腊诗，选择译了几十首，还有英译本的尼采全集等英文书，其中不少关于戏剧的。"

除了在厦门大学图书馆阅读，施蛰存还到长汀县立图书馆查询资料，"我还读了图书馆中许多古书，尽读馆藏宋元人笔记杂著七八十种，抄出两份资料，其一是有关金石碑版文物，拟编为一书，题为《金石遗闻》；其二是有关词学之评论琐记，也拟编为一书，题为《宋元词话》"。

施蛰存的译著《老古董俱乐部》就是在此期间完成的，但出版是在 1945 年 10 月。他曾在序言中写道："民国三十年，来厦门大学教书，在西文杂志书库里发现了四五年的 Living Age 及 Dial，皆一九二〇年代的东西。欣然取阅，对于那些未曾看过的固然还觉得挺新鲜，而对于那些看过已久的，尤其有旧友重逢之乐。四年来，每当寒暑假期，山居无事，便将其中所载欧洲大陆诸国小说，择优迻译。陆续译成者不下三十余篇。这个集子里所收的十篇，便是此中的一部分。"书由设在福建永安的十日谈出版社印行。

十日谈出版社是施蛰存的好友陆清源（海岑）创办的，陆清源是上海名医陆士谔之子，在福建战时省会永安行医，用行医所得创办了这家出版社，用福建出产的好纸印行了不少文艺书，畅销于东南五省。施蛰存的译著《老古董俱乐部》《戴亚王》等五部作品都是由他出版发行的。

此外，施蛰存还撰写《尼采之"中国舞"》，始作《印度、波斯、阿拉伯诸国古代小说史话》等。

1943 年，施蛰存回到上海省亲，在这期间，他结识了傅雷。他在《纪念傅雷》一文中写道："1943 年，我从福建回沪省亲，在上海住了五个月，曾和周煦良一同到吕班路（今重庆南路）巴黎新村去看过傅雷，知道他息影孤岛，专心于翻译罗曼·罗兰，这一次认识了朱梅馥。也看见客堂里有一架钢琴，他的儿子傅聪坐在高凳上练琴。"

1944 年春，施蛰存再次回到上海料理家务。《光化日报》报道称此时施蛰存的藏书曾被焚毁，"施氏原籍松江，淞沪一役，欣逢空袭，故园零落，

朱一雄的木刻作品《群贤楼》

施氏十载藏书，及其历年所收集之名家手稿裱本，均付一炬。闻施氏现仍任教于厦门大学，时以译作自遣，近有函致其友人，有谓'此间所得，仍是一盘苜蓿，免以糊口'，又谓'桂林一散，友朋均不知去向。王鲁彦已长逝，张天翼消息无着，可慨喟耳'"。虽然生活极其清苦，但施蛰存以苜蓿自甘，"足为关心施氏之读者告慰也"。

1944年3月中旬，施蛰存携长子施莲启程由上海返回福建长汀，并与作家罗洪及其子结伴同行（此时，罗洪的丈夫朱雯已随上海法学院迁到安徽屯溪执教），到达屯溪即与罗洪等分手，接着施蛰存携长子再往前行。1944年4月1日的报纸报道一条3月30日从屯溪发出的电讯："作家施蛰存及罗洪由沪而来，今日抵屯。"

据罗洪后来回忆说："我带了大的孩子也想去屯溪，这时我跟施蛰存联系下，正好他要去福建厦门大学，听说我去屯溪就决定同行，路上还算顺利。"

施蛰存也曾讲了这一段经历："朱雯在屯溪，罗洪带一个孩子留在上海。我计划从杭州过封锁线，到严州转屯溪，再从屯溪去福建。罗洪也正在想去屯溪。于是我们结伴同行，出杭州市，过铁丝网，经过日本宪兵的检查，才得乘船登上平安的旅程。从严州到屯溪，船从新安江逆流而上，每日的航程比步行还慢。在船上十多天，只有罗洪是谈话的伴侣，这是我同罗洪单独在一起的一段时间。但是，我们所谈的，也还是家常事或家乡事，很少涉及文艺。"

四

2006年4月19日下午，中国国民党荣誉主席连战在厦大演讲中提及，他的三位文艺家朋友都是厦大校友，三人分别是文艺理论家、剧作家王梦鸥，剧作家姚一苇和诗人余光中。1999年，台湾评选20世纪台湾文学30部经典著作，这三位厦大人都有作品入选。姚一苇在台湾不仅是戏剧界和文艺理论界泰斗，而且对陈映真、黄春明等众多作家有扶植、栽培之功，以其高尚的师德和人格，获得人们的尊崇。姚一苇于1997年逝世，陈映真等编印的纪念文集，即以《暗夜中的掌灯者》为书名，可见他在台湾进步作家心目中的崇高地位。

有一段时间，台湾话剧《红鼻子》轰动一时，当有人告诉施蛰存剧本作者姚一苇就是他当年的学生姚公伟时，施蛰存这才想起这位失联已久的学生。

施蛰存在《〈红鼻子〉的作者》一文中叙述了事情的经过："一九四〇年代，我在厦门大学（长汀）任教，有十多个学生经常来我宿舍里聚会闲话，有的谈文艺创作，有的谈古典诗词，有的谈戏剧小说……姚公伟写诗，也写散文，他的爱人范筱兰，善演话剧。他们两人总是一起来的，我早就知道他们的终身大事快要定居。"

当时厦大的"剧运"非常活跃。姚一苇在厦大第一次观看的话剧是《野玫瑰》，扮演剧中一个角色的是一位叫范筱兰的女生，后来两人便相爱了。

然而，有一天，令施蛰存意想不到的事情发生了。施蛰存说："学校里传出消息，有一对男女学生在防空洞里情不自禁，被拈酸的同学去向训导长告发了。为此，校长萨本栋主张有所处分，以整肃学风，于是召开了校务委员会，讨论办法。萨本栋是一位极其民主的大学校长，他并没有成见，他开会绝不预定调子，只是先请训导长报告事实，然后请大家发表意见。这时，我才知道这一对犯事的学生就是姚公伟和范筱兰。"

施蛰存

令施蛰存意想不到的是，"当时发表的意见，几乎都是主张对这两个学生从严处分。不过所谓的'从严'，有的主张开除，有的主张记大过一次，这里还有些不同。有一位教授坚决主张开除，理由是这一对男女在校内做出了不名誉的事，严重地败坏了校风，如果不开除他们，将来必有更多的丑闻"。

为了保护自己欣赏的弟子，施蛰存站了起来，发表意见。他说："我以为，第一，防空洞在山上，校舍在山下，防空洞不在校园内，因为老百姓也可以去避敌机轰炸。第二，他们都是成年人，婚姻有自主权。如果他们愿意结婚，那就不必处分。如果他们中有一方不愿结婚，那就成为法律问题，受损的一方可以向法院起诉，由法院处分。"

经过据理力争，施蛰存的意见说服了大多数人，校长萨本栋也点头同意，就这样做了决议。会后训导长找到姚、范二人谈话，他们都同意先公开确定婚约，待毕业后就在校内举行婚礼。可惜等到他们毕业的时候，施蛰存早已离开了厦门大学。

姚一苇原本考取的是厦大机电工程系，后转入银行系，施蛰存在厦大跨系开设国文大课时，很受欢迎。爱好文学的姚一苇，读过施蛰存的小说，对施蛰存仰慕之至，后来去旁听施蛰存的课，第一次就被骂出来，不许旁听。他转系以后写小说，恭恭敬敬拿给施蛰存看，施蛰存毫不客气地批评姚一苇观察力不够，并告诉他："这不是小说，这是你呼号出来的东西；你所写的这些人物，没有一个是你所了解的，连表面的了解都没有。假如你有志写小说，你必要细心去观察人生，观察你所能把握的东西。"

他还给姚一苇指出，两种人可以写，一是小孩子，一是女人。施蛰存的批评被姚一苇认为是奇耻大辱，但不服输的性格反而增加了他的勇气。他不断苦练，反复修改，之后发表的心理小说《春蚕》显然是受到了施蛰存的影响。后来，姚一苇也用这个例子教育自己的学生，勉励学习写作的年轻人。姚一苇以自己的勤奋、努力，逐渐赢得施蛰存的赏识。姚一苇在口述自传中说："慢慢的，他就对我好起来了，后来我们变得朋友一样好，一直到现在都对我很好。1945年，他当主编时，登了我全部的作品，他自己补白。"

施蛰存有"中国现代主义的开拓者"之称，姚一苇则自称"现代主义迷"，可见施蛰存对姚一苇潜移默化的影响是很大的。虽然师生没有再谋面，但姚一苇对施蛰存的教诲一直念念不忘。

1945年7月下旬，施蛰存与邹文海、万鸿开等人一起离开厦门大学，迁居福建三元接受省立江苏学院之聘，出任文史学系教授。据沈建中编撰的《施蛰存先生编年事录》一书记载，施蛰存对这次转校的原因曾做了详细的叙述。

施蛰存说："厦门大学校长萨本栋在全校师生中威信极高，深得人心。但他积劳成疾，不幸患了肺病，在美国治病并写信回国请辞，教育部任命汪德耀为校长，可是厦门大学有些教师反对汪德耀出任校长，原因是希望萨本栋能再回校继续当校长。其实汪德耀是一位非常有学问的生物学家，人也很好，他早年留学法国，主要从事细胞生物研究。此事他是很受冤枉的，特别委屈。恰巧省立江苏学院增设文史学系，院长戴克光到厦门大学延揽师资，一下子被他拉去七八位教授。我因为与戴克光相熟，他原先也在昆明，还有友人沈鍊之等从中竭力劝说，情面难却；加上另有一说，此校战后可能迁回苏南或上海，很有吸引力，便随着他们一起去了江苏学院任教。这次转校对我来说是一个很大的失策，如今想起来都有些后悔。"

施蛰存

就这样，施蛰存离开了厦门大学，离开了那批给他留下深刻印象的同事和学生，但这份情谊一直存在。他一直与当年的那些学生有着交往，学生们也曾多次到上海去看望他。

洪
深

曹禺评价他"能编、能导、能演，是剧坛的全能；敢说、敢写、敢做，是吾人的模范"。夏衍评价他，"从不离开时代，从不离开社会，从不把自己和国家民族隔绝，他永远和时代共呼吸，与人民同忧喜"。他，就是曾在厦门大学任教的戏剧大师、我国话剧事业的开拓者、杰出的戏剧与电影艺术家、教育家洪深。1948年冬，在党组织安排下，正在厦门大学任教的洪深假称到香港治病偷偷离开厦门，用金蝉脱壳之计北上参加新政权的工作。

洪深：在厦大上演金蝉脱壳

一

1948年3月12日，星期五，晚上，有"远东第一大剧场"之誉的上海天蟾舞台热闹非凡，宾客云集。舞台上盖叫天的《赵家楼》，纪玉良、云燕铭、王泉奎的《二进宫》，逐一登场。舞台下，正厅第六排的前后左右出现了大批电影圈的人物，白杨、上官云珠、舒绣文等都是座上客，引起全场观众的瞩目。这是昆仑影片公司全体职演人员订下一百二十个座位，为电影、话剧界的前辈洪深送行，精彩的节目也是特意为洪深准备的。洪深带着妻子儿女坐在第二排。据说，洪深看完当晚的演出回到家中连夜收拾行李，第二天一早就坐船赴厦就任新职去了。

早在1947年12月29日，《诚报》就已经透露出洪深将赴厦门大学任教的消息。报道称，抗战胜利以后，洪深到上海，写了几个剧本，他的舞台剧《鸡鸣早看天》《千朵桃花一树开》等都被搬上银幕。著名导演徐欣夫任国泰影业公司厂长后，曾力邀洪深加入，任剧本编导，但洪深没有答应。于是徐欣夫退一步，邀请洪深为国泰编一部片子，洪深表示考虑一下，并没有当场允诺。此时郭沫若、田汉等人都离开了上海，"洪深一个人留在上海，少了淘作（笔者注：谈得来的人或朋友）便不热闹，所以便决定去厦门了"。

洪深

1948年1月6日，厦门《江声报》刊登消息称："洪深将来厦执教"，而且还透露"旋因病未能来厦，兹悉洪氏现已病痊，经来函约下学期来校执教"。由此可知，洪深早就接受厦门大学的聘请，后因病未能成行。当时厦门各界对洪深充满期待，"今后厦门剧坛，将得此巨星而见震耀"。洪深之所以愿意到厦门任教，还要从抗战胜利后回到上海说起。

回到上海的洪深曾在复旦大学、上海音专任教，同时编辑《戏剧与电影》周刊，并导演了《丽人行》等剧。当时洪深住在北四川路市立戏剧学校里，白天除了到江湾复旦上课外，常常去逛马路。当时报刊称，学生到戏剧学校去找他，总是碰不着头，但如果到四川路上留心一下，可能就会在一些摊点前发现他的身影。

1947年夏，洪深因支持学生反饥饿、反压迫运动，被学校当局变相解聘。另一说法是当时学校并没有解聘洪深的意思，但洪深听说解聘一批教授的消息后，在还没有确定自己被解聘的情况下，"径向校方提出辞职"。8月，洪深三岁半的幼子洪锴夭亡，已是债台高筑的家庭又陷入了贫病交困的境地，洪深甚至将明末清初诗人吕留良的诗句"苟全始信谈何易，饿死今知事最微"抄录贴于门口。

在这种情况下，一度传出他卖书度日的消息。1947年8月28日《光报》称，"洪先生一个书生，室如悬磬，家中所有仅是旧书数千卷"。复旦大学校长章益因与洪深有私交，对洪深的辞职没有强留，但又关心洪深的生活，在他的主张下，复旦大学图书馆给了5000元，将洪深这些藏书买走。洪深感慨道："我卖了书买米吃，也足够我数年之粮，可以不必担心饿死了！"至此，洪深放下教鞭，主宾尽欢而散。

在此之前，洪深夫妇曾因穷困自杀。当时，他的女儿洪铃患有肺病，病情十分严重，而医药费又非常贵，一家人甚至陷入断炊的困境，已经举债2000元的洪深想向当时的"文艺奖助金保管委员会"贷借1000元，但因有人有微词，只好作罢。1941年2月5日早晨，洪深和夫人常青真决意自杀，留下的一封遗书写道："一切都无办法，不如归去，我也管不了许多。"洪深服了大量的奎宁丸，常青真则饮了两瓶红药水，所幸被洪铃及时发现，打电话向郭沫若求助。郭沫若则带着医生一起赶到赖家桥之塘院洪宅，幸亏抢救及时，夫妻二人始获重生。事情发生后，冯玉祥、张治中等人都纷纷前去慰问。洪深的妻子常青真说，当时经济上的困难是一方面，"真正的'压力'是政治上的"。

二

洪深，字浅哉，号伯骏，曾用笔名庄正平、乐水、肖振声等，江苏武进（今属常州市）人。著名的剧作家，中国现代话剧、电影的开拓者和奠基人之一，一生开创了六个中国第一：首先提出使用"话剧"一词作为新式戏剧名称的第一人；中国第一个专学戏剧的留学生；创作了中国第一部英文剧《木兰从军》；第一部话剧《贫民惨剧》；中国第一个电影剧本《申屠氏》；中国第一部有声电影《歌女红牡丹》。

洪深出身于官僚世家，是清朝文学家洪亮吉的六世孙。洪亮吉是乾隆五十五年榜眼，曾任顺天府乡试同考官，后督贵州学政，入上书房行走。洪深的父亲是洪述祖，其名述祖，有继先祖功业之意。不过，洪述祖一生行迹与乃祖之行南辕北辙。

洪述祖与一起有名的刺杀案有关。1913年3月20日，国民党主要创始人之一宋教仁在上海火车站遇刺身亡，史称宋案。宋案的元凶究竟是谁，目前仍无定论，但国民党方面一口咬定幕后凶手就是袁世凯，而在上海负责具体实施的就是时任北洋政府内政部秘书的洪述祖。同盟会首脑之一黄兴还写了一副挽联怒斥袁世凯，其中就有洪述祖的名字："前年杀吴禄贞，去年杀张振武，今年又杀宋教仁；你说是应桂馨，他说是洪述祖，我说确是袁世凯。"

1918年3月27日，洪述祖被判死刑。4月5日，在北京西郊民巷京师分监，洪述祖被执行绞刑，这也是中华民国第一次使用绞刑机器。行刑时，因洪述祖身体太重、筋骨衰弱，竟然身首异处，洪述祖之妾找了北京最善于连尸的医院把头缝好才下葬。据说洪述祖临终前留下对联曰："服官政，祸及于身，自觉问心无愧怍；当乱世，生不如死，本来何处着尘埃。"洪述祖的所作所为给洪深带来极大的影响，"可做的人生选择，受到很大牵制"。洪深另一女洪钤在《中国话剧电影先驱洪深历世编年纪》一书中写道："在祖父的阴影中，父亲一生内心和精神受着煎熬。父亲一生，是在痛苦和无奈中，承受着作为'罪人'儿子的现实。"

除了洪深之外，洪述祖还有一子洪济，也是电影导演。洪济后来到香港发展，如今赫赫有名的动作演员洪金宝就是洪济之子。

洪深入清华大学读书时，与吴宓、朱君毅是同班同学，而且，洪深、吴宓两人还同时在哈佛就读。在《吴宓自编年谱》和《吴宓日记》中，吴宓曾多次提起他的"清华同级"同班同学洪深，两人过从甚密，而且吴宓还曾"受洪君深约，作《榛梗杂话》笔记一种，售之《小说月报》"。吴宓称羡"陈君寅恪之梵文，汤君锡予之佛学，张君鑫海之西洋文学，俞君大维之名学，洪君深之戏剧，则皆各有所关注"。可见当时的洪深曾被吴宓视为榜样。在清华的四年，是洪深一生戏剧事业的起点。他和闻一多等一道组织了国学研究会，还在《小说月报》《清华周刊》等杂志上发表了许多文学作品。他参与最多的，则是校园的戏剧活动。他说："在清华四年，校中所演的戏，十有八九，出于我手。"1914年，他根据英国著名戏剧《罗宾汉》剧情，创造性地将舞台设计在校园树林的空地上，一经上演就给大家留下了深刻印象。

1916年夏，洪深赴美学习，但对戏剧的热爱让他放弃了原来的理工专业。1919年秋，26岁的洪深以《为之有室》和《回去》两剧考取哈佛大学，师从戏剧大师乔治·皮尔斯·贝克学习戏剧，成为中国第一位在国外专攻戏剧的留学生。经过在哈佛系统的学习和实践，洪深于1922年返回中国。对于回国的设想，他说："如果可能的话，我愿做个中国的易卜生。"回国后，他任职南洋兄弟烟草公司，创作了中国第一部电影剧本《申屠氏》。

1924年初，他改译、导演的《少奶奶的扇子》一剧获得巨大成功，标志着中国的话剧翻开了新的一页。后来，他又先后筹建了复旦剧社、剧艺社。

1928年，洪深正式将这种新的戏剧艺术形式命名为"话剧"，任中华电影学校校长，明星电影公司编导主任。1929年，他加入了由田汉领导的进步剧

《少奶奶的扇子》剧照

团——南国社,与田汉一道,并肩战斗在中国的话剧艺术舞台上。1930年,洪深加入中国左翼作家联盟,任总书记。他编写并参与制作了我国第一部有声电影《歌女红牡丹》。

洪深身材魁梧,说起话来,节奏快而有力,声音洪亮,感情奔放,无所顾忌,素以率真正直见称,敢于仗义直言。这一点在"大光明事件"中可以感受到。曾任洪深助教的林秀清著文称,1930年3月24日,洪深在江湾复旦大学上课后,友人徐君请他看电影。原本计划到卡尔登电影院,看当晚上映的美国电影明星范朋克的影片。洪深记得他的作品中曾有辱华的镜头,坚决不愿意去,于是改往大光明电影院看罗克主演的《不怕死》(又名《上海火车》),不料这部影片中出现了许多华侨犯法作恶、胆小如鼠、走私贩毒的情节。洪深感到他们在侮辱侨胞,于是中途退场。回到家中,洪深心情久久不能平静,于是再次来到大光明电影院,等到电影再次放映时,他从座位上站起来对该片痛加驳斥,号召观众退票离场。他为此被租界巡捕房拘押,田汉、金焰、廖沫沙、张石川等人闻讯赶来搭救,但被拒之门外。三个多小时后,洪深才被释放。

不久,洪深委托伍澄宇律师,向上海临时法院提起诉讼,控告影院的罪名:"为公然侮辱,妨害自由,传述虚伪,诈财惑众,请求附带民诉事。"由此引出一场历时四个月的法律诉讼，在社会各界爱国人士的声援下，主演罗克最终公开向中国人民道歉，影片被收回。这一事件震动了海内外，维护了中华民族的尊严。

洪深被朋友视为"一热情人，其行为纯凭感情支配，如天马行空，来往不拘也"。而且他也很爱才，不遗余力地提携后进。抗日期间，上海成了孤岛，此时张爱玲因丈夫胡兰成是汉奸的缘故受人歧视，但洪深却十分欣赏她的才华。著名作家赵清阁回忆说，洪深"便和我商议，要我以女作家的身份和张爱玲联系，给以鼓励，并约张爱玲为他当时主编的大公报《戏剧与电影》写文章。他说：'应当支持张爱玲，她是有才华的女作家。'"由此可见洪深胸襟之宽宏。

三

1948年3月16日《申报》载："洪深就任厦门大学教授，日前携眷离沪，书籍衣服等大小行李十余件，亦均携去。短期内不拟返沪。"根据洪深之女洪钤的说法，其实洪深在1948年2月间就已经来过厦门，"洪深不声张地一人往厦门，与厦门大学具体商洽自己在该校任教一事"。

关于洪深来厦门是乘船还是乘飞机，目前有两种说法，其中一种说法是：洪深原定乘轮船赴厦，但后来又改变计划，乘飞机到厦门。据1948年3月19日的《新闻报》报道《洪深任厦大教授》可知，洪深在3月17日（一说是3月16日）已飞抵厦门。

另一种说法来自于柳和清，柳和清是当年上海滩国泰影业公司老板柳中亮的公子，他在2009年4月20日看望洪深的夫人常青真时说："1948年，洪先生从上海到厦门去的前一晚，是住在'柳园'我们家，第二天上船他要我们用家里汽车送他到码头，而且登船时他是作为我的跟班跟上船的。为此第二天他还要我带上他的帽子，直到我们上船进了舱室，洪先生才松口气，又把自己的帽子拿回。他说这样做是为防止特务认出他，而不能顺利离沪。"根据柳和清的说法，洪深是乘船到厦门的。《海上旧闻：〈星期五档案〉选粹》一书也认为，"他坐船离开上海到厦大"。

洪深到达厦门时是孤身一人，但不久就把妻子儿女接到了厦门。洪深的妻子常青真在《怀念亲人洪深》一文中说："1948年初，洪老感到政治空气更为恶化，只得把我们安置在亲戚家，而他自己应厦门大学之聘离开了上海，只身去了厦门。后来，又把我们接去。"洪深一家住在靠近南普陀寺的一座独立小洋房内，那里原是学校卫生室。当时在厦大就读的学生黎舟后来回忆说，小洋房"位于当时单身男教工宿舍通往校内映雪楼的一条狭长的小路右侧"，"灰瓦黄墙，掩映在四周疏落有致的绿树之中，房前有一个小园子，围着一道石砌的短墙，幽静，雅致。房子上下两层，楼上是书房和卧室，楼下一进门，左边是水泥楼梯，右边是一间小会客厅，摆着一张圆桌和几把藤椅，既用来会客，也作吃饭间"。

1948年3月31日出版的《厦大校刊》刊登了一条消息《本学期各系新聘教授洪深、黄玉树先生等均已于开学前后到校》，消息称："本学期新聘外国语文学系教授洪深先生，教育学系教授黄玉树先生及教育学系副教授汪养仁先生均已于开学前后到校……"文中又对几位教授进行了介绍："洪深先生，江苏武进人，毕业于清华大学，继赴美在渥海渥大学及哈佛大学研究院深造。返国后历任国立山东大学、国立中山大学、国立复旦大学及大夏大学、暨南大学等校教授垂二十余年。平素对于戏剧运动，推行甚力；著作达五六十种，导演之戏剧与电影甚多，在中国影剧坛上，颇负盛誉。"

洪深到厦门大学任教不久就应邀作了一次演讲，1948年3月26日，厦门的《江声报》刊登了洪深将作演讲的预告。活动由厦大英文学会主办，洪深演讲的题目是"现代中国戏剧"。预告还称"自任教该校后，备受学生欢迎，每次授课旁听者极多，教室几不能容，而公开演讲此尚属首次"。从4月2日《江声报》的报道中可感受到活动时的盛况：活动是在4月1日晚上举行，"时间规定7点半钟开始，但还没到7点钟，

关于洪深演讲的报道

那作为演讲场所的大膳厅,已经挤得外面的水流不进去而场内的人气透不出来"。7点半时,洪深在掌声中步上讲台,从电影谈到各种戏剧,"也庄也谐,使听的人对他的脸容姿态和演讲的内容,都有了很深的印象"。

4月2日晚上7点,洪深又为厦大师生作了一次演讲,演讲的题目定为:"电影艺术与技术"。4月2日的《星光日报》也对当晚的活动进行了预告宣传。

洪深在厦大的第一课就给同学们留下了谦虚、风趣、纯朴的印象。当时的厦大学生黎舟时隔40多年回忆洪深上课时的情形说:"洪先生第一次给我们上课,讲'外国戏剧名著选读'。这门课程是专为外文系三年级学生开设的,但别系慕名前来旁听的学生却密密麻麻地挤满整个教室,后到的只好站在外面的走廊上。洪先生登上讲台站定,向大家答礼后,随即转身在黑板上端正地写上自己的姓名,又在下面写上'浅哉'两字,并以稍带幽默的口吻解释道:'这是我的别号,浅哉者,不深也!'谦虚、风趣、又纯朴、持重,这就是洪深先生给大家留下的最初印象。"谷垒在《阵容整齐的厦大》一文中说:"他的课堂,永远没有留下空隙。"可见洪深受欢迎的程度。

4月12日上午8点,洪深应厦大文学院院长周辨明的邀请,在该院的"慈勤校舍广场"为新生们做了一场"外国语学习的问题"演讲,对同学们的外语学习进行指导。

据4月26日的《小日报》报道,"深得学生们的信仰"的洪深,在课堂上常常谈些关于戏剧方面的史料和知识,引起了学生们演剧的乐趣。在洪深的指导下,学生们组织了一个剧团,每月演出一次,洪深担任剧团的导演。洪深替他们挑选的剧本都是自己和好友田汉的作品。当时洪深还计划在这些学生中组建一个流动演剧团,让他们到福建的各个城市去演出,推广国剧运动。

据5月4日厦门的《立人日报》记载,厦大剧团"屡请洪老夫子出山,担任导演,洪深教授初以体弱及'还债为词'不肯出马,然,经数次要求之后,洪老夫子乃宣称'不是我不肯,实以还文债之期限突局促,既承诸位屡次邀请,我答应就是'"。在答应担任导演的同时,洪深还提出"只此一遭,下不为例"。

在给厦大剧团导演《万世师表》时,洪深不顾劳累,每天晚上坚持在集美楼上的教室里排练。他执导时认真严肃,演员的每句台词,每一个动作,凡有不合要求的，他马上指出，要求重来，直到认为基本合格为止。原计划在6月初，"假座本市通俗教育社演出"，然而，当排演了一段时间，尚未能达到预期目标时，他便毅然决定停排。

5月5日，洪深乘飞机飞抵上海。在上海期间，洪深每日在兰心剧院排练《大凉山恩仇记》。《大凉山恩仇记》的作者李洪辛是一位名不见经传的青年，但洪深为其所写的川康少数民族生活形态所吸引，为其中表现的农奴与主子的爱以及真实、强烈的情感所折服，遂向友人推荐，并很快决定出任导演。《大凉山恩仇记》于5月中旬以希望剧艺社的名义，在上海兰心剧院上演。不久洪深便飞回厦门。

四

8月8日下午，洪深再次赴沪，这次是乘坐军舰，当时的《铁报》对此事进行了报道。洪深离开厦门前，曾经写信给上海的几位弟子，告知行程。当时弟子们都纳闷，为什么不坐飞机、轮船，而乘军舰呢？洪深到达上海，这个疑团才解开。原来厦门物价比上海还高，而收入却不如上海，洪深一家每月前吃后空。恰好有一位军舰上的朋友驾舰赴沪，于是洪深免费乘坐了一次军舰。报刊上称洪深此行的目的是"有机会或将再为'大同'导演一片，借此赚点外快，补贴生活"。

洪深到达上海后，住在东方旅社，他在与朋友的闲谈中透露，女儿洪铜嫁给了厦大的一位教授。"我所以急急乎把大女儿洪铜出嫁给厦大同事，说实话，我就是因为没办法使女儿过饱暖的生活，与其看着不忍，还不如早些将她嫁出去的好"。言语之间，万般无奈又沉痛之至。

8月22日，洪深搭轮返厦。

洪铜是洪深与第二任妻子余永贞的女儿，余氏病逝后，跟着常青真生活，后随常氏及常氏的两个女儿洪钢、洪铃一起来到厦门。1948年6月10日的《铁报》披露，洪铜是在6月5日与厦大教师郑永康结婚的，双方不欲铺张，由洪深及郑永康的哥哥郑全出面在厦门的报纸上刊登了一份广告。

而6月5日《江声报》上刊登的广告称两人举行的是"订婚仪式",非结婚仪式。厦大安明波、李庆云两先生担任介绍人,厦大校长汪德耀做仪式的证明人。

7月1日是洪铜的出阁之期,"是日厦大员生前往致贺者甚众,惟因洪老主张节约,故仅耗7000余万元"。由于当时物价上涨,一个烧饼都要二三百元钱,而米价更是每百斤高达20多万元。1947年7月31日,《复兴报》载,当时物价奇高,4粒米就需要1元钱。后来物价膨胀更甚,商场开始拒收400元以下的零钱,甚至就连乞丐都不愿收1000元以下的小钞。据《大公报》1948年8月16日的统计,以战前的生活指数为比较,8月上半月的食物价格上涨了390万倍,住房价格上涨77万倍,服装价格上涨652万倍。可见洪深花费的这7000余万元确实是非常节俭的了。

结婚时,洪铜只有18岁。新郎郑永康曾在复旦大学做过助教,后来赴美留学,归国后在厦门大学任教授,结婚时已30多岁。"这次他们的订婚,事前固然由于二人一见倾心,但事后洪深也觉得这位女婿非常满意,因此乃闪电订婚了"。

洪深女儿订婚启事

洪深在第二学期除为新一届的三年级学生开设"外国戏剧名著选读"外,还为四年级的学生开设了"欧美文学名著选读"和"文学批评","文学批评"的教材是洪深亲自编选的。在厦大期间,洪深翻译了美国著名作家威·萨洛扬的剧本《人生一世》,与在上海的女作家赵清阁合作编写了电影剧本《几番风雨》,同时还继续上海《大公报》"戏剧与电影"周刊主编的工作(在厦门编好后邮寄到上海),也时常动笔为该刊撰写文章。

有一次,洪深邀请四年级的全班同学——只有7个人,到他家里,征求大家对《几番风雨》的意见。同学们发言时,洪深非常仔细地倾听,而且肯定同学们的意见,为同学们上了一堂生动活泼的文学批评实践课。在教"欧美文学名著选读"时,他给每个同学布置的作业都不一样,每次都分批批改,有的还当面指导。

学生黎舟写道："我们有事去找他，一进门，常听到从二楼书房里传来的'嗒、嗒、嗒'的打字声。"一家报刊的编辑雷霖在当年7月16日《星光日报》撰文称赞洪深工作态度勤勤恳恳，"当他用力一个作品时，他集中精力于这个作品上。我请他写点短文章他早已答应，但为集中精力他仍没有写出来。他告诉我，他编大公报的'戏剧与电影'四千多字整整的花了一天工夫。当他反问我编多久时，我却红了脸，我实在没有他那样精细，他越赞美我越使我难过"。他对工作认真，对戏剧评论也认真，还因此得罪人，甚至有人写信骂他，"洪先生批评戏剧很认真，所以有时也得罪了一些文化商人，每星期接到十多封骂他的信，近来是比较少了"。这可能与他刚到厦门不久，很多人还不知他的地址有关。

有一次，厦大文学院院长周辨明在市区开办关于语言学的讲座。按规定，外文系的学生都要出席，然而令同学们想不到的是，那天洪深也来到了活动现场。他对同学们说："周先生是国内外闻名的语音学专家，他在这方面的造诣很深，他又是我的老师，他的讲座，我非听不可。"

1948年12月3日，著名画家丰子恺在厦门的中山路厦门市商会大厦举行画展，开展当天洪深和夫人前去捧场，并在五楼订件处与丰子恺会面，寒暄很久。当日的《南侨日报》载："这两位在学术上有很大成就的人物，竟然在厦门碰头，厦门人着实有了运气。"

7日晚上7点，丰子恺应厦门大学之邀演讲"艺术的精神"。演讲开始前，厦门大学校长汪德耀在南普陀宴请丰子恺，洪深、虞愚等人应邀作陪。

有一天，常青真路过南普陀附近的田埂时，特务分子竟然胆大妄为，动手侮辱她，洪深得知后说："这实际上是对付我的！""这是信号！"他深感形势严峻，1948年冬在党组织安排下，假称到香港治病偷偷离开厦门。

1949年1月25日，《立人日报》已经猜测洪深北上了："洪氏是于上月（12

月）初旬到香港医牙去的，到了上月下旬，香港的旅邸中，忽然找不到洪氏本人，于是香港《大公报》就传出消息，洪氏已悄然回厦。"可是厦门的友人和学生到寓所去拜访，却找不到洪深本人，此时"洪太太却代洪氏向厦大提出辞呈了"，所以就有人推测洪深已经从香港北上了。

洪深在厦门大学期间，与弘一法师的弟子李芳远交往频繁，在他离开厦门之前，曾将搜集的天地会原始资料等珍贵文献托李芳远保存，不幸的是，这些史料在"文革"中遗失了。

据黎舟回忆说："1948年11月下旬，有一次洪深先生上课时用手按着面颊对我们说，他的一口牙齿大部分蛀了，最近晚上更痛得睡不着觉，准备过几天就乘飞机去香港医治牙病，那里的医疗条件比厦门好。他又说已向学校请准了假，医好了牙病马上回来。对洪深先生去香港医治牙病，我们全班同学都深信不疑，系主任和其他老师也是如此。直到一个多月后，我们才从报纸上得知，洪先生到达香港后，与原在那里的民主人士汇合，乘轮北上解放区，去迎接党交给他的新的战斗任务了。"

常青真后来回忆说："我在厦门，看到国民党截集船只，那是他们准备撤到台湾去的。洪老走后我不能再到厦大去领工资，而形势越来越紧。"

1949年2月，常青真带着另外两位女儿，费尽周折总算搭上了从厦门开往上海的船。

征引资料目录

中文著作

陈嘉庚：《南侨回忆录》，福州：福州集美校友会翻印，1950年6月。

林语堂：《我这一生：林语堂口述自传》，沈阳：万卷出版公司，2013年12月。

严春宝：《一生真伪有谁知：大学校长林文庆》，福州：福建教育出版社，2010年4月。

张亚群：《自强不息 止于至善：厦门大学校长林文庆》，济南：山东教育出版社，2019年7月。

朱水涌：《厦大往事》，厦门：厦门大学出版社，2011年3月。

郑宏：《厦门大学文化的历史与解读》，厦门：厦门大学出版社，2010年6月。

鲁迅：《华盖集》，北京：人民文学出版社，1973年4月。

汤寿 主编：《欧元怀校长与大夏大学》，上海：上海人民出版社，2017年9月。

吴美凤：《盛清家具形制流变研究》，北京：紫禁城出版社，2007年12月。

钱文忠：《季门立雪》，上海：上海书店出版社，2007年1月。

古斯塔夫·埃克、保罗·戴密微著，林雰、姚鸣琪译：《刺桐双塔》，北京：九州出版社，2019年5月。

鲁迅：《鲁迅日记》，北京：人民文学出版社，1976年7月。

季羡林：《清华园日记》，沈阳：辽宁美术出版社，2002年8月。

马叙伦：《我在六十岁以前》，北京：生活·读书·新知三联书店，1983年12月。

毛彦文：《往事》，天津：百花文艺出版社，2007年1月。

柳和城：《孙毓修评传》，上海：上海人民出版社，2011年12月。

薛绥之 主编：《鲁迅生平史料汇编》第四辑，天津：天津人民出版社，1983年4月。

赵永良 华晓主编：《百年无锡名人图谱》，北京：新华出版社，2013年6月。

陈槻：《诗人陈衍传略》，台北：台北市林森文教基金会印行，1999年5月。

陈声暨 王真 编：《侯官陈石遗先生年谱》，台北：广文书局有限公司，1971年11月。

陈满意：《集美学村的先生们》，南京：江苏人民出版社，2018年10月。

戴密微（法）著，耿昇译：《吐蕃僧诤记》，北京：中国藏学出版社，2013年11月。

朱玉麒 主编：《西域文史》（第五辑），北京：科学出版社，2010年12月

桑兵：《国学与汉学：近代中外学界交往录》，杭州：浙江人民出版社，1999年11月。

罗常培：《厦门音系》，北京：科学出版社，1956年12月。

曹树明：《中国哲学史史料学史论》，北京：社会科学文献出版社，2014年5月。

陈洪 编：《南开学人自述》，天津：南开大学出版社，2016年11月。

朱谦之：《朱谦之文集》，福州：福建教育出版社，2002年9月。

朱谦之：《音乐的文学小史》，上海：泰东图书局，1925年。

杨没累：《没累文存》，上海：泰东图书局，1929年5月。

太虚大师：《太虚自传》，厦门：南普陀寺，2015年。

丁玲：《丁玲全集》，石家庄：河北人民出版社，2001年12月。

徐小玉：《霜叶红于二月花：徐霞村纪传》，太原：山西人民出版社，

2000 年 1 月。

胡宗刚：《胡先骕先生年谱长编》，南昌：江西教育出版社，2008 年 2 月。

秉志著，翟启慧编：《秉志文存》，北京：北京大学出版社，2006 年 9 月。

石原皋：《闲话胡适》，北京：中国人民大学出版社，2011 年 11 月。

顾国华 编：《文坛杂忆》（全编），上海：上海书店出版社，2015 年 4 月。

章太炎：《章太炎先生自定年谱》，上海：上海书店出版社，1986 年 6 月。

缪学贤：《黑龙江》，东三省筹边公署出版，1913 年 6 月。

鲁迅：《鲁迅全集》，北京：人民文学出版社，1981 年。

林太乙：《林家次女》，北京：西苑出版社，1997 年 1 月。

钱锁桥：《林语堂传：中国文化重生之道》，桂林：广西师范大学出版社，2019 年 3 月。

林坚 编著：《芙蓉湖畔忆"三林"：林文庆、林语堂、林惠祥的厦大岁月》，厦门：厦门大学出版社 2011 年 3 月。

王豪杰 主编：《南强记忆：老厦大的故事》，厦门：厦门大学出版社，2009 年 3 月。

陈万里：《闽南游记》，上海：开明书店，1930 年 3 月。

陈申：《光社纪事》，北京：中国民族摄影艺术出版社，2017 年 12 月。

王汎森 著、王晓冰 译：《傅斯年：中国近代历史与政治中的个体生命》，台北：联经出版公司，2013 年 5 月。

顾颉刚：《顾颉刚日记》，台北：台湾联经出版公司，2007 年 5 月。

顾颉刚：《顾颉刚自传》，北京：北京大学出版社，2012 年 1 月。

程争鸣：《360 度鲁迅》，南昌：江西高校出版社，2014 年 1 月。

汪修荣：《民国风流》，南昌：二十一世纪出版社，2010 年 7 月

罗久芳编著：《文墨风华 罗家伦珍藏师友书简》，哈尔滨：北方文艺出版社，2014 年 7 月。

姜德明：《文苑漫拾》，西宁：宁夏人民出版社，1999 年 5 月。

葛信益 朱家溍编：《沈兼士先生诞生一百周年纪念论文集》，北京：紫禁城出版社，1990 年 9 月。

赵瑜：《小闲事：恋爱中的鲁迅》，武汉：武汉出版社，2009年9月。

川岛：《和鲁迅在一起的日子》，成都：四川人民出版社，1979年9月。

朱水涌 王烨 主编：《鲁迅：厦门与世界》，厦门：厦门大学出版社，2008年6月。

房向东：《孤岛过客：鲁迅在厦门的135天》，武汉：崇文书局，2009年1月。

曹聚仁：《听涛室人物谭》，北京：生活·读书·新知三联书店，2007年8月。

高拜石：《古春风楼琐记》，北京：作家出版社，2005年10月。

许寿裳：《鲁迅传》，北京：北京联合出版公司，2015年10月。

侯成亚、张桂权、张文达编译：《张颐论黑格尔》，成都：四川大学出版社，2000年11月。

任继愈：《念旧企新——任继愈自述》，太原：山西人民出版社，1997年12月。

萧萐父：《吹沙二集》，成都：巴蜀书社，1999年1月。

李劼人：《李劼人全集》，成都：四川文艺出版社，2011年9月。

熊伟：《在的澄明：熊伟文选》，北京：商务印书馆，2011月10日。

容肇祖：《容肇祖全集》，济南：齐鲁书社，2013年12月。

朱隆泉 主编：《思源湖：上海交通大学百年故事撷英》，上海：上海交通大学出版社，2009年8月。

张业修 主编：《张相文：中国近代地理学奠基人》，北京：中国文史出版社，2008年12月。

来新夏：《书卷多情似故人》，上海：上海人民出版社，2015年3月。

洪卜仁、詹朝霞：《鼓浪屿学者》，厦门：厦门大学出版社，2011年6月。

王渝生 主编：《第七届国际中国科学史会议文集》，郑州：大象出版社，1999年8月。

陈遵妫：《中国天文学史》，上海：上海人民出版社，2016年12月。

张晖：《龙榆生年谱》，上海：学林出版社，2001年5月。

余振棠 主编：《瑞安历史人物传略》，杭州：浙江古籍出版社，2006年12月。

李剑亮：《夏承焘年谱》，北京：光明日报出版社，2011年4月。

石慧霞 编：《抗战时期的厦门大学 民族危机中的大学认同》，厦门：厦门大学出版社，2012年6月。

张秀民 著、韩琦增订：《中国印刷史》，杭州：浙江古籍出版社，2006年10月。

丁仕原 编校：《章士钊辑》，北京：民主与建设出版社，2014年12月。

梅冷生：《梅冷生集》，上海：上海社会科学院出版社，2006年12月。

施蛰存：《北山谈艺录续编》，上海：文汇出版社，2001年1月。

朱东润：《朱东润自传》，武汉：华中科技大学出版社，2019年7月。

方韶毅：《民国文化隐者录》，北京：金城出版社，2010年11月。

蒋钦挥：《历史的碎片：全州地域文化纵横谈》，南宁：广西人民出版社，2015年10月。

沈奕巨：《广西辛亥革命史记》，南宁：广西人民出版社，2014年10月。

李永鑫 主编：《绍兴县越城区对联集成》，杭州：西泠印社出版社，2012年3月。

肖伊绯：《孤云独去闲：民国闲人那些事》，杭州：浙江大学出版社，2012年3月。

周岸登：《蜀雅》，上海：中华书局仿宋活字版，1931年。

崔国良 张世甲主编：《南开新闻出版史料（1909-1999）》天津：南开大学出版社，1999年10月。

杨树达：《积微翁回忆录》，北京：北京大学出版社，2007年5月。

庄丽君 主编：《世纪清华之二》，北京：光明日报出版社，2001年4月。

项星 主编：《物理学全才：杨振宁的故事》，武汉：武汉大学出版社，2016年2月。

杨小明、高策：《物理大师杨振宁》，合肥：中国科学技术出版社，2012年1月。

杨振宁：《曙光集》（十年增订版），北京：生活·读书·新知三联书店，2018年8月。

杨建邺：《杨振宁传》，北京：生活·读书·新知三联书店，2016年3月。

宗璞 熊秉明 主编：《永远的清华园》，北京：北京大学出版社，2013年9月。

董桥：《橄榄香》，北京：海豚出版社，2012年3月。

桑农：《花开花落：历史边缘的知识女性》，桂林：广西师范大学出版社，2010年6月。

吴禹星、高德毅 编：《1916：徐志摩在沪江大学》，上海：上海交通大学出版社，2014年2月。

严恩椿：《藐姑射山神人》，上海：商务印书馆，1926年7月。

谷迎春，杨建华主编：《20世纪中国社会科学 社会学卷》，广州：广东教育出版社，2006年10月。

麦克唐纳著、严恩椿译：《社会主义运动》，上海：商务印书馆，1933年12月。

哈台 著、严恩椿 译：《黛斯姑娘》，上海：启明书局，1937年3月。

台静农：《龙坡杂文》，台北：洪范书局，2018年7月。

陈子善、秦贤次 编，台静农 著：《台静农佚文集》，新北：联经出版公司，2018年3月。

黄乔生 主编：《台静农年谱简编》，郑州：海燕出版社，2016年4月。

石慧霞：《萨本栋传：民族危机中的大学校长》，厦门：厦门大学出版社，2015年9月。

谢泳：《网络时代我们如何读书》，广州：广东人民出版社，2014年5月。

陈武元 编：《萨本栋博士百年诞辰纪念文集》，厦门：厦门大学出版社，2004年3月。

洪永宏 编著：《厦门大学校史》，厦门：厦门大学出版社，1990年10月。

石慧霞：《抗战烽火中的厦门大学》，开封：河南大学出版社，2015年7月。

林东伟 主编：《我的厦大老师》，厦门：厦门大学出版社，2015年9月。

艾以、沈辉等编：《罗淑罗洪研究资料》，北京：北京十月文艺出版社，1999年4月。

沈建中：《世纪老人的话——施蛰存卷》，沈阳：辽宁教育出版社，2003年6月。

马嘶：《林庚评传》，北京：清华大学出版社，2008年5月。

浦江清：《清华园日记 西行日记》，北京：生活·读书·新知三联书店，1999年11月。

古今、杨春忠 编著：《洪深年谱长编》，北京：中国戏剧出版社，2009年6月。

谢蔚明：《那些人那些事》，上海：上海远东出版社，2006年5月。

洪钤：《中国话剧电影先驱洪深历世编年纪》，北京：中国电影出版社，2013年11月。

后记

时光如流,经过两年多的打磨,如今《厦门大学的先生们》就要出版了。

作为一名外乡人,之所以不知天高地厚地去写这本书,要从 2018 年 10 月说起。那时《集美学村的先生们》一书出版后,师友们鼓励我继续写一本《厦门大学的先生们》,因为集美学村的诸多学校和厦门大学都是陈嘉庚先生创办的,而我也早已有此意,并且已经收集了些许资料,于是不假思索地夸下海口,在厦大百年之际写一本《厦门大学的先生们》,致敬陈嘉庚先生。

我不是厦大的学生,也不是厦大的老师,写这本《厦门大学的先生们》完全是出于对陈嘉庚先生的景仰。说实话,虽然去过厦门大学多次,但我对厦门大学的历史并不了解,没有太深入的研究。一个外人来写厦大的历史,终究是有些不自量力,班门弄斧,然而之前在师友中夸下了海口,只好硬着头皮做下去。

1921 年 4 月 6 日,厦门大学在集美举行开学式,至今已经百年。著名教育家、清华大学原校长梅贻琦说:"所谓大学者,非谓有大楼之谓也,有大师之谓也。"在厦门大学百年的风雨历程中,正是大师们的到来,为厦门大学注入了精神灵魂。在厦门大学任教的大师太多,除了广为人知的鲁迅、林语堂外,还有很多人值得大书特书。这些大师们颇具风骨,他们对名利的淡泊,对苍生的关注,对时弊的针砭,对权贵的蔑视,对理想的捍卫,定格在岁月深处,留下的精神财富至今熠熠发光，影响着厦门大学的师生们。他们是厦门大学学术传统的创立者和传承者，他们的学识、人格以及所开创的传统，影响了一代代的厦大学人。文化的种子有了大师们的庇佑后，一寸寸根植温润的土壤，在漫长而阒静的岁月中，生长成葳蕤的参天树木。

写作是自我学习和提升的过程。因自身知识积累有限，我需要在工作之余，翻阅太多的资料，有时看得头昏脑胀，晨昏颠倒。因熬夜上火，经常牙痛，甚至达到半个月痛一次的频率，每次痛起来要吃四五种药，然后继续去翻阅资料、写作。我曾抱怨为何要去写这些与自己无关的文字，纯属自讨苦吃。但又常被大师们的风骨所折服，每每读来感慨颇多，这是我坚持下去的又一精神动力。

写作的过程中又充满快乐。著名作家严歌苓到厦门纸的时代书店演讲时，座无虚席。她讲到祖父曾在厦门大学任教，她曾去厦门大学寻找相关史料，可是找到的却不多。我得知后告诉书店的王谋伟先生，我在写她的祖父严恩椿先生的故事，并把收集到的一些相关资料通过谋伟兄传给了严歌苓，她又惊又喜。

为了查找书中人物杜佐周的资料，我委托在浙江东阳任教的大学同学杜勇，而他的同事恰好喜欢文史，对杜佐周有所了解，为我提供了杜佐周一些珍贵的资料。我读到著名学者方韶毅先生的大作，发现他曾写过关于李笠先生的文章，于是想方设法联系上后又向他请教。写秉志先生时，我又请教了学者胡宗刚先生。

在本书写作的过程中得到众多师友的支持，厦大的谢泳教授不仅为我提供相关资料，还亲自为本书作序，不胜感激。厦大的洪峻峰教授在百忙之中审读了书稿，给出了详细的修改意见，甚至引文的错误也一一指出，令我非常敬佩。"十里春风"群的好友林进辉、李涛、柯海东等在工作之余帮忙校对书稿。汪贤俊、桑农、朱家麟、陈养坤、查本恩、何庆余、林翠琳、王婷婷、杨文华、杨文辉、张元基、李跃忠等众多师友无不热心襄助。我的母亲和妻子揽下了所有的家务，无私无怨地付出，让我能静下心来写作。

本书的初稿完成于2020年春，在出版的过程中是一波三折，最终在编辑刘莉萍老师的努力下，此书得以顺利出版。书中先后翻阅了400多种资料，无法一一赘述，在此一并对作者表示感谢。我不是专门的研究者，也不是专业出身，由于阅历、视野和学术背景的限制，书中错误之处在所难免，敬请读者批评指正，以便校正修改，笔者电子邮箱：ahrcmy@126.com。

陈满意

2021年1月15日于集美月美池畔